カラー！改訂版

宮脇檀の住宅設計

Mayumi Miyawaki Design and Planning

宮脇檀

東京藝術大学建築科卒業、東京大学大学院建築学専門課程修了後、１９６４年宮脇檀建築研究室を開設。
主な作品に、「もうびぃでぃっく」「秋田相互銀行盛岡支店」「中山邸」など。
「松川ボックス」で日本建築学会作品賞を受賞。
'98年逝去。［写真：宮脇檀建築研究室所蔵］

まえがき

宮脇檀と宮脇檀建築研究室のスタッフたちは、１９６４年から２０００年の36年間に238軒の住宅や別荘を設計した。この間、どんなことを考えて住宅設計を進めてきたか、については、１９８７年に宮脇が「私と私の事務所が作ってきた、または作ろうとしてきた住宅の底にあるもの、基本として考えてきたものを整理してみたから読んで下さい」と『宮脇檀の住宅設計ノウハウ』（丸善刊）を皆さんにお届けした。このなかでは、宮脇とそのスタッフたちが、住宅をどのような「もの」として捉えて、どのように「かたち」にしたかが語られ、住宅設計を学んでいる人、住宅設計に携わっている人、我が家を建てようと考えている人などに、文字通りノウハウ書として広く受け入れていただいた。しかし、このなかにディテールや図面がたくさん盛り込まれていても、「ディテールの本」ではなかったため、もう少し詳しいことが知りたい、という要望には応えていなかった。そこで、この本は、スタッフであった中山、山崎の手で、238軒の全設計を『宮脇檀の住宅設計ノウハウ』で語られたコンセプトで見直し、それをディテールを中心に解説したものとした。この作業は、進めていると、当時、宮脇と交わした会話や宮脇の指示が次々とよみがえり、なかなか楽しい作業になった。『宮脇檀の住宅設計ノウハウ』のように、この本も、住宅という「もの」を考え、それを「かたち」にしようとするとき、手元で開いてもらいたい。そんな気持ちでこの本をまとめました。

Contents

写真=村井修｜資料提供=宮脇檀建築研究室［著作権者/宮脇彩］
フォーマットデザイン=刈谷悠三+西村祐一/neucitora

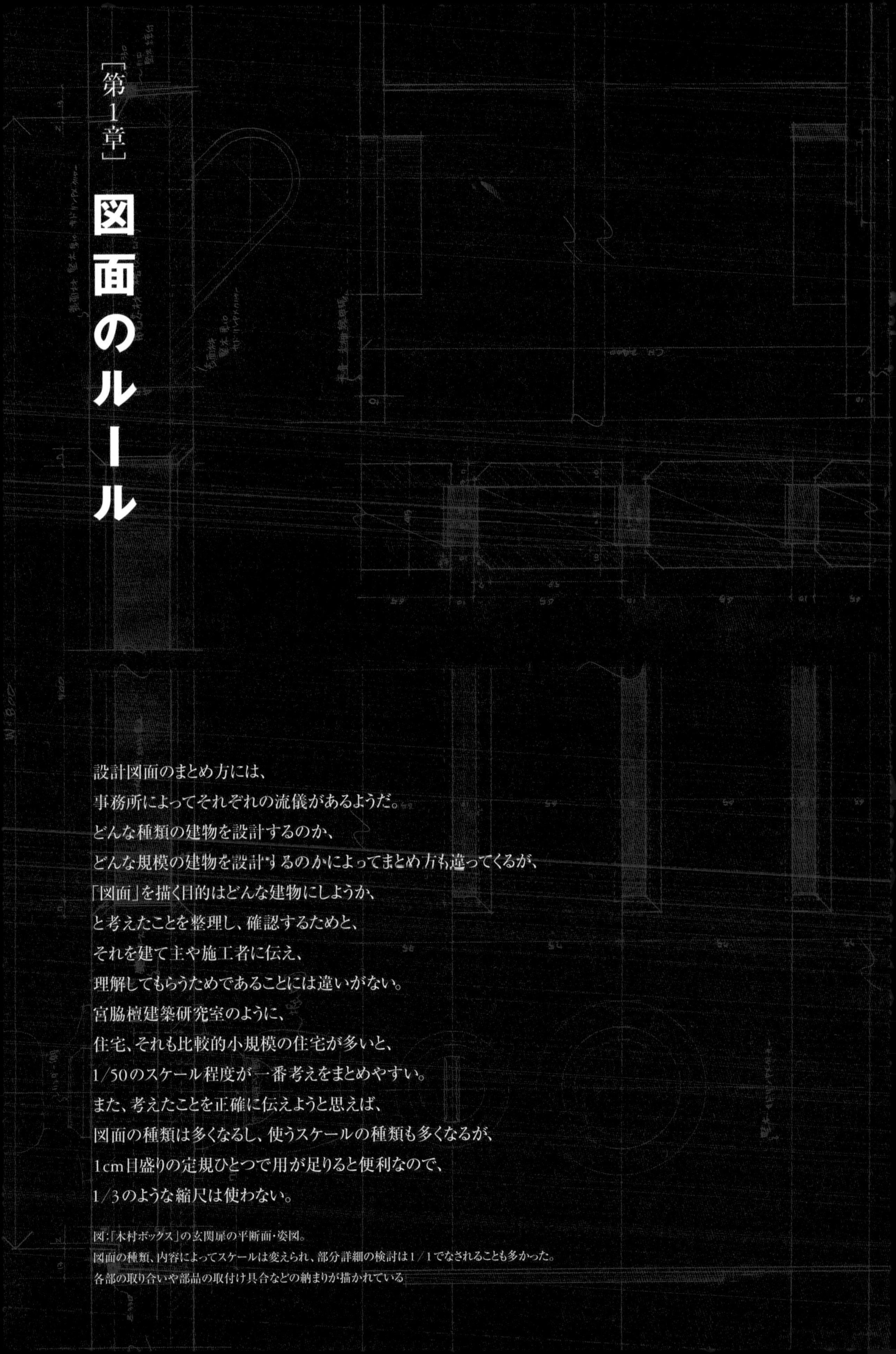

第1章　図面のルール

設計図面のまとめ方には、
事務所によってそれぞれの流儀があるようだ。
どんな種類の建物を設計するのか、
どんな規模の建物を設計するのかによってまとめ方も違ってくるが、
「図面」を描く目的はどんな建物にしようか、
と考えたことを整理し、確認するためと、
それを建て主や施工者に伝え、
理解してもらうためであることには違いがない。
宮脇檀建築研究室のように、
住宅、それも比較的小規模の住宅が多いと、
1/50のスケール程度が一番考えをまとめやすい。
また、考えたことを正確に伝えようと思えば、
図面の種類は多くなるし、使うスケールの種類も多くなるが、
1cm目盛りの定規ひとつで用が足りると便利なので、
1/3のような縮尺は使わない。

図：「木村ボックス」の玄関扉の平断面・姿図。
図面の種類、内容によってスケールは変えられ、部分詳細の検討は1/1でなされることも多かった。
各部の取り合いや部品の取付け具合などの納まりが描かれている

平面図は1／50が基本

❶「木村ボックス」1階平面図｜S＝1:50を50%縮小

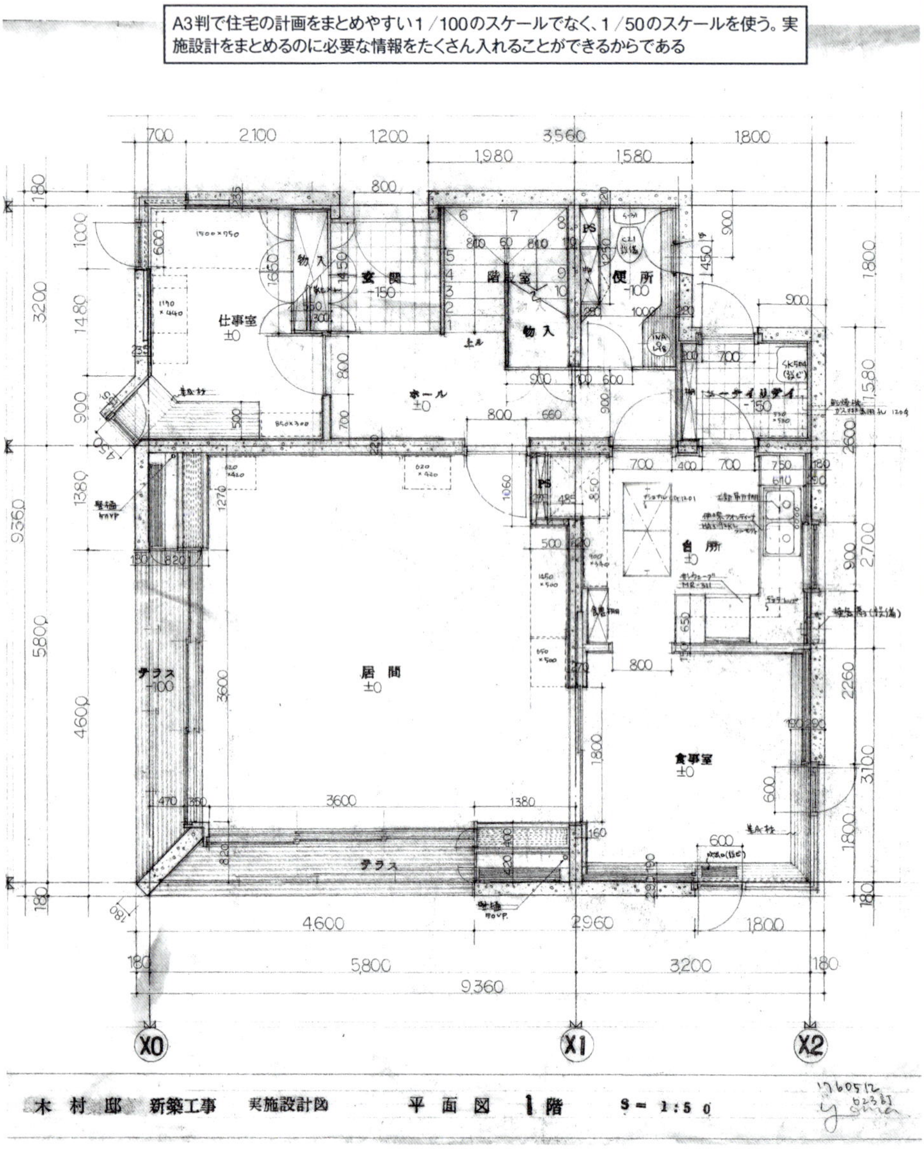

宮脇檀建築研究室でも開設された当初は、建築面積で50㎡に届かないような規模の小さな住宅が多かった。それゆえ、A3サイズの図面で必要な情報を十分表現できる状況がしばらく続いた。机の上にA2判の製図板を置いてA3の図面を描くのは、作業しやすいちょうどいいスケールでもあった。

A3判というと、住宅では1／100のスケールを使うとまとめやすいサイズである。ただ、1／100は、基本設計をまとめたり、申請用にまとめたりするときには過不足ない、ちょうどいいスケールであっても、実施設計をまとめようという場合には、描き込める情報量が少なく、考えていることが十分に伝えられない。

それを、1／50にスケールアップしてやると、原寸で20㎜程度の違いを検討し表現できるし、その気になれば、10㎜の違いだって表現が可能だ。それに、1／100に比べて面積が4倍になるのだから、文字の書き込みスペースができて、仕上げの内容や寸法をある程度細かく書き込むこともできるから、それだけでも内容が濃くなる。かくして、実施設計図は平面図を1／50で描くのに合わせて、立面図、断面図、展開図、各種伏図なども1／50とするのが宮脇檀建築研究室のルールとなった。

❷「木村ボックス」2階平面図｜S=1:50を50%縮小

1/50では1/100に比べて面積が4倍になり、文字の書き込みスペースが増える。
仕上げの内容や寸法を細かく書き込めるため、内容が濃くなる

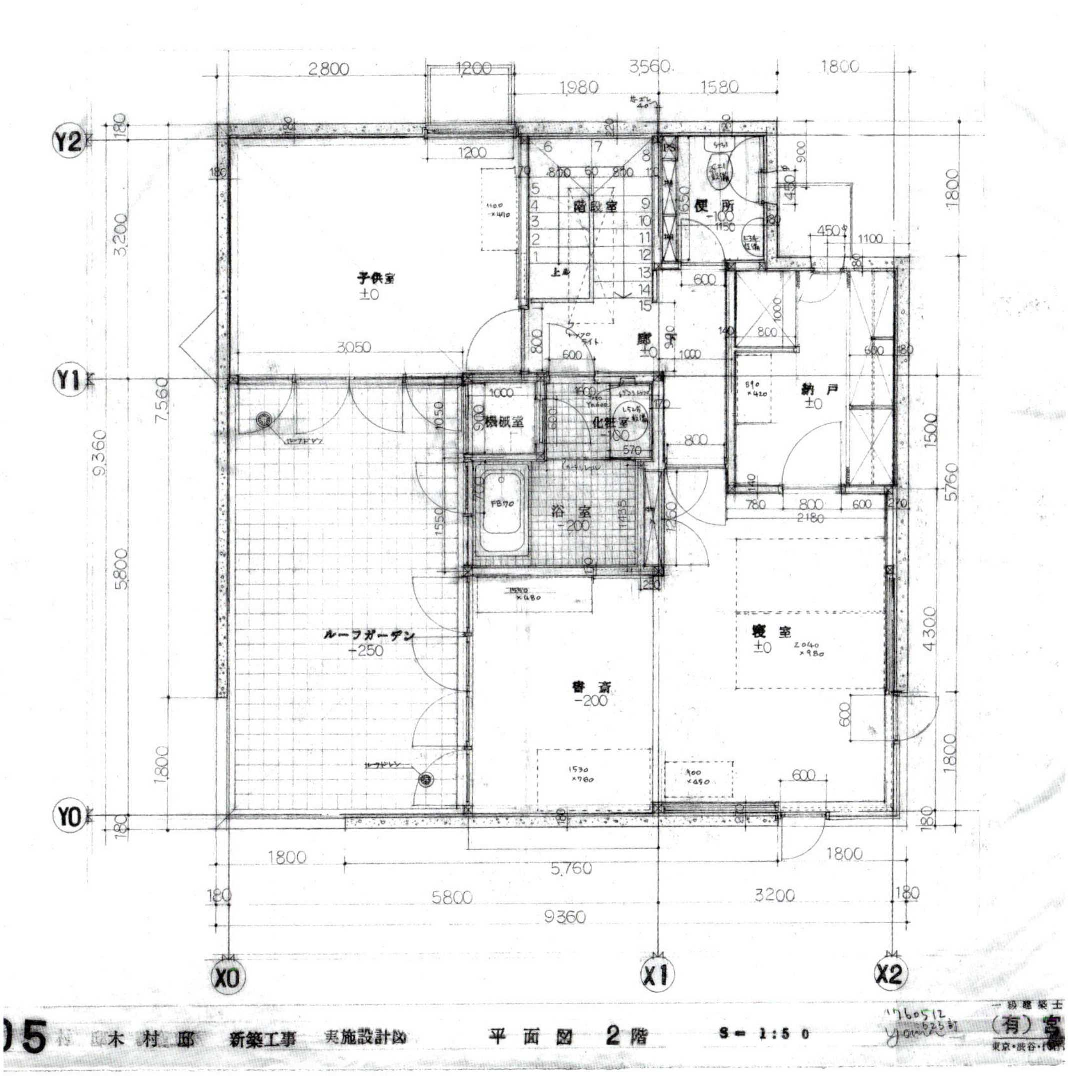

「木村ボックス」キッチンより食事室を見る

❸「木村ボックス」平面図キッチン部｜S=1:50原寸

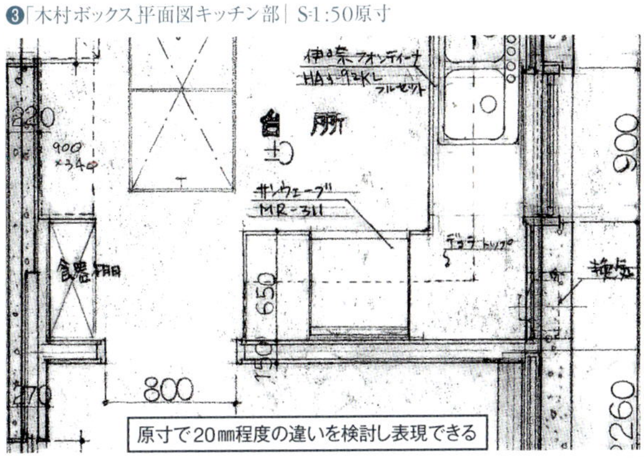

写真＝村井修

矩計は1／20で全断面

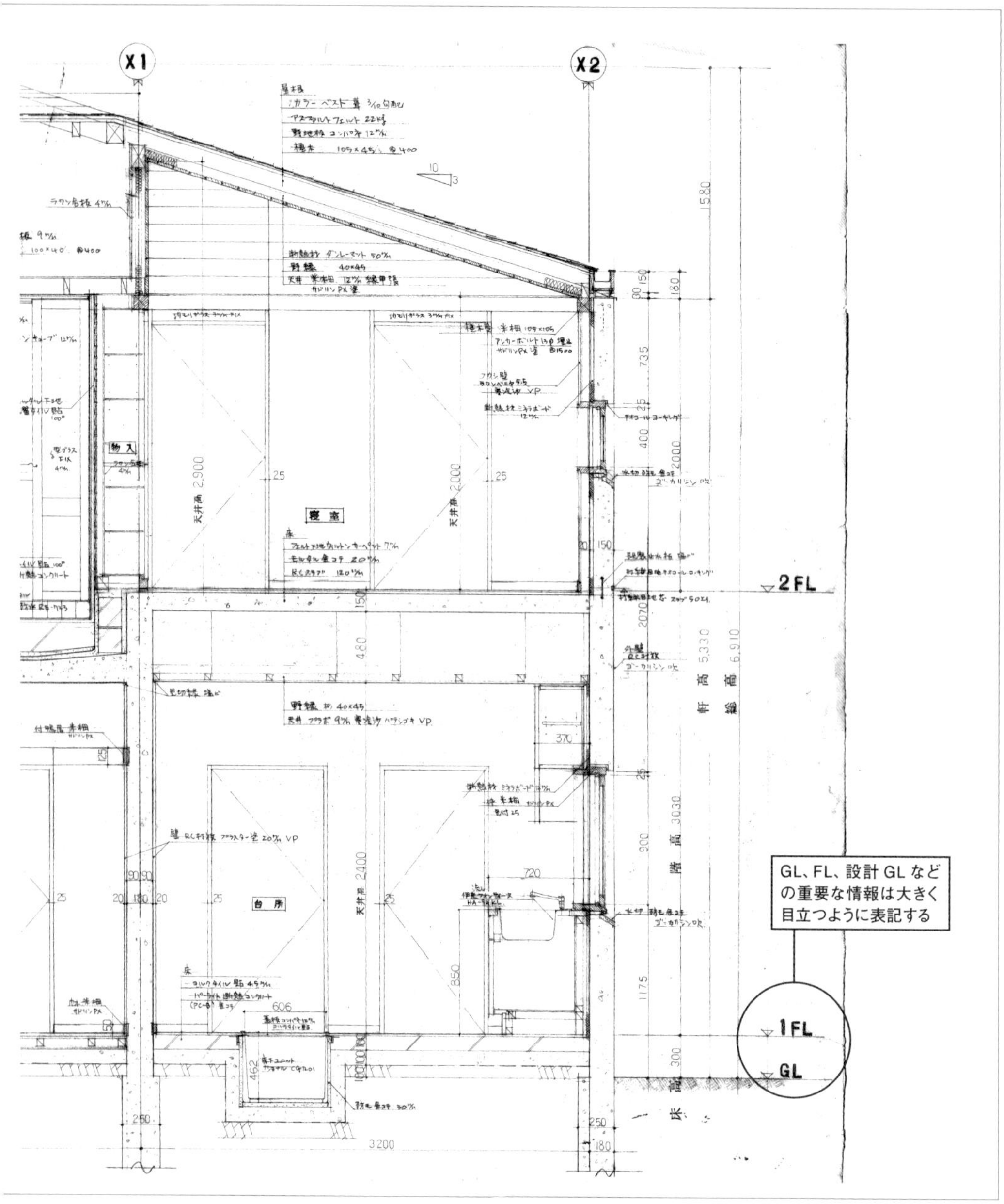

実施設計図のなかには矩計図という図面がある。矩計図は建築確認申請でも要求されるが、そこで求められる情報は、主に床高、階高、天井高、軒高などの高さに関係するものだ。これらの条件が満たされれば一部分を取り出して描いてもよいし、この程度の情報量であれば1／50のスケールで十分表現できる。

しかし、実施設計図の矩計図でほしいのは、高さの情報だけでなく、仕様や性能や機能の情報を盛り込んだもので、全体のプロポーションを見ることができる断面詳細図としての情報だ。

これだけの情報を詰め込んだ矩計図なら、それだけで設計の意図や建物のグレードを伝えることができるから、できるだけスケールアップして描きたい。用紙とのバランスを考えるとA2判に1／20で描くのが無理がない。たいていの2階建て住宅を省略なく全断面で描ける。

ときどき、1／30でないと用紙に納まらないことがあるが、通常の1㎜目盛りの定規のほかに、三角スケールを持ち出すことになり作業が煩雑になる。また、スケールダウンしたぶん、描き込める情報量も少なくなるので、できるだけ避けたいところである。省略しない全断面で描きたいのか、途中を省略しても1／20で詳しく描きたいのか、その判断によって使い分ける。

❶「木村ボックス」矩計図｜S=1:20を40%縮小

矩計図は、主に床高、階高、天井高、軒高などの高さに関係する情報を入れていく。実施設計図の矩計図では、高さの情報だけでなく、仕様や性能や機能の情報を盛り込んだものがほしい。また、全体のプロポーションを見ることができる断面詳細図としての情報が必要となる。A2判に1／20で描くと無理がなく、たいていの2階建て住宅を省略なく全断面で描くことができる。1／30で描くと、三角スケールで測ることが必要になって作業が煩雑になるため、できるだけ避けたい

床・壁・天井・屋根の下地から仕上げまでの層構成が分かるように情報を書き込む。材料や材種、断面寸法なども読み取ることができるようにする

関連する詳細図がある場合には、その参照する図面番号や図面名称なども表記しておくとよい

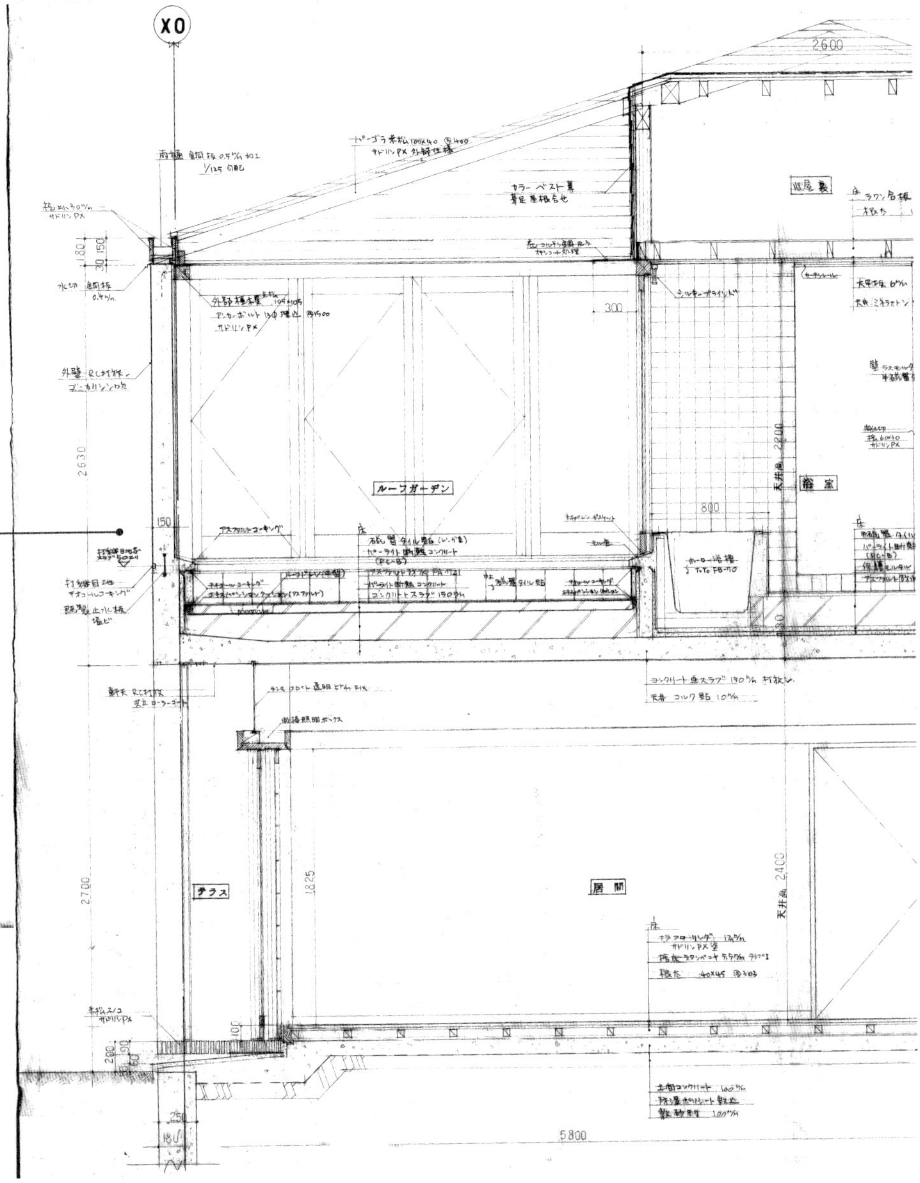

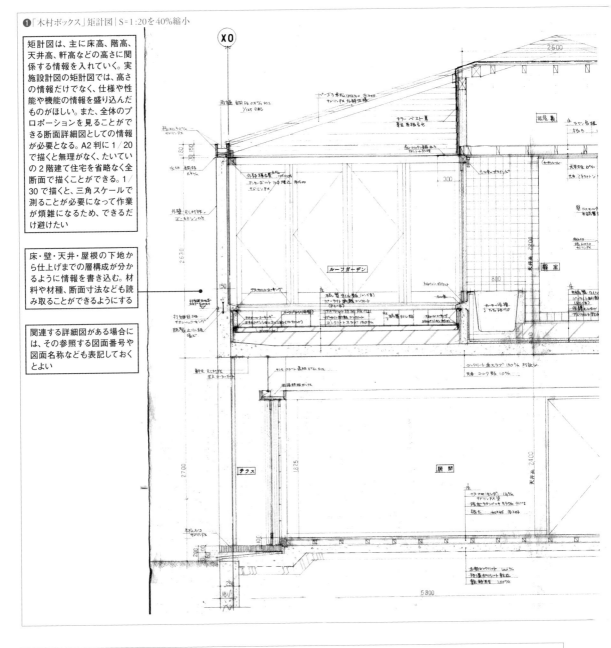

❷「木村ボックス」矩計図｜S=1:20を70%縮小

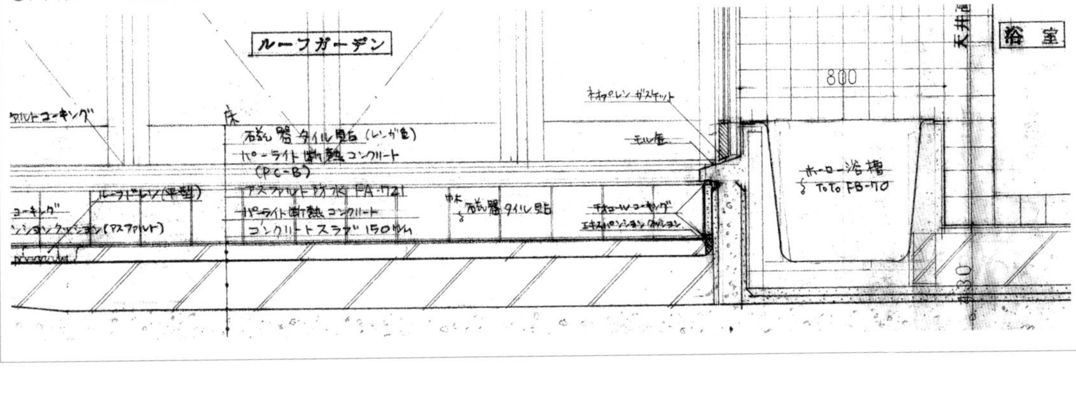

平面詳細を描く

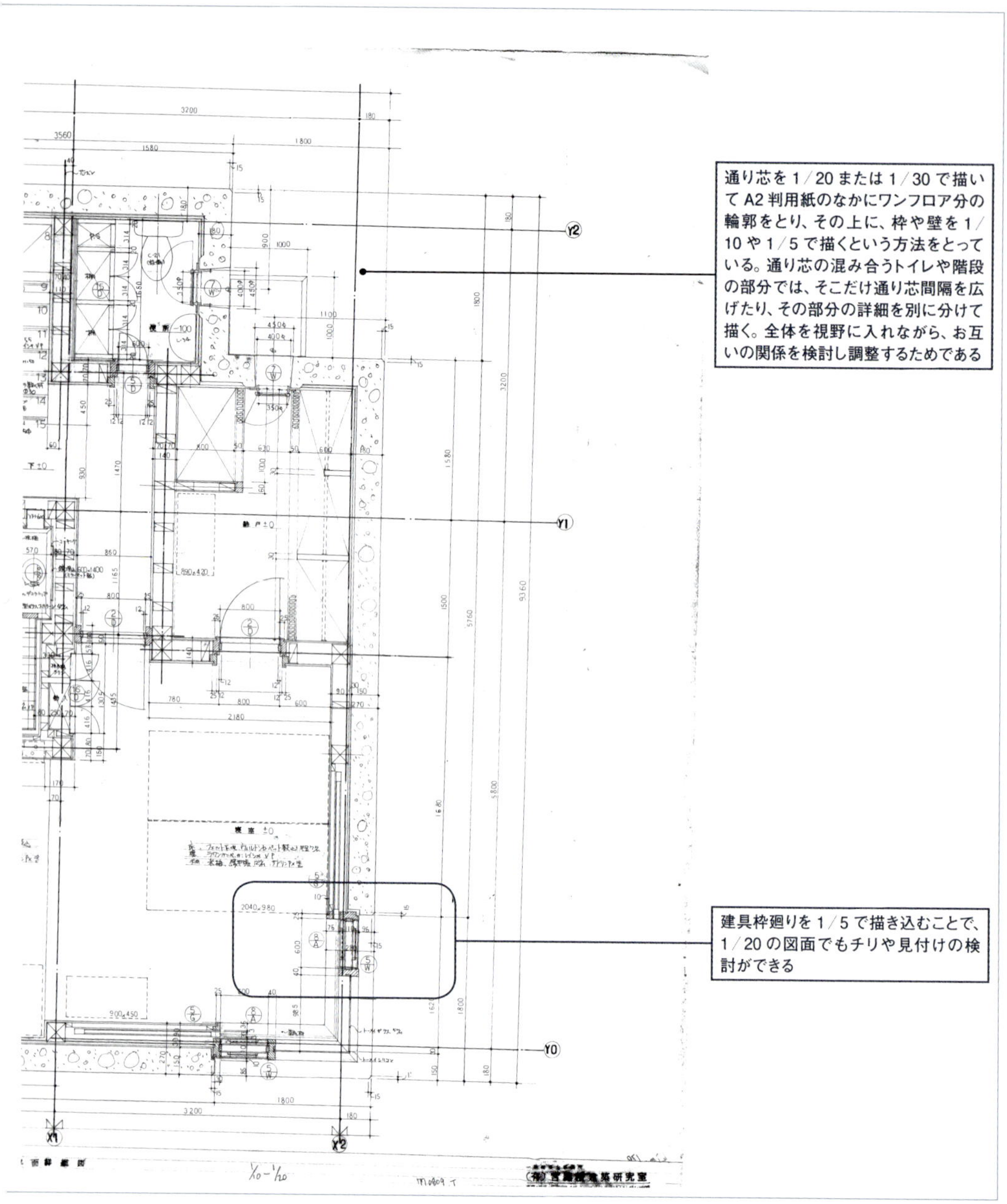

通り芯を1／20または1／30で描いてA2判用紙のなかにワンフロア分の輪郭をとり、その上に、枠や壁を1／10や1／5で描くという方法をとっている。通り芯の混み合うトイレや階段の部分では、そこだけ通り芯間隔を広げたり、その部分の詳細を別に分けて描く。全体を視野に入れながら、お互いの関係を検討し調整するためである

建具枠廻りを1／5で描き込むことで、1／20の図面でもチリや見付けの検討ができる

矩計図が断面詳細図であるならば、平面詳細図があってもよいはずで、宮脇檀建築研究室では可能な限り実施設計図に平面詳細図を加えるようにしている（間に合わないときは施工図のときに描く）。

平面詳細図で伝えたいのは主に開口部の枠納まりで、これは1／50の平面図でもある程度表現できるが、チリや見付けの検討や情報は1／5や1／10くらいのスケールでないと表現しきれない。建具と枠が一体になっている既製のサッシや建具を使う場合は、額縁の部分にいろいろ手を加えない限り枠廻り詳細を特別に描くことはないが、造作仕事とした場合にはそれが必要となる。木造の場合は、上棟すると直ちに必要になるので、あらかじめ実施設計図に含めておきたい。各開口部ごとに取り出した枠廻り詳細図としてまとめる方法もあるが、全体を視野に入れ、お互いの関係を検討し調整するためには、1枚の用紙にワンフロア分まとめて描いてあるに越したことはない。

宮脇檀建築研究室では、住宅の設計図はA2判にまとめたいので、通り芯を1／20または1／30で描き、用紙のなかにワンフロア分の輪郭をとった上に、枠や壁を1／10や1／5で描く方法をとっている。通り芯の混み合うトイレや階段の部分は、そこだけ通り芯間隔を広げたり、その部分の詳細を別に描いたりする。

❶「木村ボックス」平面詳細図｜S=1:20を25%縮小

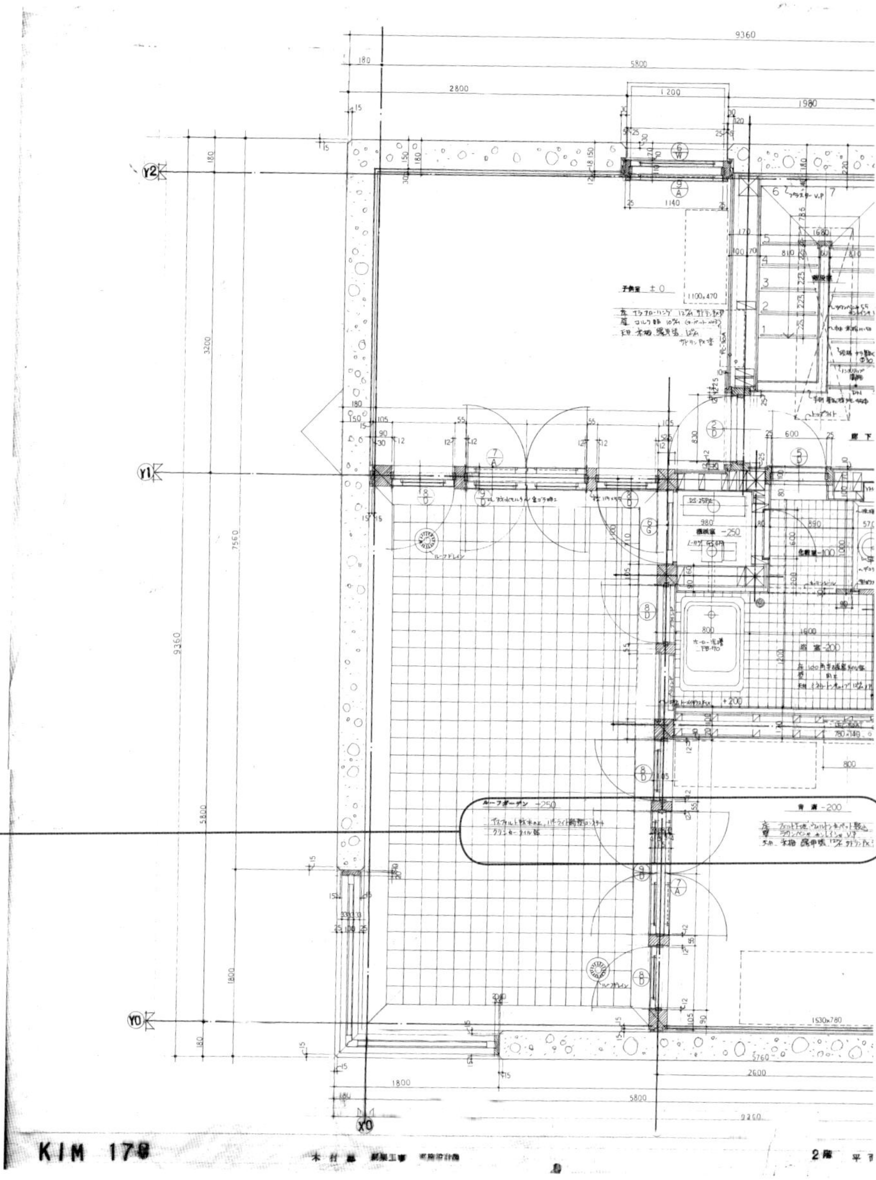

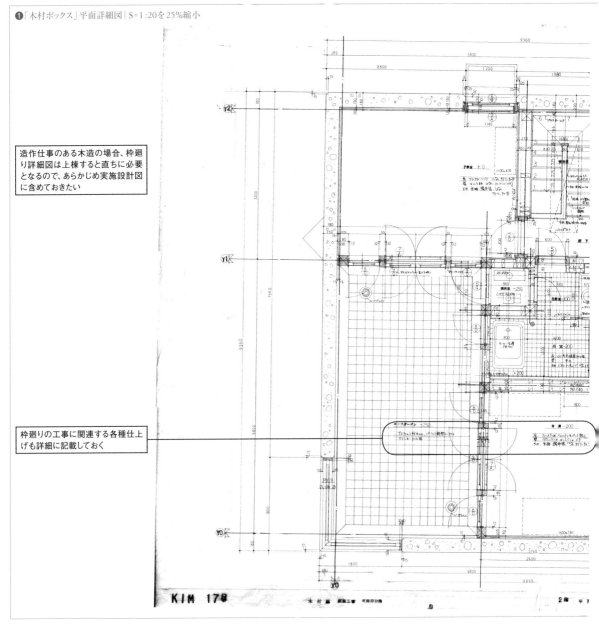

造作仕事のある木造の場合、枠廻り詳細図は上棟すると直ちに必要となるので、あらかじめ実施設計図に含めておきたい

枠廻りの工事に関連する各種仕上げも詳細に記載しておく

❷「木村ボックス」平面詳細図｜S=1:20を60%縮小

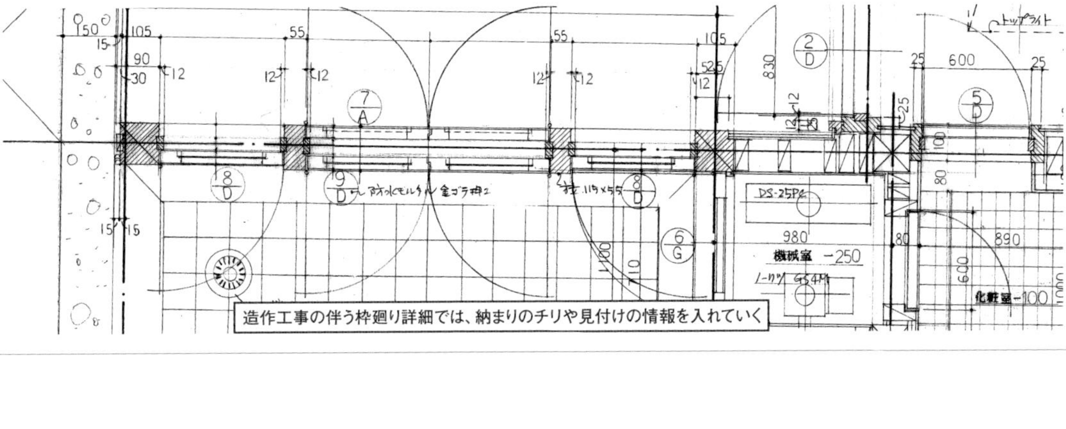

造作工事の伴う枠廻り詳細では、納まりのチリや見付けの情報を入れていく

部分詳細は1／1で検討

❶「木村ボックス」部分平面詳細図｜S=1:1を30%縮小

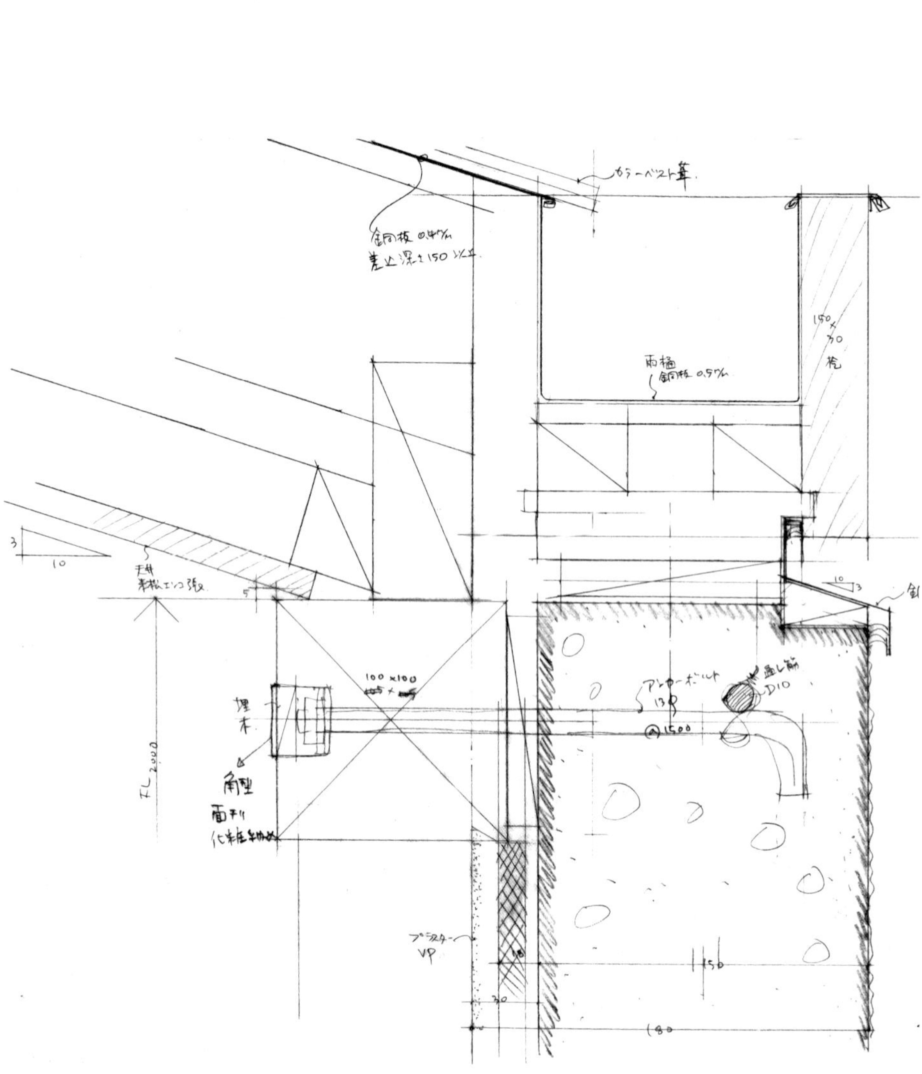

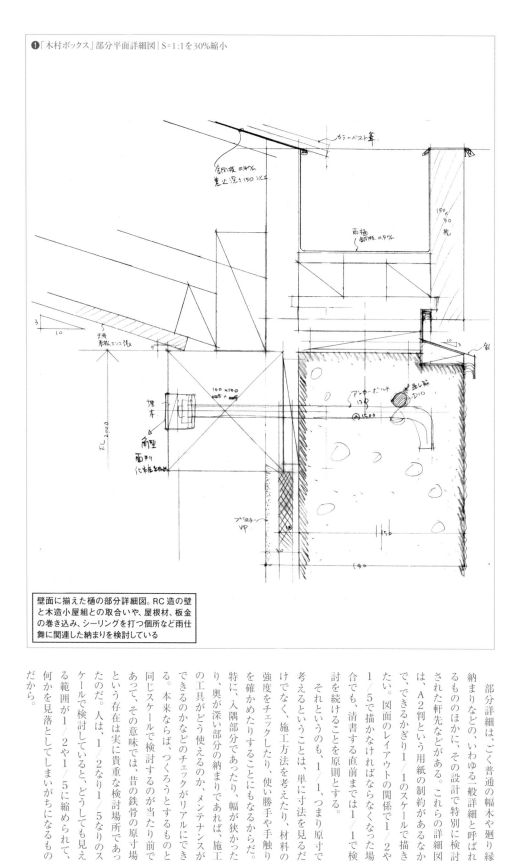

壁面に揃えた樋の部分詳細図。RC造の壁と木造小屋組との取合いや、屋根材、板金の巻き込み、シーリングを打つ個所など雨仕舞に関連した納まりを検討している

部分詳細は、ごく普通の幅木や廻り縁納まりなどの、いわゆる一般詳細と呼ばれるもののほかに、その設計で特別に検討された軒先などがある。これらの詳細図は、A2判という用紙の制約があるなかで、できるかぎり1／1のスケールで描きたい。図面のレイアウトの関係で1／2や1／5で描かなければならなくなった場合でも、清書する直前までは1／1で検討を続けることを原則とする。

それというのも、1／1、つまり原寸で考えるということは、単に寸法を見るだけでなく、施工方法を考えたり、材料の強度をチェックしたり、使い勝手や手触りを確かめたりすることにもなるからだ。特に、入隅部分であったり、幅が狭かったり、奥が深い部分の納まりであれば、施工の工具がどう使えるのか、メンテナンスができるのかなどのチェックがリアルにできる。本来ならば、つくろうとするものと同じスケールで検討するのが当たり前であって、その意味では、昔の鉄骨の原寸場という存在は実に貴重な検討場所であったのだ。人は、1／2なり1／5なりのスケールで検討していると、どうしても見える範囲が1／2や1／5に縮められて、何かを見落としてしまいがちになるものだから。

❷「木村ボックス」仕事室部分断面詳細図 | S=1:1を23%縮小

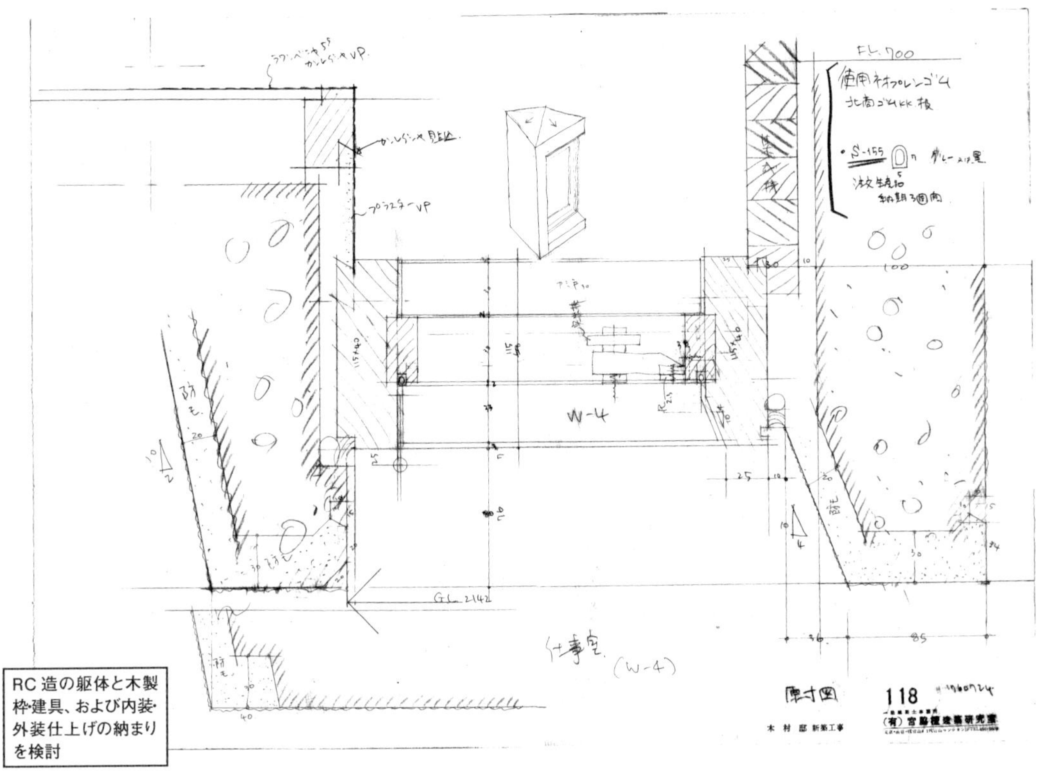

RC造の躯体と木製枠・建具、および内装・外装仕上げの納まりを検討

❸「木村ボックス」食事室・寝室部分平断面詳細図 | S=1:1を23%縮小

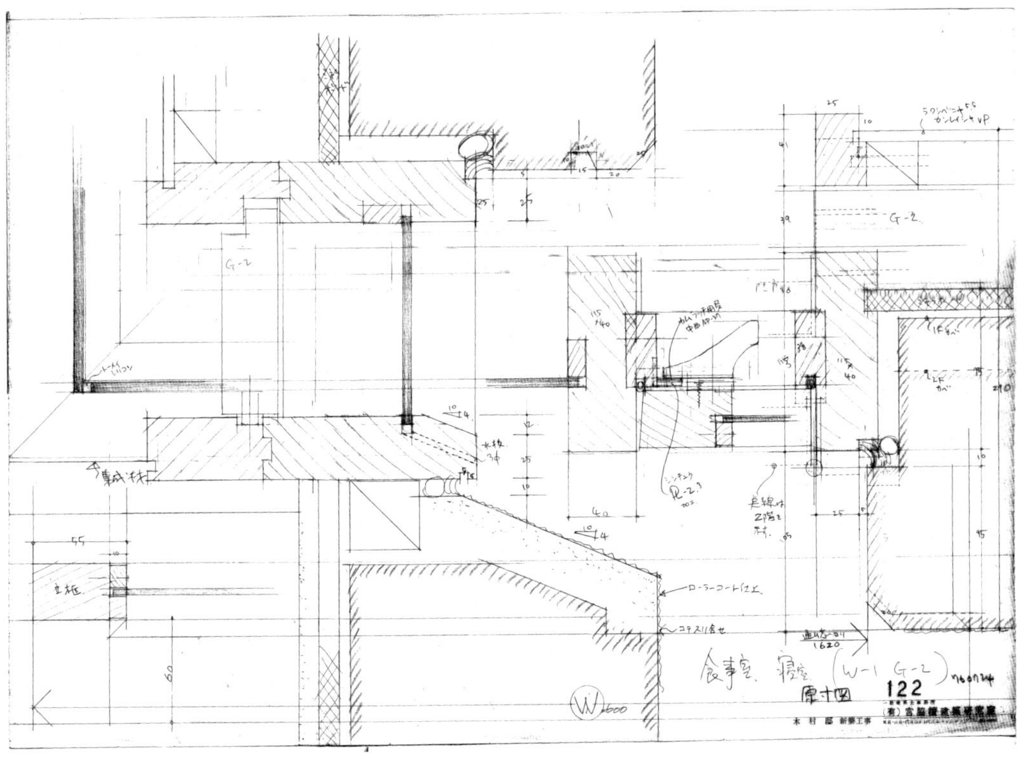

展開図や伏図にも設備情報を

❶「町田の家」台所展開図｜S=1:50を80%縮小

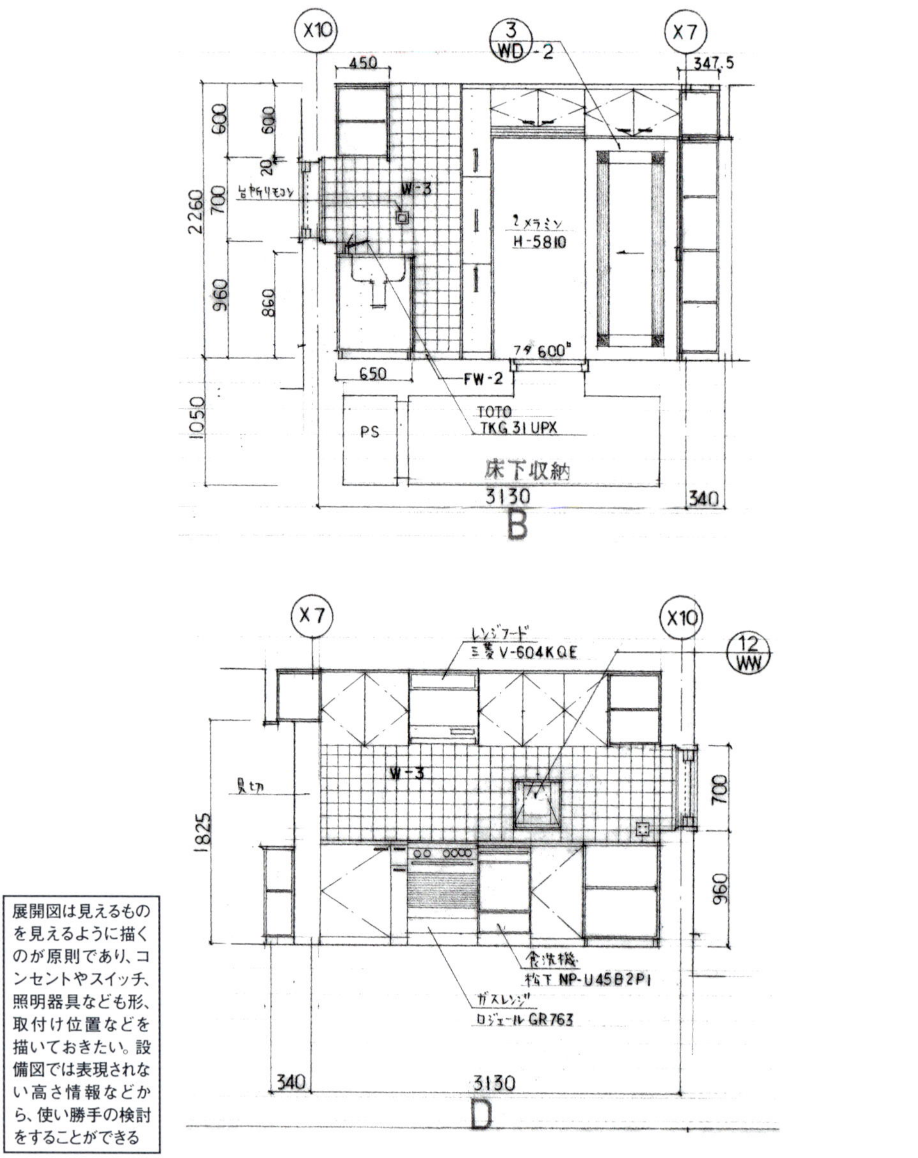

展開図は見えるものを見えるように描くのが原則である。展開図にほしい情報は、壁面の仕上げについて、面積や範囲、材料が切り替わるならその位置などについてだが、建具やコンセントやスイッチ、あるいは照明器具などすべて描いてあると、部屋のプロポーションを検討したり、設備の使い勝手の検討にも利用できる。

設備図を見れば、設備の個数や系統などの情報は分かるが、取付け位置、とりわけ高さの情報は設備図だけでは分かりにくく、使い勝手の検討などは、ほかの要素との関係が読めないのでよく分からない。そこで、設備図の情報を展開図に入れてやると、いろいろな関係が見えてくるし、設備図では気付かなかった場所にスイッチやコンセントや照明などがあると、より使い勝手がよくなることが分かったりする。

納める予定の置き家具も、サイズが分かっていれば展開図に描き込んでやると、スイッチやコンセントなどとの位置関係を調整することができる。

天井伏図にも設備情報を描き込むことは必要で、照明器具やエアコン、あるいは点検口や換気扇などを描くと、位置の調整や、下地や天井懐との取合いなど検討できる要素がたくさんある。

❷「町田の家」展開図｜S=1:50原寸

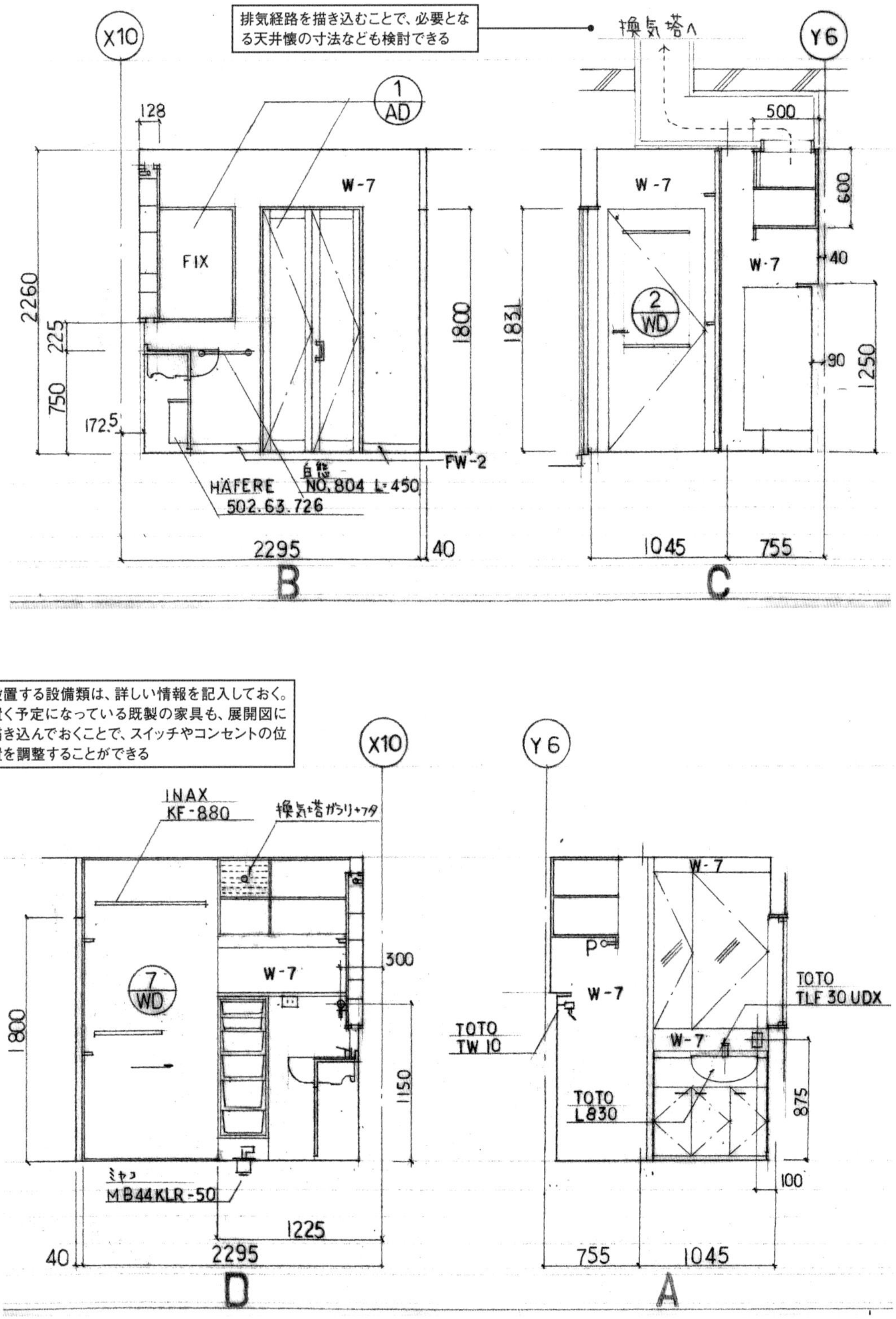

排気経路を描き込むことで、必要となる天井懐の寸法なども検討できる

設置する設備類は、詳しい情報を記入しておく。置く予定になっている既製の家具も、展開図に描き込んでおくことで、スイッチやコンセントの位置を調整することができる

宮脇流スケッチ術を学ぶ

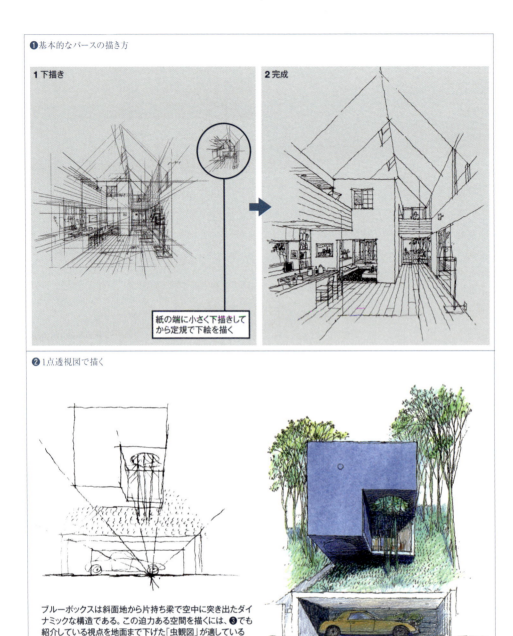

❶基本的なパースの描き方

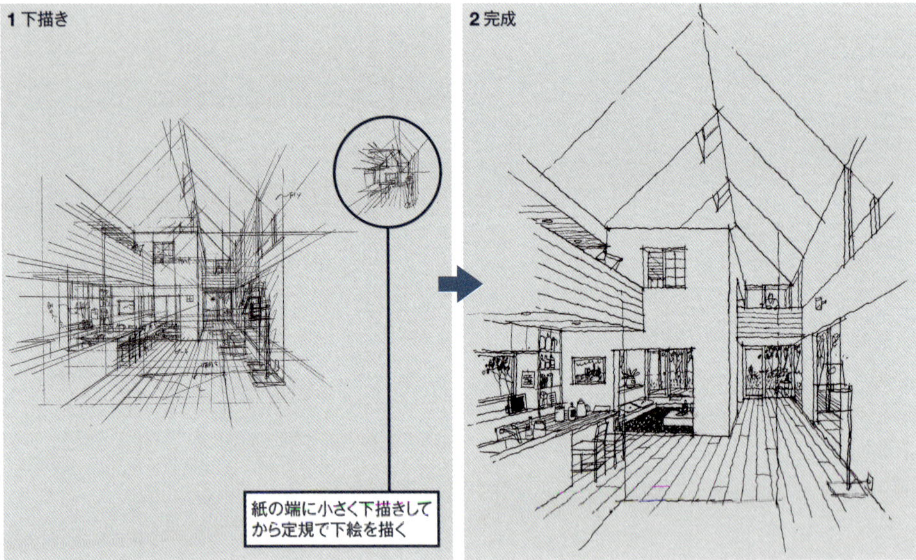
1 下描き
紙の端に小さく下描きしてから定規で下絵を描く
2 完成

❷1点透視図で描く

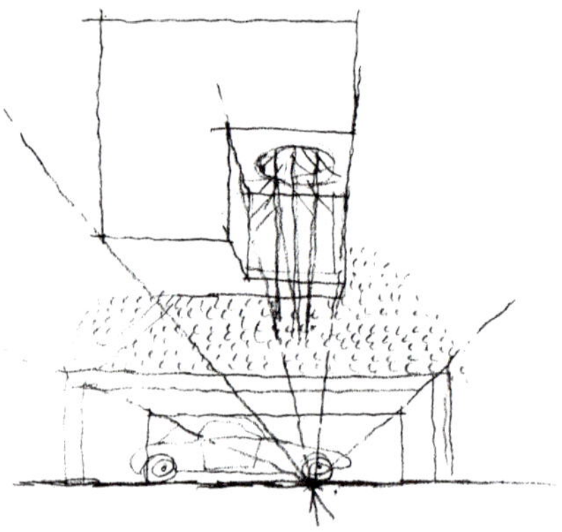

ブルーボックスは斜面地から片持ち梁で空中に突き出たダイナミックな構造である。この迫力ある空間を描くには、❸でも紹介している視点を地面まで下げた「虫観図」が適している

宮脇は、画家の父とアップリケ作家の母という芸術一家に生まれた。そんな血を継いだのか、絵もうまかった。その才能と技術は建築設計のなかで大いに役立ったと思う。建築の形態や空間を正しくチェックできるし、またクライアントに対してのプレゼンテーションにも有効だった。ときには、われわれが見やすいように逆さまにスケッチを描いて説明してくれた。こうしたパフォーマンスをクライアントの前でもやったというから、さぞかしクライアントも驚いたことだろう。

そうした技術は、学生時代に雑誌『モダンリビング』のイラストを描くアルバイトで磨きをかけた。「イスを100脚描くアルバイトをしたら、どんなイスでも描けるようになった」という話を聞いたことがある。そして「金を稼ぎながら絵を習う。これがスケッチの一番の上達法」ともいっていた。しかし、これは絵がうまいから仕事ができたのだ。要は、懸命に描くことと、数をこなす以外に上達の道はないということだ。

宮脇流スケッチには、いくつかの技法的な特徴がある。すべて宮脇が発明したものではないが、よく多用していた。筆者も教えてもらって、ずいぶんと表現の幅が広がった記憶がある。それでは、ま

❸虫の視点で描く「虫観図」①

俗に「虫観図」といわれているアングルである。これは「鳥瞰図」をもじった名称で、地面を歩く虫の視点から見たパースである。つまりGL上に焦点を取る構図になる。虫が地面を歩いているときはおそらく、地面は1本の地平線に見えるに違いない。
また宮脇は「地面の様子を描かなくていいから、早くかけるのだ」ともいっていた。これは筆者が独立して間もない頃に描いた基本設計図段階での「虫観図」である

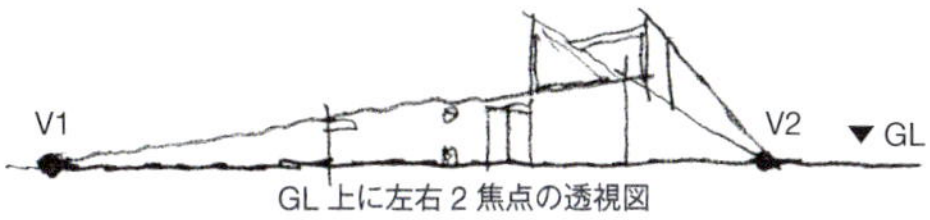

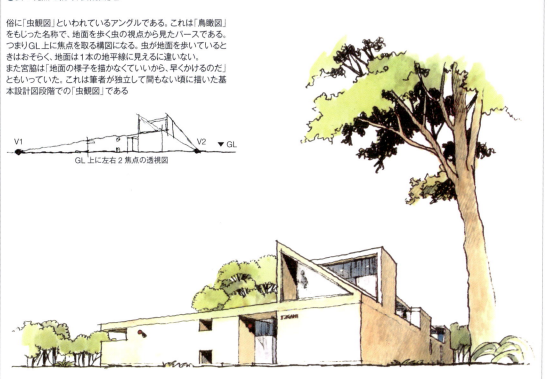

GL上に左右2焦点の透視図

❹虫の視点で描く「虫観図」②

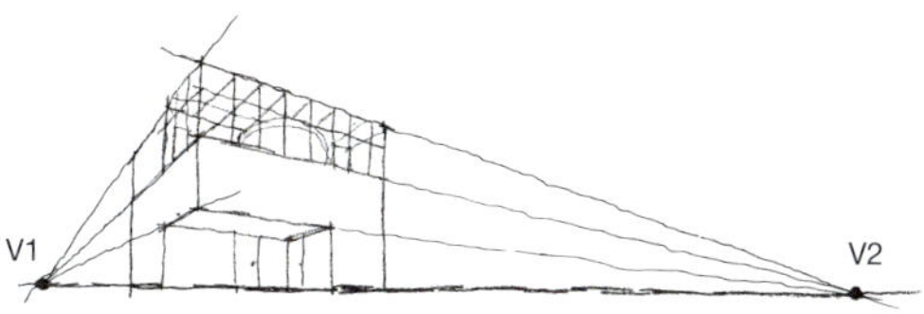

立方体のなかに限界ともいえるまでに単純化した空間を押し込めた狭小住宅だが、視点を低くすると、迫力ある構図が得られる

❺「上下２点透視図」を描く①

普通の構図では、水平線上に２つの焦点をとる。これは「奥行」と「幅」にだけ焦点をもたせる方法だが、この「上下２点透視図」は垂直方向に「奥行」「高さ」の２つの方向に焦点をとることによって、建物やインテリアを俯瞰した構図ができるのだ。平面図を基本にした１点透視図の俯瞰図よりも、視点が斜めになってはるかに見やすくなる

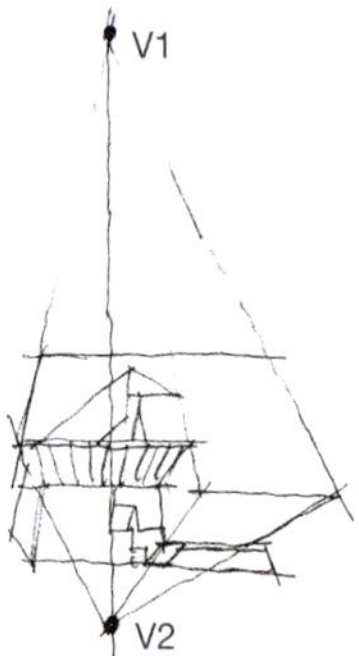

垂線上に上下２焦点をとる透視図

❻「上下２点透視図」を描く②

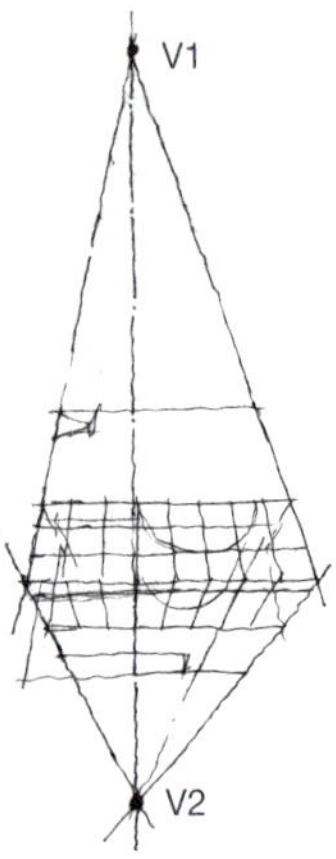

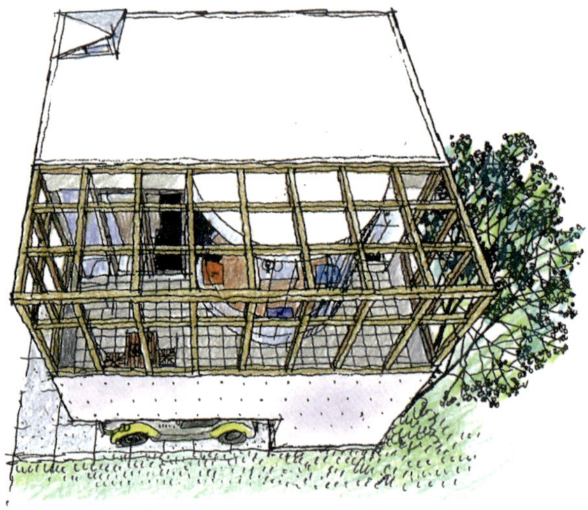

「横尾ボックス」の外観を特徴づけるものに格子状のフレームがある。このアングルでスケッチするとフレームに囲われた円形の居間とベランダの様子が表現できるのだ

ず基本的なスケッチの方法を紹介しよう［❶］。

まずは、自分がイメージしたアングルを画面の端に小さく下描きする。次に簡単に焦点を取り、定規で大まかな空間を描く。それを下描きにしてトレーシングペーパーにフリーハンドで清書をする。さっと描いているようだが、1本いっぽんの線に命を吹き込むようにていねいに仕上げていくのだ。

そのようにして描いた宮脇のスケッチは外観内観を問わず、夢と生活感が溢れていた。食卓の上には必ず、食器やワインのボトルとグラスが置かれ、壁には絵や時計が掛けられ、また棚には食器やテレビなども描かれていた。そして、それらの家具や小物のデザインにもこだわり、名作のイスやテーブル、読みかけの雑誌まで描き込むこともあった。「ちゃんとそのものの写真を見て描け」とよくいわれた。頭のなかのイメージだけで描くと、空間に現実味が失われてしまうからだ。

それでは応用として、いくつかの宮脇流スケッチ技法を述べてみようと思う［❷～⓭］。この宮脇のスケッチ作成術を一読してから、宮脇自身で描いたプランやパースを見ていただければ、違った視点で宮脇作品を鑑賞できるはずである。

❼パースを「ベタ」で締める①

宮脇がアルバイトでスケッチを描いていた時代、雑誌もカラー頁は少なかったに違いない。白黒の線描だけではスケッチに迫力が出ない。そこで、床や扉を太いペンでぐりぐりと円を描きながらベタ塗りにする。するとスケッチがぐっと締まるのだ。
これは壁ではなく必ず床にするのがコツだ。また、床にベタが使えない場合は、部屋に掛けられた額縁やテレビの画面などを塗りつぶす。色が使えるときには、強い色で同じように塗りつぶすとよい

❾「影」をつけて見やすくする①

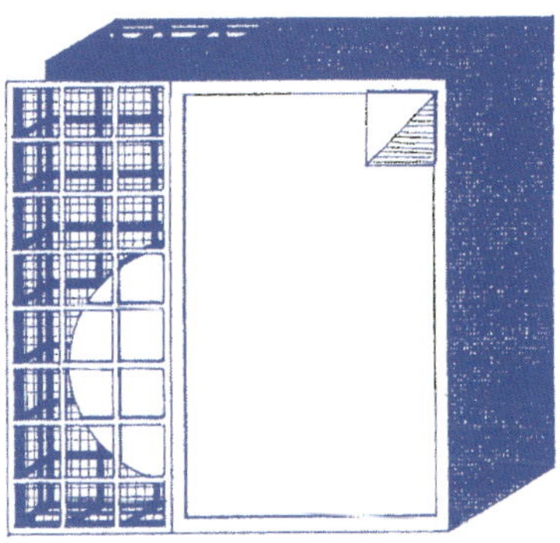

これは「横尾ボックス」の屋根伏図である。影を付けることによって単純な平面も立体に見えてくる

❽パースを「ベタ」で締める②

❼と同様に、床をベタで塗ると図として安定する。また、ドアや壁に掛けられた絵をベタで塗りつぶしてみると、図全体が締まってくるのだ

⑩「影」をつけて見やすくする②

スケッチでも図面でも「影」をつけることによって立体的に見え、表現力が格段に増す。筆者の若いころには影のない図面など描かなかったが、最近は影のついた図面を見る機会が少なくなった。
それでは図面全体がやわで淡泊になり、メリハリがつかない。そんな傾向を宮脇は常に嘆いていた。筆者も一緒に教鞭をとっていた学校ではよく「影のつけ方を徹底的に教えろ」と強くいわれたものだ

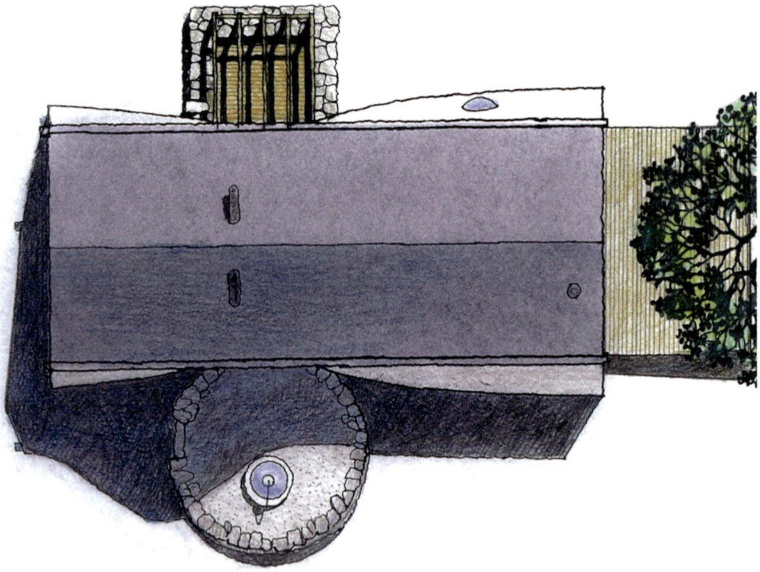

⑪「旅先で描く」ことで心地よいスケールを極める

(1) 旅先のスケッチ①

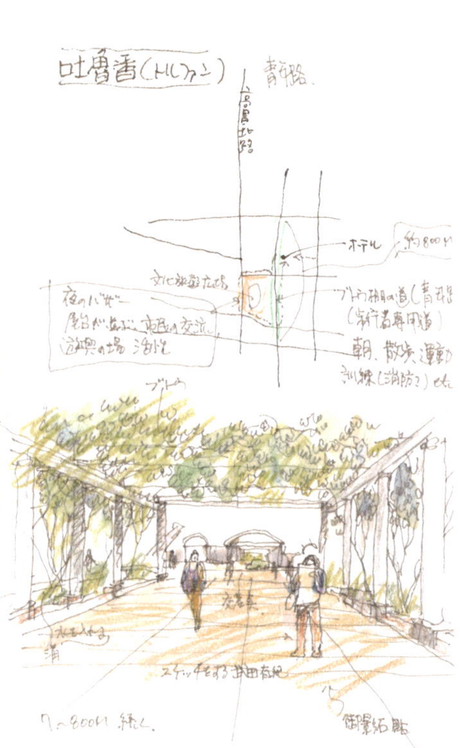

(2) 旅先のスケッチ②ホテルの部屋

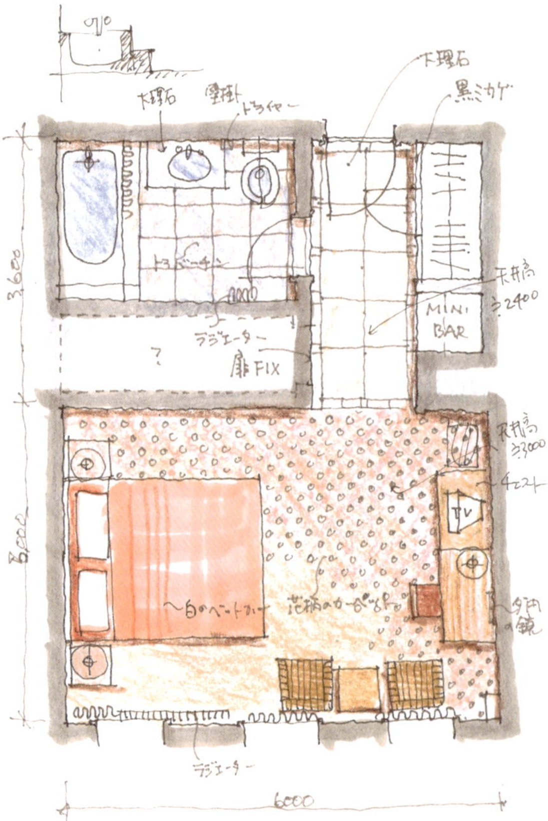

宮脇が描く旅先でのホテルの実測図はよく知られている。これは宮脇だけでなく、旅好きの人たちがよくすることだが、ひときわ宮脇流は徹底している。それも、いい加減に目測だけで描くのではなく「ちゃんと測って」描くのである。これは世界共通の使い心地のよいスケールや美しいプロポーションを知り、極めるためだったのである

⓬宮脇建築を実測する①

「船橋ボックス」キッチン実測図。ミリ単位で設計されたといわれるキッチンのスケッチ

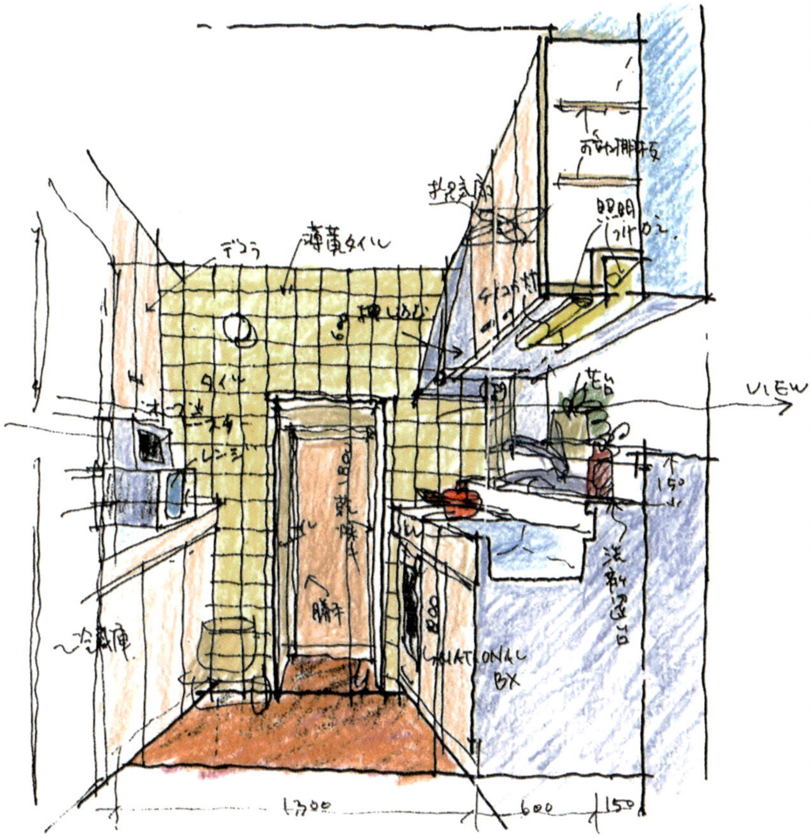

⓭宮脇建築を実測する②

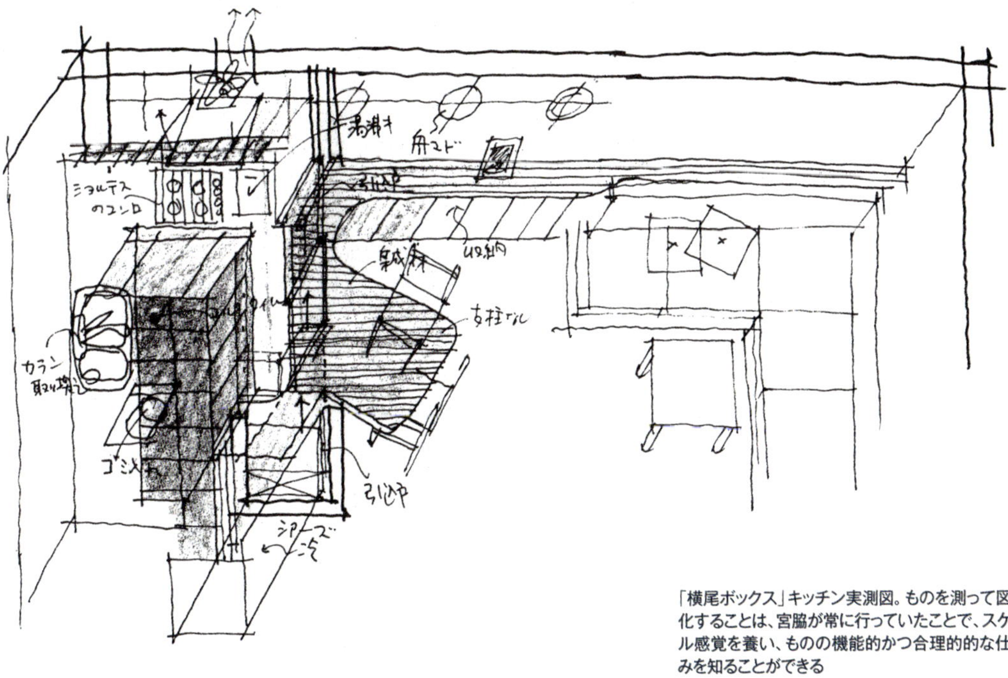

「横尾ボックス」キッチン実測図。ものを測って図面化することは、宮脇が常に行っていたことで、スケール感覚を養い、ものの機能的かつ合理的な仕組みを知ることができる

宮脇檀研究室のできごと［1］

1969-1974

宮脇檀建築研究室では、毎年その1年間の研究室内のさまざまな出来事を1枚の紙にまとめ、建て主を含む関係者に毎年年賀状代わりに送っていた。ここではそのなかの一部を紹介しよう。

1964

2月 ● 朝吹建築設計事務所退職
3月 ● 一級建築士事務所宮脇檀建築研究室開設
4月 ● 法政大学工学部建築科非常勤講師就任
8月 ● 有限会社一級建築士事務所宮脇檀建築研究室と改め発足
● 浪速芸術大学綜合計画コンペ応募落選

1965

● 事務所移転。渋谷区猿楽町12代官山コーポラス
● 協同デザイン集団「Group5」結成
● サンフランシスコ中央広場コンペ応募落選
● 学会都市計画分科会再開発部会参加

1966

4月 ● 大行征入所
5月 ● 吉松真津美入所
8月 ● 河合詳三退所
● 中山繁信入所

1967

4月 ● 中山繁信退所
5月 ● 住宅雑誌「すまい」編集企画を開始（67年後半及び68）
7月 ● 宮脇檀、欧州8カ国都市及び建築調査旅行（40日）
12月 ● EXPO'70基幹施設サブ広場設計グループで作業開始

1968

1月 ● 宮脇檀、EXPO'70基幹施設設計グループに選ばれる
● 宮脇照代、住宅雑誌「すまい」を再編成・企画、年間計画及び編集始まる
4月 ● 加古智子入所
6月 ● 椎名英三入所
10月 ● 上住常喜退所
11月 ● 大行征退所

1969

1月 ● 石田信男入所
3月 ● 宮脇檀、新建築主催「ヨーロッパの都市と建築をたずねて」欧州視察旅行コーディネイターを務める
● 宮脇照代、欧州8カ国都市・建築及びインテリア視察旅行
4月 ● 東芝普及部住宅関係キャンペーン「住まいを考えよう」開催。山崎健一入所
7月 ● 千駄谷新事務所に移転
● 宮脇檀・宮脇照代、サンケイハウジングセンター顧問に就任
9月 ● 宮脇檀、アメリカ都市建築視察旅行、一人旅
10月 ● 勧銀ハウジングセンター機関誌「家づくり」の企画と年間計画及び編集開始「家づくり」のための編集Sectionを設置
● 丹沢鈴代・小久保世紀嘱託として入所
● 藤江和子・大塚圭子入所
● 宮脇檀「KKスペース」オーガナイザーに就任

1970

1月 ● 6日仕事はじめ
4月 ● 宮脇檀、新建築アメリカ視察団長に六角正広氏らと
5月 ● 秋田相互銀行の黄色い箱盛岡支店オープン。宮脇・椎名コーフン
9月 ● 松屋グッドデザイン賞に「もうれつたんくとしんくたんく」出品
10月 ● 真鶴バーベキューパーティー。定例に

1971

1月 ● 「彩られた街」（週刊朝日フリースペース）連載開始
● 第一勧銀ハウジングセンター顧問事務所となる
● アルキテクスト・ポスターできあがる
3月 ● ブルーボックスハウス竣工
4月 ● 宮脇檀、共立女子大家政学部講師就任
5月 ● 合歓の郷の所員旅行
● 「すまいのポイント」（日本経済新聞）連載開始
6月 ● 殖産ハウジングサロン完成
● 「家づくり72」企画おわる
7月 ● 秋田相互銀行二ツ井支店竣工
● 秋田相互銀行東京支店完成
8月 ● 兵庫県庁の依頼を受けて室津、篠山のデザインサーヴェイを行う
9月 ● 宮脇檀、建築評論72作品評担当者となる
● 太平洋興発インテリアセミナー開始
10月 ● 恒例バーベキュー大会
● 「家づくり72」編集・執筆開始
11月 ● 宮脇檀、建築家協会京都大会で実行委員をつとめる
● 宮脇檀、建築家協会教育委員長としてセミナーを行う
12月 ● 渋谷税務所より定期審査を受ける
● 椎名英三、一級建築士に合格
● 27日仕事おさめ

1972

1月 ● 6日仕事はじめ
● 高尾宏入所
● 山下和正・山本英夫妻とリートフェルト商会を始める
2月 ● 住宅地サーベイ開始
3月 ● リートフェルト商会第1作「レッドアンドブルーチェア」完成
● 小久保世紀退所
4月 ● 落合映入所。石原由利「家づくり」編集担当のため嘱託として入所。所員14名となる
● オースチンミニ購入、車計3台となる
5月 ● 所員旅行、北海道5泊6日ドライブ旅行
● 宮脇照代、エウロドムス・スカンジナビアファニチャフェア視察
6月 ● 宮脇檀、「八王子セミナーハウス」デザインサーベイシンポジウムに参加
● 大塚圭子結婚
7月 ● 秋田相互銀行支店工事のため秋田分室設置 山崎健一・高尾宏を常駐に
8月 ● 宮脇檀、インターナショナルサマーセッション欧州旅行団団長をつとめる
9月 ● 大塚圭子退所、丸山和子入所
10月 ● 宮脇檀、人間ドックに入る。ALL NOMAL
● 恒例バーベキュー大会150名の盛会
● 「家づくり72」編集を終り、編集セクション解散、丹沢鈴代、石原由利 退所
12月 ● 宮脇照代、ハードウェア商会「パーツ屋」を開業
● 28日仕事おさめ

1973

1月 ● 8日仕事はじめ
2月 ● インテリア分室を開設
3月 ● 3日宮脇照代、ハードウェア商会SHOPを開設
4月 ● 宮脇檀・石田信男中近東ギリシャへ
● 落合映、正所員となる
● 近藤元子入所
● 榎本彰、準所員として入所
5月 ● 所員旅行、5泊6日15名のレジャー施設の研究
● 独WOHNEN社取材来社
6月 ● 一連のヴェルデサラダショップ竣工
7月 ● 椎名英三、ヨーロッパ派遣
● リートフェルトのたなばたの会
8月 ● 9日間の夏休み。宮脇一家は北海道キャラバン
● 小林裕美子、準所員として入所
9月 ● 椎名英三、47日間の旅を終えて帰国
● 加瀬寿子、準所員として入所
10月 ● 恒例バーベキュー大会。200人を越す盛会
● YMCA建築研究セミナーを企画開催
11月 ● 所員による就業規定草案作成
● 丹波篠山町保存について現地打合せ
12月 ● 丸山和子退所
● 事務所代官山マンションへ移転
● 「都市住宅」住宅特集第5集に一連の住宅発表
● ディテール誌39号に今日の住宅ディテール32頁特集

1974

1月 ● 7日代官山の新事務所にて仕事はじめ
● 11、14日代官山事務所オープニングパーティー
3月 ● 8日宮脇照代、インテリア研修旅行団団長として渡欧
● 30日高尾宏、結婚唯一の妻帯者となる
4月 ● 6日宮脇檀、2回目の中近東旅行。団長
● 加瀬寿子・小林裕美子・榎本彰、正所員となる
5月 ● 31日東事務所・鈴木事務所スタッフ等を招いて旅行のスライド会
6月 ● 11日宮脇照代、フランス及びポーランドへ
8月 ● ジャガーマークⅡ、B.M.W.2800CSに代る
● 8日建築家協会野球大会 吉村順三事務所との連合チームで惨敗
● 17日〜25日事務所恒例夏休み
9月 ● 宮脇檀、文化庁文化映画「宿場町」製作委員となる
10月 ● 2日宮脇檀、建築家協会第5回大会パネリストとして出席
● 10日恒例バーベキュー大会 不況にもかかわらず決行
● 12日山崎健一、東欧及びフランスへ
● 秋田相互銀行河辺支店竣工
● 秋田相互銀行家具、倉俣史朗氏と協同で統一デザインまとめる
11月 ● 1〜13日宮脇照代 松屋デザインギャラリーにおいてハードウェア商会の仕事。創る・造る・作る・住む展を開く
12月 ● 27日仕事おさめ

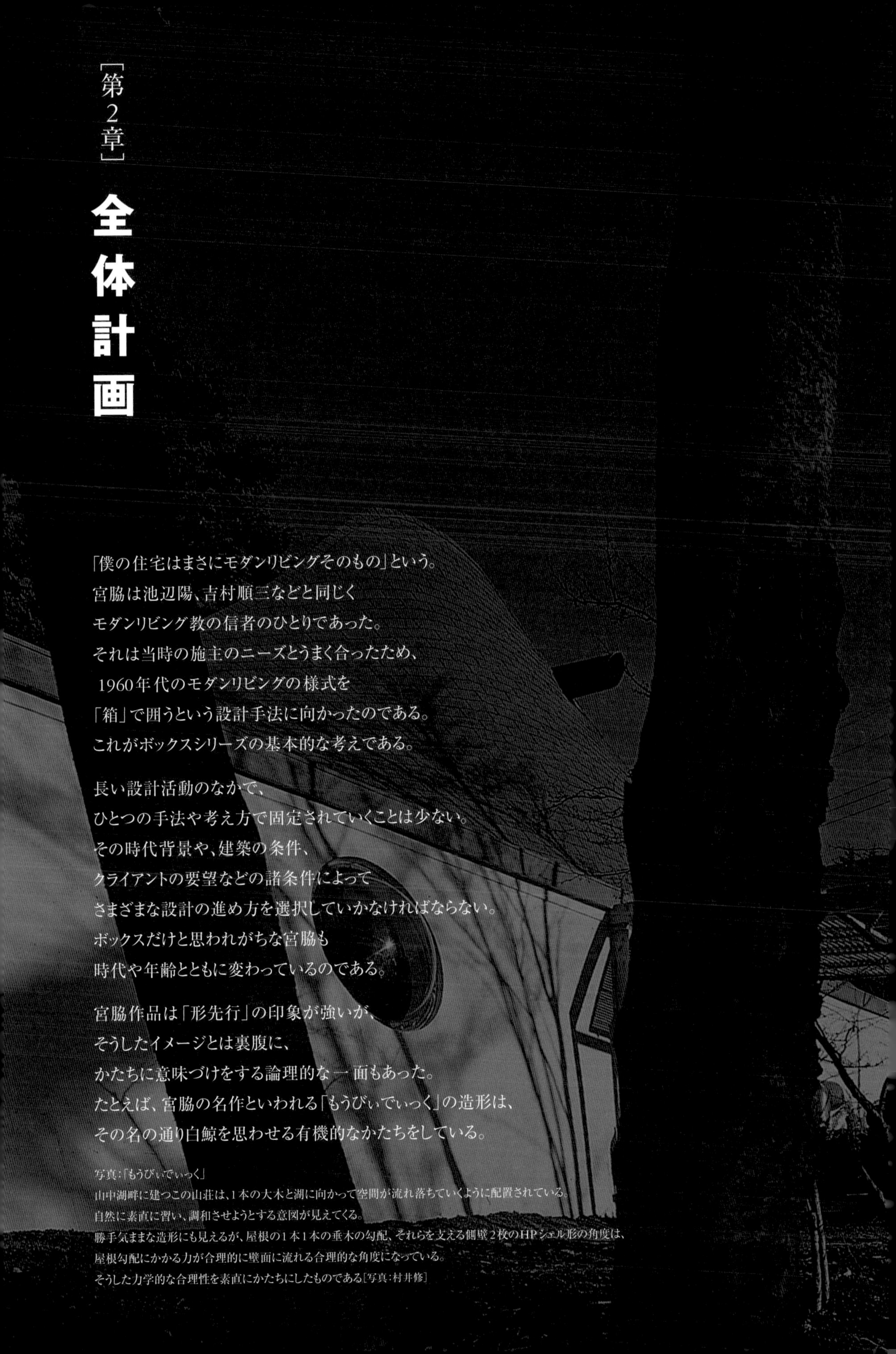

［第2章］

全体計画

「僕の住宅はまさにモダンリビングそのもの」という。
宮脇は池辺陽、吉村順三などと同じく
モダンリビング教の信者のひとりであった。
それは当時の施主のニーズとうまく合ったため、
1960年代のモダンリビングの様式を
「箱」で囲うという設計手法に向かったのである。
これがボックスシリーズの基本的な考えである。

長い設計活動のなかで、
ひとつの手法や考え方で固定されていくことは少ない。
その時代背景や、建築の条件、
クライアントの要望などの諸条件によって
さまざまな設計の進め方を選択していかなければならない。
ボックスだけと思われがちな宮脇も
時代や年齢とともに変わっているのである。

宮脇作品は「形先行」の印象が強いが、
そうしたイメージとは裏腹に、
かたちに意味づけをする論理的な一面もあった。
たとえば、宮脇の名作といわれる「もうびぃでぃっく」の造形は、
その名の通り白鯨を思わせる有機的なかたちをしている。

写真：「もうびぃでぃっく」
山中湖畔に建つこの山荘は、1本の大木と湖に向かって空間が流れ落ちていくように配置されている。
自然に素直に習い、調和させようとする意図が見えてくる。
勝手気ままな造形にも見えるが、屋根の1本1本の垂木の勾配、それらを支える側壁2枚のHPシェル形の角度は、
屋根勾配にかかる力が合理的に壁面に流れる合理的な角度になっている。
そうした力学的な合理性を素直にかたちにしたものである［写真：村井修］

宮脇檀建築研究室の進め方

**これは私、宮脇檀とその組織である宮脇檀建築研究室に
初めて設計を依頼される方に読んでいただくためのパンフレットです。
何故こんなものが必要なのか、
頼もうとしているから良いんじゃないかと思う方もいられるでしょう。少し説明をします。**

設計という作業は個人的な行為です——

もちろん建物には大規模なものもあり、延何千、何万という人間が参加してでなければ設計出来ないような大きな建築もあります。けれど物を創り出すという行為である限り、そこには必ず個人の意志による決定があります。大規模の場合はその個人の一つ一つの意志が沢山積み重ねられているというだけで本質的には変わらないものだと思います。

私の事務所のような個人組織ではことに個人の臭いが圧倒的です。私の事務所の作品は、私そのものです。どんな建物が出来るのかと問われる時、私のような建物が出来ますとお答えするのが一番正確だという気がしています。

それに建築の設計を依頼するという行為は、世間一般の買物とは少し違うのです。つまり一般の買物ならば物を見定め、様々な立場で評価を下し、その結果金を支払えば良いのです。

建築の設計は違います。たとえば青写真があったとしても、それはかすかな手掛かりになるとはいえ、決して出来上がる建物の総べてを現わしてはいません。正直なところ設計した本人にも全部はわかっていないのですが……。

その良くわからない、しかも相当思い切った投資を要する買物——建築設計——の際、それでは一体何を手掛かりにすれば良いのでしょう。一生に一度の機会かもしれません。ミスをしたくないはずです。

その時唯一の価値の基準が設計者当人なのです。彼が良くやる人か、たよりになるか、やる気を持ってくれるか、信頼出来るか、それだけしか頼りになるものはないのです。キャリアもありますが、あまり問題にはなりません。ある種の建物の経験が多いことは、確かに一種の保証にはなりますが、慣れによる定型化に満足出来ない場合もあり得るでしょう。初めての種類の建物でも、本人がやる気になればある線まで、またはそれ以上充分満足出来るものになるでしょう。やはり設計者本人の素質、人となり、やる気が一番のポイントです。そしてまたずっと先に出来上がる見えないもの——建物——を保証してくれるものとしてのその人を信頼出来るか出来ないかも重要なポイントになります。その人そのものしか当てにならないとすれば、その人が信頼出来なければ仕事は頼めなくなるのです。設計者と依頼者は、ただこの信頼感だけで繋がっているのです。

「この男なら信頼できる、やらせよう」という依頼者と、「その依頼に応えよう」という設計者のコンビがあって初めて良い建物が出来ます。正直いって信頼されなければ、私の方からサッサとおりてしまいます。両者の信頼関係が成立しない限り良い建物は絶対出来ないのですから。そして良い建物を建てる以外に私達の目的はないからです。私の作品を見て下さい。私に会って話を聞いて下さい。顔つきが嫌いだったり、話し方が好きになれなかったり、などという小さな点でも信頼が持てそうもないきっかけになりそうでしたら、貴方も遠慮無くおりて下さい。作品の感じが自分に合わない時はもちろんです。

良い建物が出来なければ、貴方にとっては一生に何度かの大仕事、私にとっては限られた時間とエネルギーの浪費という二重のロスになってしまいます。

そこで貴方の相手、つまり私について、私の考え方について、できるだけ正確に知っていただきたい。その結果信頼が持てなければ設計を依頼しないですむようにと、以下のできるだけ正確にかつ客観的に——本人が書いているのですから限界があるのも承知の上で——考え方を述べた一文を読んで下さるようにお願いします。

研究室を開設して11年、次第に依頼者が増え、宮脇がこの文章を書いた1975年は、オイルショックの洗礼を受けたものの、住宅は堅調で相変わらず忙しかった。そんなおり、ある専門誌から執筆を頼まれた機会に、日頃から繰り返し話している「建築家に住宅を頼むときに、依頼主として知っておいてもらいたいこと」を文章にしておけば、依頼主への説明が楽になるし、納得もしてもらいやすい、と考え、パンフレット化することを前提でこれをまとめた。

ここでは、①設計という行為は、結局のところ個人の仕事であるから、②建築家個人を信頼してもらうしかない、③設計の作業のなかには、建築家の領分と依頼主の領分とがあるので、互いにそれを尊重しようと述べている。きわめてオーソドックスな建築家像を語っているのだ。

また、依頼を受けた場合、作業はこのように進める、と説明した刷りものも用意した。ここには、時系列で研究室側の作業と、依頼主側でやってもらいたいことがまとめてある。打合せと打合せの間の時間に、依頼主の見えないところで、研究室ではどんなことをしているのか、を説明し安心してもらい、依頼主に次の行動予定を立ててもらうのが目的である。

設計をどうすすめるか　宮脇檀建築研究室のやりかた

クライアント側にやってもらうこと	内容（日程の目安）	宮脇檀建築研究室のやること
●まず、宮脇に会うためのアポイントメントをとってください ●設計を依頼するかしないかを決めてください ●設計委託書に署名捺印の上、ご返送ください	設計　契約	●宮脇がお目にかかります。いろいろゆっくりお話ししましょう。作品を紹介します（掲載誌あるいは実物） ●宮脇も受けるか受けないか考えさせてもらいます ●設計委託書、受託書を作成、お送りします ・同時に、概算工事費に基づいて設計監理料の計算書を作成（算定基準は建設省告示第1206号） ・工事に関係して発生するであろう全費用の概算書作成 ・設計、および工事スケジュール表を作成、お送りします ・住宅計画調書もお送りします ●設計監理料の計算書に基づいて着手金をご請求します
●着手金をお振込ください ●住宅計画調書をご家族で書き込みの上、ご返送ください ●敷地測量図をご貸与ください。もし、お手元にない場合は、作成のご手配をお願いします（お心当たりない場合は、業者をご紹介します） ●計画の規模や構造によっては、地質調査や真北測定の報告書を必要とします。ご手配のお心当たりない場合は、業者をご紹介します	基本設計の開始 （　0日） ヒアリング	●敷地をみる ・現在のお住まいをみる。このとき、住宅計画調書の内容を確認したり補完する意味で、いろいろヒアリングを行います ・原則として、この時点で担当者を決めてご紹介します ●基本設計は次のことから始めます ・敷地のチェック ・法規制その他を役所などでチェック ・電気、ガス、電話等を関係官庁でチェック ・住まいのイメージの模索
●お持ち帰りになって、ご家族で検討していただきます	最初のプレゼンテーション （約30日後）	●1回目の提示 ・1/100程度の平面図、立面図、断面図と外観の透明図またはラフな模型を提出し、ご説明します
●お持ち帰りになって、ご家族で検討していただきます	ヒアリング	●提出案についてご希望を伺います ・ご希望をいれた修正案の提出、説明
	ヒアリング	●納得されるまで、これを何回でも繰り返しましょう。途中、手紙や電話のやりとりも結構です
●基本設計ご承認 ●基本設計料の残金をお振込ください	基本設計の終了（約90日後） 実施設計の開始	●基本設計料の残金をご請求します ●基本設計の見直しとともに、家具や収納物の納まりをチェックしながら1/50の平面図で財部の検討を始めます
●どんなに細かなことでもかまいません、いろいろなご注文をまとめてください ●基本設計のときと同じく、打ち合わせの過程で提出される図面をお持ち帰りになって、ご家族で検討していただきます。部分について変更のご希望があればお申し出ください	打ち合わせ	●打ち合わせは主として担当者が行います。手紙や電話のやり取りも結構です ●実施設計では ・クライアントと打ち合わせをしながら、細かい部分の詰めをします ・構造や設備について、協力設計事務所と打ち合わせをしながら、細部を決定します ・施工者が工事費を見積り、工事を段取るのに必要な図面を作成します
●申請書や委任状に署名捺印をお願いします	建築確認の申請	●実施設計図のなかには確認申請提出に必要なものが含まれています。通常は実施設計が後半にかかった頃、確認申請の手続きをすすめます ・確認申請の手続きは宮脇檀建築研究室で行いますが、申請業務にかかる人件費等の業務報酬、申請手数料、交通費等は別途請求させていただきます ・役所の指導で部分的に設計内容の変更をすることがあります。このことは逐一ご報告します
●実施設計料をお振込ください ●心当たりの施工業者があればお申し出ください。なければ宮脇檀建築研究室でご紹介します	実施設計の終了 （約150日後）	●実施設計図の提出、説明。必要があれば模型を作成します ●実施設計料をご請求します ●施工業者に見積を発注
●施工業者を決定してください	見積書の査定	●施工業者より提出された見積書の内容（項目、数量、単価など）が適正であるかチェック、あわせて業者の適性を判断して、その結果をご報告します
●工事契約はクライアントと施工業者が直接結びます ●工事金額の支払い方法については直接業者と打ち合わせてください	工事の契約 （約180日後）	●契約には立ち会います ・契約は四会連合協定の工事請負契約約款を使います（四会とは日本建築学会、日本建築協会、新日本建築家協会、全国建設業協会です）
●地鎮祭をする場合はお申し出ください ●現場には時々顔をだし、職人に声をかけてください ●工事に関する質問や注文は、直接職人に言わず、必ず宮脇檀建築研究室を通してください ●設計の変更に関する話は、なるべく早くご相談ください	着工 地鎮祭	●建築確認の決裁が下りしだい着工します ●工事監理では ・設計意図を施工者に正しく伝えるため、施工者と入念な打ち合わせをします ・必要な図面（詳細図や施工図）をどんどんかきます ・施工者から提出される工程表、施工図、見本等をチェック検討し承認します ・工事の進捗状況をチェック確認します ●現場には宮脇または担当者が必要に応じて通います ・現場の状況は逐次ご報告します
●ぜひやりましょう。職人の労をねぎらい、無事竣工することを願う儀式です。なにをどうするかは施工業者と打ち合わせます ●工事監理料の中間金をお振込ください	上棟式 （約220日後） （木造の場合）	●工事監理料の中間金をご請求します ●使用する仕上げ材料の材質、色などについて、カタログ、サンプルをできるだけお見せします ●現場でお打ち合わせする必要が生じることがあります。そのときはご連絡しますので、よろしくお願いします
	竣工　検査	●施工業者の自主検査後、宮脇檀建築研究室で検査し、修正箇所を指摘し、再検査をします ・その後、役所検査があり、立ち会います ・この結果をご報告します
●立ち会いをお願いします ・気付かれたことがあればチェックしてください ・引渡証、鍵、竣工調書をお受け取りください ●施工業者から火災保険を引き継いでください ●工事監理料の残金をお振込ください	引渡 （約360日後） （木造の場合）	●機器などの取扱説明書、保証書、工事関係業者リストなどをまとめた竣工調書を施工業者に用意させます ・ご指摘の点について必要な処置をします
	アフターケア	●施工業者からでた追加変更工事精算書をチェックし、ご報告します ●工事監理料の残金をご請求します
	写真　撮影	●1カ月後をめどに初期段階での問題点をチェック、必要な処置をします ●1年後をめどに年間を通しての問題点をチェック、必要な処置をします ●記録保存および発表のため写真を撮らせていただくことがあります。ご協力をお願いします

設計調書で建築主が求める空間を知る

❶宮脇檀建築研究室の建築設計調書1

(3)現状の家族情報②

現在の家	1. 持ち家 2. 借家 3. その他	1. 一戸建　2. アパート 3. マンション 4.　その他	1. 木造 2. 鉄筋コンクリート造 3. 鉄骨造　4. その他
住体験	今の家族の住体験経歴		
	夫の育った家（　歳まで）	その後	
	妻の育った家（　歳まで）	その後	
今回計画の家への、家族それぞれの希望			
家族全体の生活	家族全体の会話は多いですか		
	食事は皆で一緒ですか　朝　夜　休日		
	TV を見ながら食事しますか　チャンネル権は		
	家族全体の来客は（多い、少ない。どんな人）	接客場所	
	夫の来客は	接客場所	
	妻の来客は	接客場所	
	子供の来客は	接客場所	
	宿泊客は	頻度は	
その他			

(4)各部屋ごとの要望①

必要な部屋	1. 居間　2. 台所　3. 食事室　4. 夫婦寝室　5. 家事室　6. 書斎　7. 子供室　8. 浴室　9.　洗面所　10.　便所　11.　客間　12.　その他				
居間	広さ　畳くらい	他の部屋との関連	食事室といっしょでもよいか		
	どんな使い方をするか（パーティ、稽古など）				
	来客への対応は（親しい客だけ通す、子供も一緒に会うなど）				
	ファミリールーム（茶の間）など、別に必要か				
	置く予定の家具等				
	特記	仕上げ材の希望			
台所	広さ　畳くらい	同時に働く人　人	1. いつも　2. 時々	スタイル	1. 独立型 2. 半独立型 3. オープン型
	器具等への注文	1. シンク　2. 電子レンジ　3. クックトップ・オーブン　4. 浄水器　5. 冷蔵庫　6. 皿洗機　7. その他			
	収納についての希望				
	特記	仕上げ材の希望			
食事室	スタイル	1.独立型（ダイニングルーム） 2.半開放型（居間につながる、台所につながる） 3.開放型（DK、LK）			
	特記	仕上げ材の希望			
夫婦寝室	広さ　畳くらい	スタイル	1. 和室　2. 洋室 3. 夫婦共用型 4. 夫婦個室型	雨戸	1. 不要 2. 必要
	併存したい部屋やコーナー	1.納戸（ウォークインクローゼット）　2.書斎　3.化粧室　4.便所　5.居間的スペース　6.その他			
	特記	仕上げ材の希望			
家事室（ユーティリティ）	広さ　畳くらい	そこで何をするか			
	必要な設備	仕上げ材の希望			

(1)基礎情報

委託者					
住所	☎				
勤務先	☎				
打合せ担当者および連絡先	☎				
家族構成					
計画のきっかけ					
来室のきっかけ	1. 雑誌、単行本を見て　2. 知人の紹介　3. 研究室で設計した住宅を見て　4. その他				
委託者の計画概要	敷地住所				
	敷地面積	㎡または　坪	希望の建物規模	㎡または　坪	
	概算工費	円	資金計画	1. 自己資金　2. 銀行融資 3. 公的融資 4. 会社融資 5. その他	
	希望の設備				
	希望の構造	1. 木造　2. 鉄筋コンクリート造　3. 鉄骨造　4. 混構造　5. その他			敷地案内略図
	工事の範囲	1. 建物本体のみ　2. 設備も含む　3. 家具も含む　4. 造園も含む			
	希望の着工あるいは竣工の時期	年　月から　年　月まで			
	委託の設計範囲	1. 基本設計　2. 実施設計　3. 工事監理　4. 造園設計　5. 家具設計、セレクト			
	間取り図切抜き等の資料	有　無	測量図	有　無	
	特記				

(2)現状の家族情報①

夫	年齢	歳	仕事の内容・勤務先	年収	
	趣味	歳		学歴	
妻	年齢	歳	仕事の内容・勤務先	年収	
	趣味	歳		学歴	
子供	男　歳　歳　歳	女　歳　歳　歳		今後の予定	
その他の同居人		使用人	1. 同居 2. 通い		
夫の生活	有職の場合　勤務（仕事）時間　時～　時	帰宅時間　時ころ	家に仕事を持ち帰りしますか		
	家に帰ると何をしていますか　その時の服装				
	休日は何をしていますか				
	晩酌は？　何を　どこで				
妻の生活	有職の場合　勤務（仕事）時間　時～　時	帰宅時間　時ころ	家で行う特別の趣味は		
	家事は好きなほうですか				
	子供たちの面倒は				
	外出は多いほうですか				
	服装は和装、洋装どちらですか　在宅時　外出時				
	得意な料理は				
子供の生活	1日の平均的行動、帰宅時間は				
	子供に対する親の希望				
	将来予測（家に残るか、外に出るか）				

宮脇は「設計者と依頼者は信頼感だけで結びついている」という。

建主が設計者に設計を依頼する行為は、設計者の資質や職能・人格を信頼して財産を託す信用行為である。一般に、多くの人は住まいを建てる機会が、一生に何度もあることではないから、お互いに慎重にならざるをえない。特に設計者に依頼する場合は、ハウスメーカーの住宅展示場や建売住宅のように、現実に商品化されている住宅を見てから買うのとは事情が異なるからなおさらである。

ここで紹介する「建築設計調書」は、宮脇檀建築研究室で使用していた施主を知るための調書で、A4の判型で全10枚にも及ぶ[註1]［❶・❷］。

この調書は設計者が建主の家族構成や希望する諸室の数、資金的な条件、ライフスタイル、趣味嗜好を知り、それらの与条件を整理分析してプランを具現化していくための基礎データとなるものだ。

言い換えれば設計者が、建主が何を望み、どのような生き方をし、またどのような空間を求めているかを知り、それをもとにふさわしい生活空間を創造していくためのものである。

この調書には、家族一人ひとりの細かい生活習慣まで記入する欄がある。夫の晩

❷宮脇檀建築研究室の建築設計調書2

(7)設備に対する要望

設備全体	1. イニシャルコスト経済性を中心に考える 2. ランニングコスト経済性を中心に考える					その他			
暖房	希望の方式	1. 温風を使った全室暖房 2. 床暖房 3. パネルヒーターなどを使った輻射暖房 4. こたつ等の局所暖房 5. その他				希望の熱源	1. 電気 2. ガス 3. 灯油 4. その他		
冷房	1. 好き 2. 嫌い	希望の方式	1. 暖房・除湿機能を合わせたエアコン 2. 冷房専用						
暖冷房の設置順位		居間	台所	食事室	夫婦寝室	家事室	書斎	子供室	客室	その他
	暖房									
	冷房									
台所設備	作業台(ワークトップ)材質	1. ステンレス 2. 合成樹脂 3. その他	シンクの材質	1. ステンレ 2. 鋳物ホーロー 3. その他	槽の数	1. シングル 2. ダブル			
	クックトップの熱源	1. ガスコンロ 2. 電気ヒーター 3. 電磁ヒーター 4. その他	コンロの数	1.2コ 2.3コ 3.4コ 4. その他	ハイカロリーバーナー	1. 不要 2. 欲しい			
	オーブン	1. 不要 2. 欲しい	オーブンのタイプ	1. 独立型 2. クックトップ一体型	オーブンの熱源	1. ガス 2. 電気	電子レンジ	1. 不要 2. 欲しい	
	冷蔵庫・冷凍庫について								
	皿洗機について	浄水器について	その他						
浴室設備	給湯の形式	1. 直焚風呂釜 2. 釜付給湯器隣接型 3. 追焚付給湯器遠隔型 4. ボイラー(瞬間・貯湯型)よりの給湯 5. その他							
	お湯の状態	1. 普通 2. 気泡風呂 3.24時間風呂 4. その他	熱源	1. ガス 2. 灯油 3. その他					
	水栓金具	1. バス水栓 2. シャワー金具	付属品	1. タオル掛け 2. 収納棚 3. 石鹸受け 4. 鏡 5. その他					
	サウナ設備について	1. 不要 2. 欲しい	広さ　人用くらい	その他					
電気設備	希望の電話システム	電話機設置場所							
	TV受信希望波	1.VHF 2.UHF 3.BS 4.CS 5. ハイビジョン	受信機設置場所						
	ホームセキュリティシステムについて	1. 不要 2. 欲しい	システムの内容						
その他									

(8)敷地状況

住所	地名地番				
	住居表示				
敷地	面積　㎡ 坪	勾配	境界石	地目	1. 宅地 2. 農地 3. 山林 4. その他
	公図 有 無→入手先		ボーリングデータ 有 無→調査依頼先		
敷地	公・私 m	公・私 m	公・私 m	公・私 m	計画道路
	舗装	側溝	勾配	敷地と高さの関係	
周辺状況および将来予測					
建築確認申請打合せ先					
地域・地区等	用途 1. 第1種低層住居専用 5. 第1種住居 9. 商業 13. 用途無指定 2. 第2種低層住居専用 6. 第2種住居 10. 準工業 3. 第1種中高層住居専用 7. 準住居 11. 工業 4. 第2種中高層住居専用 8. 近隣商業 12. 工業専用				建蔽率　% 容積率　%
	防火 1. 防火 2. 指定なし 3. 準防火 4. その他(法22条等)		都市計画区域内(市街化区域・市街化調整区域・他) 都市計画区域外		
	その他の区域・地域・地区・街区・協定				
現況(敷地)	既存建物 有→規模・構造 無		門・塀	樹木	
	隣接建物		通風		
	日照	騒音	その他		
現況(設備)	電気・電話/電柱位置、電柱記号、引込み方向、供給会社連絡先				
	ガス(都市ガス・LPG)/埋設管径、位置、供給会社連絡先				
	上水/埋設管径、位置、供給会社連絡先				
	排水/公共下水有・放流方式、埋設管径、位置、供給会社連絡先 公共下水無・浄化槽形式、処理水(放流か浸透)				

(5)各部屋ごとの要望②

書斎	広さ　畳くらい	スタイル	1. 独立型 2. 併存型(居間と、寝室と) 3. コーナー型(居間に、寝室に) 4. その他			
	特記				仕上げ材の希望	
子供室	今回の希望	1. それぞれに　畳くらい	今回の希望	1. それぞれに　畳くらい	将来(成人後)の使い方	
		2. 共用の部屋で　畳くらい		2. 共用の部屋で　畳くらい		
		3. 不用　で寝る		3. 増築する		
	特記				仕上げ材の希望	
その他の部屋1	広さ　畳くらい	何に使う				
	特記				仕上げ材の希望	
その他の部屋2	広さ　畳くらい	何に使う				
	特記				仕上げ材の希望	
その他の部屋3	広さ　畳くらい	何に使う				
	特記				仕上げ材の希望	
浴室	広さ　畳くらい	スタイル	1. 独立型 2. 便所・洗面一体型 3. その他		仕上げ材の希望	
	浴槽	1. 和洋折衷 2. 和式 3. 様式	浴槽の材質	1. 鋳物ホーロー 2. 木 3. 合成樹脂 4. タイル 5. その他		
	特記					
洗面所	広さ　畳くらい	洗濯機	1. 置く 2. 置かない	洗面器のスタイル		
	特記					
便所	スタイル	1. 洋式 2. 和式	設置希望場所			
	特記					

(6)そのほかの要望

納戸(物置)	広さ　畳くらい	設置希望場所		
	特記			
車庫(パーキングスペース)	車種台数	1. 大型 2. 普通 3. 小型 4. その他	将来の計画	
	スタイル	1. 建物本体に計画 2. 独立(屋根有・無) 3. その他	来客用の配慮	
外構	門	塀	植栽	
	特記			
外部仕上げ	屋根			
	壁			
	開口部			
	特記			
住まいのイメージ	1. 和風 2. 洋風 3. 和洋折衷(　)風 4. モダン 5. クラシック 6. 素朴 7. 民芸調 8. 広々 9. こぢんまり 10. 個性的 11. 合理的 12. ゆとり 13. 明るい 14. 幽玄 15. 開放的 16. 閉鎖的 17. 華やかさ 18. 落ち着き 19. 静けさ 20. 楽しさ 21. 外観重視 22. インテリア重視 23. 設備重視 24. 空間重視 25. 建築費重視 26. 維持費重視 27. 耐震性 28. 耐火性 29. 断熱性 30. 遮音(防音)性 31. その他			
全体希望				
備考				

酌の有無・頻度、妻の服装は洋装と和装のどちらが多いのか。得意な料理は何か、家事は好きか、外出が多いのか、それとも家のなかで生活することを好むのか。特に住宅で最も長い時間を過ごす主婦の意見はないがしろにできない。調書ではそれを丁寧に聞いている。

　子供に対しては、その家にずっと住み続けたいのか、できるなら早く独立したいと思っているのかなどの質問がある。その回答次第では長期的な展望に立った住まいづくりが必要になる。

　また、特にダイニングやリビングを重要視した宮脇は、家族全体ばかりでなく、一人ひとりの生活姿勢や趣向を記入させている。家族間の会話は多いのか、家族全員で食事をするのか、テレビのチャンネル権は誰がもつのか、などなど。それらを読み込んでいくと、その行間から建主のさまざまな生活像が浮かび上がってくる。

　そういえば、宮脇作品には必ずリビングにはソファが造り付けられていた。あわせてテレビが置かれる位置もきちんと決められていた。宮脇は家族全員がテレビを観ながら団らんに花を咲かせている状況を、こうした調書の細かいデータによってイメージし、エスキースの鉛筆を走らせていたに違いない。

1——❶・❷以外にも建主に持込み家具のリストや、敷地図なども記入してもらい、建主が考える機会を与えている

プランは外部に対し適度に開く

❶都市型住宅「BOX-A QUARTER CIRCLE」平面図｜S＝1:150

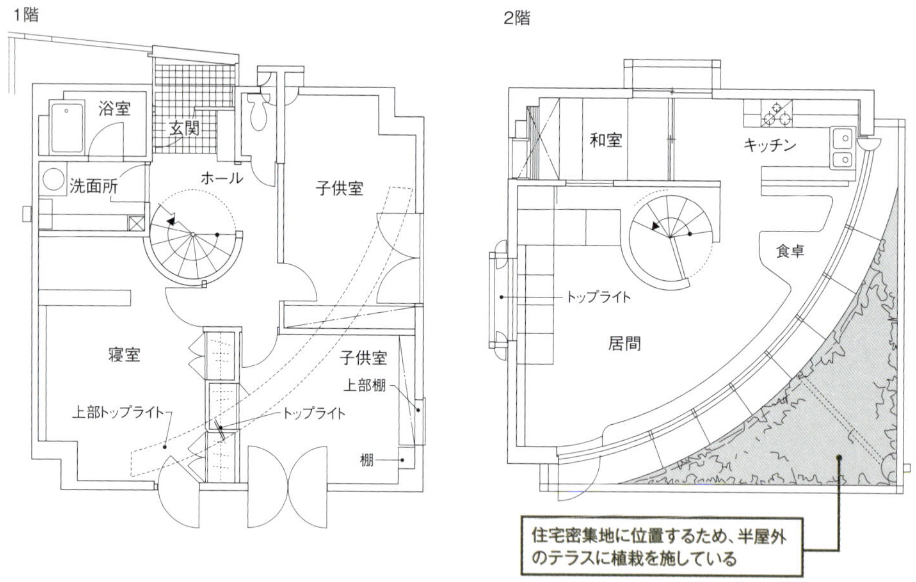

❷都市型住宅の検討例（作成：宮脇檀）

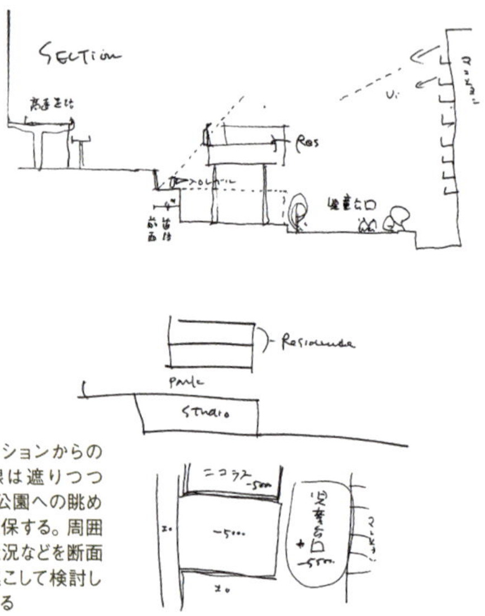

マンションからの視線は遮りつつも、公園への眺めは確保する。周囲の状況などを断面に起こして検討している

❸「BOX-A QUARTER CIRCLE」2階居間

住宅密集地のため、逆転プランとし外部に対してもプライバシー・セキュリティを確保したうえで適度に開く

ここでは、都市型住宅・別荘・邸宅それぞれの敷地条件におけるプランニング手法を紹介する。なかでも、宮脇が最も得意とし、設計の本領を発揮したのは都市型住宅である。限られた敷地内の小さなボックスのなかに、密度の高い豊かな空間が詰め込まれている。これがいわゆる「ボックスシリーズ」である。ボックスシリーズの基本プランは、1階部分は寝室や浴室などプライベートな空間、2階部分をリビングダイニングなどのパブリックスペースとする逆転プランである。それは料理し、食事し、くつろぐためのＬＤＫ空間を、宮脇が最も重要な空間と考えていたからである。

また、2階の一部を切り取り、そこをパーゴラで包み込み半屋外のテラスにし、リビングと連結させている。密集地でそのようなスペースを2階とすれば、日照や採光、通風などが有利になる［❶〜❸］。

次に別荘では、宮脇作品からは2通りの解答が見えてくる。1つは、土地のもっている秩序に従うということ。建築を建てる際に敷地のもつ特性を読み取り、その特性を生かす手法だ。「よい集落、よい建築はその土地に内在する秩序の上にぴたりと載っている」と宮脇はいう。これは宮脇が長年行ってきたデザインサーベイ

❹別荘の検討例2

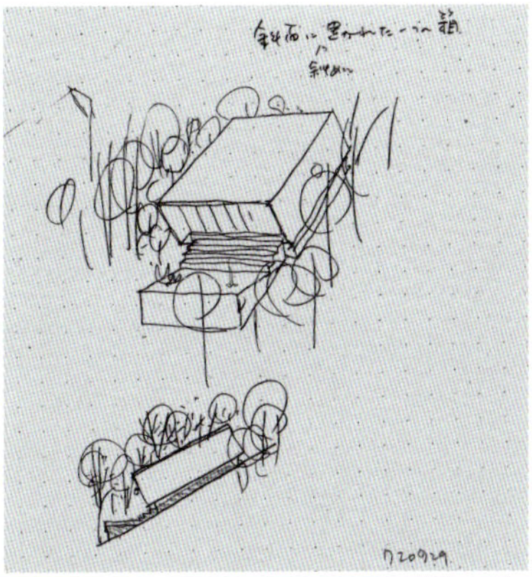

敷地に素直に従い、床は階段状に、柱は斜めにしている。発表は一切していないが、実際に竣工した物件

❺別荘「もうびいでぃっく」の検討例1（作成：宮脇檀）

湖と1本の大木が重なる方向および富士山への眺望に対して建物を振り、配置を検討している

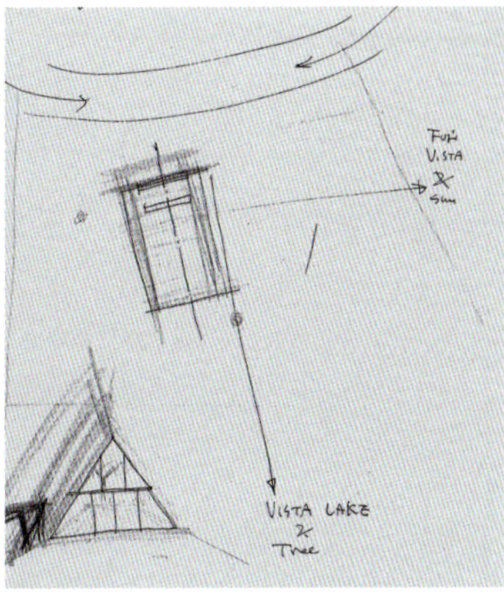

❻邸宅「中山邸」の検討例

(2) 実際の配置

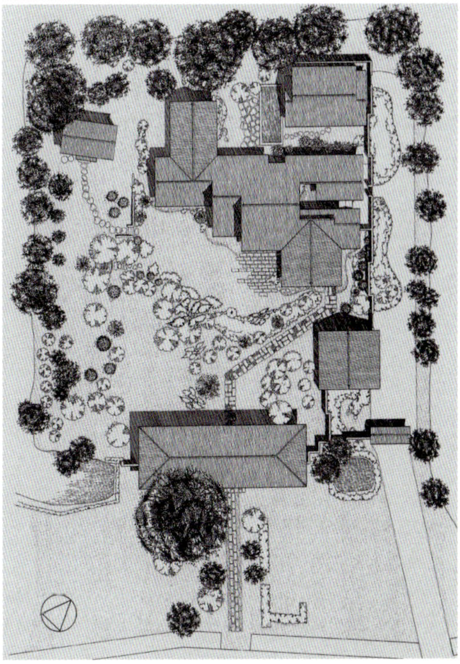

(1) エスキース段階の検討例

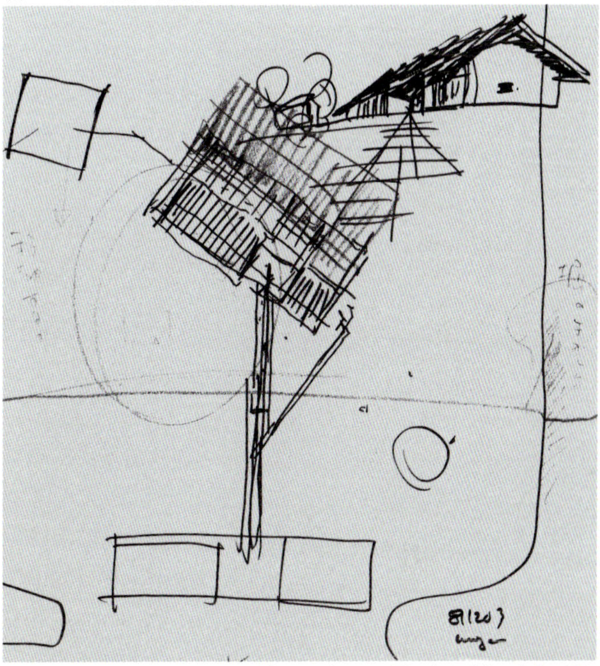

出入門を取り壊す予定で計画を進めていたが、立派な門のため修復して使用することになった。そこで、当初のアプローチは門に向け、建物は真南に振る案から、アプローチを真南に振り、建物を門に対して正対させることになった

という集落を丸ごと実測調査する作業から育まれてきた考え方である。しかし、この「ぴたり」と乗せることが難しい。❺の「もうびいでぃっく」は、山中湖畔の敷地の中にそびえる1本の大木と、湖への眺望から、最もよい位置にぴたりと載せた好例だ。

もう1つは、建築そのものの特異な造形で主張する方法である。美しい風景のなかでは、建築は自然に同化し、主張しないほうが好ましい。しかし、醜い風景に同調する必要はない。その場合は、「建築によって美しい空間をつくってしまえばよい」と宮脇はいう。また、別荘は制約が多い都市型住宅の設計と異なり、より純化したかたちで設計できることから、建築家たちが自由に手腕を発揮することができ、その結果「住宅設計を前進させるための大きな舞台であった」ともいう。

最後に邸宅は、宮脇作品の後期に見られ、ゆとりのある建主が増えてきた結果でもある。敷地が広く、予算もあるなど与条件の有利な建主の場合、比較的自由なプラニングが可能だ。この経験から狭いボックスのなかを機能により「分割」する設計手法から、必要なさまざまな空間を巧みに「連結」させる手法に変化していった。内部空間と外部空間が適度に入り混じり、さらに中間領域なども取り込むなど、空間のヒエラルキーが増え、それによって空間も建主のライフスタイルもより豊かになるのだ［❻］。

写真＝村井修

都市型狭小はワンルーム＋トップライト

❶「横尾ボックス」平面図｜S＝1:150

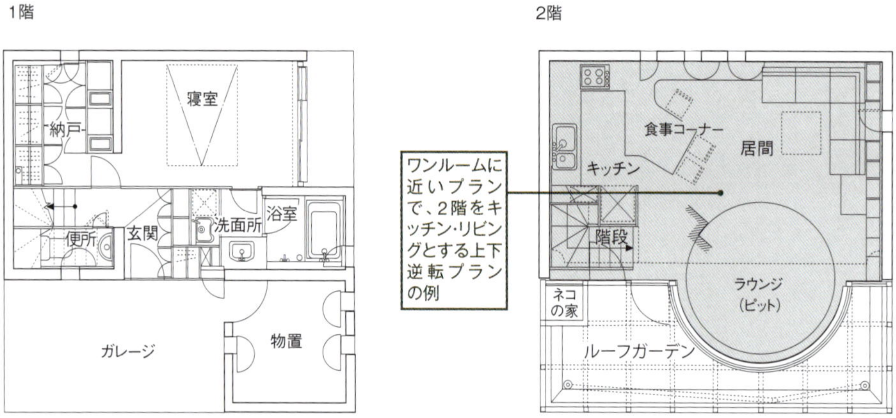

❷「横尾ボックス」テーブル部分詳細｜S＝1:160

部屋をできるだけ広く使い、動線も合理的に考えられている

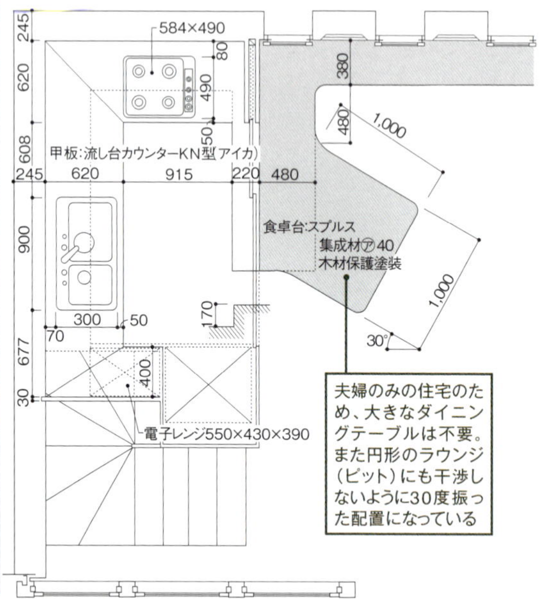

平面計画では、狭さを克服する解決策として、できうる限り、1つの住宅を1LDK、またはワンルームに近づけることに腐心している。

狭い空間をさらに細かく仕切っても、より狭い空間にしかならないからだ。しかも、きちんと整理し、揃えなければ気がすまなかった性格のため、各部屋を1つのボックスのなかに整理し、入れ込んだ。狭くて出入りが不自由な場所は、壁を微妙に斜めに切り取ることもある。「横尾ボックス」の微妙に振られた造付けのダイニングテーブルは絶妙である[❶・❷]。このように、どんなに狭い空間でも無駄にせず、収納や小物入れなどに利用する気使いが大事なのだ。

こうしたボックスシリーズの住宅では、平面的な空間配置同様、断面計画も重要である。敷地に迫った周囲の建物を考慮すると、壁に開口をとりにくいため、通風や採光をトップライトやサイドライトに頼ることになる[❸・❹]。上部はプライバシーを侵害されない保証があるからだ。そして、ほどほどの光が落ちてくるために、また、その存在を消すために、ルーバーをはめ込む。光はルーバーや壁面に乱反射して、柔らかい光となって内部空間を照らしてくれる[041頁扉写真]。

❸「グリーンボックス#1」立面・断面図 | S=1:150

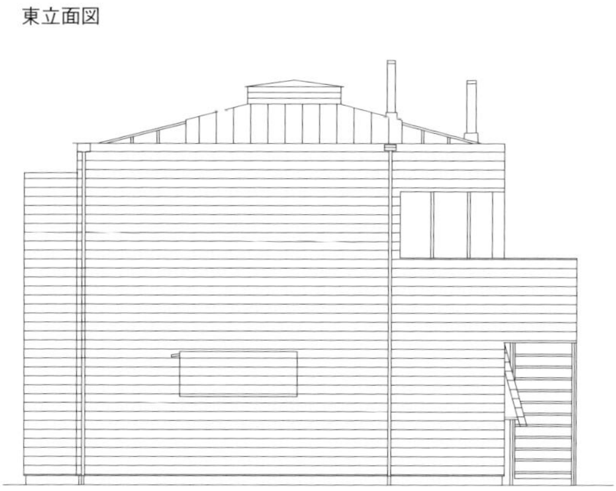

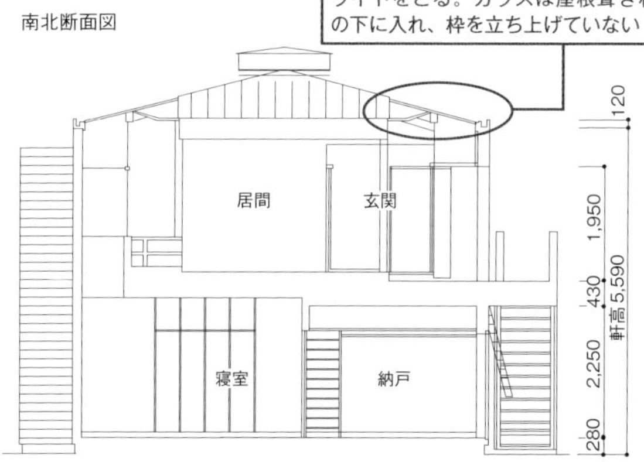

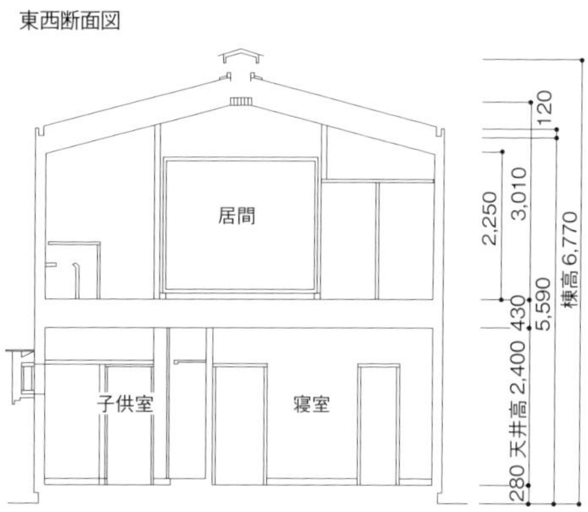

❹「グリーンボックス#1」の居間

ワンルーム状の部屋の四隅にとった一間角のトップライトは、壁面の窓を開けなくても1階まで十分に明るくしてくれたが、直射日光の暑さには参った

写真=村井修

中間領域で外部への広がりを出す

❶「木村ボックス」2階の中間領域 | S＝1:150

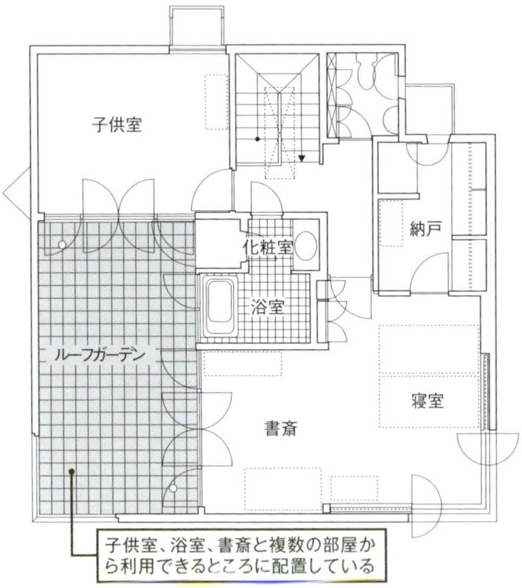

ボックス型のプランの内側に外部につながる中間領域を設けた例

❷「PLAZA HOUSE」パース

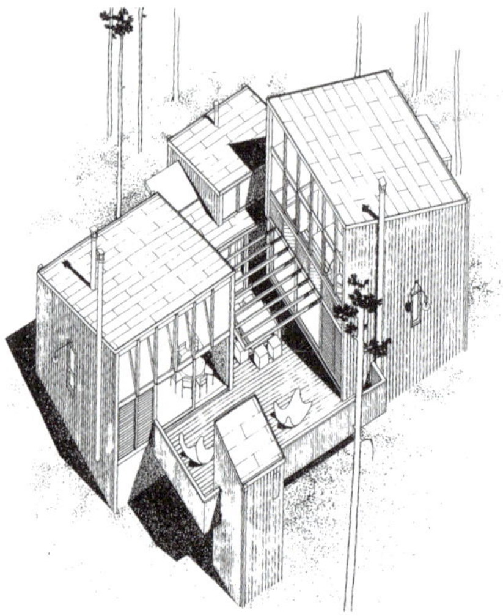

企業の保養所として建てられた別荘。各部屋をつなぐ場所にウッドデッキを設けたことで内部空間を広く認識でき、各部屋からも外部空間を取り込める構成としている

❸「BOX-A QUARTER CIRCLE」外観

都会の密集地に建つ住宅。1・2階逆転プランかつ、中間領域を設けた都市型住宅の典型

わが国特有の縁側や土間、深い軒下は、気候風土と密接な関係から生まれてきた。これを通風採光などの導入口として取り込むことによって、フィジカルな面での快適性が増すばかりでなく、外部空間を内部空間の延長として使うことができ、生活を楽しめる。それと同時に視覚的にも内部空間が広々と意識される。さらに季節の変化を味わうなど、さまざまなかたちで生活を楽しむことができるはずだ。

　そうした空間を宮脇は「第3のスペース」と名付けた。いわば、中間領域、緩衝空間、半屋外空間、あるいはグレーゾーンと呼ばれる空間である。それはボックスシリーズの限界に対する一筋の光明ともなった[❶]。それまでは、閉じること、こもること、住宅を都市から居住者を護るシェルターだと考えてきた宮脇は、それが都市の外部空間悪化に対しての「逃げの姿勢」であったという。それ以後、ボックスの一部を切り取り、外部との関わりをもたせつつも、より深い関わりはもたせない、という微妙で相反する空間を設けた。❷〜❹のようにパーゴラを架けた第3のスペースにより空間に広がりが出るのだ。これは自閉症気味の都市型住宅に文字通り風穴を開けることになった。

❹「吉見ボックス」1階平面図 | S＝1:150

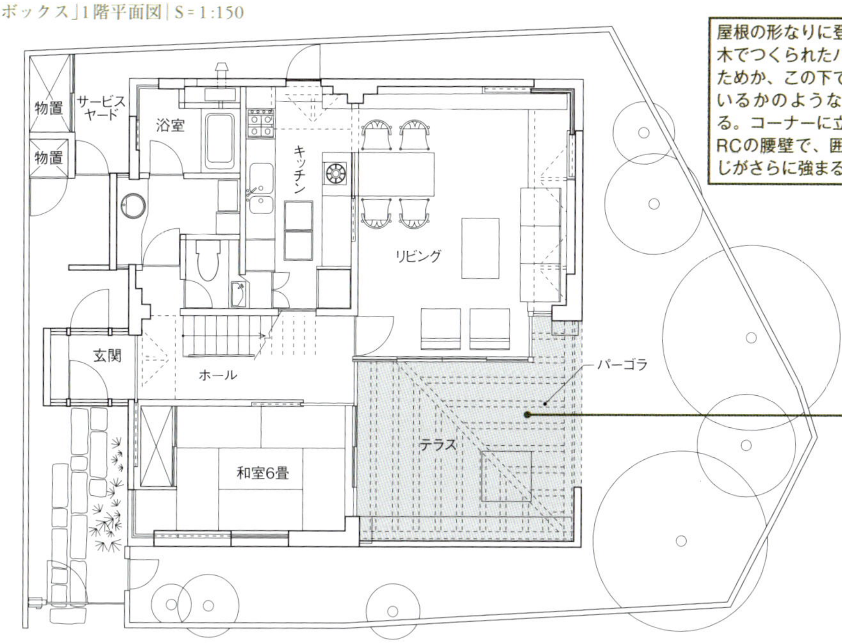

屋根の形なりに登り棟と垂木でつくられたパーゴラのためか、この下では室内にいるかのような気分になる。コーナーに立ち上がるRCの腰壁で、囲まれた感じがさらに強まる

❺「田中ボックス」1階平面図 | S＝1:100

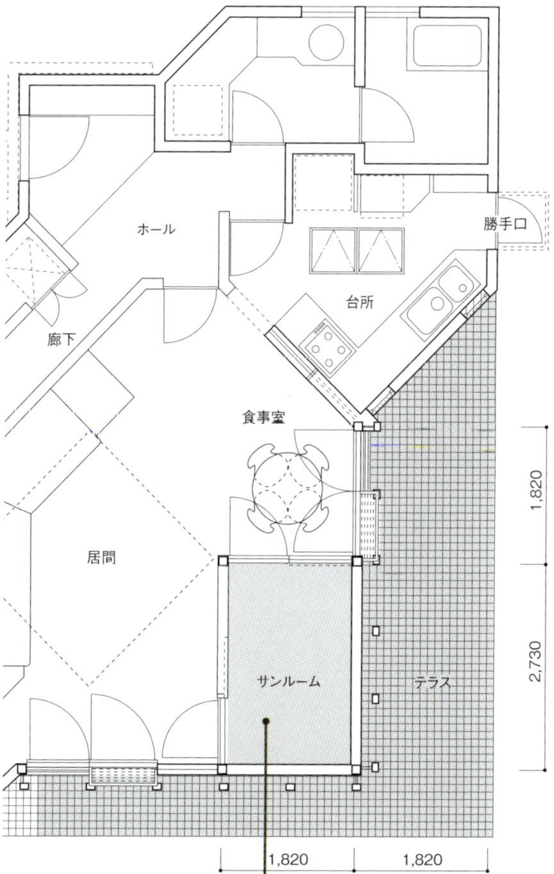

半間間隔に立つ柱に囲まれたサンルームは、それだけで内側の空間を意識させるが、ガラリ戸を閉めれば室内の領域になる

❻「田中ボックス」断面図 | S＝1:40

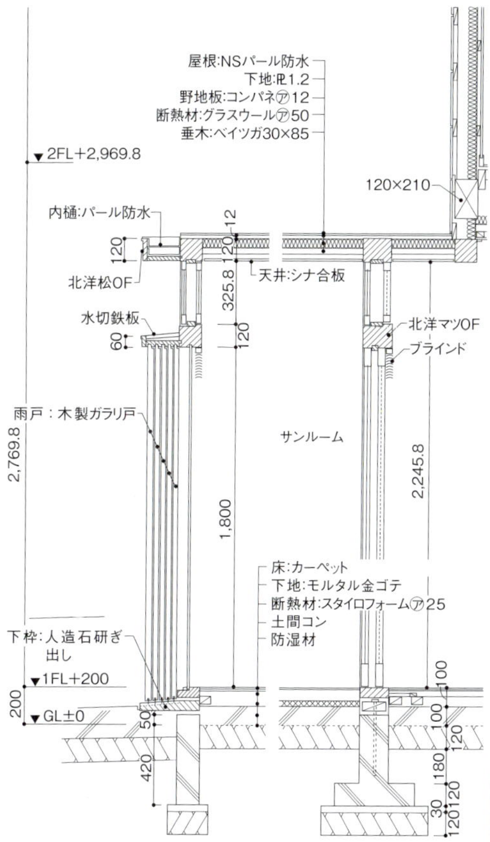

写真=村井修

混構造のバリエーションを知る

❶RC造+木造の例｜S=1:200

(1)2階腰壁までCB造+木造の「さとうボックス」

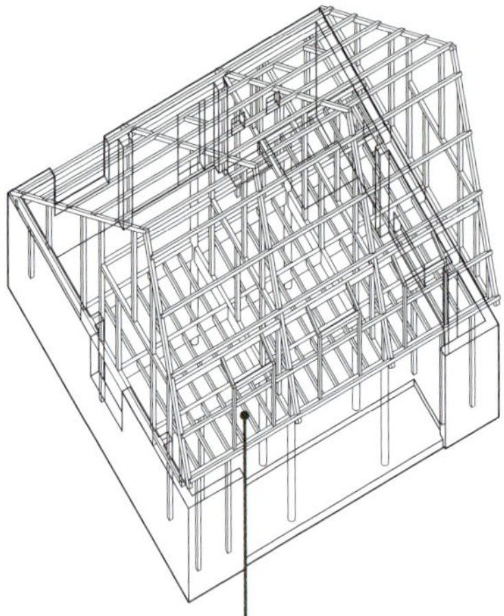

腰壁までをコンクリートブロックでつくり、その上を木造とした別荘

(2)小屋組のみを木造とした「木村ボックス」

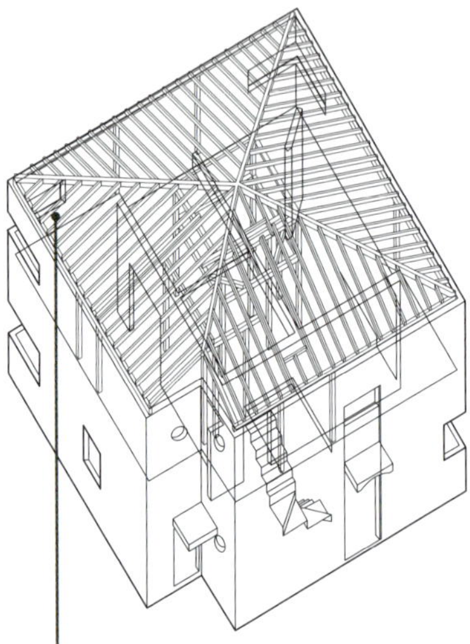

一部小屋組を模したパーゴラを架け、テラスとして使用している(034頁参照)

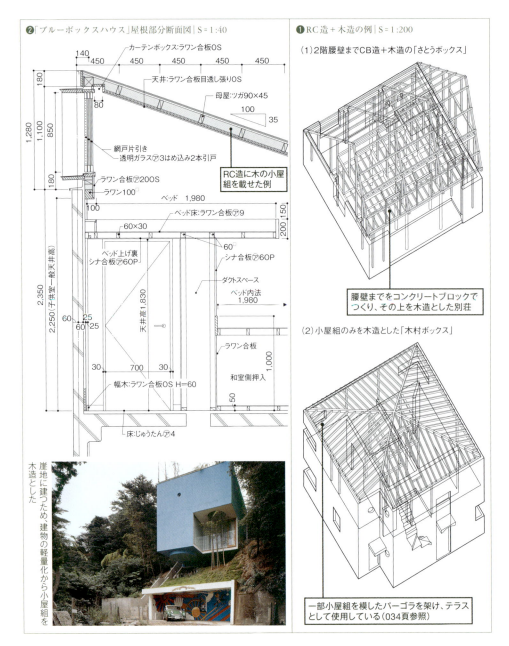

❷「ブルーボックスハウス」屋根部分断面図｜S=1:40

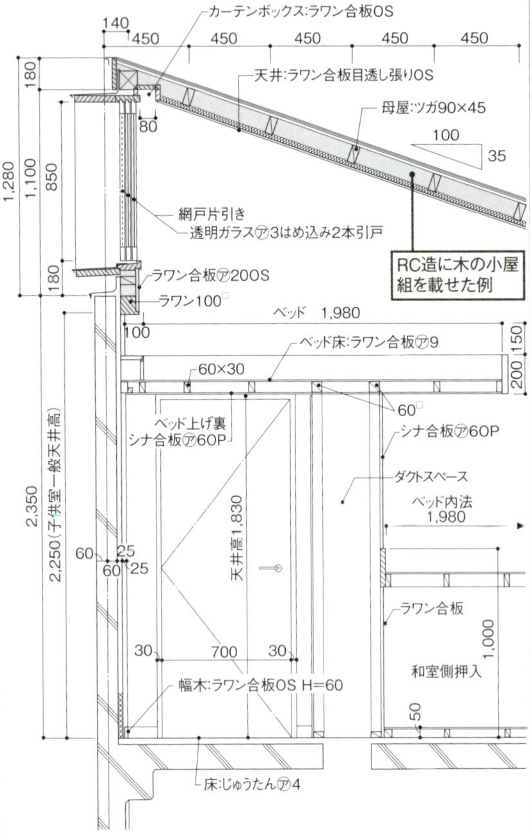

崖地に建つため、建物の軽量化から小屋組を木造とした

宮脇の混構造は、ボックスシリーズから派生し、その延長線上にあると位置づけられる[註1]。しかし同じような形態をたくさんつくれば、マンネリになるのは否めない。

そこで2つの構造、いわゆるRC造と木造を対概念として認識させることで、従来の一元的なボックスシリーズの限界を打ち破るべく登場したのが混構造である。特に木造における木の温もりは、モダンリビングの流れのなかで生きてきた宮脇にとって、欠かせない存在であった。コンクリートの無機的な冷たさと木の温もりを対比的に使うことにより、それぞれの材の特質を際立たせたり、空間に変化をもたらすこともできた。このようなことから、多くの混構造が試みられたが、その種類やスタイルは多岐にわたり広がりを見せている。ここではそのバリエーションを紹介するが、現在の法規では実現が難しいものもある。

1 ― RCボックス+木造

これはさらに細かく分類でき、①1階RCボックス+2階木造(RCの基礎または人工地盤の上に木造が載っているもの)、②2階腰までがRC造(CB造)で腰から上が木造[❶(1)]、③2階壁面までRC造で、屋根のみが木造などに分けら

写真=村井修

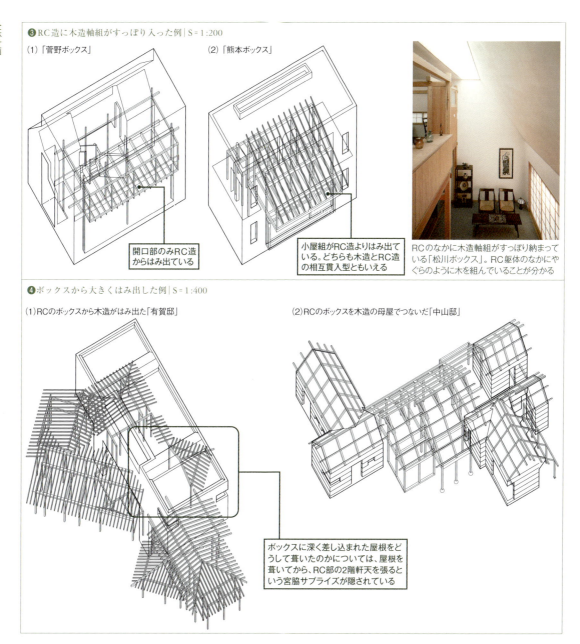

❸RC造に木造軸組がすっぽり入った例｜S＝1:200

(1)「菅野ボックス」

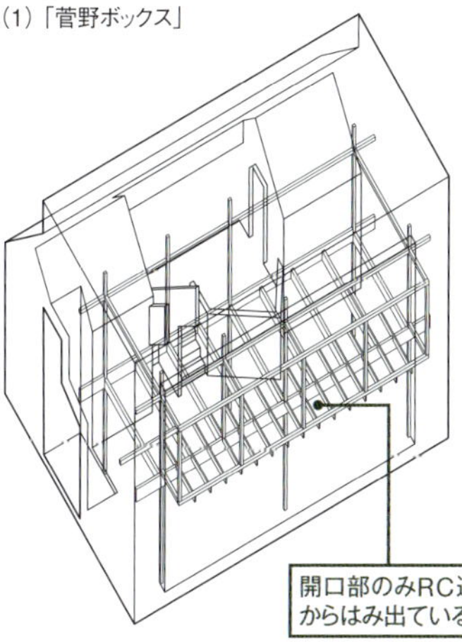

(2)「熊本ボックス」

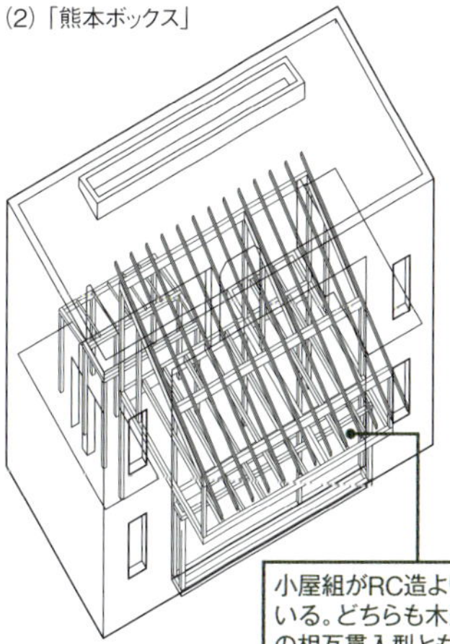

小屋組がRC造よりはみ出て
いる。どちらも木造とRC造
の相互貫入型ともいえる

RCのなかに木造軸組がすっぽり納まっている「松川ボックス」。RC躯体のなかにやぐらのように木を組んでいることが分かる

❹ボックスから大きくはみ出した例｜S＝1:400

(1)RCのボックスから木造がはみ出た「有賀邸」

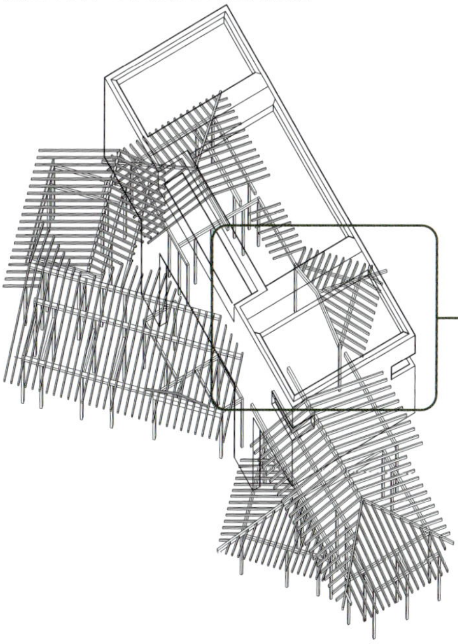

ボックスに深く差し込まれた屋根をど
うして葺いたのかについては、屋根を
葺いてから、RC部の2階軒天を張るると
いう宮脇サプライズが隠されている

(2)RCのボックスを木造の母屋でつないだ「中山邸」

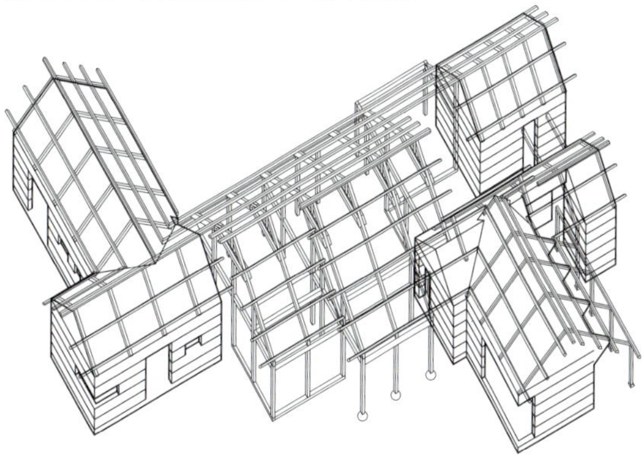

れる[❶(2)・❷]。特に③の場合は、小屋組を木造にすることで、全体の自重を軽くすることができることと、屋根部分のハイサイドライトやトップライトなどを自由にとることができる利点からよく使われている。このタイプの変化型として木造の代わりに鉄骨の屋根を載せたケースもある。スパンを飛ばして無柱空間を創出し、そのなかで自由なプランをつくることができるからだ。また、木造と比較して、構造となる軸組が細くできるため、空間に軽快な印象を与えることができるという利点もある。

2―RCボックスに木造がすっぽり

これはRC造のボックスのなかに、木造軸組建築が、すっぽり納められているケースである[❸]。「木は木らしく」「コンクリートは面で使いたい」と宮脇はいう。このタイプはいくつかの混構造建築のなかでも、最もその概念が顕著に表出しているケースである。また、そのなかでも部分的に木がこぼれ出るパターンもある。

3―RC造から木造がはみ出している

これは宮脇がボックスシリーズから脱皮していく過程の作品と位置づけられる。ボックスのなかに納める、載せるという手法では限界のある大規模住宅の場合にみられる[❹]。

1――宮脇作品の系譜をたどると初期の「もうびぃでぃっく」や「あかりのや」は立派なRC造と木造の混構造である。一時期ボックスシリーズに傾倒し、その後、内在していた混構造の手法をボックスシリーズの発展形としたのだろう

❺「松川ボックス#1」| S = 1:200

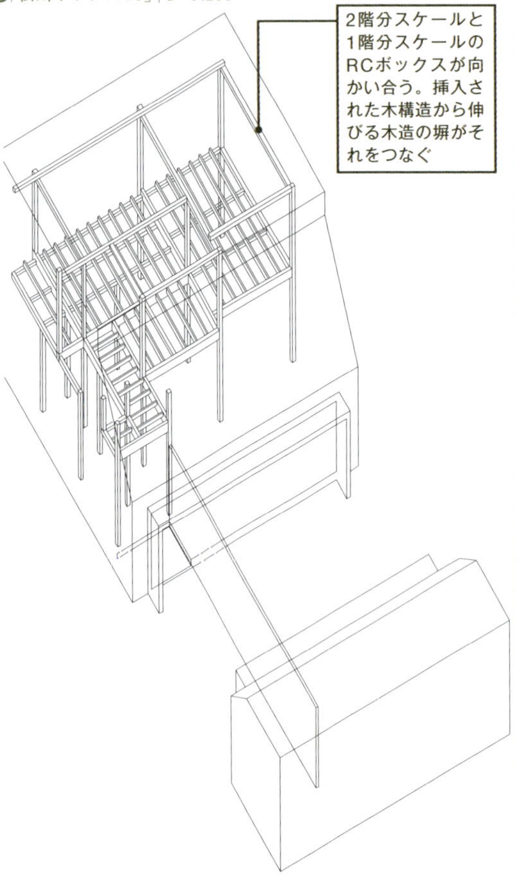

2階分スケールと
1階分スケールの
RCボックスが向
かい合う。挿入さ
れた木構造から伸
びる木造の塀がそ
れをつなぐ

❻「シリンダーボックス」| S = 1:200

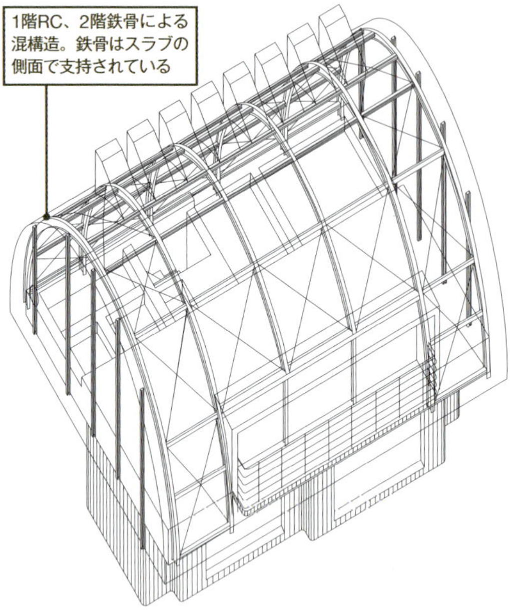

1階RC、2階鉄骨による
混構造。鉄骨はスラブの
側面で支持されている

❼「三宅ボックス」| S = 1:200

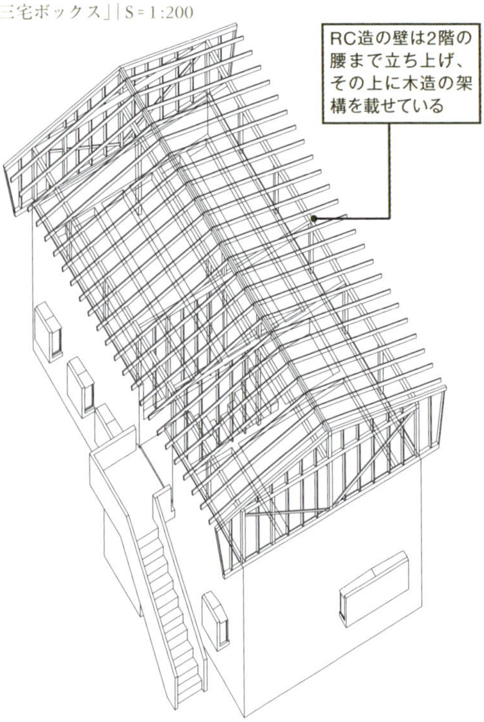

RC造の壁は2階の
腰まで立ち上げ、
その上に木造の架
構を載せている

❽「高畠ボックス」| S = 1:300

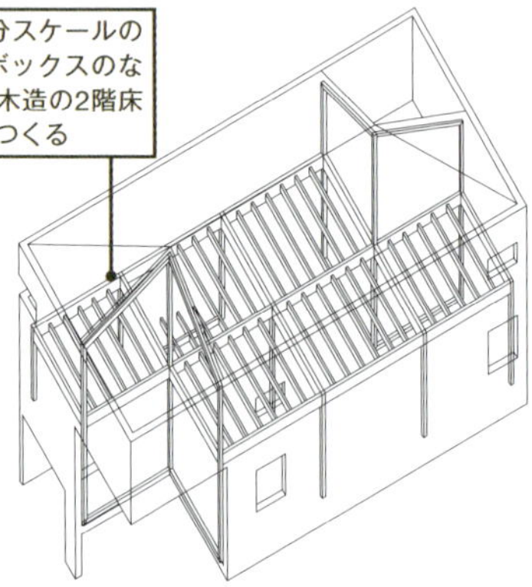

2階分スケールの
RCボックスのな
かに木造の2階床
組をつくる

❾「三宅ボックス」外観

2階の腰までRC、その上に木造の架構。「あかりのや」と同じ考えであるが、安定感のあるプロポーションが得られる

⑩「もうびいでぃっく」| S = 1:200

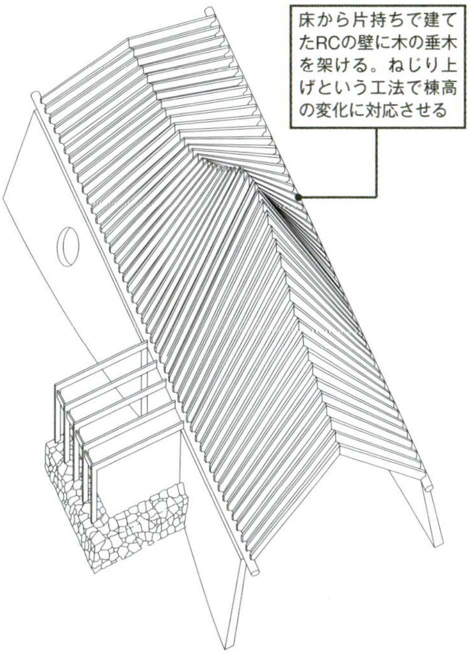

床から片持ちで建てたRCの壁に木の垂木を架ける。ねじり上げという工法で棟高の変化に対応させる

棟の一番高い部分の下に木造でやぐらを組み、中2階をつくる。垂木1本は直線だが、全体では曲面に見える

⑬「石田邸」| S = 1:200

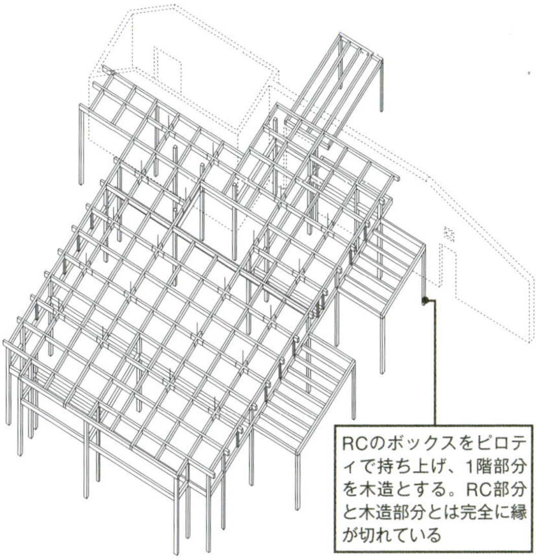

RCのボックスをピロティで持ち上げ、1階部分を木造とする。RC部分と木造部分とは完全に縁が切れている

⑪「吉見ボックス」| S = 1:200

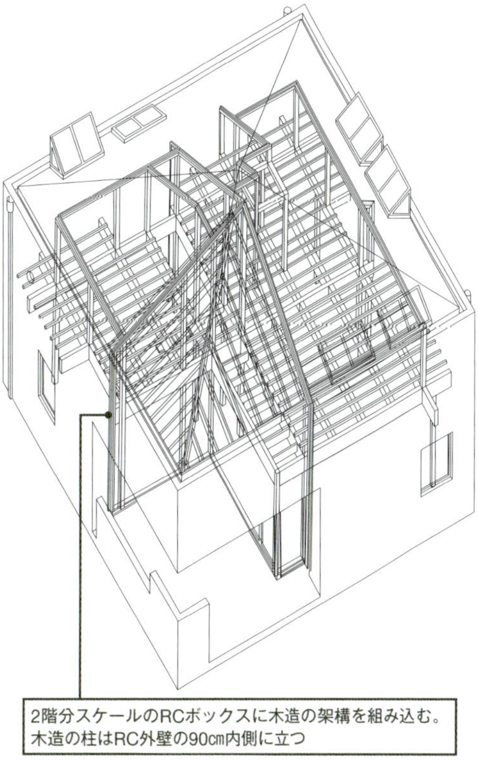

⑫「岡本ボックス」| S = 1:250

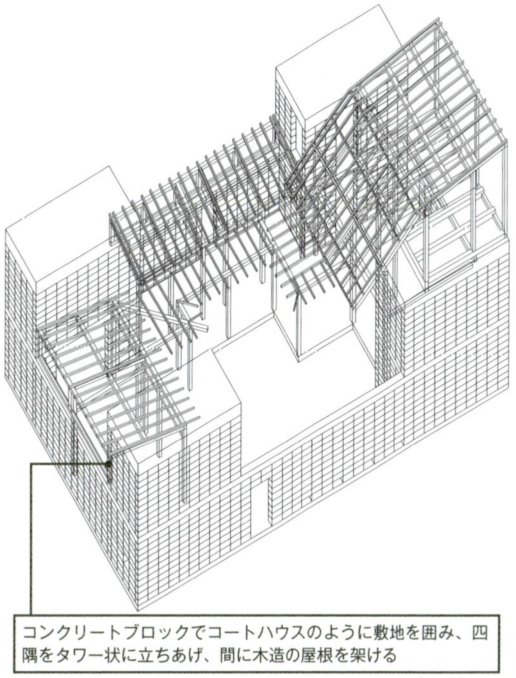

コンクリートブロックでコートハウスのように敷地を囲み、四隅をタワー状に立ちあげ、間に木造の屋根を架ける

写真=村井修

構造の種類はこだわらない

❶ボックス住宅のエスキース

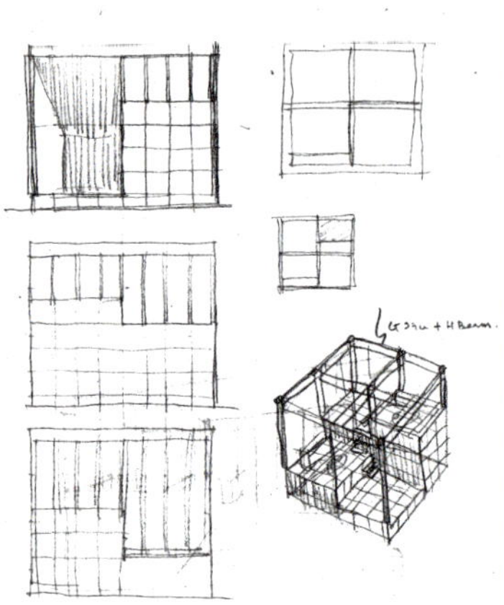

この案「さとうボックス」では、別荘ということもあり、床スラブをコンクリートで階段状につくり、それ以外の骨組を木造としている

❷「ブルーボックスハウス」の概要｜S＝1:250

（1）1階平面

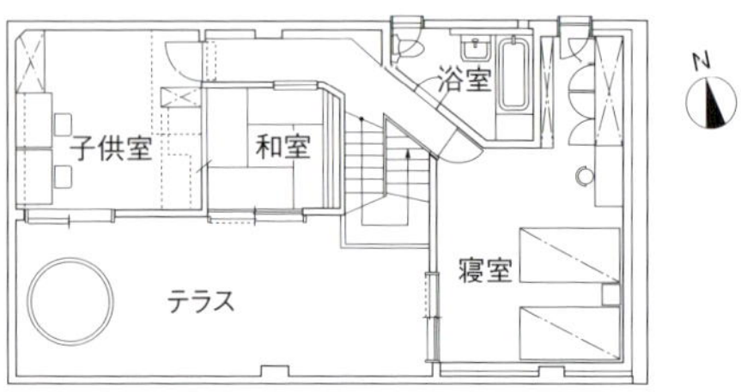

（2）地階平面

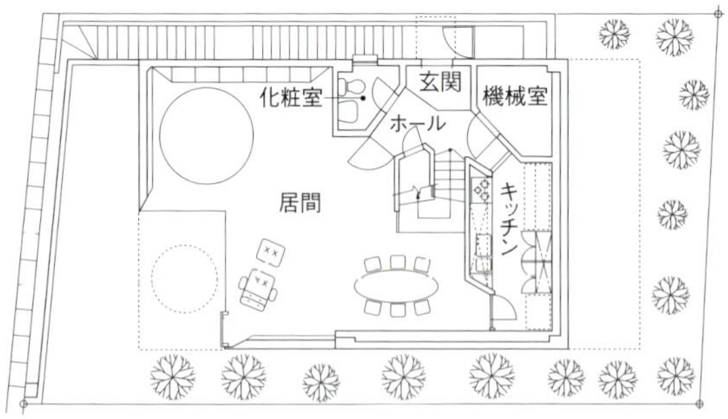

（3）南立面

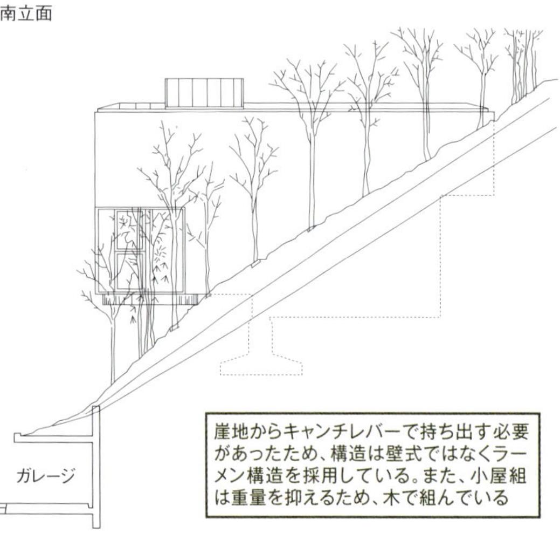

崖地からキャンチレバーで持ち出す必要があったため、構造は壁式ではなくラーメン構造を採用している。また、小屋組は重量を抑えるため、木で組んでいる

❸「ブルーボックスハウス」のテラス

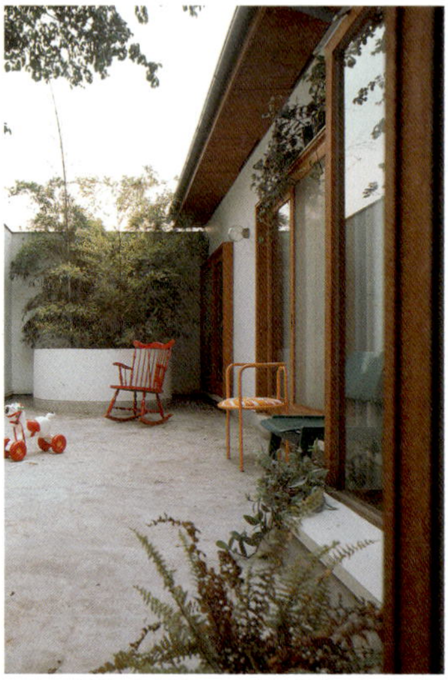

テラスより軒天を見る。重量を抑えるため小屋組のみが木造

宮脇建築の多くを占めるボックスシリーズは、複雑な生活空間を単純な箱のなかに納めたものである。毎回複雑な空間を整理し、デザインしていくという根気のいる作業よりも、1つのボックスのなかに納めてしまう普遍的手法を選択した。この手法は、多くの作品を同時に手がける場合に作品の質を落とさずにつくることを可能にした。構造の選択については、まずはボックス自体がその存在を強く主張し、その形態（ボックスらしさ）を際立たせること。そして法的な面からも、特に敷地が狭く、かつ密集地に建つ都市住宅では、防耐火性能に勝るRC造の選択が多くなった［❶］［註1］。

RC造の構造形式として、規模が小さいという基本的な部分から、その多くは壁構造を用いているが、「ブルーボックスハウス」のように崖地からキャンチレバーでもち出さなければならないケースでは、ラーメン構造を採用した［❷・❸］。宮脇が構造形式に執着しなかったのは、前述のとおりボックスという抽象的な概念を、形態として顕在化させることが本意であったからだろう。また、誤解をおそれずにいえば、構造選択の自由度はシリーズ住宅のマンネリ化に何らかの変化を与える1つの要因となるのだ。

1―建物の規模や、別荘などの用途によっては木造の場合もあるが、S造の住宅は「鉄のもつ冷徹さと冷たさ、そんな材料と人間の感性とが同居できるはずもない」と考えほとんど建てていない

写真：村井修

[第3章]

各室の設計

食事をする、おしゃべりをする、
眠るなどの行為は日常的に住宅で行われていることだが、
同じことはレストランなりホテルなど、
住宅以外の施設でも日常的に行われる。

しかし、同じことを行っていても、
住宅とそれらの施設とで何が違うかといえば
「住宅は他者の視線を気にしなくてよく、
完全にリラックスすることができる」ということだ。

したがって、住宅の内側を計画するときにまず気を配りたいのは、
緊張を解いてゆったりと落ち着いた気分にひたれる
「場」をつくることである。

それは、プランニングやセクションの検討は当然のこと、
仕上げ材の選定や使い方も大切なポイントになる。

写真：「船橋ボックス」階段室。
ここでは外部的な内部空間を表現するため、
宮脇檀建築研究室では珍しく内部壁仕上げの片面をRC打放し仕上げとし、
もう片面も外壁のような南京下見板張りとしている［写真：村井修］

居間は「広く広く」し機能を集中せよ

❶「和久井邸」平面図｜S=1:150

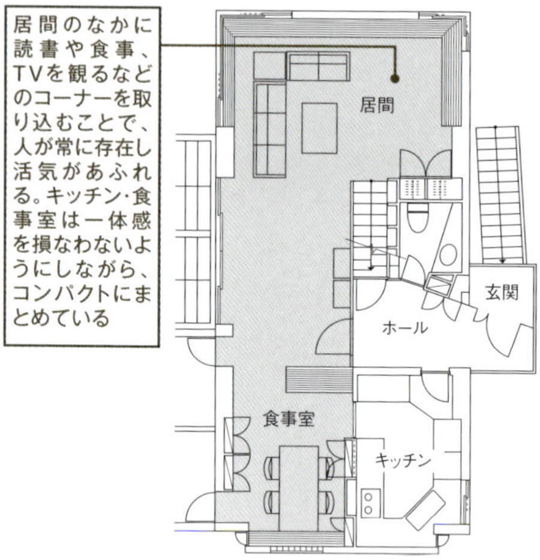

居間のなかに読書や食事、TVを観るなどのコーナーを取り込むことで、人が常に存在し活気があふれる。キッチン・食事室は一体感を損なわないようにしながら、コンパクトにまとめている
居間
玄関
ホール
食事室
キッチン

❷「中山邸」の居間

広い居間のなかで、手前そして奥にコーナーがある

❸「中山邸」平面図｜S=1:300

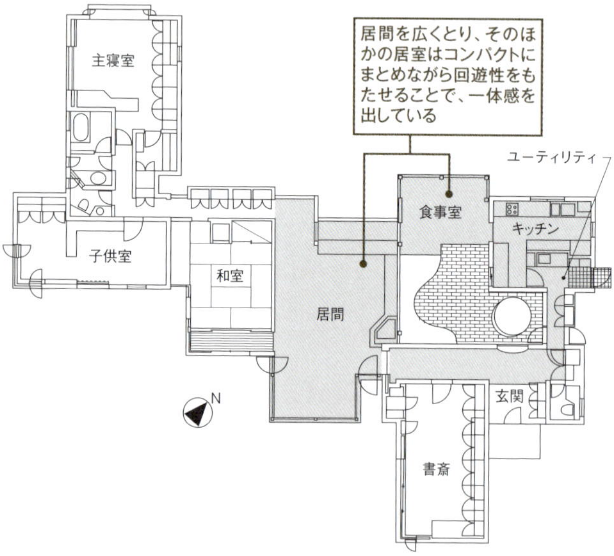

❹「幡谷邸」の居間

居間を広くすることで住み手がL＋D＋Kにとらわれない使い方を生み出す

居間は「広く広く」と宮脇はいう。もとより、住宅のなかで「居間」と名付けられるスペースは最大の面積を占めるのが普通だから、なにをいまさら、と思うだろうが、単にL＋D＋K＋nB（ベッドルーム）という考えでジグソーパズルのように部屋を並べていくだけでは、たいした広さを確保できない。しかも、それではいわゆる応接セットを並べればいっぱいになって、結局のところ客間化してしまい、普段、家族で好き勝手に使うことのできない部屋となる。つまり、家で最大の空間がデッドスペースとなる。

こうなってしまうのは、居間の広さが中途半端だから起きるのであって、ほかの部分をできるだけコンパクトにつくり、その面積を居間に集中すれば、「和久井邸」や「中山邸」のように、もっと広い居間を確保できる［❶〜❸］。広くなれば、読書や食事などのいろいろなコーナーをつくることができ、部屋の使い方が多様になる。TVを観るなど、ほかの部屋の機能を居間にもってくると、必然的に家族のだれかがいつも居間にいる、というかたちになり、居間が活性化する［❺〜❽］。いろいろな機能が集中すれば、いちばん面白い「場」になるのだから、そこが活き活きしてくるのは当たり前のことだ。

❺「藤岡邸」平面図｜S=1:200

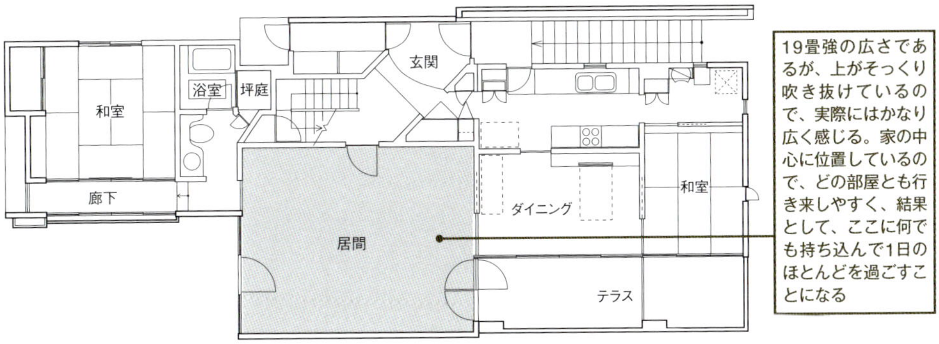

❻「加藤邸」平面図｜S=1:200

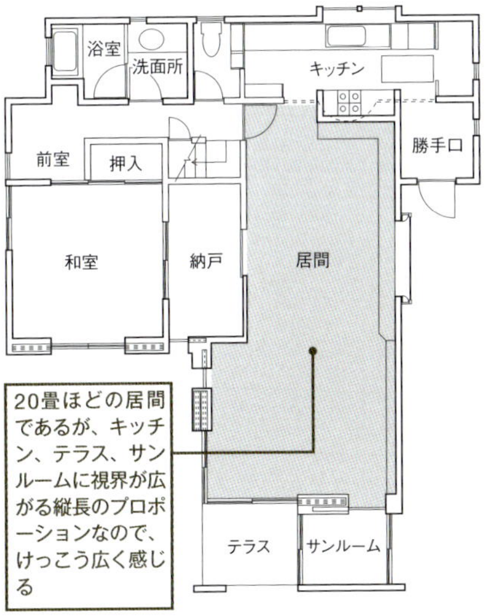

❼「植村邸」平面図｜S=1:200

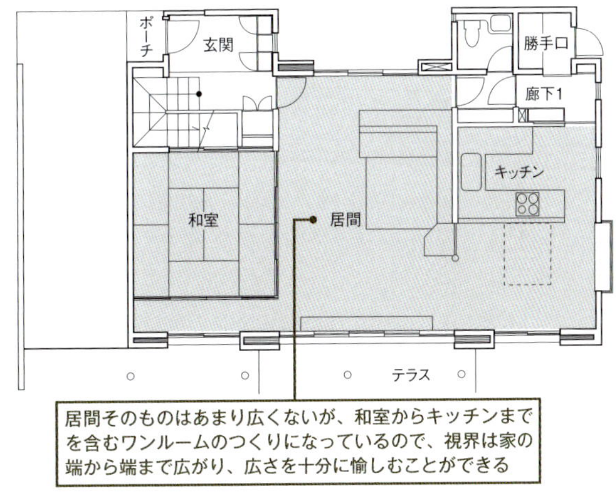

❽「名越邸」平面図｜S=1:200

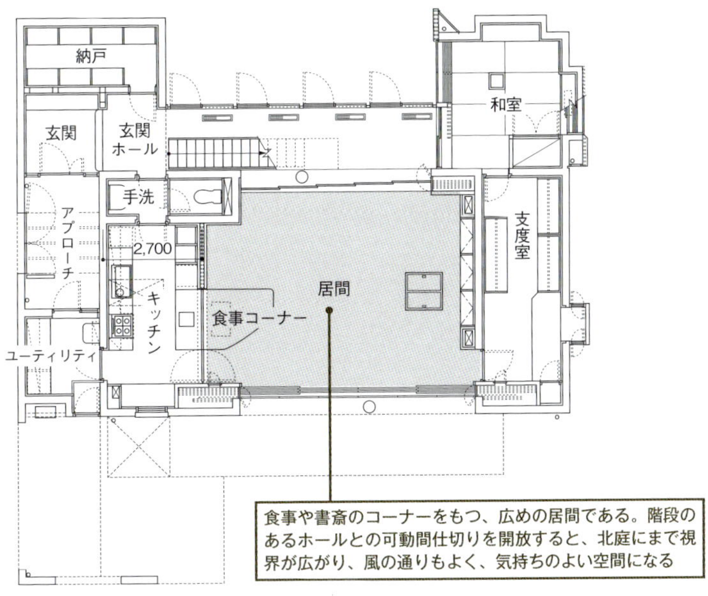

写真=村井修

上下逆転プランならではの設計方法

❶「三宅ボックス」アクソメ図

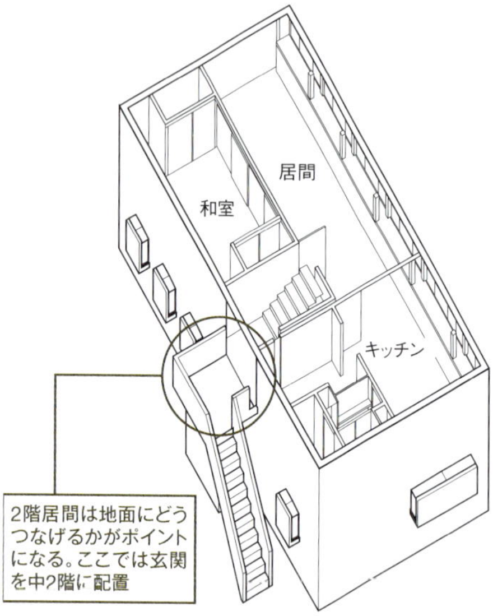

❷「三宅ボックス」の玄関

上下逆転プランに合わせて、玄関の位置を中2階にした

❸「三宅ボックス」平面図｜S=1:200

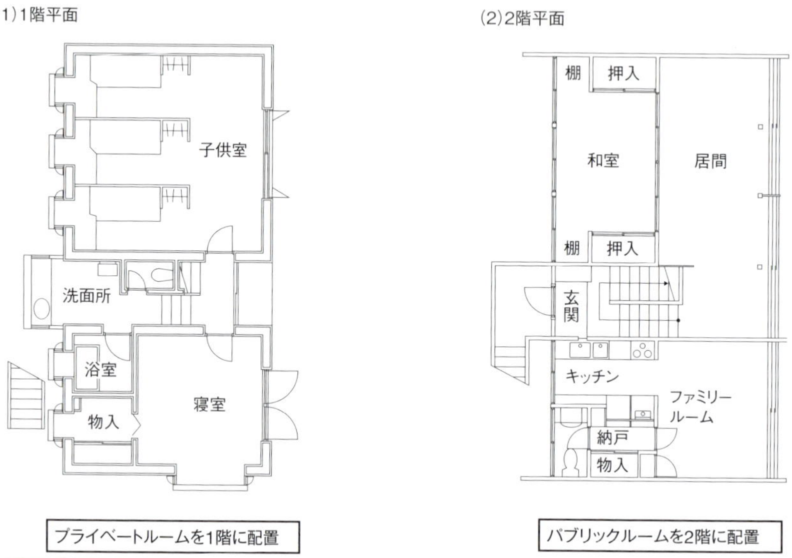

都市型住宅が密集する狭小の敷地では、1階の居間では陽が入らない。

そんなときには、2階に居間をもってくる。そしてプライベートとパブリックの領域を分けるため、台所と食事室も2階に上げる。また、居間などのパブリックな空間に外部との連続性をもたせる必要性から、接地性を考え、外部へつながる玄関も2階に配置したい［❶・❷、写真］。

また、キッチンについても接地性の問題から、ゴミ置き場を考える必要がある。通常1階に位置するキッチンであれば、ゴミはすぐに外部へ出せる。しかし、2階となると臭いの出るゴミの置き場に困るため、キッチンの近くにサービスヤードを設けるなど、2階デッキ部分に仮置き場をつくるという工夫が必要となる。

そのほか、2階建ての場合、2階にキッチンを設けると内装に自由度が出せる。なぜなら建物の最上階にキッチンを設置すると、内装制限が適用されないからだ（令128条の4第4項）。

これを利用すれば、居間と一体感のあるキッチンをしつらえることができる。また、パブリック、プライベートにゾーニングした場合、人目に触れる2階だけ内装に高級な質感をもたせるなど、仕上げに強弱をつけやすい。

❹「グリーンボックス#1」平面図｜S=1:200

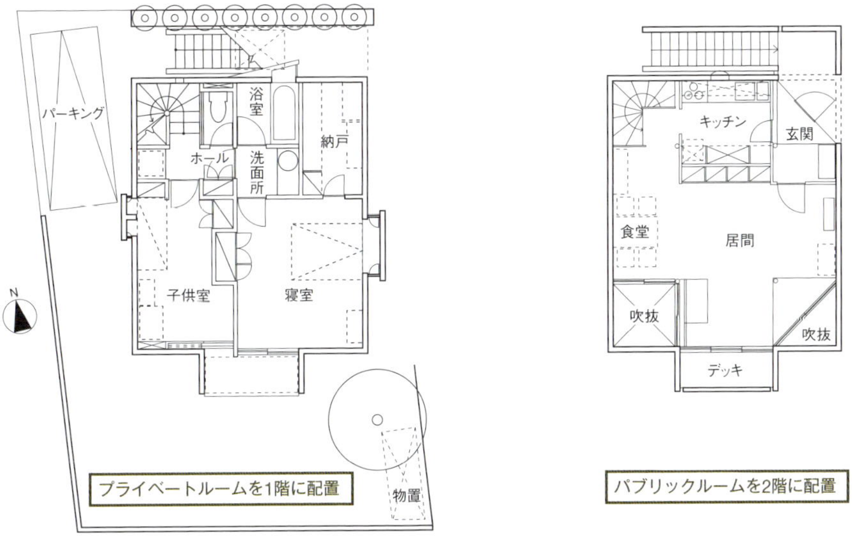

❺「グリーンボックス#1」の立面

外階段で、一気に2階の玄関にまで上がる。アパートの2階に住む人には日常のこと

❻「船橋ボックス」の2階居間

中央の階段を下りると玄関ホール。奥のキッチンには直通の専用階段が別に用意してある

❼「船橋ボックス」断面図｜S=1:100

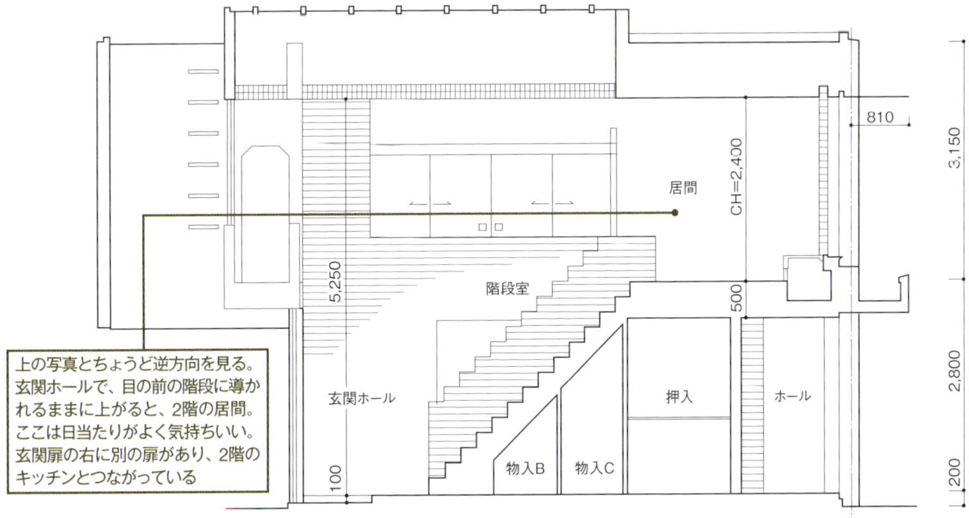

❷、❻写真=村井修、❺写真=宮脇檀建築研究室

内装には呼吸する自然素材を使う

❶「加藤邸」居間断面詳細図｜S=1:50

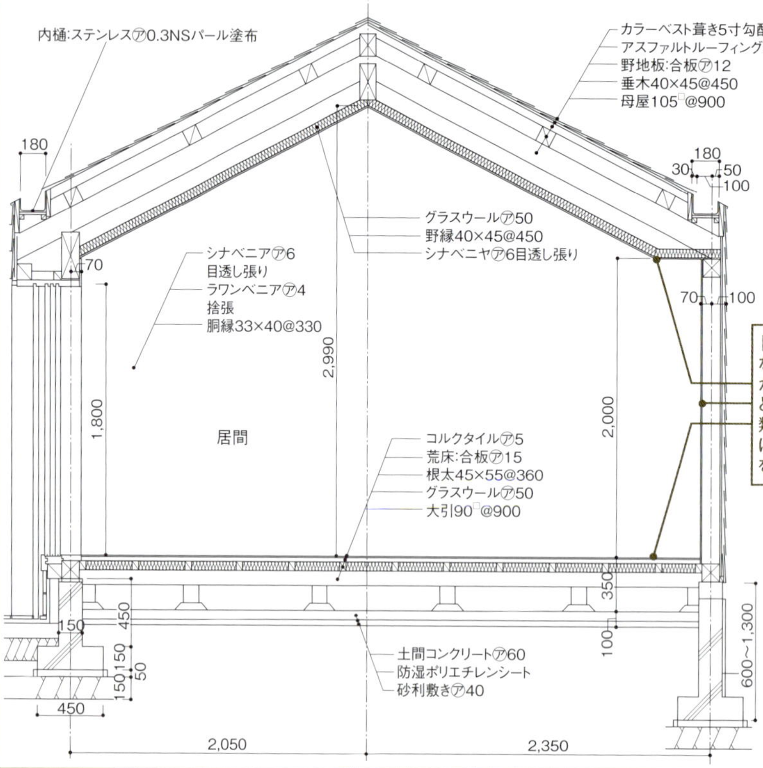

❷「福村別邸」の内装仕上げ

天井・床・建具ともに自然素材を使用し、統一感を出している

❸「さとうボックス」の内装仕上げ

壁にも木を使用し、全体に柔らかい空間となっている

住宅で使う建材に関して、宮脇檀建築研究室は保守的である。伝統的に使われてきた「木」「土」「紙」「布」などは繰り返し使うが、いわゆる新建材、とりわけプラスチック類には慎重だ。

なぜなら、伝統的な建材は、いつでも、どこでも手に入り、だれでも知っているので容易に扱うことができ、評価も定まっているから安心して使うことができるからだ。扱う際の注意点としては、自然素材には柔らかい素材が多いため丁寧に扱うこと。また、経年変化を楽しむために十分なメンテナンスが必要である。

それに木、土、紙、布などは呼吸するが、プラスチック類は呼吸しない。そもそも住宅とは、忙しい仕事場や賑やかで華やかな歓楽街などから解放されてゆっくりと落ち着きたいところ。

呼吸する素材は湿気を吸放出してくれる調湿作用があり（最近はVOCを吸着する効用がうたわれているが）、快適な環境をつくるのみならず、強い光や音を吸収し和らげてくれもするので気持ちの安まる空間になる。強い光といえば、クロムメッキやステンレスの鏡面のようにキラキラピカピカするものも、住宅にはふさわしくないので使わないようにしている［❶〜❸］。

❹「Choi Box」断面詳細図｜S=1:50

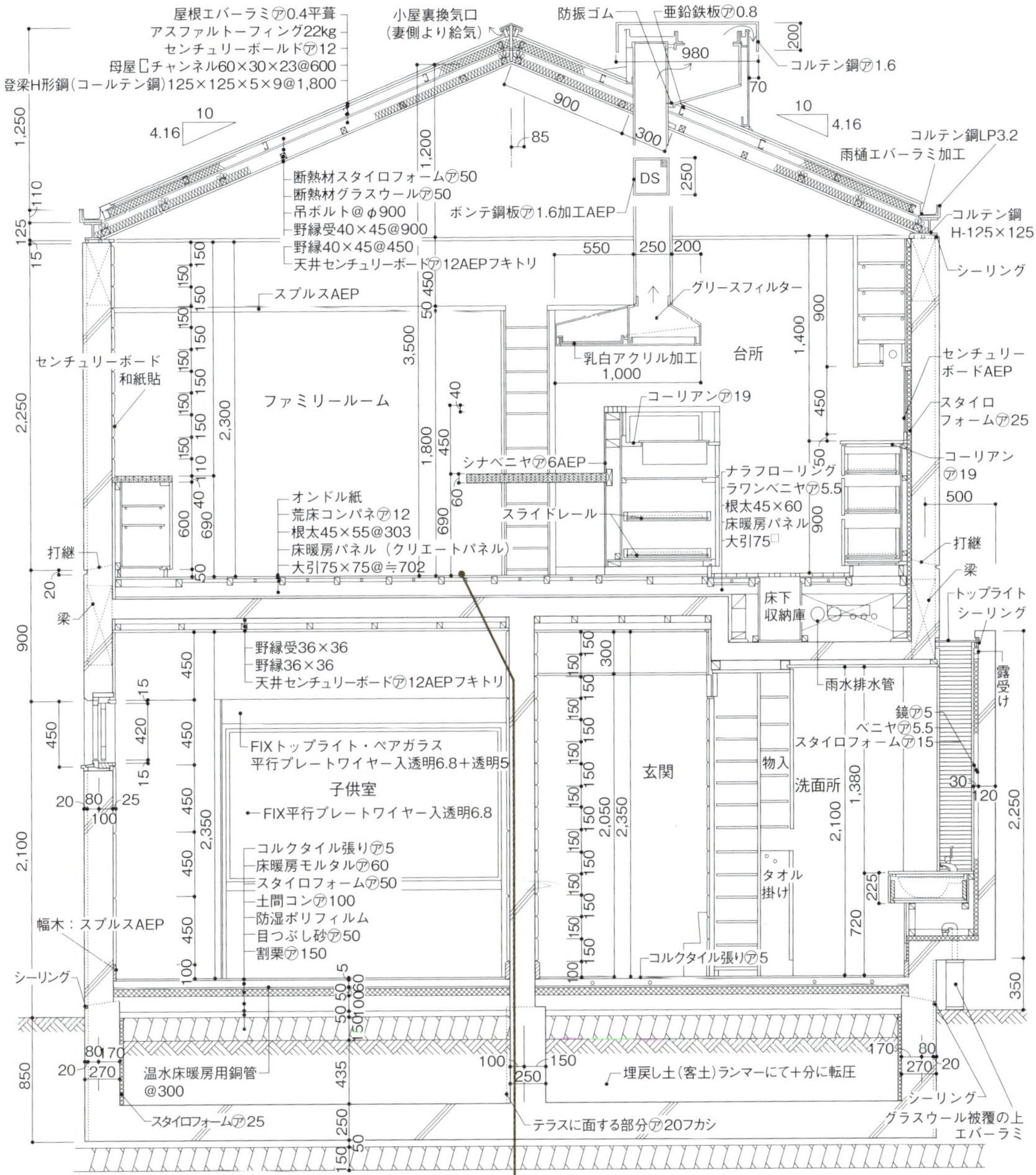

床暖房を仕込み、床仕上げにはオンドル紙を使うことができた。オンドル紙は植物繊維でつくった紙に植物油を染み込ませたもので、何層にも重ね貼りをして表面には保護のためにニスをひく。感触が柔らかく気持ちがいい

床はオンドル紙、壁は韓紙貼り。壁の韓紙は目地底まで貼り込んであるため、柔らかく、暖かい仕上がりになる

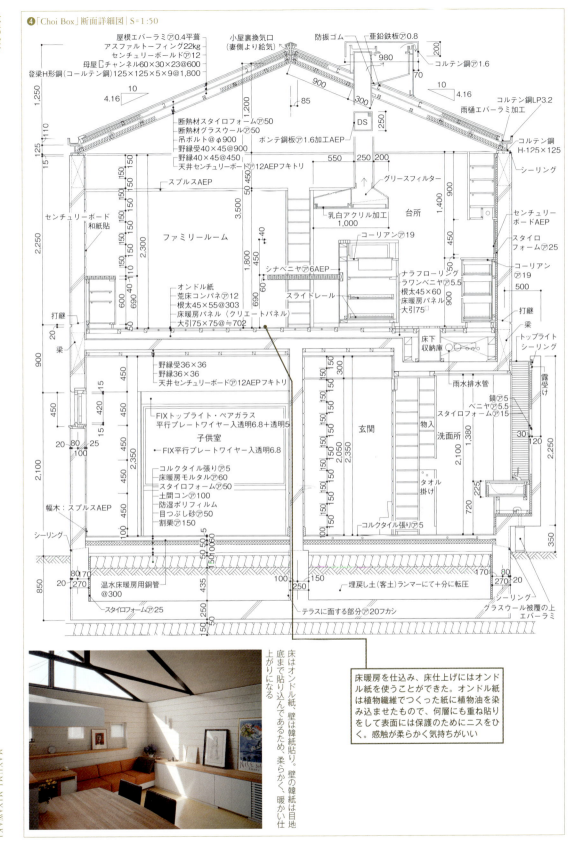

写真❷、❸＝宮脇檀建築研究室、写真❹＝村井修

安定感のある床をつくる

❶「有賀邸」1階床廻り詳細｜S=1:15

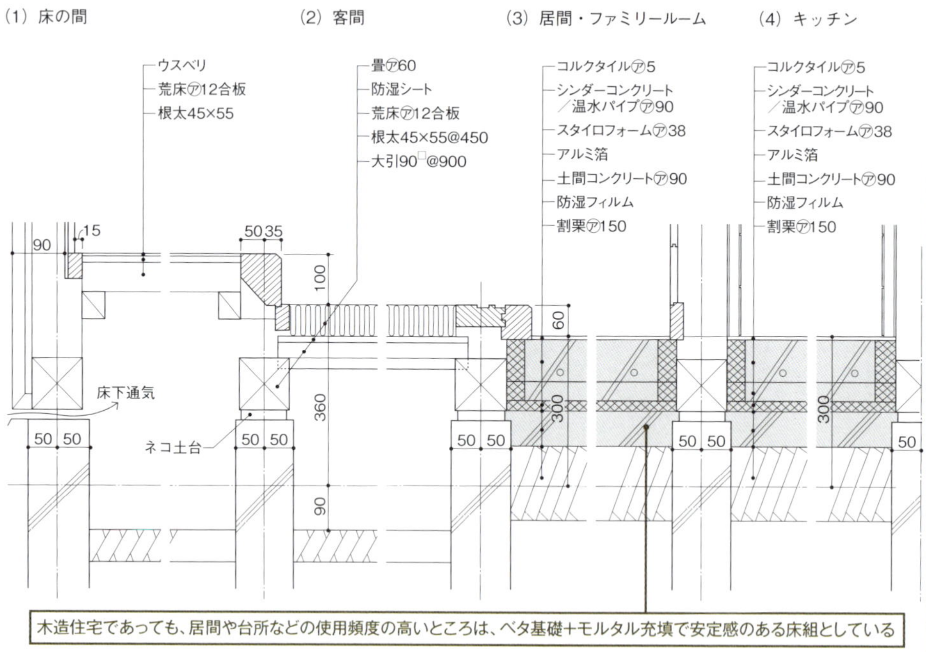

❷「有賀邸」1階平面図｜S=1:400

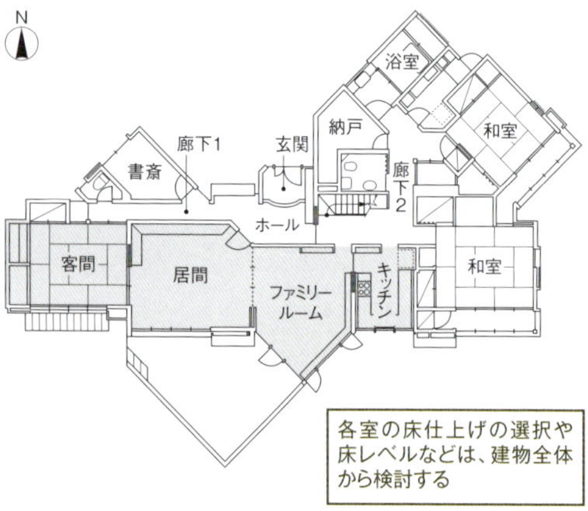

❸「有賀邸」の吹抜けより床面を見る

居間・ファミリールームはコルクタイル敷きで温かみを出している

居間に限らず住宅の床というのは、宮脇いわく大地のようなもので、暮らしを支える基盤である。そこがフカフカしていては気持ち悪いし落ち着かない。だから木造の1階はもちろん2階でも床下地はRCでつくりたい。木造でも1階の床版をRCでつくる。つまり今でこそベタ基礎が当たり前だが、宮脇檀建築研究室では、早くから1階の床高をできるだけ地盤面に近づける（庭を眺めるためでなく居間の一部として一体に使う）ために、施行令22条のただし書きを適用（防湿処理）し、ベタ基礎としていた［❶・❷］。

混構造を採用するのも、2階床をRC版で受けたいのが理由の1つである（2階の腰壁までをRCでつくることが多い）。木造の場合でも、耐力に余裕をもたせた梁、桁のせい（210㎜以上）や、根太の断面（50×55㎜以上）やピッチ（303㎜）で対応することにしている。仕上げの床材もフワフワしていないムクのフローリング（15㎜厚程度）を基本とする。

また、日本の住宅は履物を脱いで生活するスタイルだから裸足で気持ちのよい仕様がよい。メンテナンスが楽だとか、傷がつきにくいなどの理由で表面をウレタン樹脂でコーティングしたものはまったくの別物であり、論外である。

❹「Choi Box」断面詳細図｜S=1:20

(1) ファミリールーム

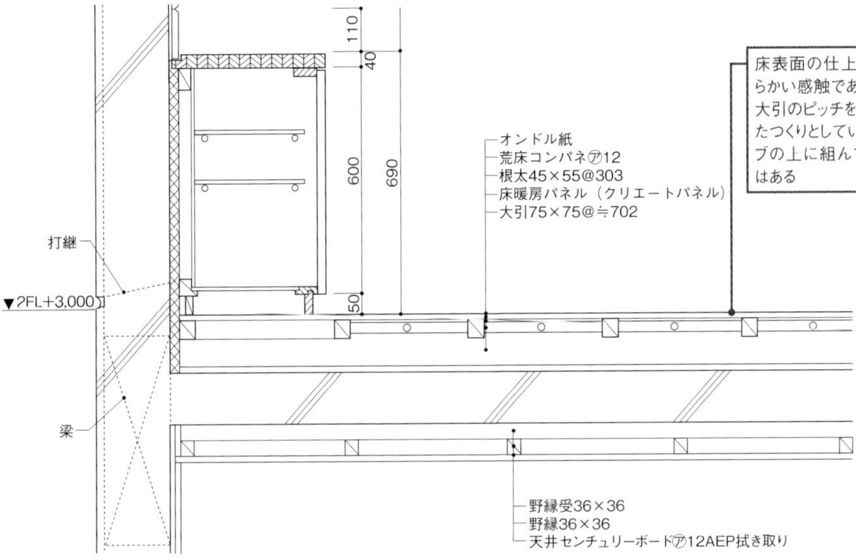
床表面の仕上げはオンドル紙で柔らかい感触であるが、下地は根太や大引のピッチを細かくし、しっかりとしたつくりとしている。もちろんRCスラブの上に組んでいるために安定感はある
オンドル紙
荒床コンパネ㋐12
根太45×55@303
床暖房パネル（クリエートパネル）
大引75×75@≒702
110
40
600
690
50
打継
▼2FL+3,000
梁
野縁受36×36
野縁36×36
天井センチュリーボード㋐12AEP拭き取り

(2) 子供室

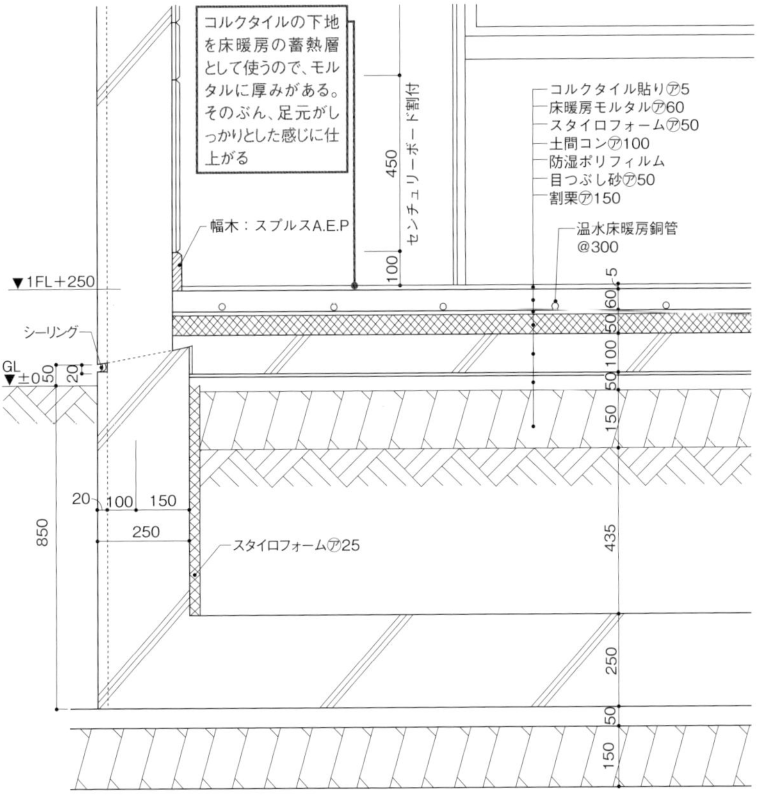
コルクタイルの下地を床暖房の蓄熱層として使うので、モルタルに厚みがある。そのぶん、足元がしっかりとした感じに仕上がる
センチュリーボード割付
450
100
コルクタイル貼り㋐5
床暖房モルタル㋐60
スタイロフォーム㋐50
土間コン㋐100
防湿ポリフィルム
目つぶし砂㋐50
割栗㋐150
温水床暖房銅管
@300
幅木：スプルスA.E.P
▼1FL+250
シーリング
GL
▼±0
50
20
5
60
50
100
50
150
20
100
150
250
850
435
250
50
150
スタイロフォーム㋐25

(3) 玄関

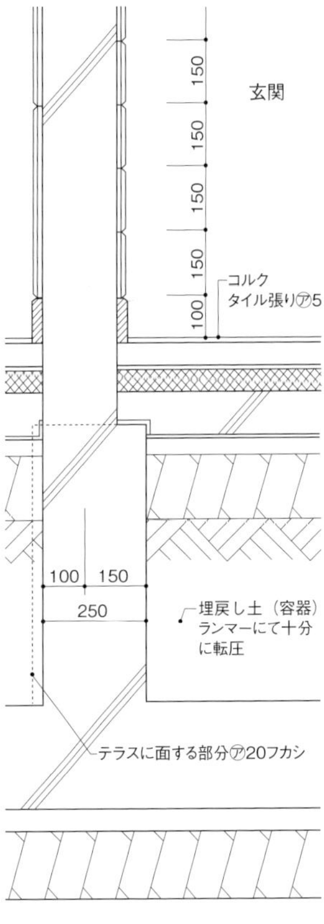
玄関
150
150
150
150
100
コルク
タイル張り㋐5
100
150
250
埋戻し土（容器）
ランマーにて十分
に転圧
テラスに面する部分㋐20フカシ

写真=村井修

目地を徹底的に通す

❶「田中ボックス」内壁仕上げ詳細図

(1) 壁部分断面（S=1:20）　(2) シナ合板横目地詳細（S=1:2）

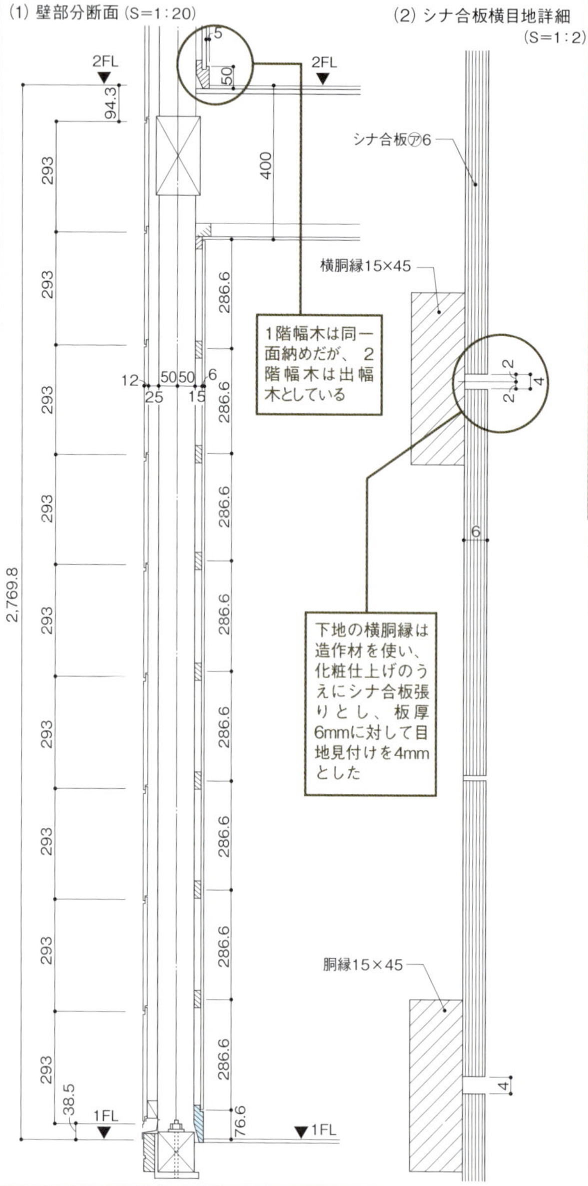

目地を揃えた「田中邸」内観。宮脇いわく「目地を通すことは意志の表現手法の1つ」とのことだ

(3) 1階幅木詳細（S=1:2）

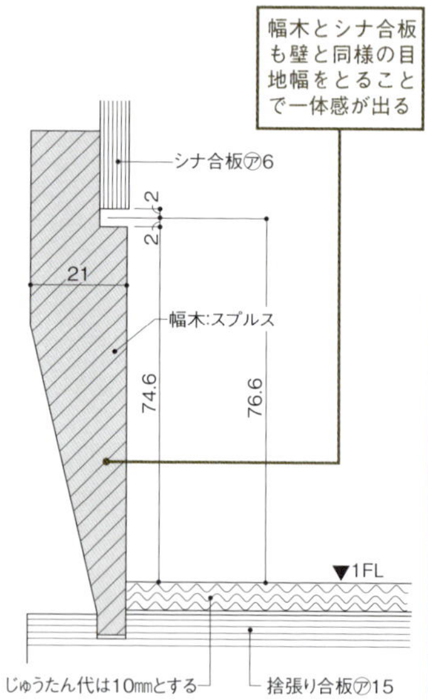

建築とはある意味「出会い」を調整する作業である。人と建物との出会い、そこに使われる材料との出会いはもちろんのこと、材料と材料、材料と機器などの「納まり」を調整しなくてはならない。その出会いをどのように扱い、納めるかを考える作業が、ディテールを考える作業となる。

材料と材料の出会いは、まず壁どうしなどの同一平面内での出会い（入隅、出隅）が考えられる。さらにその同一面内でも出会う素材が同一か、異素材か、屋外か、屋内か、壁面か、床面かなどの条件があり、それに加え「どう見せたいのか」という要素もある。なかなか調整も単純にはいかない。

たとえば、シナ合板で壁面を仕上げる場合、宮脇檀建築研究室では目透し張りが標準的な仕様となる。そうすると目地が通り、キリッと引き締まった表情になるからである［❶］。

その場合、下地の横胴縁が目地底になるので、テープ貼りか塗装で下地の胴縁を化粧する。もしくは、下地全面にラワン合板（5.5㎜厚程度）を捨張りする。それが目地底の化粧となるし、下地の不陸も調整でき、仕上げ材のシナ合板が張りやすくなる。シナ合板が4㎜厚程度しかな

❷「田中ボックス」建具廻り詳細図

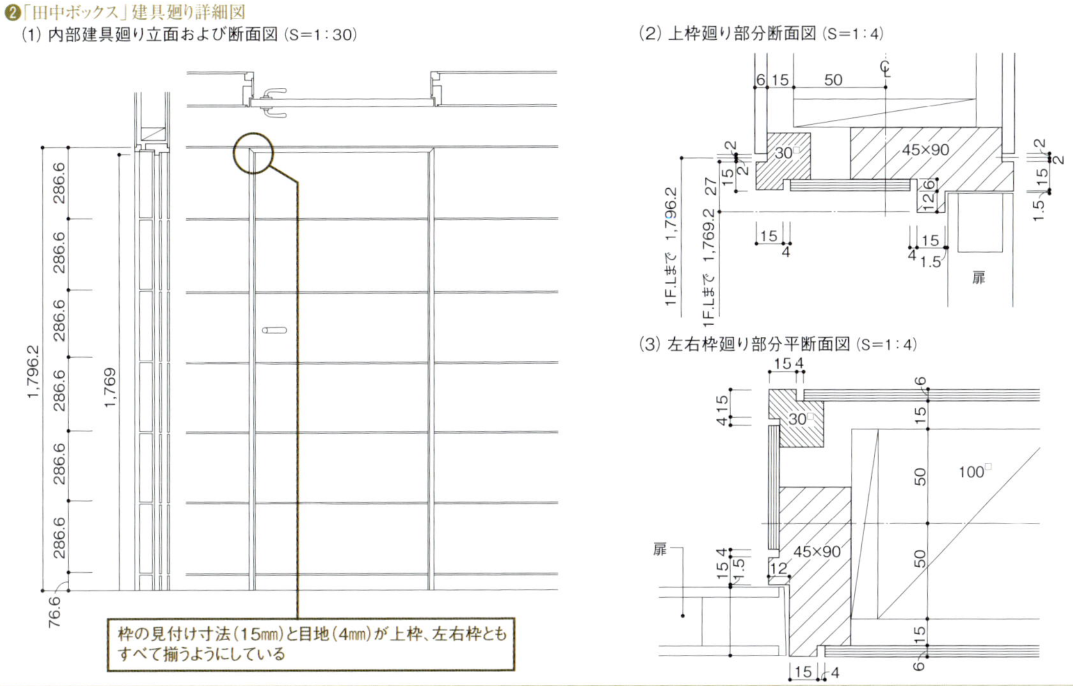

❸「田中ボックス」階段部分立面、および断面図 | S=1:40

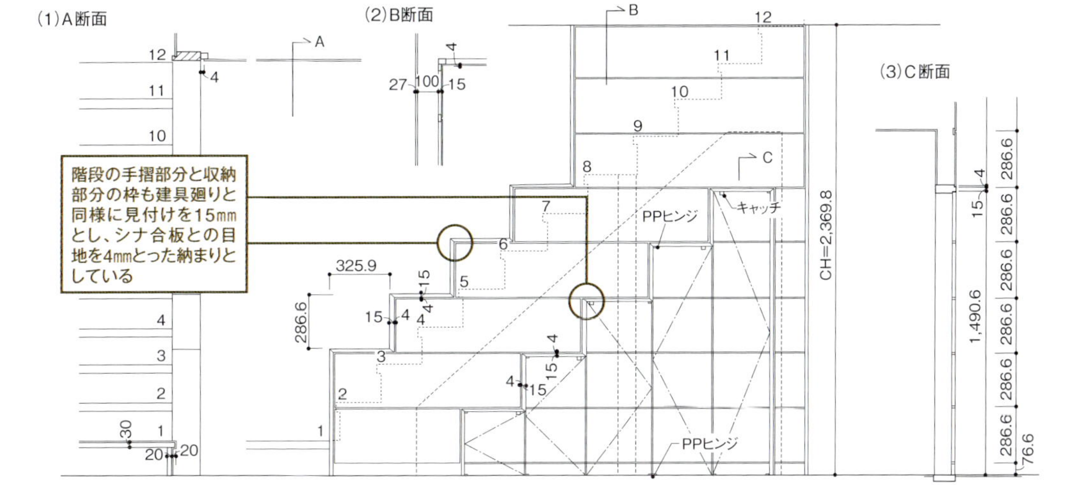

い場合でも、捨張りがしてあると仕上がりの平滑度も上がる。

ちなみに目透しの目地幅は、仕上げ材の厚みよりも狭くすること。つまり、4㎜厚の合板を使ったら目地幅は3㎜とする。これで目地にしっかりと陰影がつき、シャープに見えるようになる。

ここで紹介する「田中邸」や「伊藤明邸」は縦横の目地を通すことにこだわり、計画時から目地割について詳細な検討を行った事例である［❷・❸、053頁❹・054頁❺］。

また、面が切り替わる場所では、床―壁の幅木が絡む個所や、壁―天井の廻り縁が絡む納まりがある。宮脇檀建築研究室ではとりあえず幅木は出幅木とし、せいは60㎜としているが、場所と取り合う材料、表現の意図によっては、同面になったり、入幅木になったり、幅木なしの納まりとすることもある。❶(1)・(3)のように1階は壁の横目地と連続させるために同面の納まりとしているが、2階壁は横目地をとっていないので幅木を意識させる出幅木(5㎜)とすることもある。

実際には、幅木よりも廻り縁のほうを「なし」とする場合が多い。それは壁―天井の仕上げを同一素材とすることが多いからだ。廻り縁があると「壁」「天井」の縁が切れてしまうが、同一材で仕上げて一体感を表現したいときには、廻り縁の存在が邪魔になる。

写真=村井修

❹「伊藤明邸」居間部分1

(1)平面詳細図1(S=1:15)

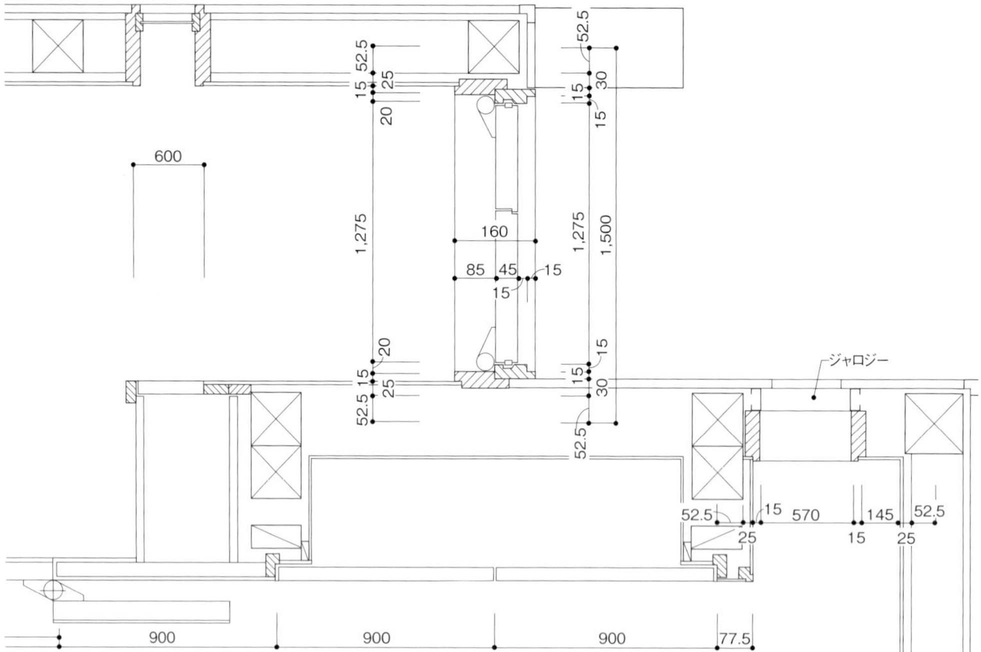

(2)建具枠廻り平面詳細(S=1:2)

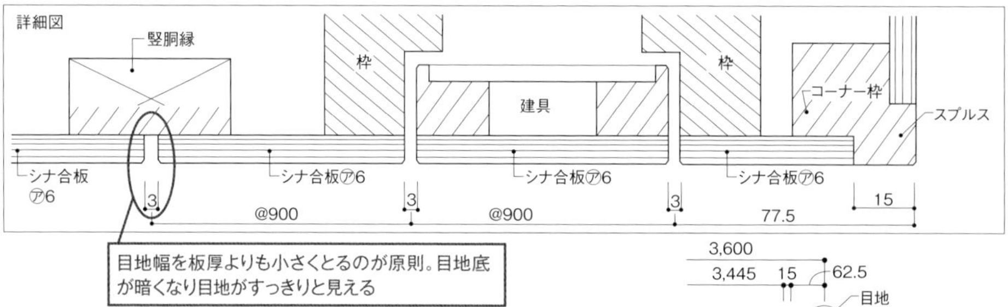

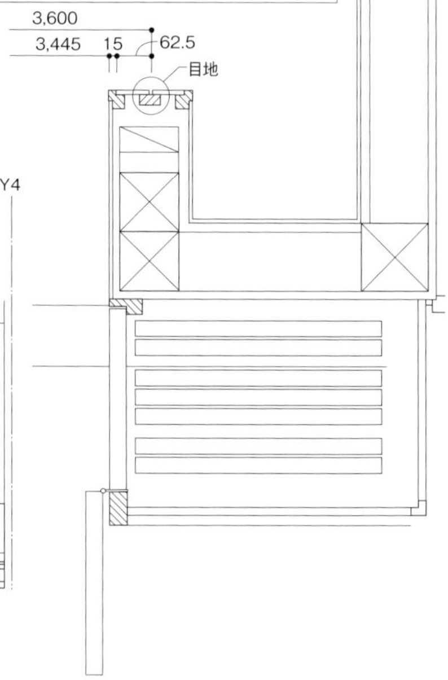

(3)居間展開図(S=1:100)

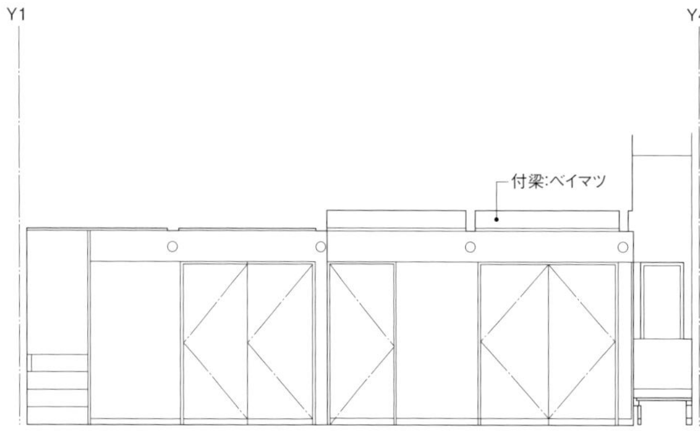

❺「伊藤明邸」居間部分２平面詳細図｜S=1:15

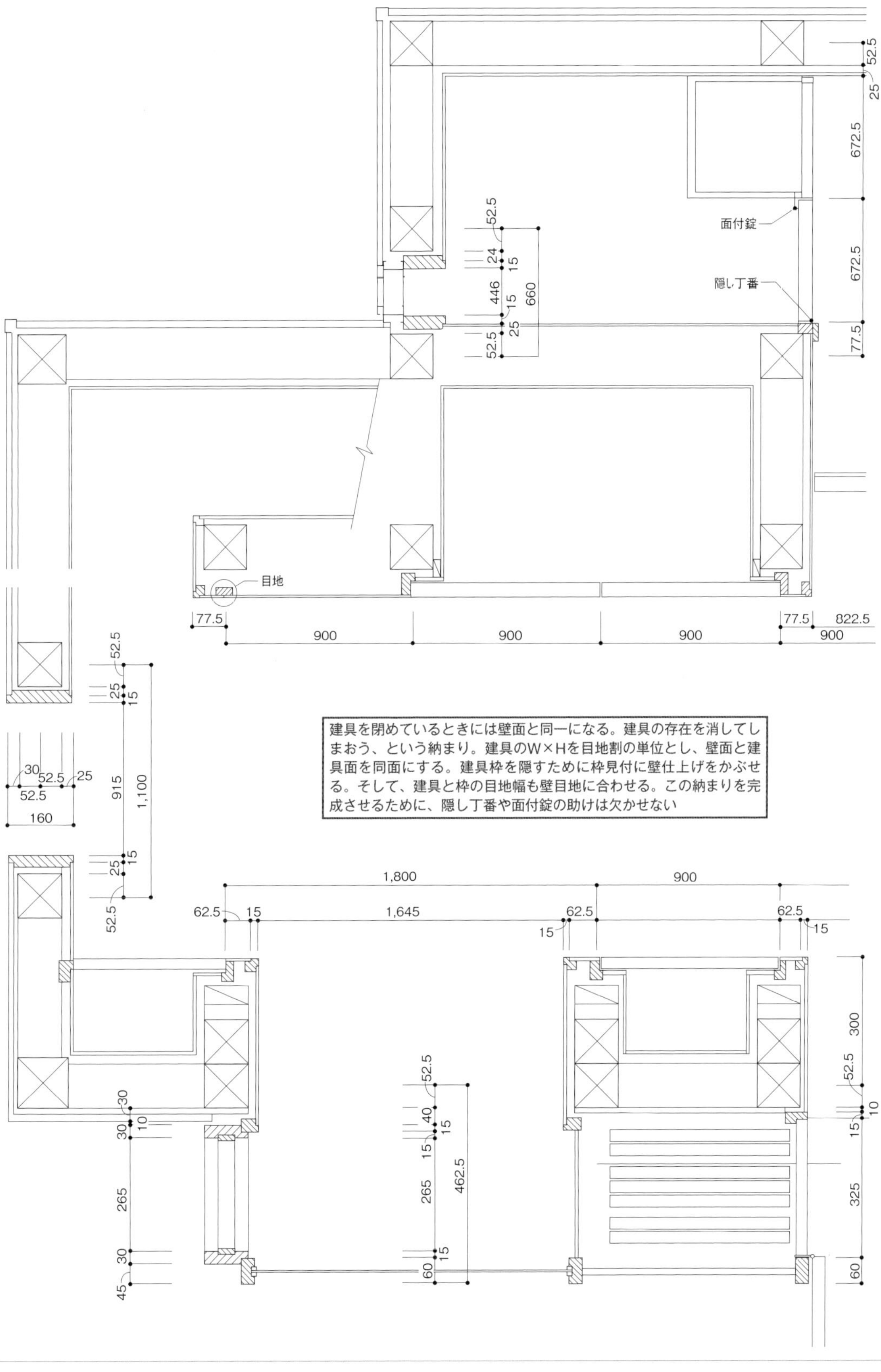

建具を閉めているときには壁面と同一になる。建具の存在を消してしまおう、という納まり。建具のW×Hを目地割の単位とし、壁面と建具面を同面にする。建具枠を隠すために枠見付に壁仕上げをかぶせる。そして、建具と枠の目地幅も壁目地に合わせる。この納まりを完成させるために、隠し丁番や面付錠の助けは欠かせない

玄関は内開き戸が基本

❶内開き戸とした「池田ボックス」

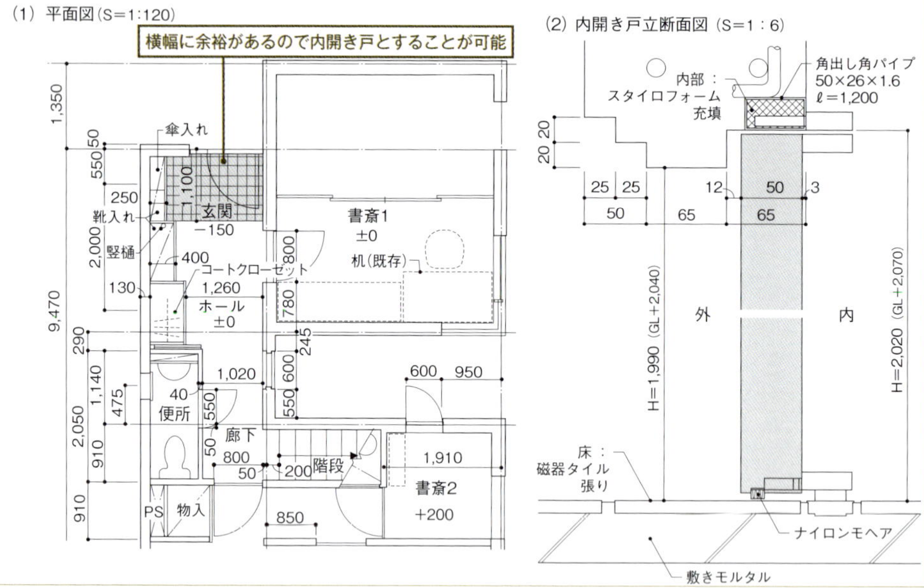

❷引戸とした「神宿邸」

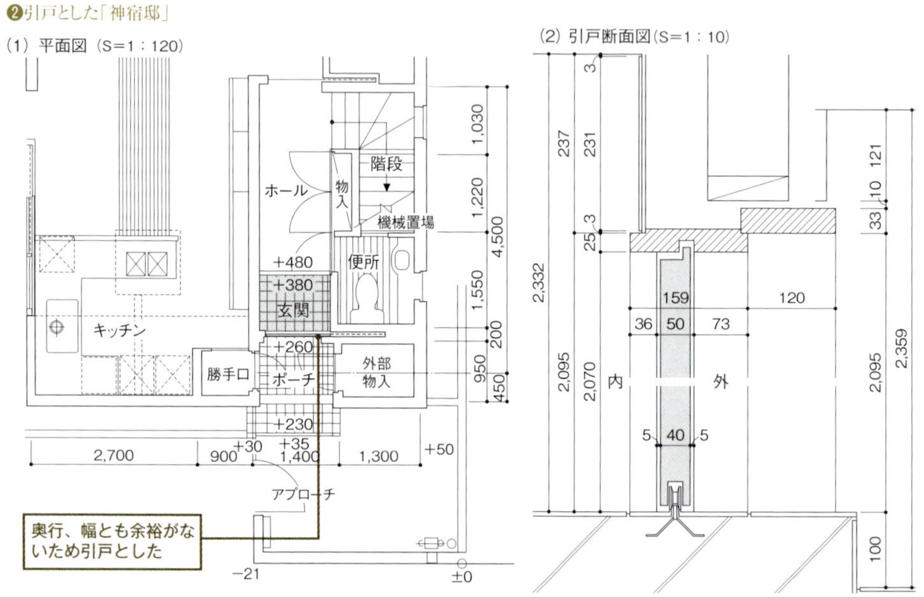

履物を脱いで部屋に上がる、という生活スタイルがある限り、どこかで上下足分離の場を設ける必要がある。「玄関」はその代表的な場所だが、ここは住宅の主たる出入口でもあり、外部に対して「顔」的な性格も求められる。

単に家族の出入口でよければ勝手口でも用が足りる。以前、建主から「玄関という名称の場はいらない」との注文を受け、勝手口をその家の主たる出入口にしたことがあるが、客人を迎える場もあることも考慮すると、やはり「顔」を意識した、それなりの設えとスペースを確保したい。結局前述の建主宅では、客人をサンルームで出迎える計画とした。

客人を迎える、といえば、宮脇は玄関扉の開き勝手にこだわった。案内を請うた客人を「いらっしゃい」と扉を開けて招き入れる動作を考えると、扉の開き勝手は内開きにするのが、歓迎の心がこもったつくりになるというわけだ［❶］。しかし、宮脇檀建築研究室の作例では100％内開きが実現できているわけではない。玄関土間が半畳程度の広さしかとれないケースでは、どうがんばっても内開きにするのは無理がある。そんなときは引戸を採用することで解決するという対応例がいくつかある［❷］。

❸「ブルーボックスハウス」| S=1:100

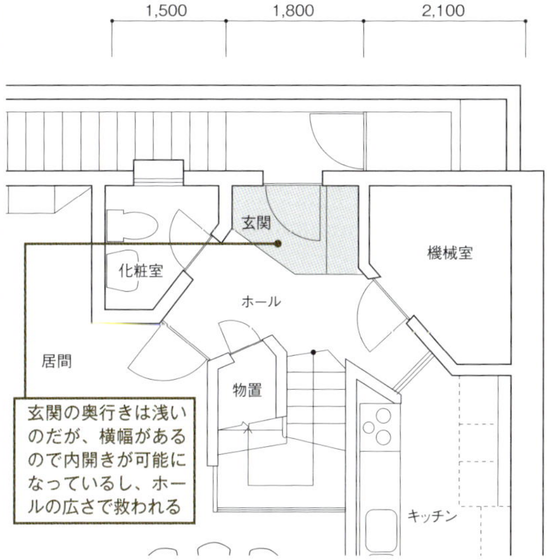

❹「横尾ボックス」平面図 | S=1:100

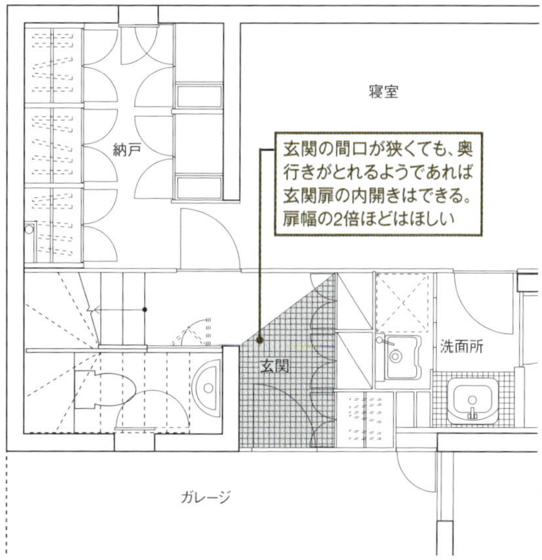

❺「BOX-A QUARTER CIRCLE」平面図 | S=1:150

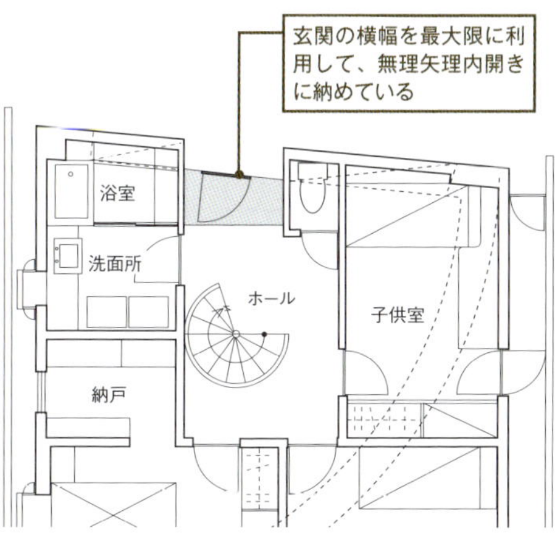

❻「菅野ボックス」平面図 | S=1:100

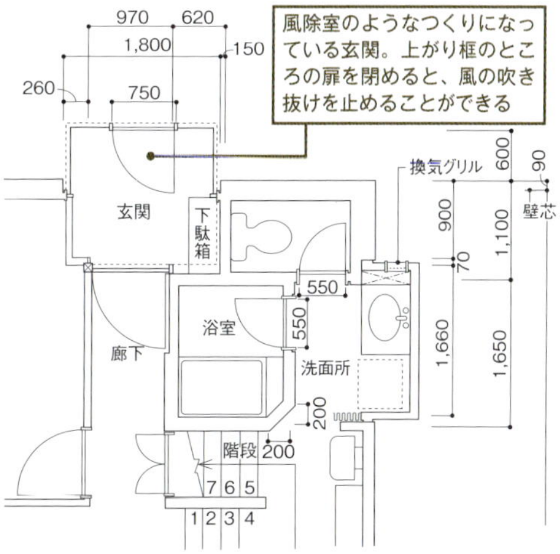

❼「稲垣ボックス」平面図 | S=1:100

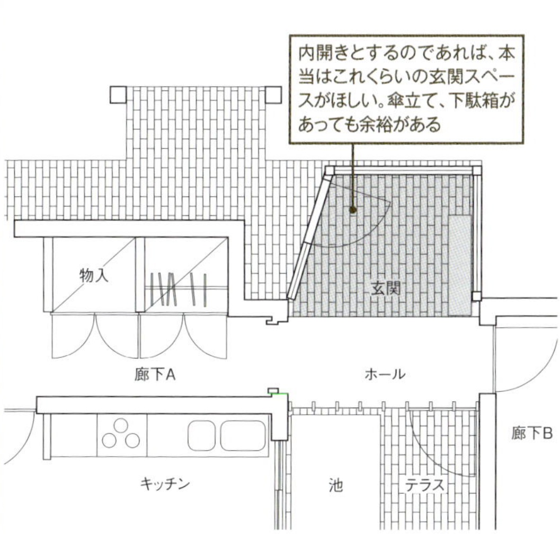

❽「稲垣ボックス」玄関部分

ガラス面に囲われた玄関。ガラス面を大きくとって明るく軽い感じに仕上げている

写真=村井修

上がり框で内外を意識づける

❶「富士道邸」玄関詳細図｜S=1:40

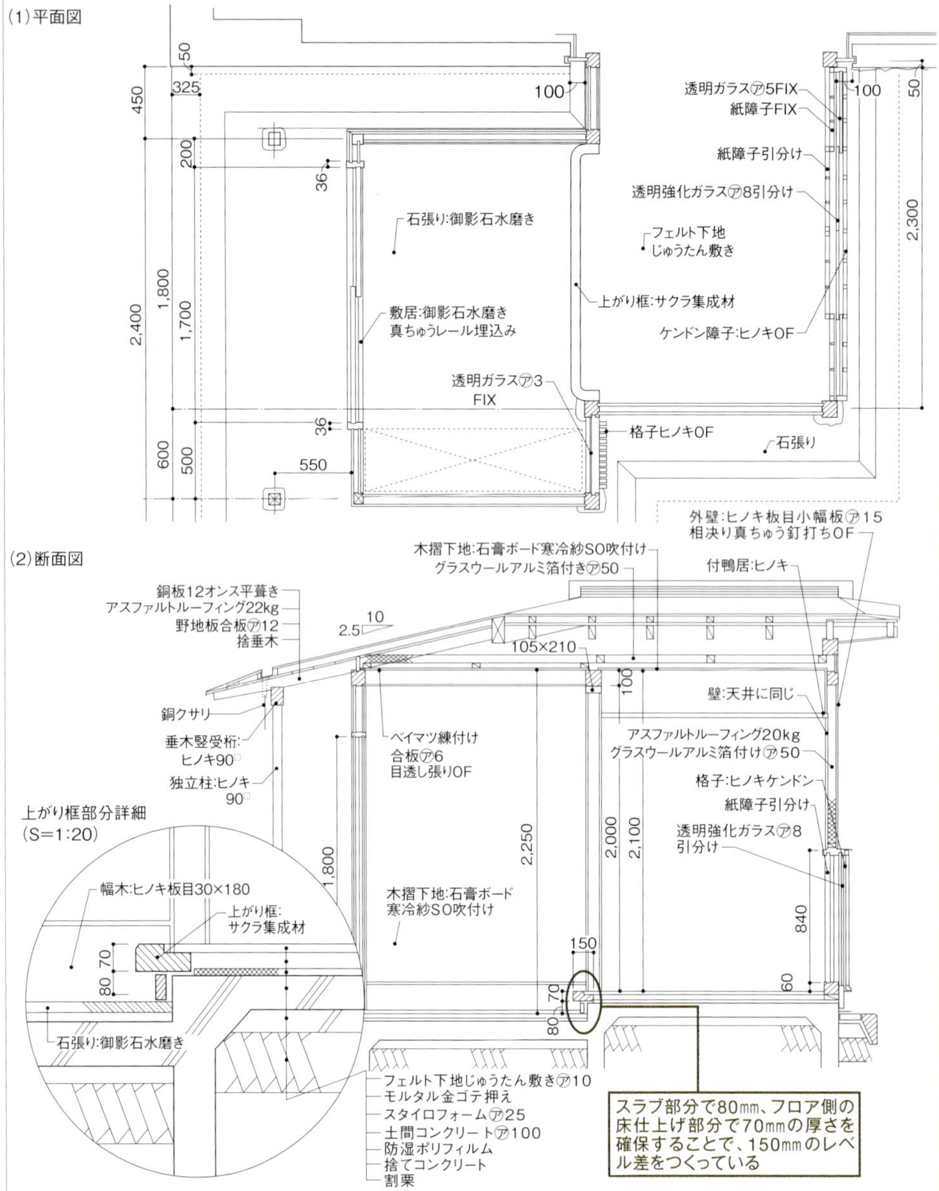

戸建住宅では、ベタ基礎で1階の床高をできるだけ地盤面に近づけようとすると、玄関の下足エリアである土間床と、上足エリアであるホール床とのレベル差がどんどん小さくなってくる。RC造の集合住宅の玄関土間とホール床とのレベル関係も、通常は同一レベルのスラブ面上に仕上げをするため、ほとんど差がつかない。

こうなると、土間とホールとの境界にある「上がり框」の厚みがほとんどとれなくなり、レベル差が20mmくらいの例も出てくる。これでは「框」というより「沓摺（くつずり）」である。しかし、これでは「ここで靴を脱ぐ」と意識するにはサイン性が弱く、うっかりすると靴のままホールに入ってしまう。レベル差が少なすぎると靴が脱ぎにくいという問題もある。

そのような理由で、宮脇檀建築研究室では、およそ階段の段差1段分（150〜200mm程度）のレベル差をとるようにしている［❶〜❸］。これ以上の差があると、ホールの床に座り込まないと靴を履けなくなり、今度は使い勝手が悪くなる。しかし、ユニバーサルデザイン仕様に対応するには、壁際にベンチを設けるなど座って靴を履けるような配慮を考えておくことも大切である。

❷「和久井邸」玄関断面図｜S=1:40

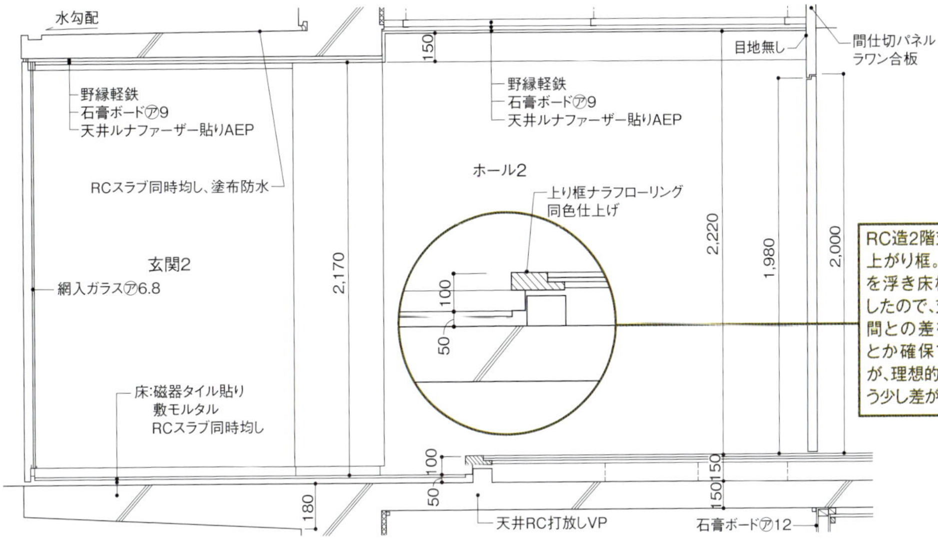

RC造2階玄関の上がり框。2階床を浮き床構造としたので、玄関土間との差をなんとか確保できたが、理想的にはもう少し差がほしい

❸「林邸」玄関断面図｜S=1:50

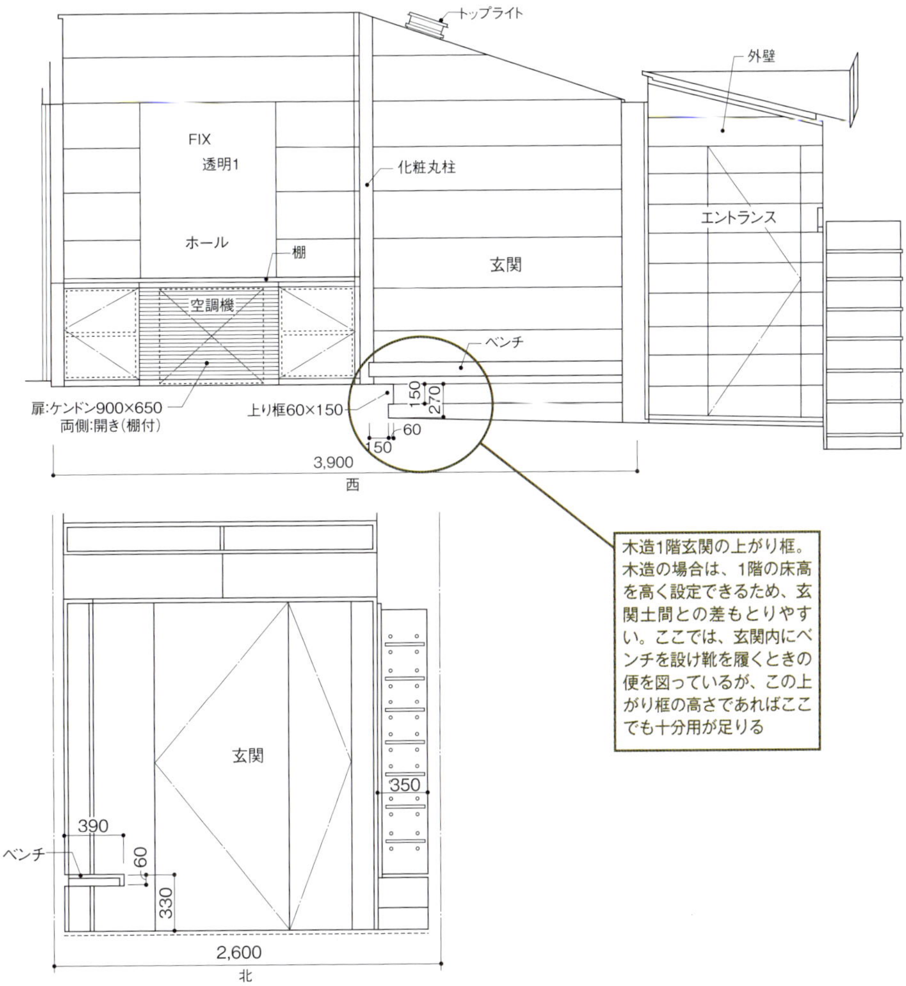

木造1階玄関の上がり框。木造の場合は、1階の床高を高く設定できるため、玄関土間との差もとりやすい。ここでは、玄関内にベンチを設け靴を履くときの便を図っているが、この上がり框の高さであればここでも十分用が足りる

階段は玄関隣接でも客に見えない工夫

❶「町田の家」1階平面図｜S=1:150

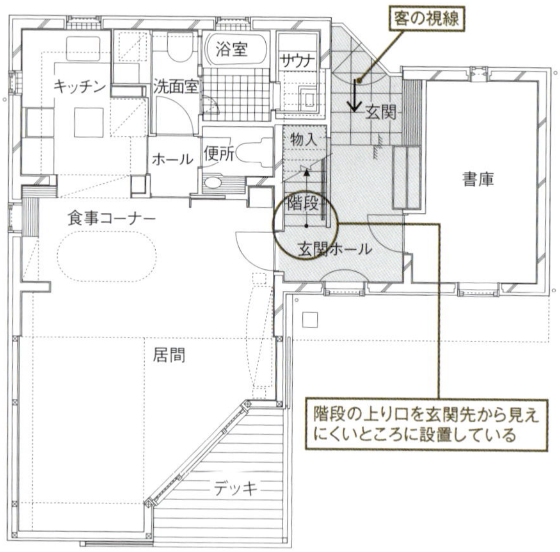

❷「藤江邸」階段部分

階段の上り口を玄関先から見て裏側に配置し、さらに玄関ホールを扉で仕切ることで見えないようにした例

❸「島田ボックス」1階平面図｜S=1:150

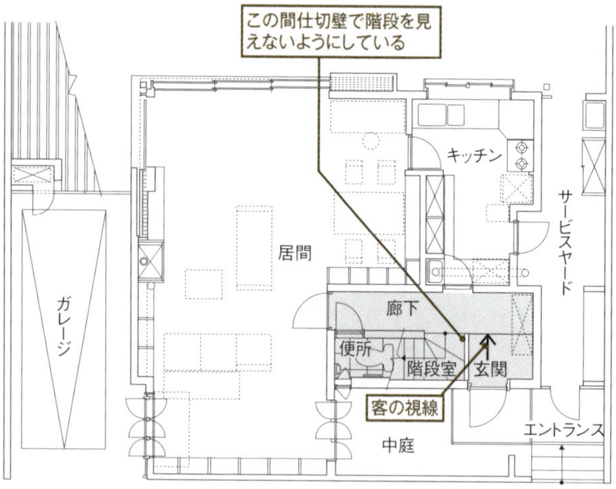

❹「島田ボックス」階段部分

玄関の横に階段を設置しているが間仕切壁により見えないようにしている例（折れ階段）

上下階を結ぶ階段の位置取りやスタイルの検討は、プランニング全体で決めるが、小さな住宅では限られたスペースのなかでやりくりするのが常で、劇的な演出効果を狙うよりも、まず「通路」としていかに使い勝手をよくするかが計画のポイントになる。

位置取りでは、階段を玄関に隣接させる例が多いが、これは廊下を含めた通路スペースをコンパクトにまとめるのに効果がある。玄関に階段を隣接させる場合でも、玄関土間に立つ客人に階段がどこにあるのか気付かれないようなつくりにすると、生活があけすけにならずにすみ、家人は安心できる［❶〜❼］。

階段の形式は、直線階段だと、人の上り下りや荷物運びは楽だが、コンパクトなプランになりにくい。それに、万一、足を踏み外した場合、一気に下まで転げ落ちる危険がある。その点、折れ階段は足を踏み外しても途中で止まってくれる可能性が高く、安心度も高い。宮脇檀建築研究室の作例では約4割がこのかたちになる。この折れ階段は、途中の踊り場のところも段差をつけると廻り階段のようになって、よりコンパクト（4㎡程度）にまとめられるが、反面、大物、長物の荷物運びは大変な作業となる。

❺「木村ボックス」1階平面図 | S=1:150

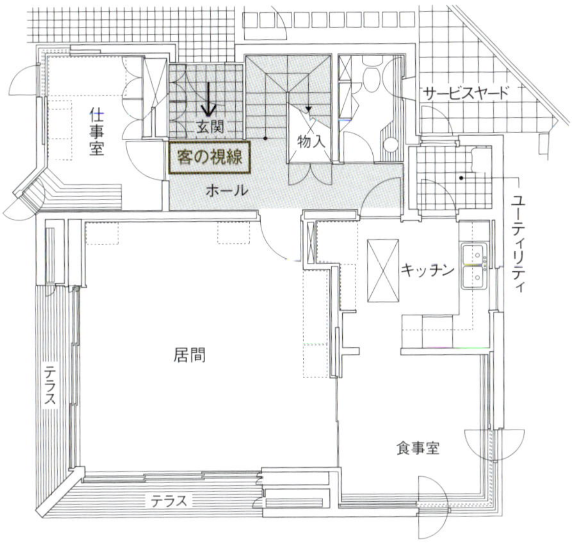

❻「木村ボックス」階段部分

❼「藤谷邸」1階平面図 | S=1:200

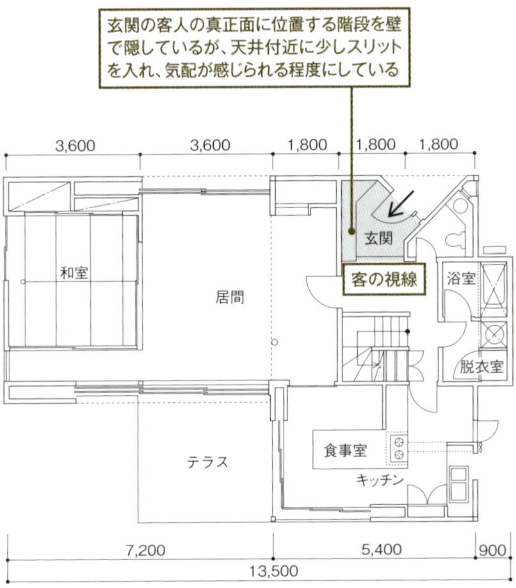

玄関土間の隣に薄壁1枚を隔てて階段があっても、玄関に立つ客人にはその存在がまったく分からない

写真❷、❹=村井修、写真❻=宮脇檀建築研究室

階段と廊下の幅木を揃える

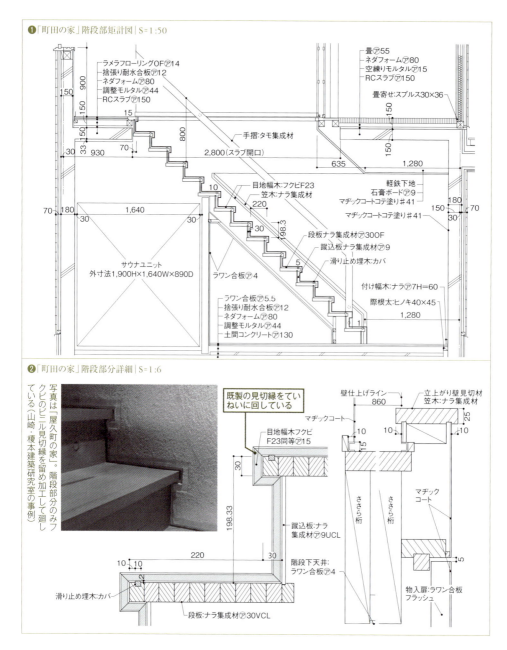

❶「町田の家」階段部矩計図｜S=1:50

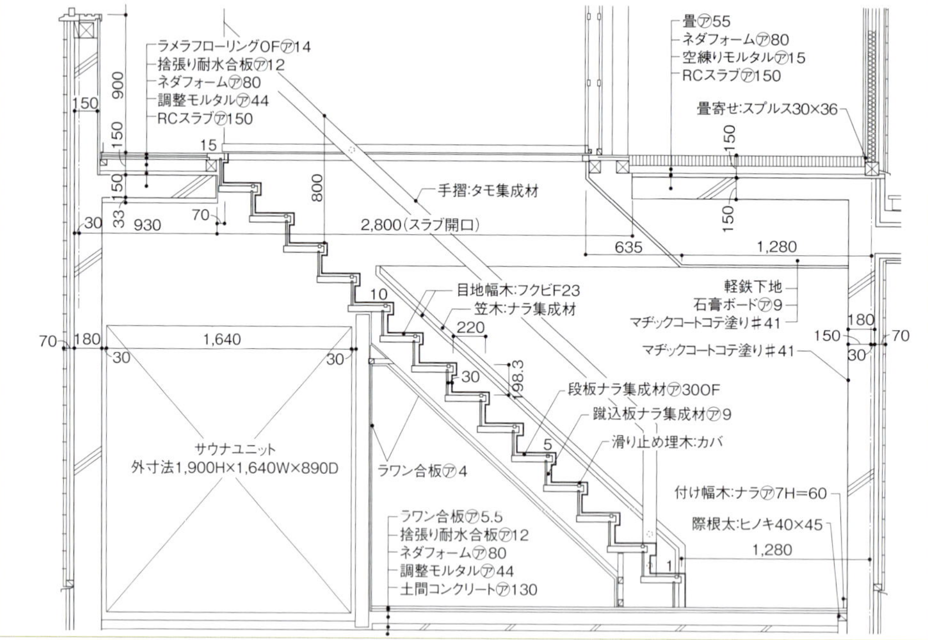

❷「町田の家」階段部分詳細｜S=1:6

写真は「屋久町の家」。階段部分のみフクビのビニル見切縁を留め加工して廻している（山崎・榎本建築研究室の事例）

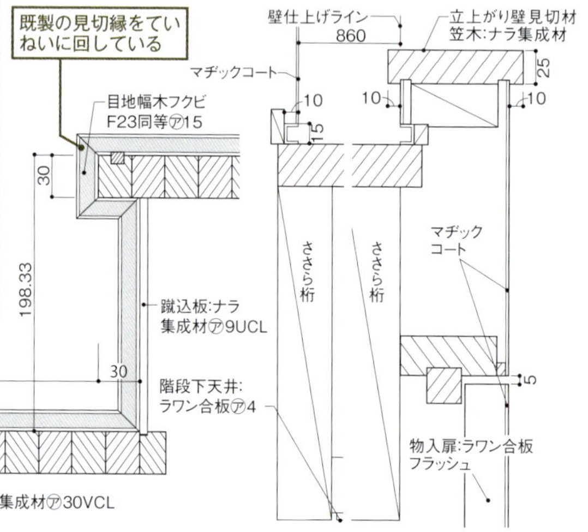

階段の段板を支えるには、一般には側桁かささら桁を使う。側桁を化粧使いすると、それが段板部分の幅木となり、壁仕上げとの納まりもうまくいくが、連続する廊下の幅木に比べて、見付け幅がありすぎて違和感を覚えることがある。そこで❶・❷のように、段板の部分も廊下と同じ幅木（高さ15㎜程度）を回して段板を壁に呑み込ませ、壁のなかで段板を支えるとよい。側桁を使わず、間柱と胴縁で段板を受けることができるのだが、幅木の納め方には工夫が必要となる。

なぜなら、段板と蹴込み板の面が揃っていれば比較的簡単できれいに納まるが、上り下りの動作は蹴込み板が段端より奥に入っているほうが楽である。そうすると、わずかに飛び出した段端廻りに幅木を、どう納めるのかが工夫のしどころとなる。❷では、既製品の見切縁を使った。せいが15㎜程度だと段端廻りの細かな部分に対応できる。しかし、失敗すると寄木細工まがいとなり、職人に苦労してもらったわりには、きたない納まりになってしまう。その場合には、ささら桁にして段板の下で支え、壁と段板とを離すことで縁切りすると、面倒な幅木納めとも縁が切れる。しかし、手間がかかるため、いつもできる手ではない。

③「藤谷邸」階段部矩計図｜S=1:50

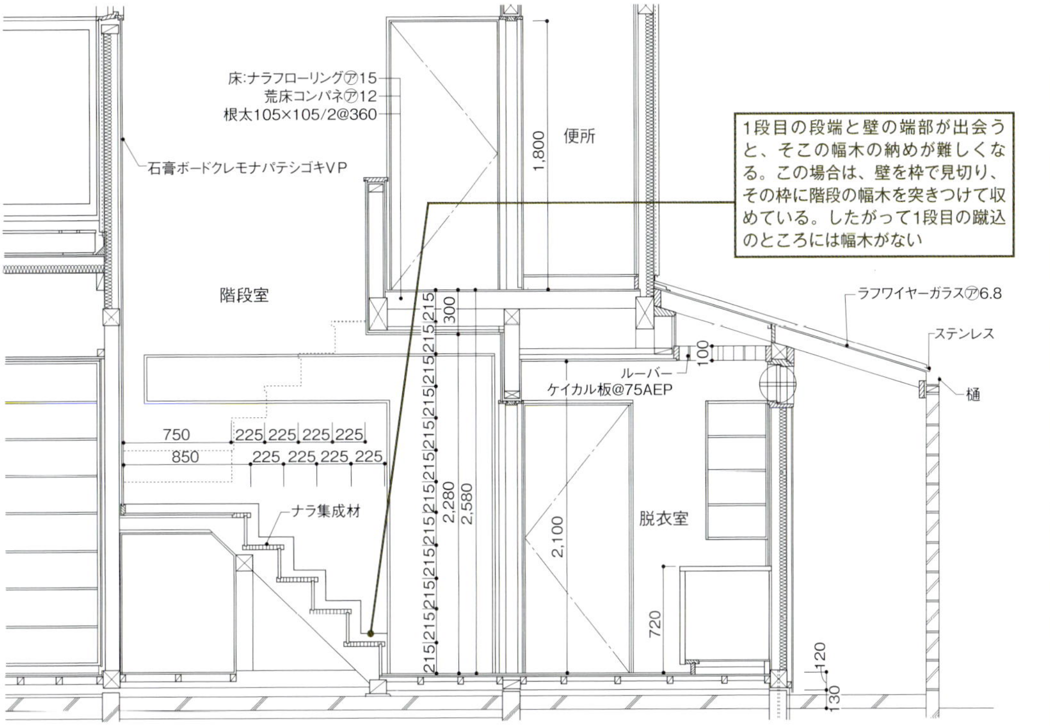

④「林邸」階段ホール展開図｜S=1:60

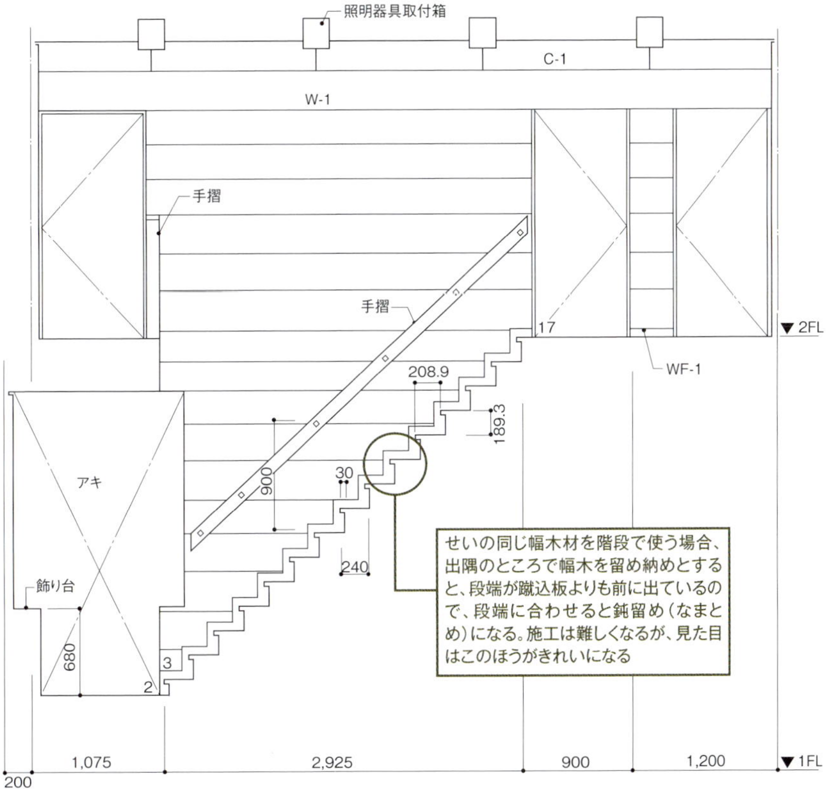

写真=山崎・榎本建築研究室

1階中廊下に外光を入れる

❶「林邸」矩計図｜S=1:50

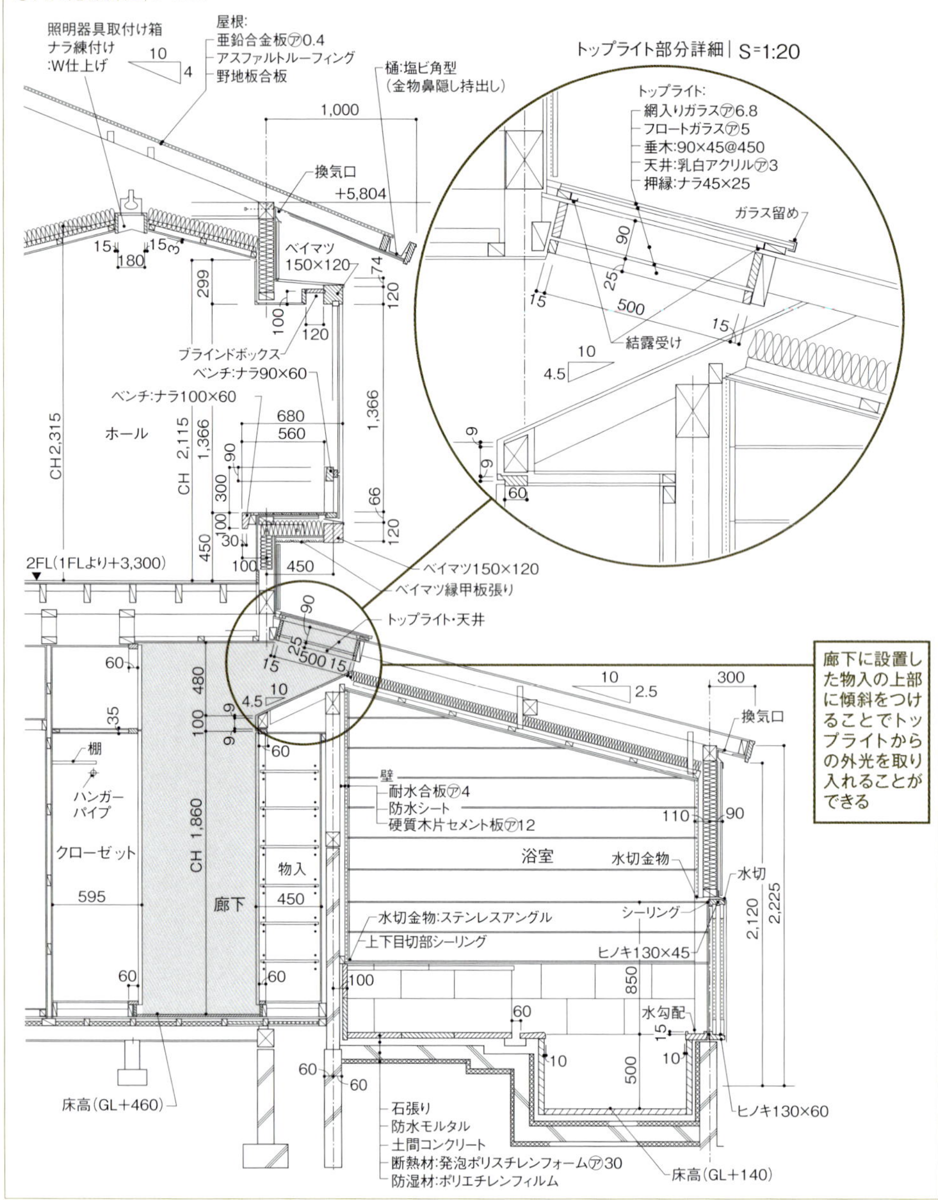

関東間の900（または910）モジュールを使って計画して、廊下を落とし込むと、単なる「通路」としては成立するが、特に直角曲がりがあると、有効の内法幅が狭くて使い勝手が悪い。壁仕上げを大壁にすると、断熱材や、コンセントボックスなどの納まりは楽だが、壁下地の厚み分、さらに廊下の内法寸法が狭くなる。そこで、少しでも内法寸法をかせぐために、柱面と壁面を同面で納める真壁大壁とすることもある。しかし、そんなことよりも、建物全体は900モジュールでも廊下幅はメーターモジュールとしてプランニングするのが実は正解。そのズレを収納部などで吸収するのである。

また中廊下の場合は、採光にも工夫が必要だ。最上階ならトップライトという手があるが、下の階になるとそうもいかない。建築基準法では、廊下は居室でないため採光の規制はないが、照明だけでなく、外光も入れれば開放感が得られて気持ちがいい。そこでいろいろと工夫してみるわけだが、光ダクトを使って離れたところから自然光を誘導してくるような大がかりな仕掛けでなくても、❶のように廊下の隣の外光に面している部屋との間仕切に細工を施すだけでも外光を入れることが可能である。

❷「藤谷邸」矩計図 | S=1:50

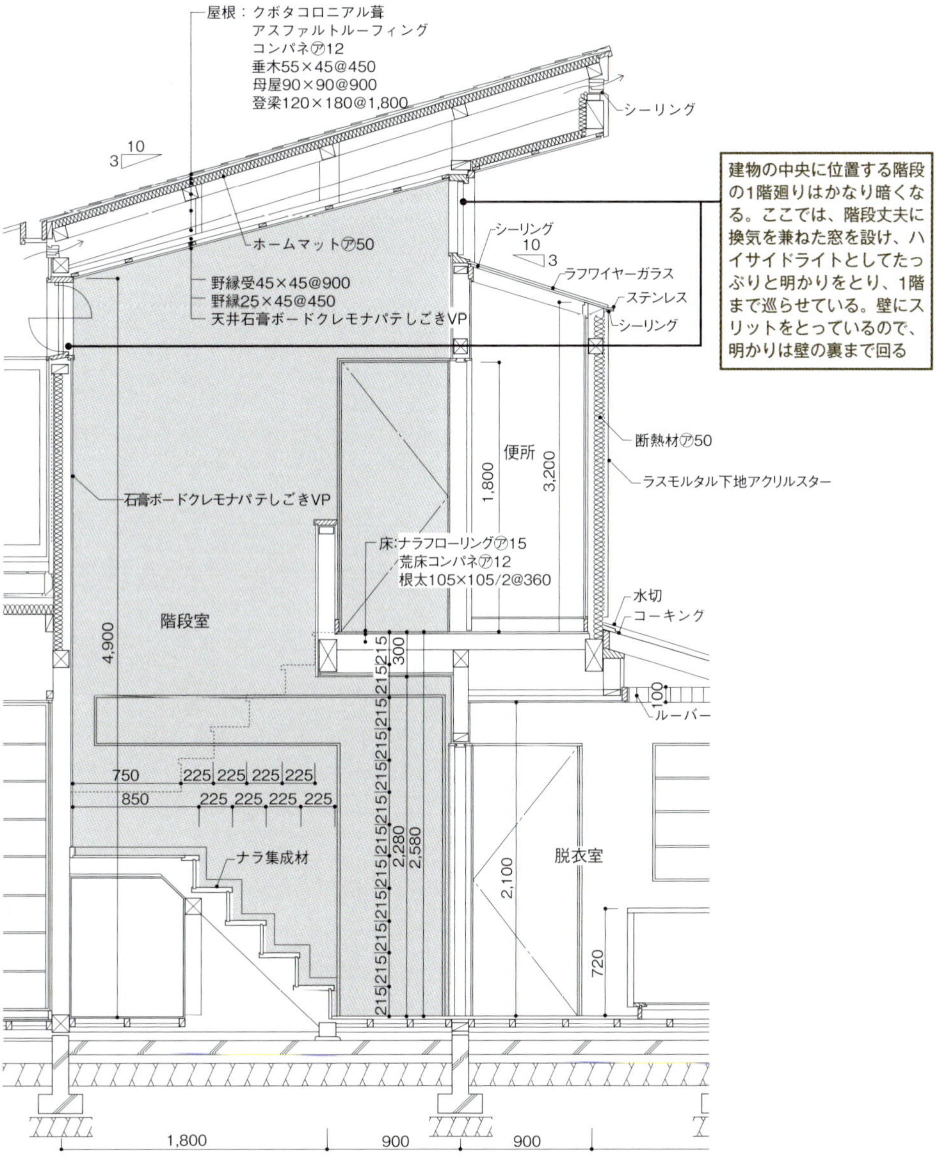

❸「植村邸」平面図 | S=1:120

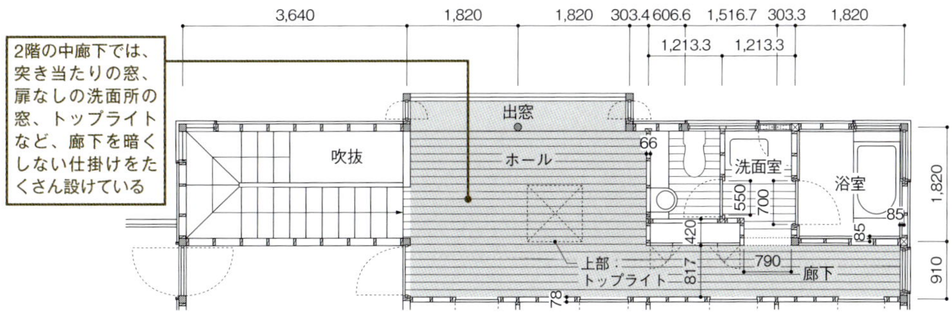

廊下を利用できる空間に変える

❶廊下に機能を付加したプラン例1｜S=1:200

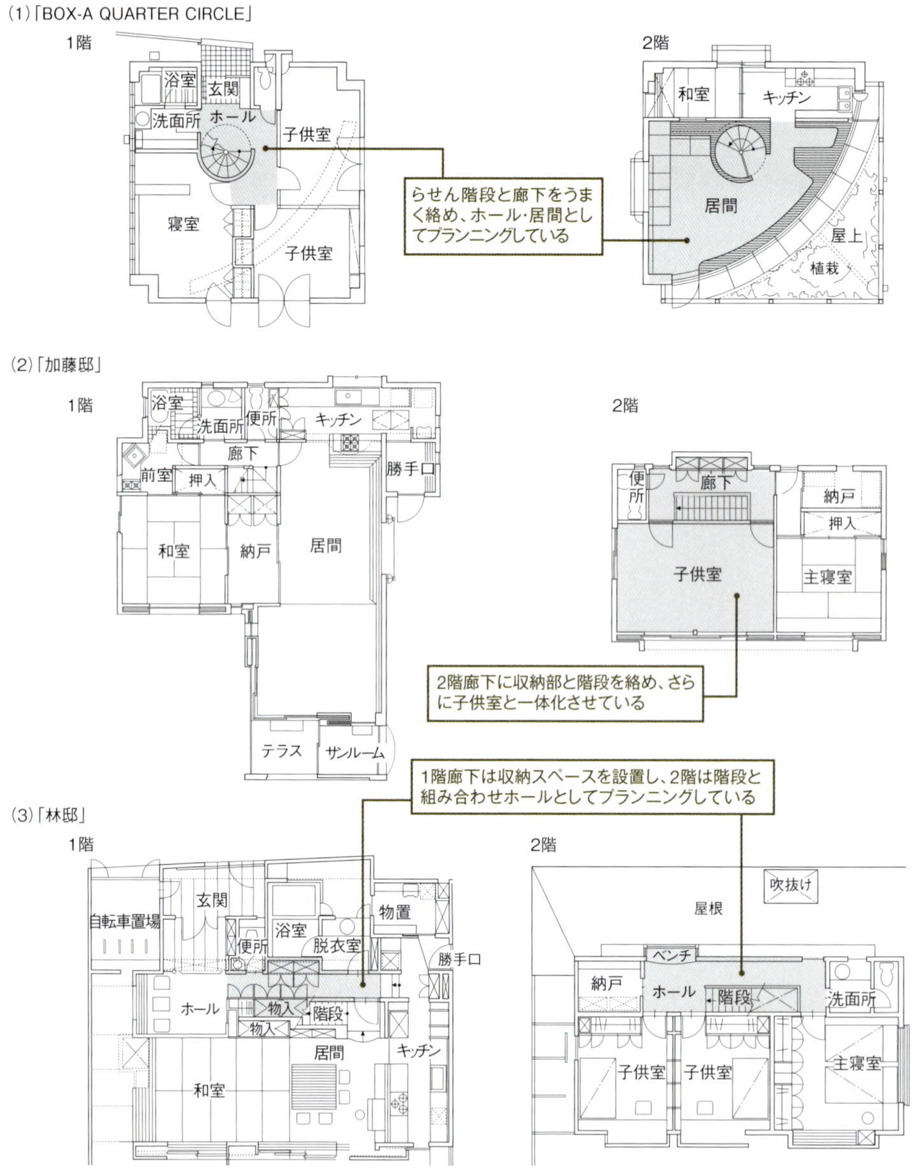

前頁の中廊下式の例を見れば分かるように「廊下」というスペースは住宅の主動線を処理する要である。

しかし、そこにだけ目を向けてプランニングを進めると、廊下は単なる通路になってしまうし、プラン全体のなかに占める廊下の割合も増えてくる。計画できる床面積が限られる小住宅でこれをやると、廊下に面積をとられ、ほかが中途半端になりかねない。

また、廊下といえば線状に展開するかたちを通常思い浮かべるが、そのほかに階段を絡めホール型の塊状にまとまったスペースとする方法もある。このようにすればコンパクトにまとまったプランが可能だ。

宮脇は「廊下を単なる通路にするな」といっており、線状であってもそれをワンルーム状の部屋に取り込むことで、主動線の機能を残したまま大きくまとまった空間をつくりだす手法もある[❶(1)]。

また、単なる通路にしないためには、廊下に通過以外の機能を付け加えればよい。たとえば、廊下の壁面を収納棚にしたり[❶(2)・(3)]、廊下の天井高を下げて、天井裏を収納スペースにしたり、隣の部屋を廊下側にはみ出させ、ロフトにするといった立体的に使う手もある[135頁参照]。

❷廊下に機能を付加したプラン例2｜S=1:200

(1)「伊藤隆一邸」

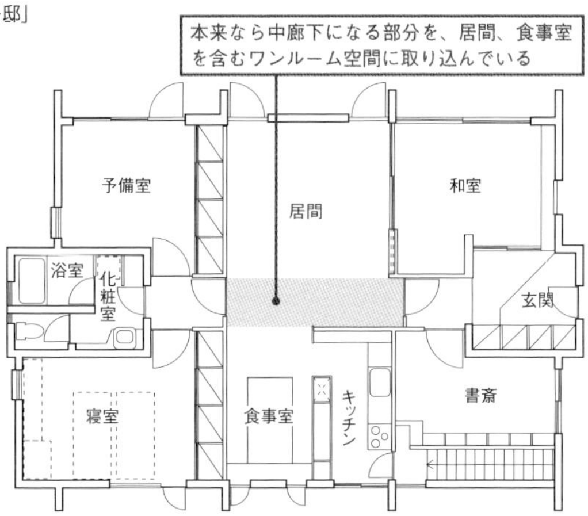

❸「橋爪邸」階段部分

本棚仕立ての階段壁と手摺り。就寝前に読む本を物色しながら寝室に向かうという愉しみが生まれる

(2)「三原ボックス」

1階

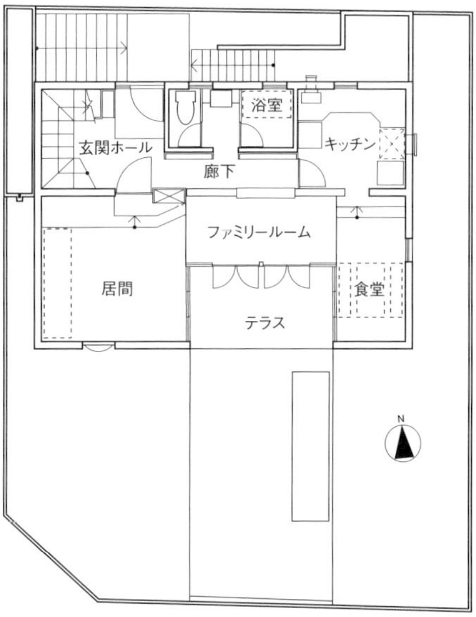

2階

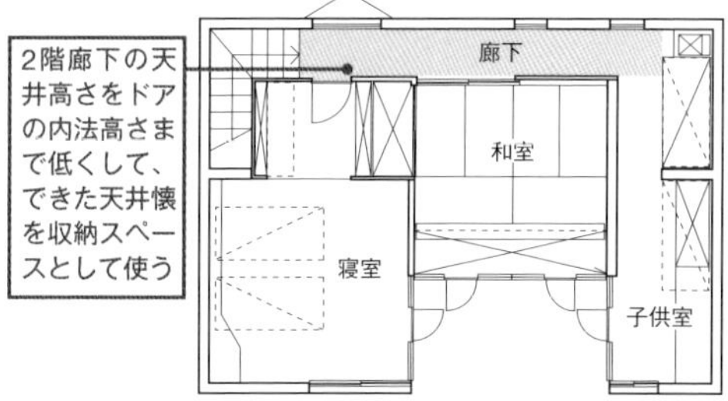

断面図

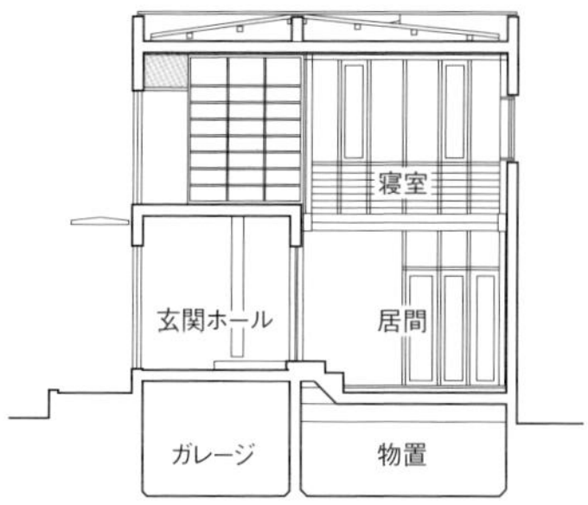

(3)「稲垣ボックス」

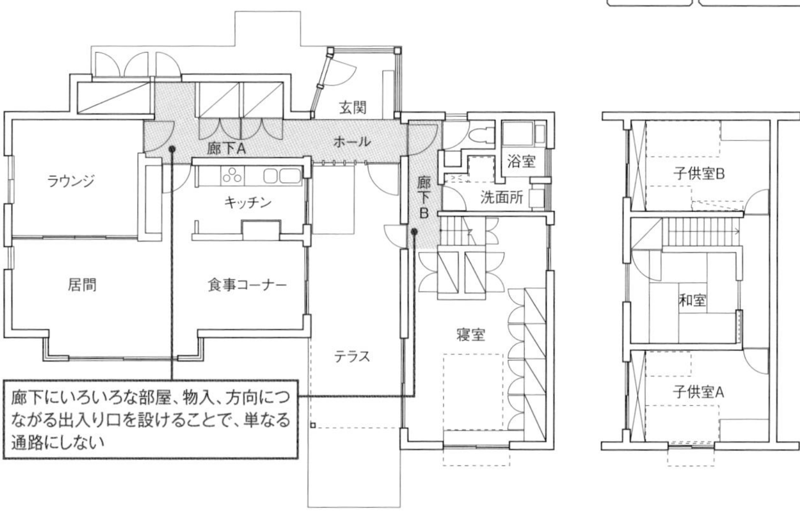

写真=宮脇檀建築研究室

キッチンから外部への動線を確保する

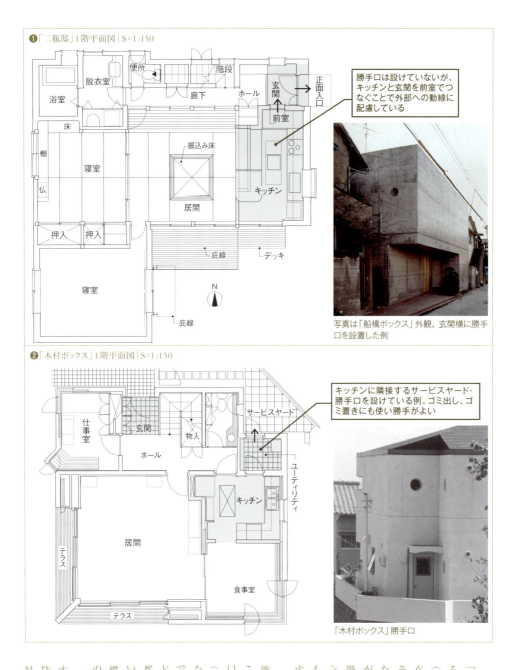

❶「二瓶邸」1階平面図｜S=1:150

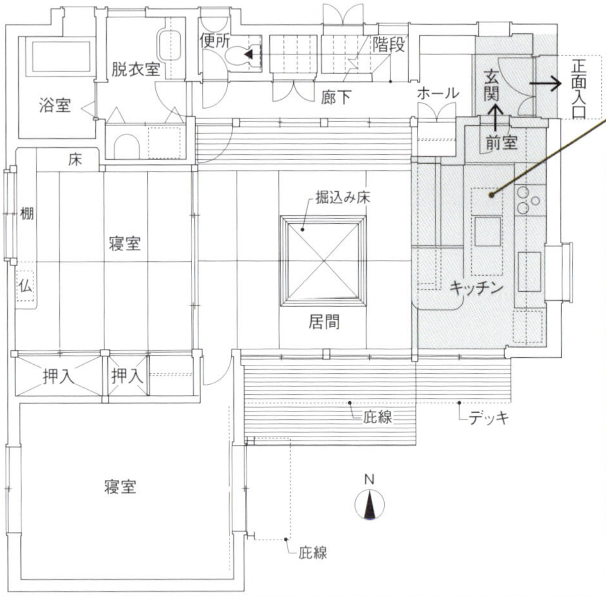

勝手口は設けていないが、キッチンと玄関を前室でつなぐことで外部への動線に配慮している

写真は「船橋ボックス」外観。玄関横に勝手口を設置した例

❷「木村ボックス」1階平面図｜S=1:150

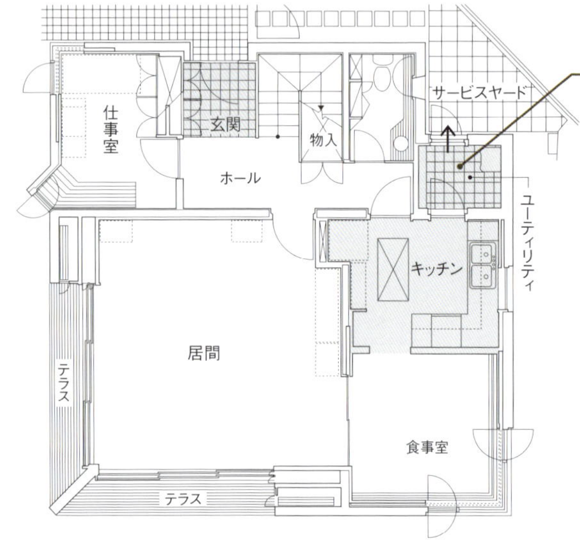

キッチンに隣接するサービスヤード・勝手口を設けている例。ゴミ出し、ゴミ置きにも使い勝手がよい

「木村ボックス」勝手口

住宅のなかで「キッチン」という場所は「居間」とは切っても切れない関係にある。いわゆる客間や座敷ではない、茶の間（ファミリールーム）として使われるのが現在の日本での居間のかたちだとすると、そこでは食事をすることが大切で、そのためにキッチンが必ずセットになる。したがって、居間が1階にあればキッチンも1階にくるし、居間が2階に上がるとキッチンも2階になる。さらにキッチン配置とともに、よく検討したいのが勝手口をどうするかということだ［❶～❼］。

1階であれば勝手口を設けることは可能だし、その周りをサービスヤードとすることができる。2階の場合は簡単に勝手口をとれないから、それに代わるもの（サービスバルコニーなど）を考えなくてはならない。勝手口は陰の出入口となるので、あると使い勝手はいいし、サービスヤードはゴミ置き場にもなるためいろいろと都合がよいのだ。アパートやマンション住まいの感覚でいえば、勝手口のないキッチンに慣れているだろうが、そこをひと工夫するのが設計者の仕事だ。

勝手口は、サービスヤードとして使用するため、ドアは引戸や外開き戸とし、防犯面では玄関同様にダブルロックなどの対応をする。

❸「井出邸」平面図｜S=1:150

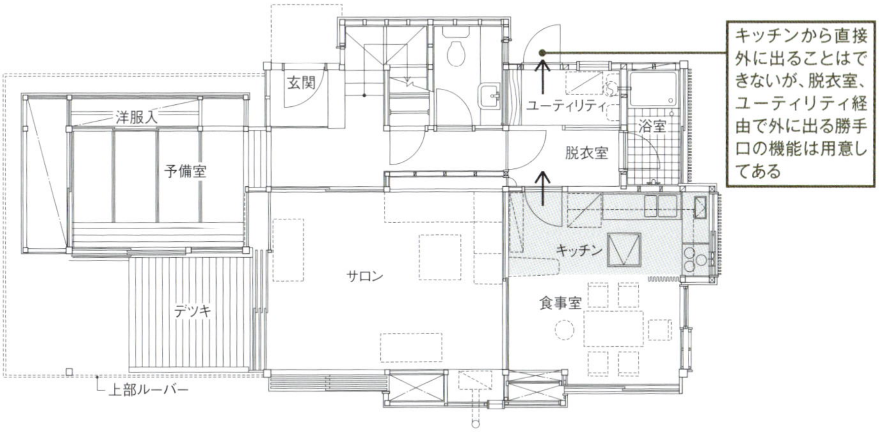

❹「井出邸」外観

正面の白い壁の左がユーティリティの扉。ちなみに右は玄関の扉。2階の高さであるが、ユーティリティ出入り口廻りの上に屋根が大きく張り出しているので、サービスヤードになるこの部分は雨がかりが少なく利用しやすい

❺「菅野ボックス」平面図｜S=1:200

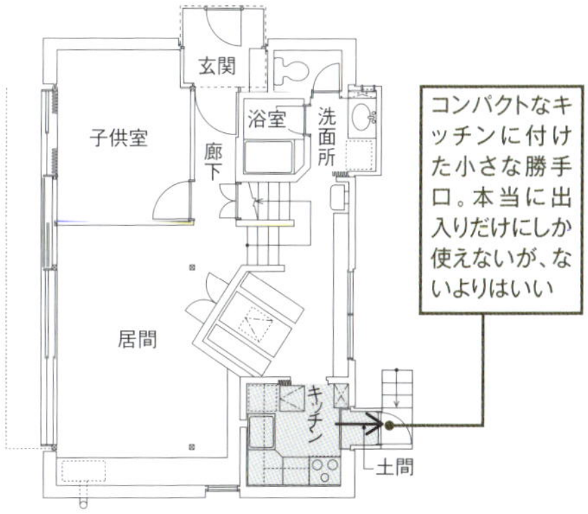

❻「河崎ボックス」1F平面図｜S=1:200

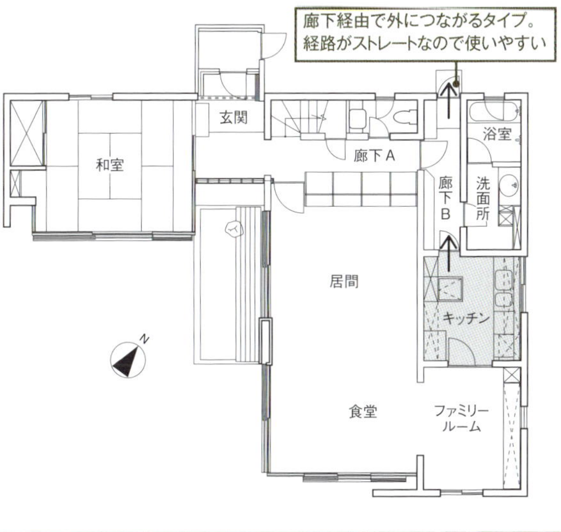

❼「松川ボックス」平面図｜S=1:200

写真❶、❹=村井修、写真❷=宮脇檀建築研究室

シンクの向こうに窓がある

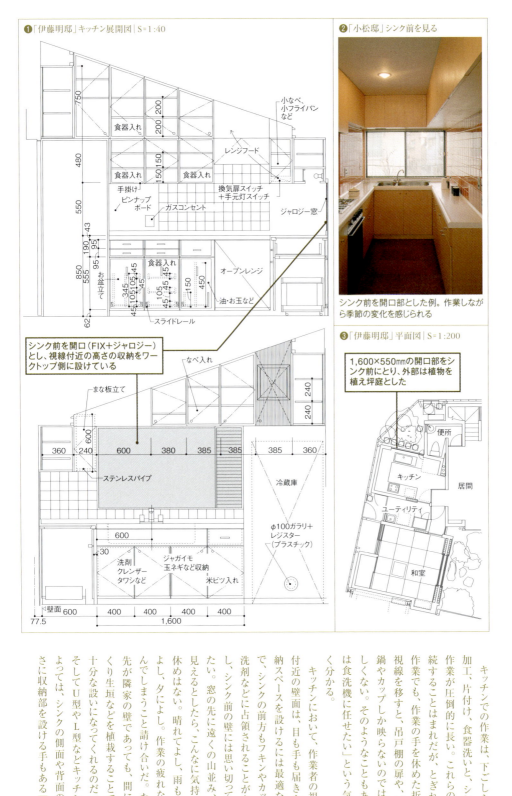

❶「伊藤明邸」キッチン展開図｜S=1:40

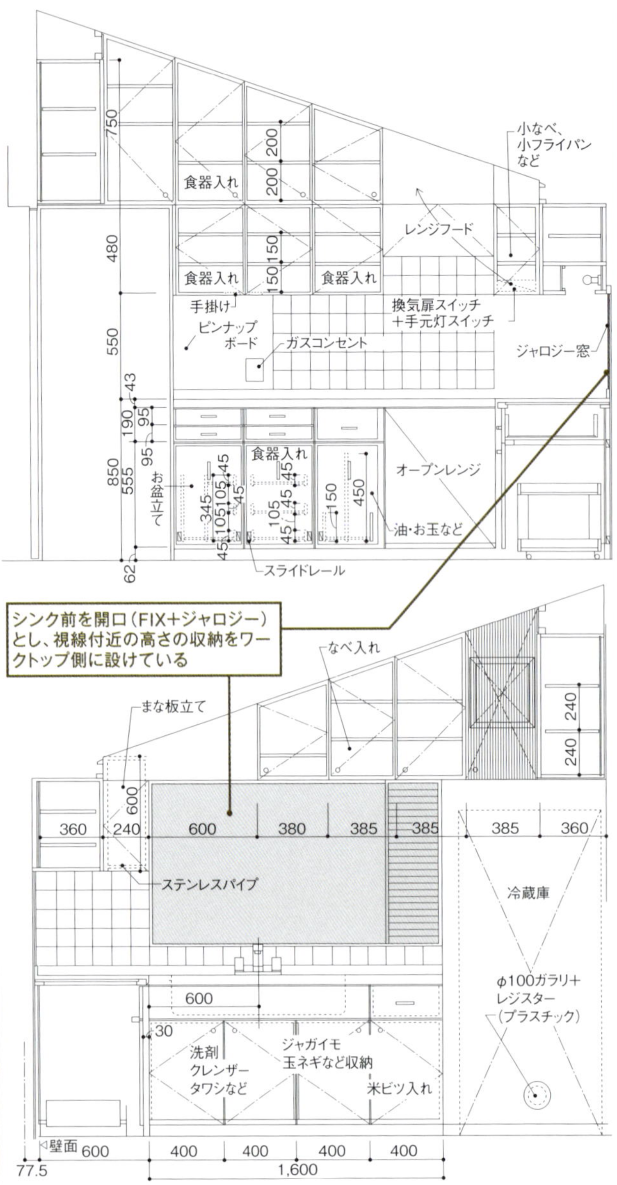

❷「小松邸」シンク前を見る

シンク前を開口部とした例。作業しながら季節の変化を感じられる

❸「伊藤明邸」平面図｜S=1:200

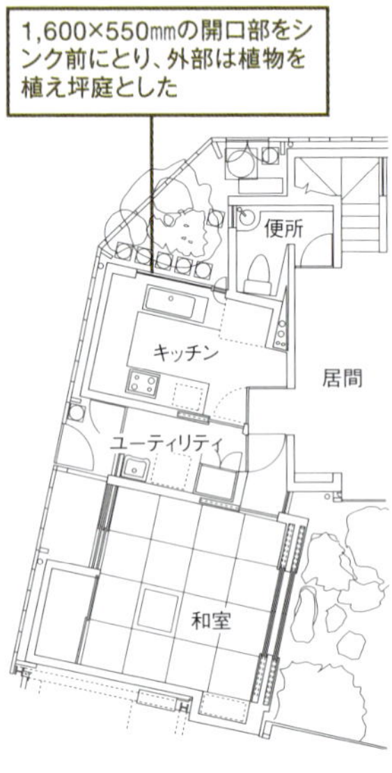

キッチンでの作業は、下ごしらえ、調理加工、片付け、食器洗いと、シンク前での作業が圧倒的に長い。これらの作業が連続することはまれだが、とぎれとぎれの作業でも、作業の手を休めた折に、ふっと視線を移すと、吊戸棚の扉や、パイプ棚の鍋やカップしか映らないのではあまり楽しくない。そのようなこともあって「洗いは食洗機に任せたい」という気持ちがよく分かる。

キッチンにおいて、作業者の視線の高さ付近の壁面は、目も手も届きやすく、収納スペースを設けるには最適な場所なので、シンクの前方もフキンやカップ、お玉、洗剤などに占領されることが多い。しかし、シンク前の壁には思い切って窓をあけたい。窓の先に遠くの山並み、街並みが見えるとしたら、こんなに気持ちのよい目休めはない。晴れてよし、雨もよし、朝によし、夕によし。作業の疲れなど吹き飛んでしまうこと請け合いだ。たとえ窓の先が隣家の壁であっても、間に坪庭をつくり生垣などを植栽することで目休めに十分な設いになってくれるのだ［❶～❼］。そしてU型やL型などキッチンの配置によっては、シンクの側面や背面の目線の高さに収納部を設ける手もある［❶、❼］。

❹「渡辺邸」2階平面図｜S=1:100

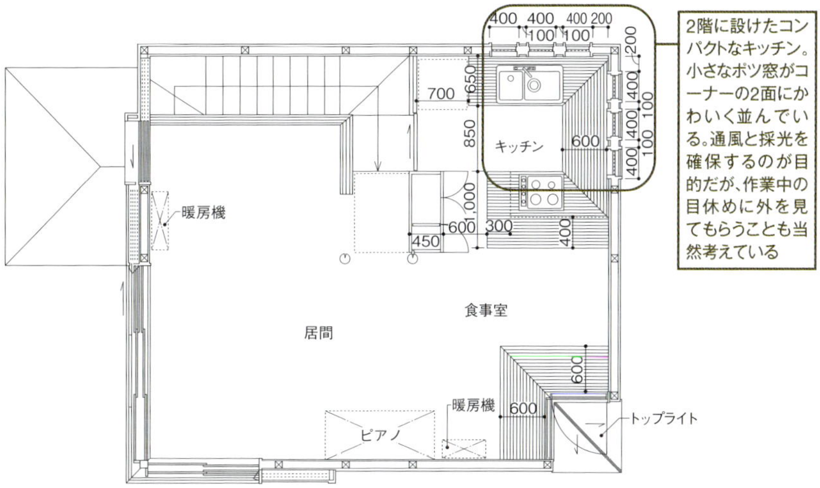

❺「渡辺邸」キッチン展開図｜S=1:40

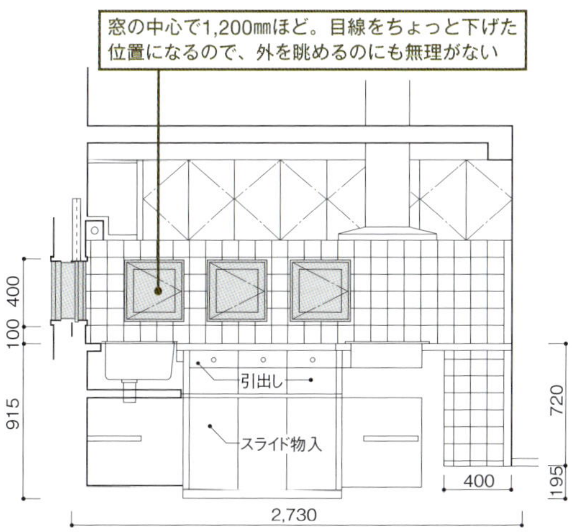

❻「池田ボックス」キッチン平面図｜S=1:50

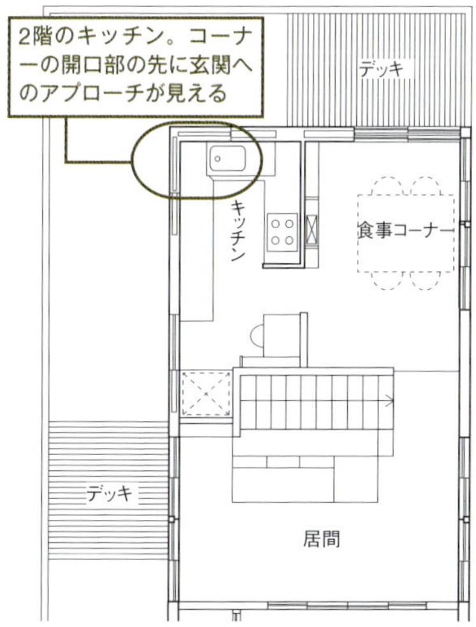

❼「有賀邸」キッチン

開口部はワークトップと吊り戸棚の間で、高さはないものの、南面しているので明かりはたっぷりと入る

❽「有賀邸」キッチン部分平面図｜S=1:150

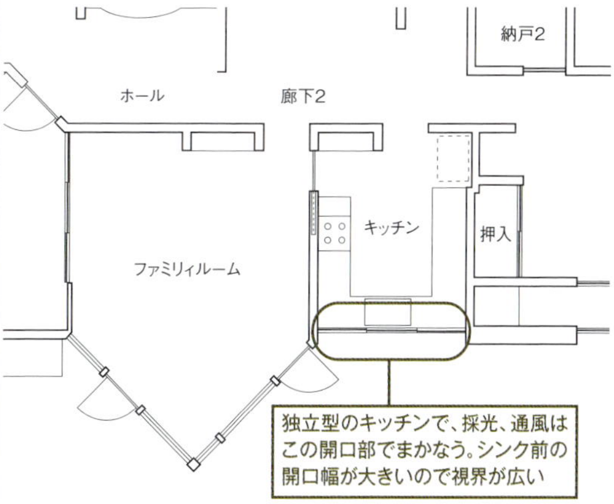

写真=村井修

コンロは食卓に対面配置

❶「ChoiBox」矩計図｜S=1:50

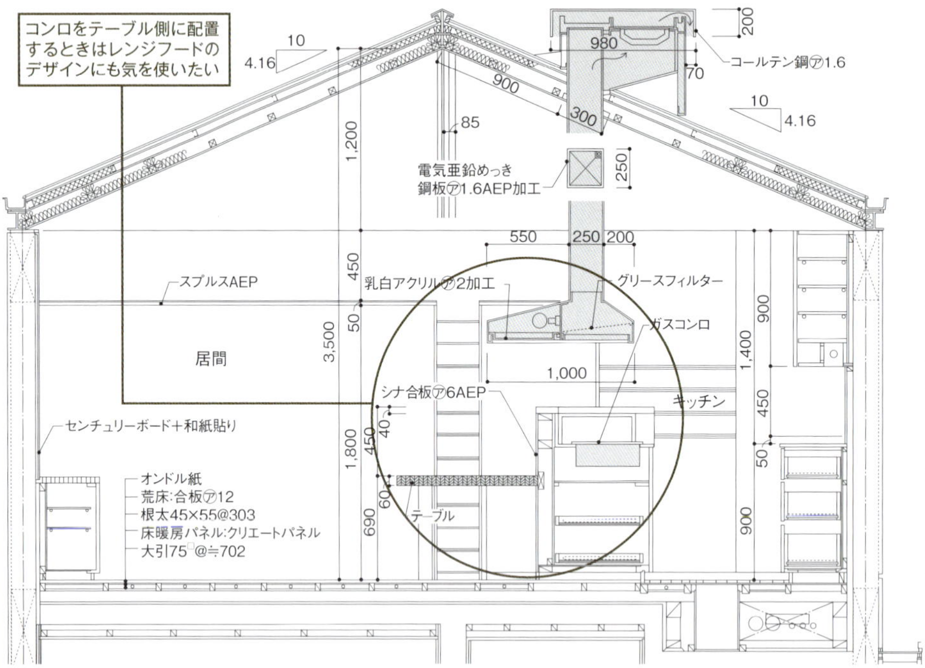

❷「ChoiBox」2階キッチン部分平面図｜S=1:100

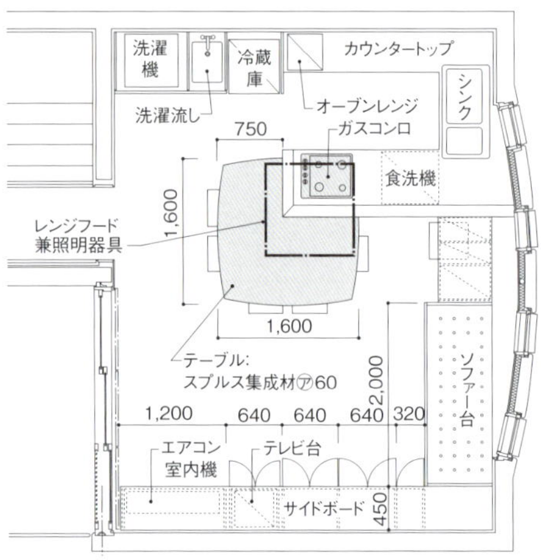

ファミリールーム側よりキッチンを見る。フードには照明を仕込んでいる

キッチンのワークトップのレイアウトは、I型、L型、U型、アイランド型などがあり、どれを採用するかはキッチンの位置や動線計画などで決まる。

一方、ワークトップ上のコンロやシンクのレイアウトは、調理作業の流れ方向と作業する人の利き手で決まる。セミオープンまたはオープン型のキッチンの場合、コンロを食卓の近く、食卓が配置される軸線上に対面するようにもっていきたい［❶・❷］。それは、火を通す過程が一般的な調理の最終工程で、次は食卓へという流れに合っていることと、火が絡むと、熱気、湯気、匂い、音、炎などの要素が「おいしい食事がはじまるぞ」という期待感を盛り上げてくれる。火の場所は「ハレ」の雰囲気をつくるのだ。

コンロの位置は、レンジフードの排気ルートがとりやすいため、外部に面する壁面に沿って設けられることが多い。そうすると、食卓に対面するのはシンクになってしまう。シンクで作業する時間が長いとはいえ、それが下ごしらえや後片付けでは、食卓の家族も巻き込んで、楽しい気分を盛り上げるには少し役不足である。そこで、この事例はコンロを部屋の中心に配置し、その上に食卓の照明を兼ねた自作レンジフードを設けている。

❸「森ボックス」平面図｜S=1:100

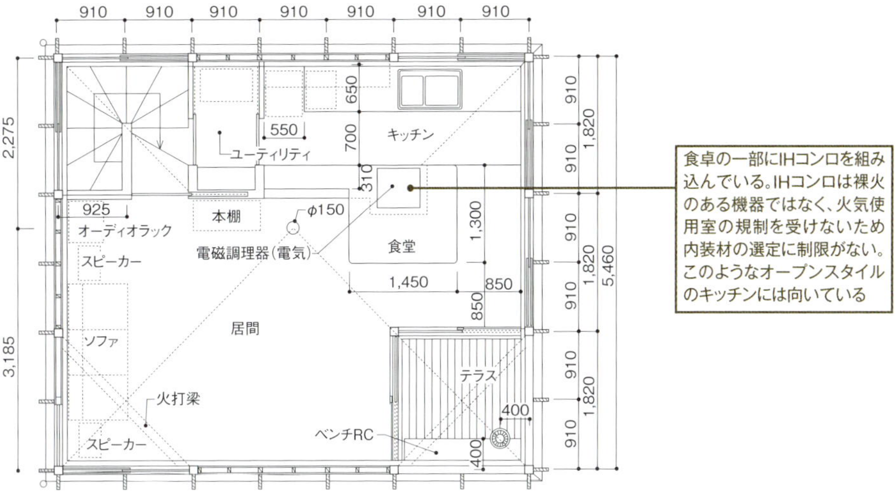

❹「藤谷邸」平面図｜S=1:150

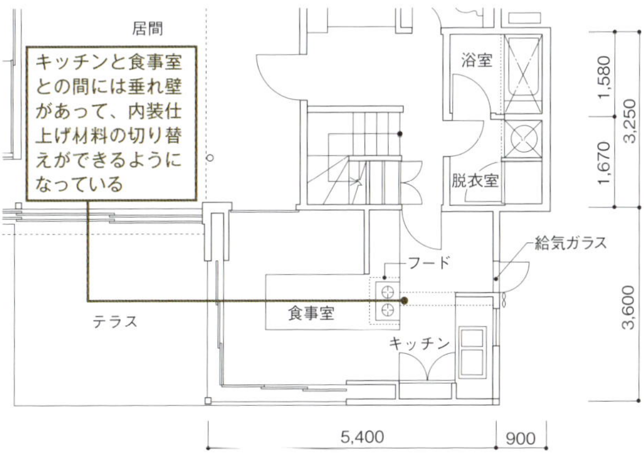

❺「藤谷邸」食卓

シンクのある調理台とコンロを組み込んだ食卓とは縁が切れているので、作業面での高さの違いは解決できる

❻「花房邸」平面図｜S=1:100

❼「名越邸」平面図｜S=1:150

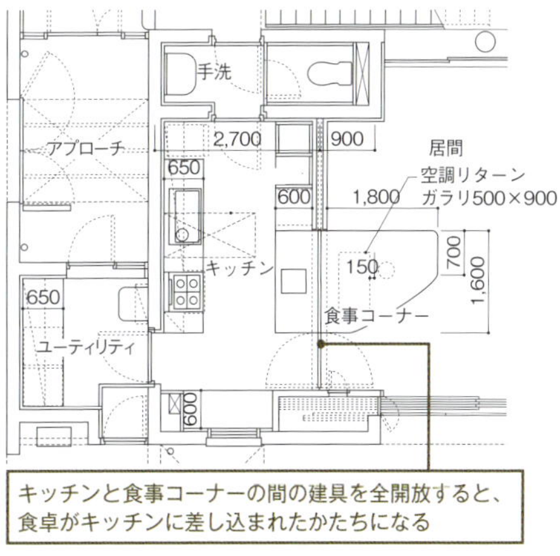

写真＝村井修

洗面所には多くの収納スペースを

❶「内山邸」洗面スペースの収納

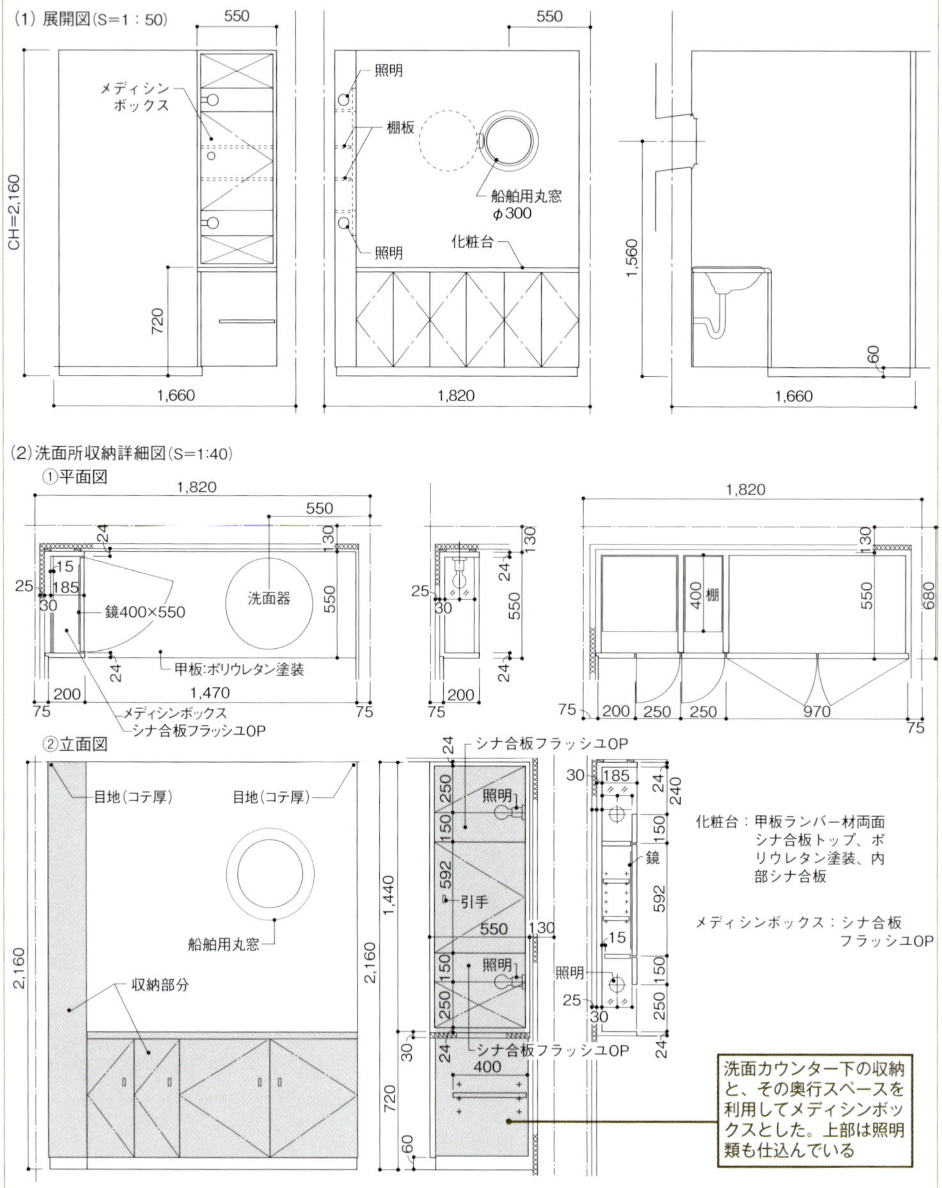

「洗面所」はいろいろな機能が詰め込まれた場所だ。一般には脱衣所も兼ね、多くは浴室とセットで計画する。また、脱衣室であると同時に洗濯室でもある。もちろん、顔を洗うから洗面所なのだが、化粧する化粧室でもある。これらの機能は建主の生活スタイルによって異なるため、複合させる機能により必要面積も異なる。同時にプライベートな場所なので、トイレ同様に寝室の隣に計画すると使い勝手がよい。

洗面カウンターは、水こぼれの危険性が常にあるため、木材(ムク材)の使用は難しい。また掃除性から、洗面器はアンダーカウンタータイプを採用するので、木口から水が浸透する木材はますます使えなくなる。そんなわけで、最近は水に強く加工性も高いコーリアンを使うことが多い。以前、宮脇檀建築研究室ではポストフォームなどを使用していた。

洗面所は洗面用具、化粧用具、掃除用具、下着類など収納物が非常に多い。カウンター下に収納できるものは限られるし、壁面もタオル掛けスペースにとられるため、本当に場所がない。そのため設置する鏡を可動にして裏側を収納にしたり、洗面カウンターの奥行を利用した収納ボックスを設けることもある[❶～❹]。

❷「高畠ボックス」洗面スペースの収納

(1) 平面図(S＝1:100)

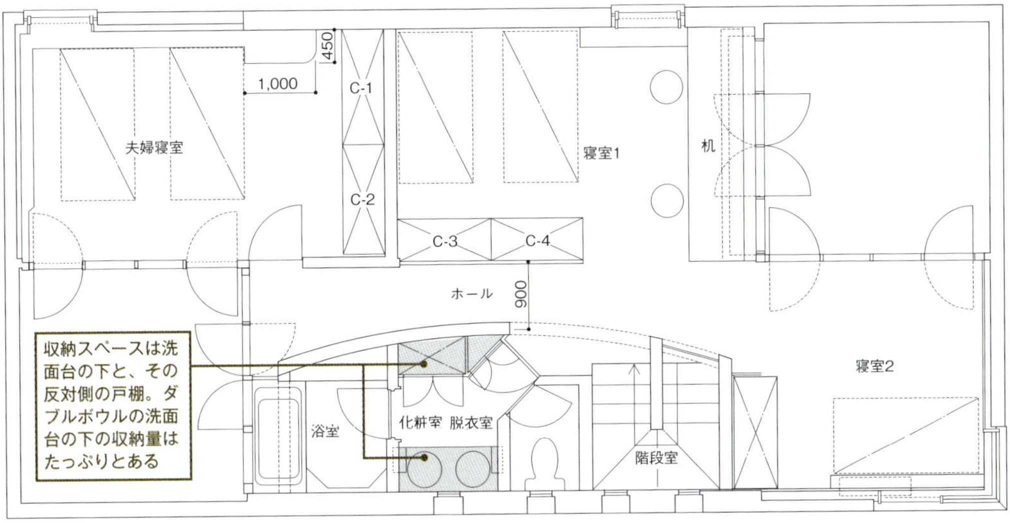

(2) 展開図(S＝1:50)

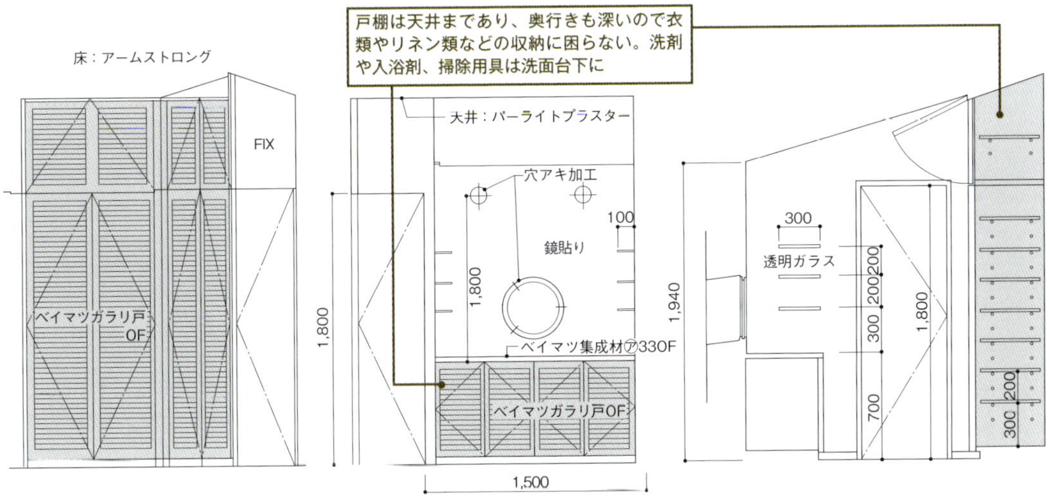

❸「米屋邸」洗面スペース平面図｜S=1:100

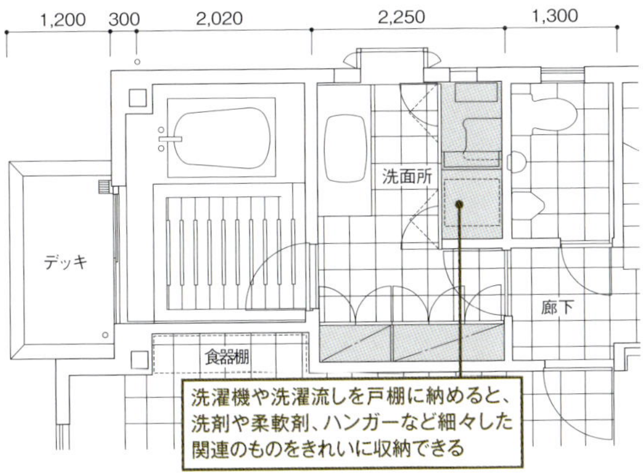

❹「高畠ボックス」洗面スペース

洗面台の正面は全面鏡。窓や照明器具はそのなかに付けるため、割らないように細心の注意を払っている

写真＝村井修

トイレは洗面室、浴室と縁を切る

❶上下階にトイレを設置した例①「橋爪邸」| S=1:200

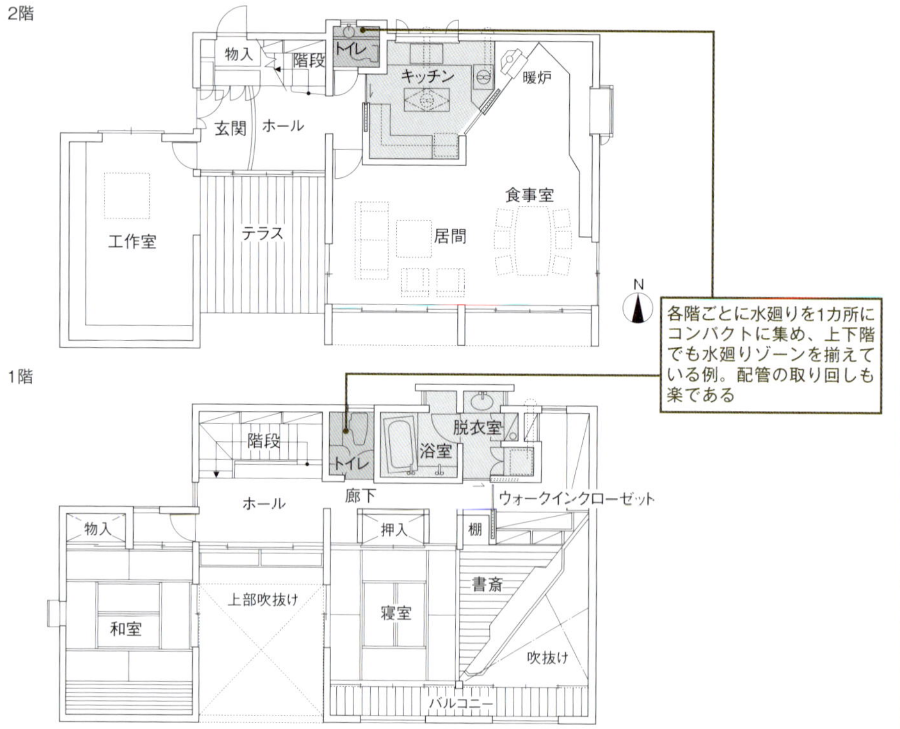

❷上下階にトイレを設置した例②「内山邸」| S=1:200

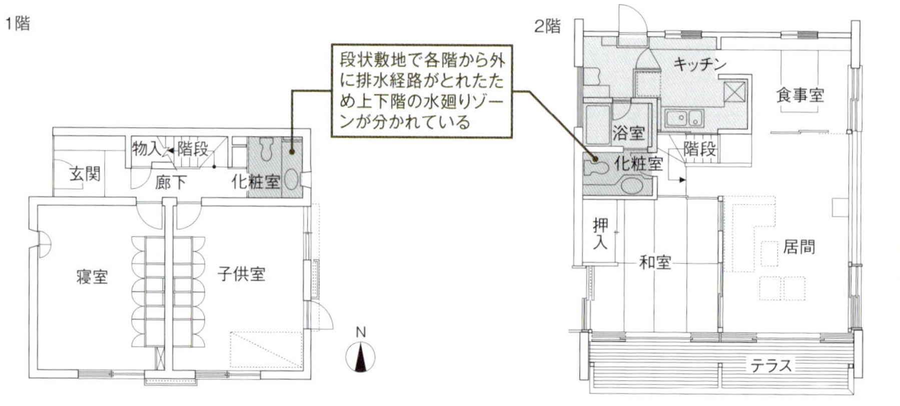

小住宅では特に、トイレ、洗面所、浴室は1カ所にまとめてプランニングすると、全体をコンパクトにまとめやすくなるし、コスト面でもメリットがある。いわゆる「水廻りはまとめる」という原則である。ところが、洗面所や浴室はプライベートな場所のため、歯ブラシ、コップ、使いかけのタオルなどが雑然と並び、生活臭がプンプンしている。こんなところ（トイレ）に、客人を案内するとなったら、家人は恥ずかしいし、客人だって目のやり場に困る。

できれば、トイレは2カ所用意するように初めから計画したい［❶〜❺］。そうすれば、玄関や居間の近くに1カ所（ここは客用を意識し、パウダールームというつくり）、寝室や浴室の近くに1カ所（これは家族専用）という配置ができる。トイレを1カ所しか計画できないとしても、トイレの出入口を洗面所、浴室の入口と別にして縁を切るようにする［❺］。

またトイレのスペースは狭くなりがちだが、1.6㎡以上は確保しておきたい。トイレの扉は外開き戸とすることが宮脇檀建築研究室では多い［註1］。たとえ上下階2カ所に設ける場合も、水廻りゾーンを揃えると配管の取回しが楽になり、経済的である。

❸上下階にトイレを設置した例③「林邸」｜S＝1:200

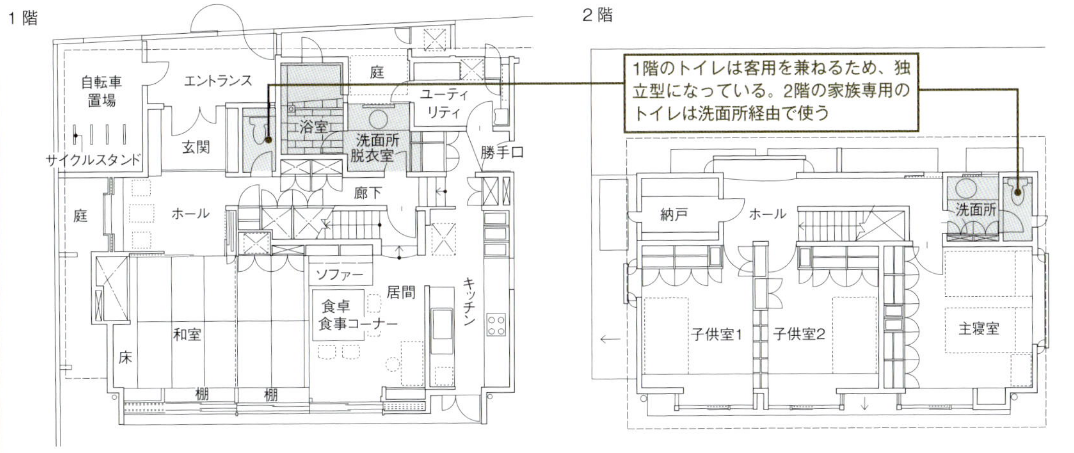

❹上下階にトイレを設置した例④「森井邸」｜S＝1:250

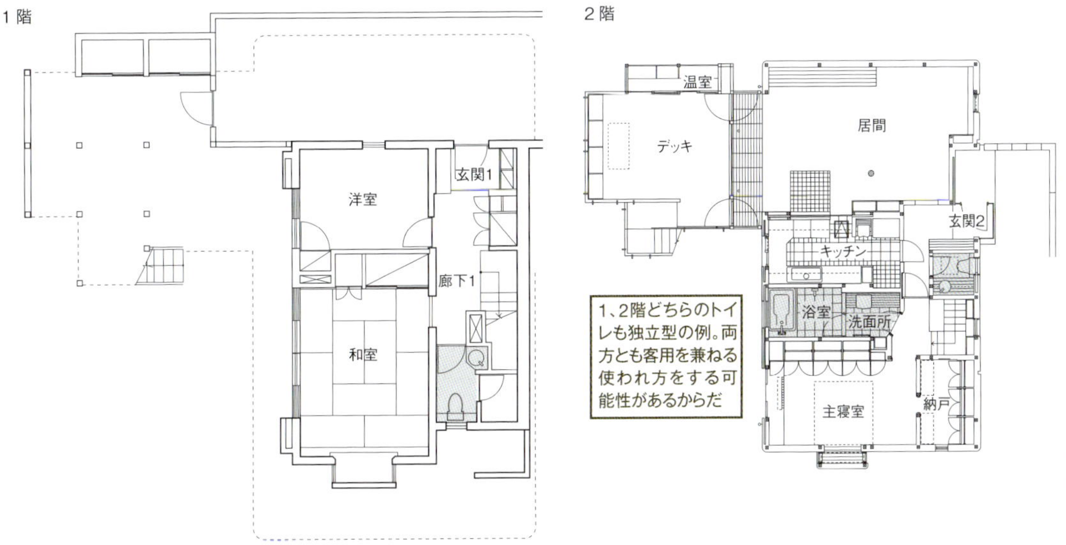

❺一方の階にのみトイレを設置した例「花房邸」｜S＝1:100

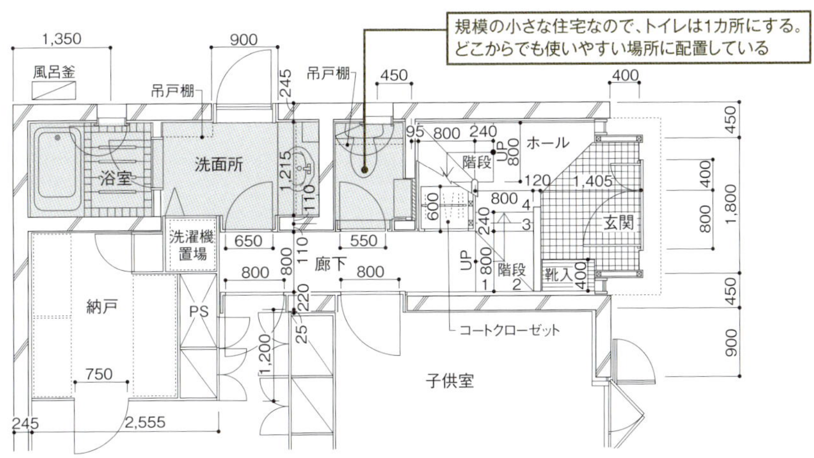

1――なかで倒れた場合に救助がしやすく、引戸と異なり室内側の壁をタオル掛けや手摺に利用できる

写真＝村井修

2階浴室はFRP防水で安心

❶「植村邸」断面図 | S=1:40

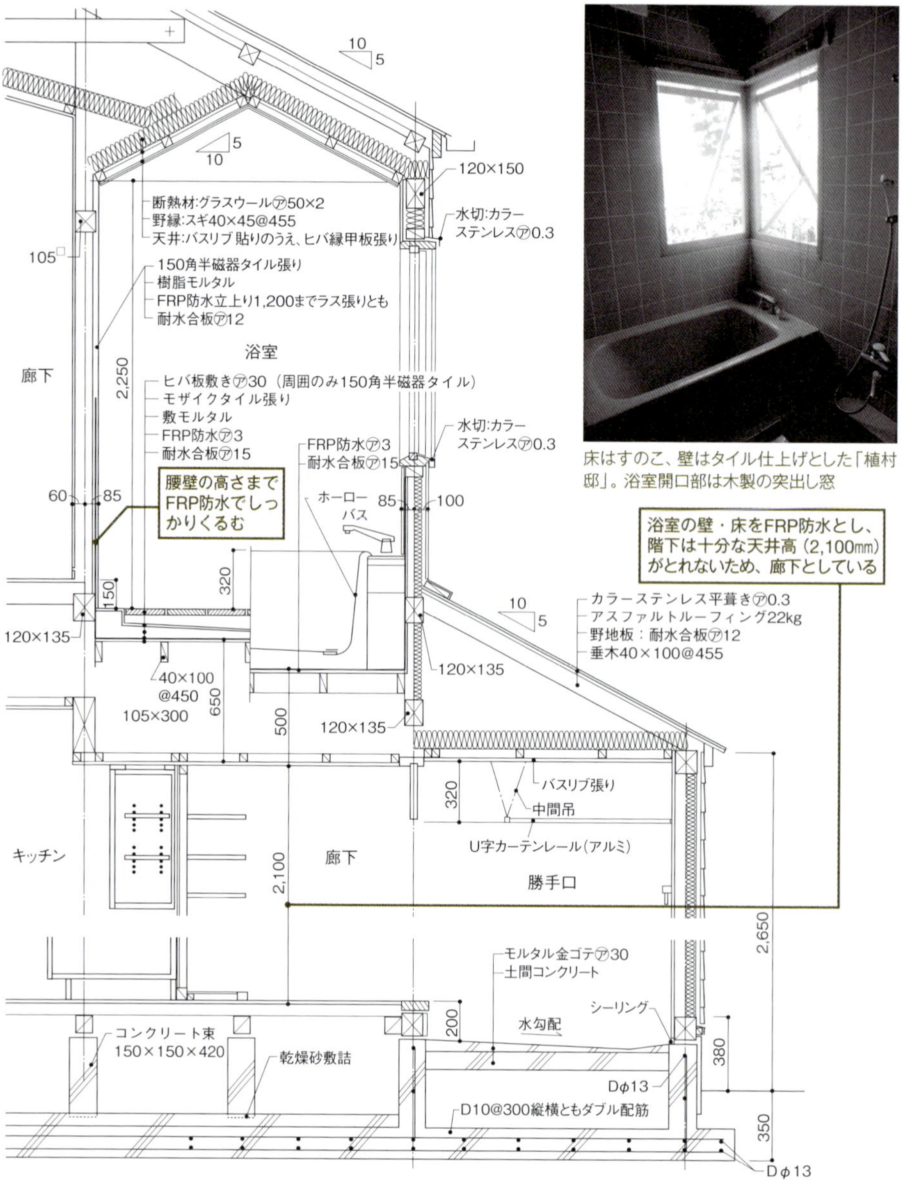

床はすのこ、壁はタイル仕上げとした「植村邸」。浴室開口部は木製の突出し窓

浴室は寝室の近くにあると使い勝手がいい。寝室が2階だと浴室も原則2階としたい。建物が木造の場合、2階浴室の防水処理がポイントとなる。防水処理は市販のユニットバスを採用すれば楽だが、寸法・素材・色など仕様がメーカー任せで自由が利かない。その点、ハーフユニットタイプは腰壁から上の仕様が自由になり、防水に関しても一応安心できる[❷・❸]。ただし面積には制約があり浴槽の大きさも選べない。

そこで、1階と同じように自由につくるには、まず防水層の器をつくり、そのなかに浴室をつくる。以前は鉛板や銅板を防水層に使ったが、継手が切れて漏水しやすい。アスファルト防水やゴムアスファルト防水という手段もあるが、躯体が木造の場合、追随性に不安がある。

それやこれやで試行錯誤の末たどりついたのがFRP防水である。これは複雑な形状にも防水層が追随でき、多少の動きにびくともしない。なによりも端部の処理が楽でいい。ところで、こうやって2階に浴室をつくると、床下の懐と浴室の重さから構造梁のせいが必要となり、1階の天井が低くなる。そのため階下の用途をどうするか、プランニング時に検討する必要がある[❶]。

❷「橋爪邸」浴室断面図 | S=1:30

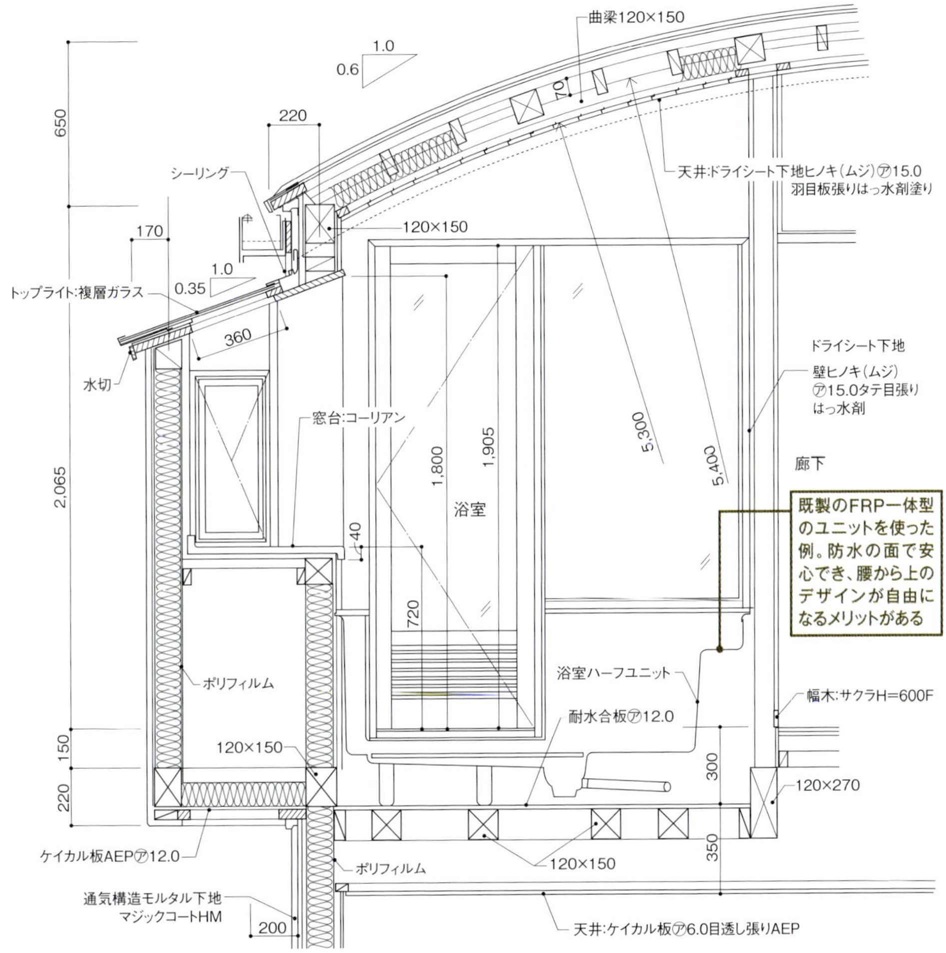

既製のFRP一体型のユニットを使った例。防水の面で安心でき、腰から上のデザインが自由になるメリットがある

❸「橋爪邸」浴室展開図 | S=1:50

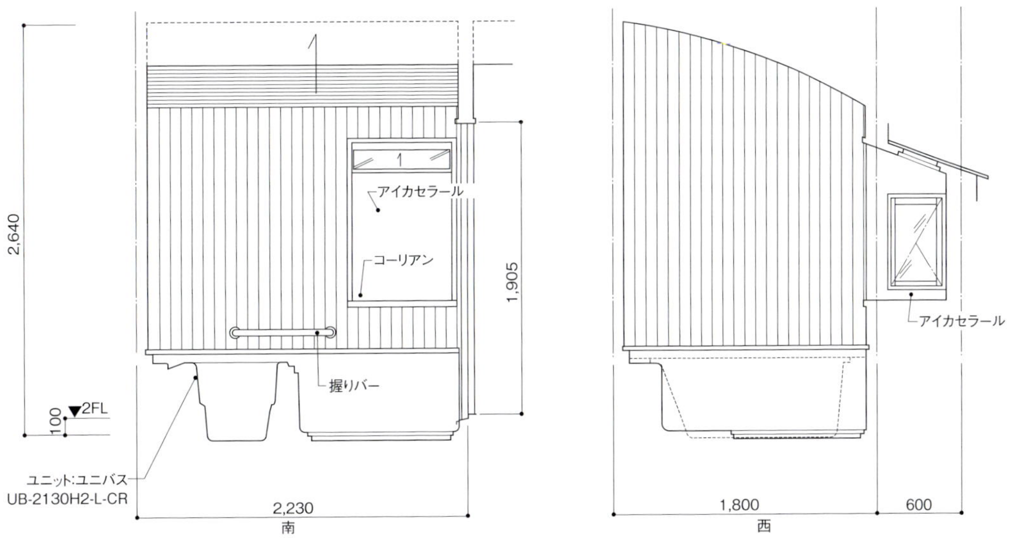

写真=宮脇檀建築研究室

浴室は木にこだわる

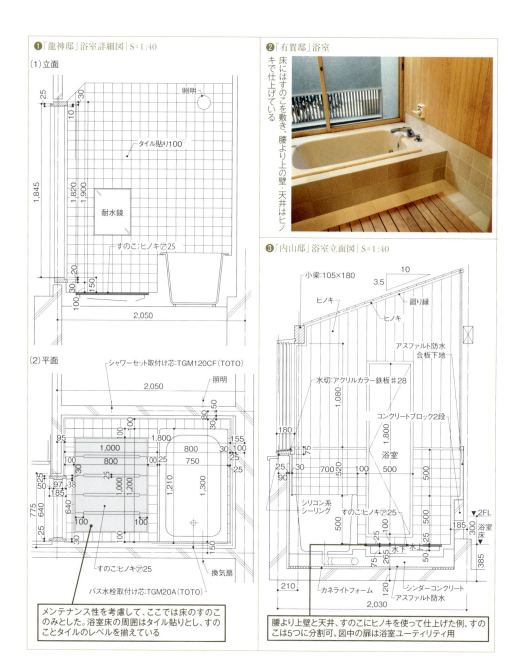

❶「龍神邸」浴室詳細図｜S=1:40

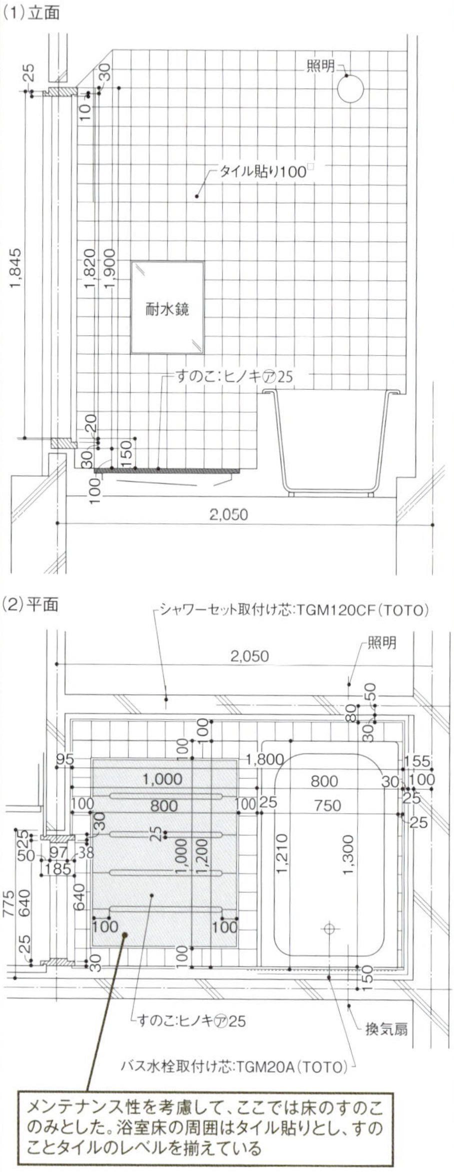

メンテナンス性を考慮して、ここでは床のすのこのみとした。浴室床の周囲はタイル貼りとし、すのことタイルのレベルを揃えている

❷「有賀邸」浴室

床にはすのこを敷き、腰より上の壁・天井はヒノキで仕上げている

❸「内山邸」浴室立面図｜S=1:40

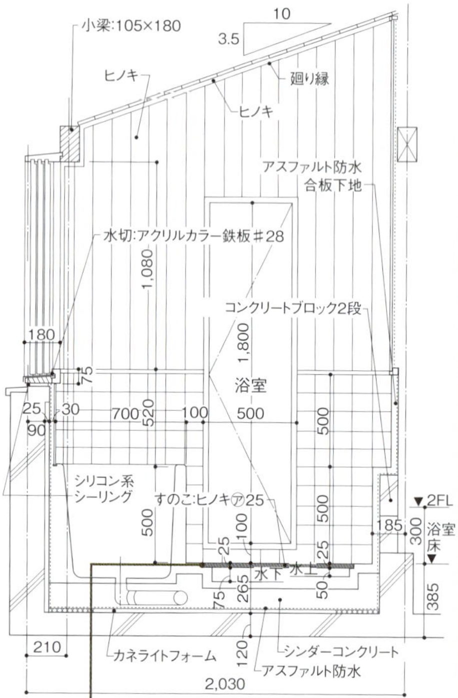

腰より上壁と天井、すのこにヒノキを使って仕上げた例。すのこは5つに分割可。図中の扉は浴室ユーティリティ用

浴室は肌にやさしく、柔らかく温かな材料で仕上げたい。木の床・壁・天井・浴槽が理想だが、これを成立させるには、通風の確保や機械式換気などの仕組みと、まめにメンテナンスする努力と財力が必要だ。これは、現実的ではないため、浴槽はホーロー、腰壁まではタイルとし、壁、天井は木（ヒノキやヒバ）、床も木にするのが宮脇檀建築研究室の仕様だ［❶～❺］。もし予算の都合で壁・天井に木を張れなくても床のすのこだけはこだわりたい［❶］。床がタイルの場合に感じる、冬場のヒヤッとした感覚を避けたいからだ。すのこ（ヒノキで30㎜厚程度）は、床全面に敷く必要はなく、壁周囲の床にタイル1～2枚分を張り、その内側に設置する。また、すのこは小さく分割できるようにしておくと、掃除がしやすい。風呂上がり時に、取り外して乾燥のため立てかけ、水切りするのも楽だ。

予算に余裕があれば、床暖房を組み込みたい。これならタイル貼りでも問題ないが、すのこの場合も乾きが早く具合がいい。また、新しい床材として、浴室用のコルクタイルがある。これは、床全面に敷き詰められ、感触のよいのはもちろんのこと、水切れもよく、かなり気持ちのよい素材だ。

❹「富士道邸」浴室詳細図 | S=1:50

(1) 立面

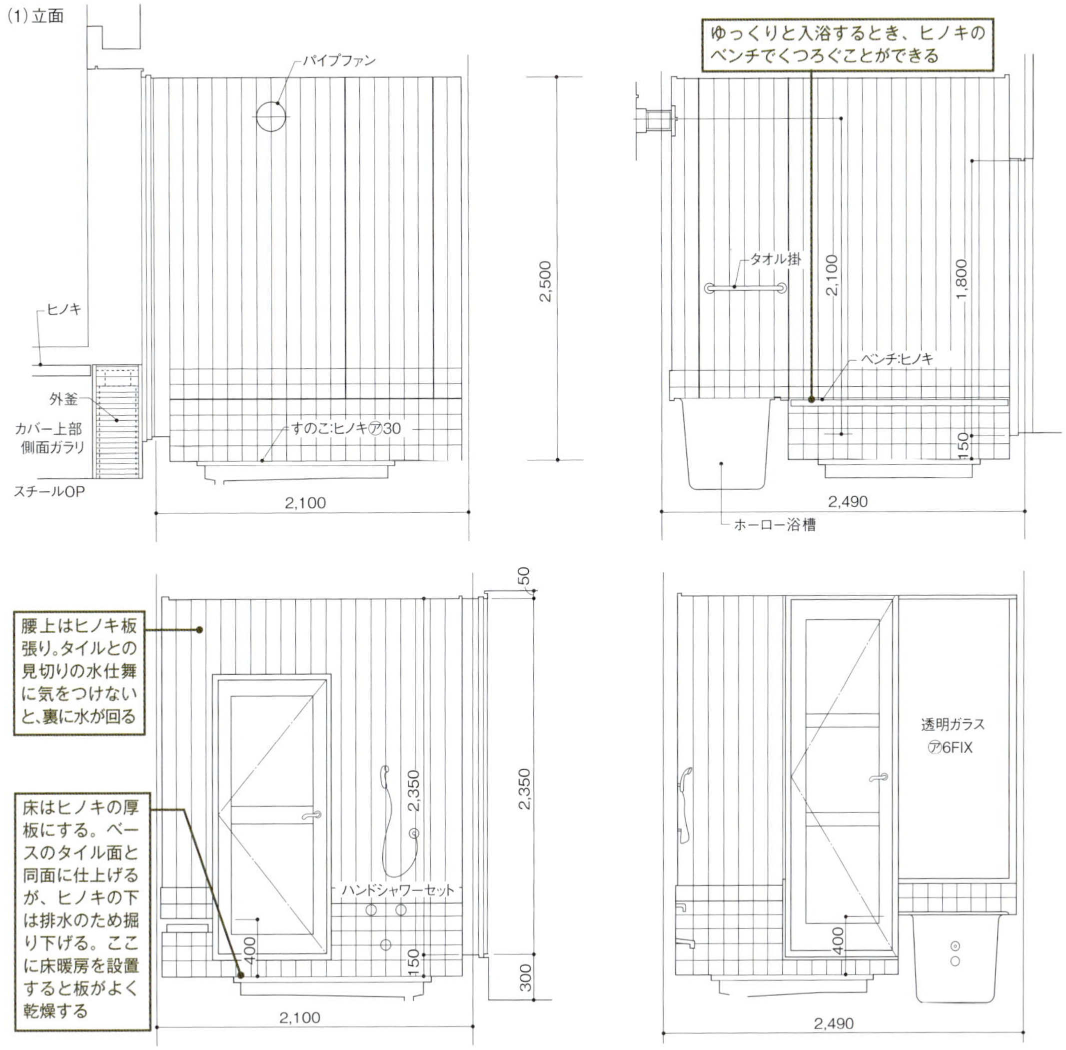

(2) 平面

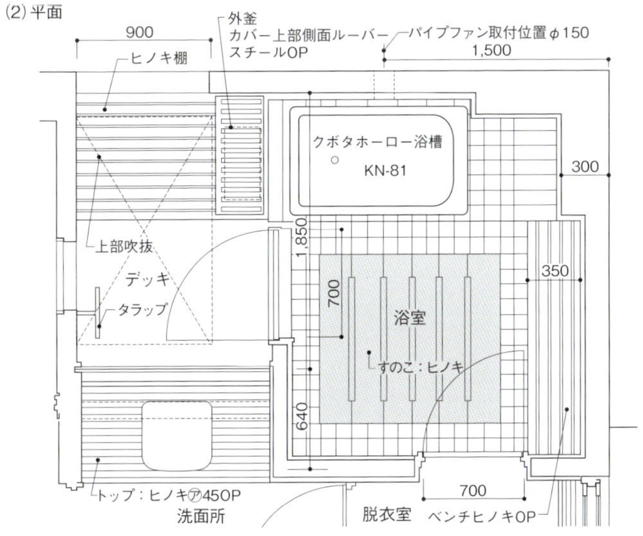

❺「大高邸」浴室

「大高邸」の浴室。壁・天井のヒノキ板張りに囲まれて、木の空間を堪能する

写真❷=村井修、写真❺=宮脇檀建築研究室

プランと開口で寝室にプライバシーを

❶プライバシーを考慮したプランニング1「中山邸」| S=1:150

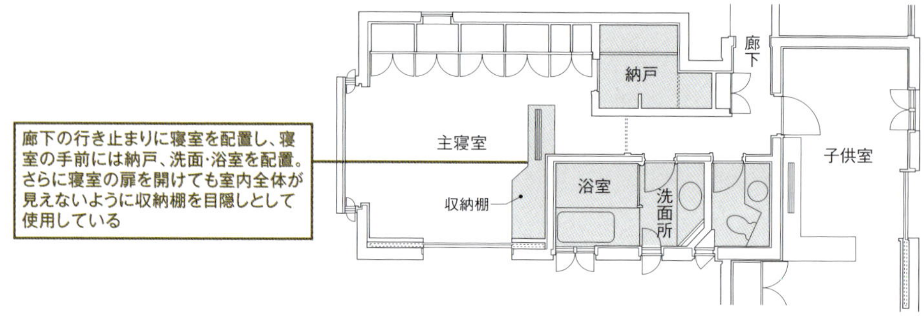

❷「中山邸」寝室出窓詳細図 | S=1:30

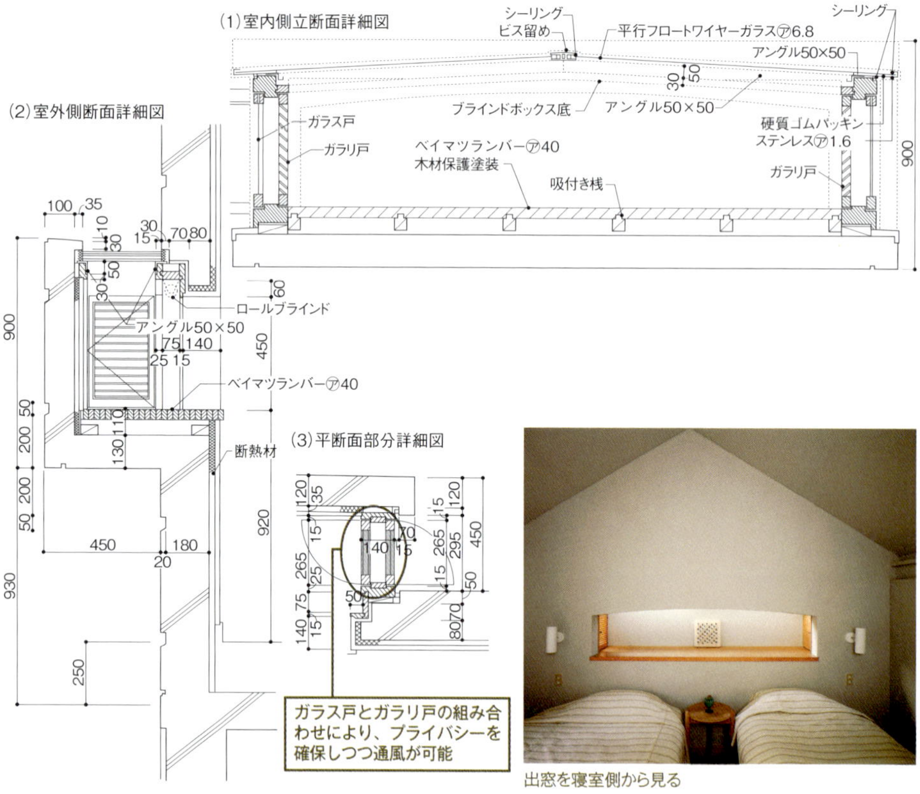

出窓を寝室側から見る

寝室に求められるのは、安眠できる条件を整えることである。条件には個人差があるが、静かな環境をつくることには誰も異論がないだろう。

「静か」の定義はさまざまだが、外部からの騒音が届かないことはもちろん、家のなかでも部屋の前を行き来する気配や隣室の音が届かないことが望ましい。これらはプランニングで解決可能だ。それは、寝室の前に主動線がこないように、たとえば廊下の行き止まりに寝室を配置することや、寝室と廊下あるいは隣室との間に緩衝帯(ウォークインクローゼットや押入など)を設けることである[❶]。

また、部屋の仕上げを左官など吸音性が期待できる材料にすることも静かな環境をつくる方法になる。吸音性のある素材は一般に吸湿性もあり、柔らかく温かい感触が得られるので、この面からも寝室に適している。安眠の条件には「暗さ」もある。寝室は法的には「居室」扱いのため規定の開口部面積(床面積の1/7以上)を求められるが、必要以上に開口面積をとることはないと思う。その開口部に雨戸の代わりに襖を内側に取り付けるのもよい。さらにプライバシーを守り、かつ通風や明かり取りに使用できる開口部を計画するのもよい[❷]。

❸プライバシーを考慮したプランニング2「植村邸」｜S=1:150

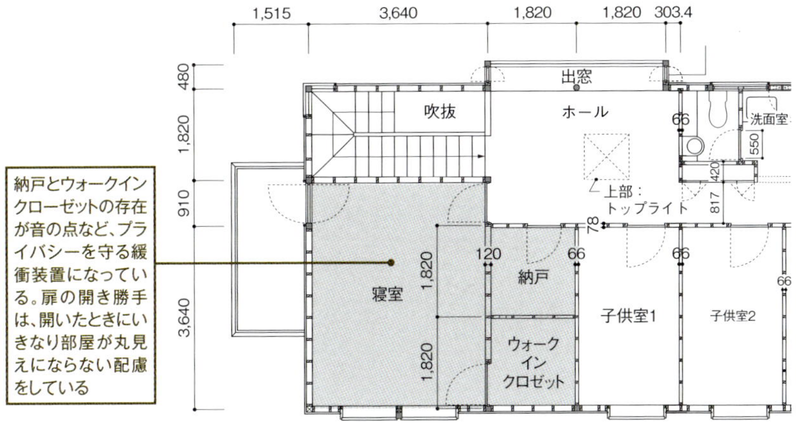

❹プライバシーを考慮したプランニング3「林邸」｜S=1:150

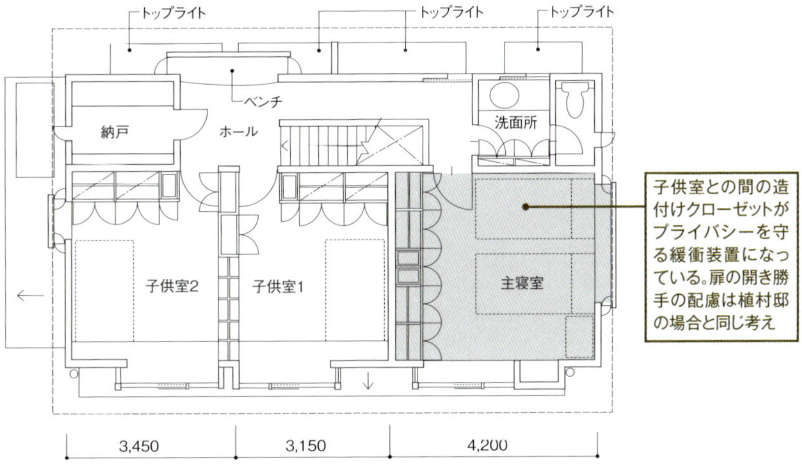

❺プライバシーを考慮したプランニング4「名越邸」｜S=1:150

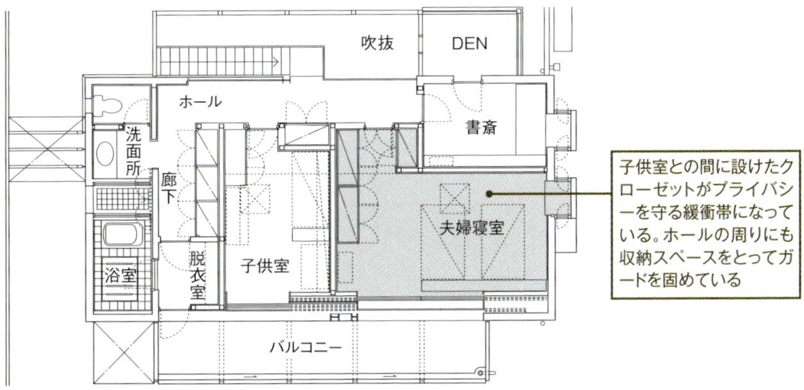

写真=村井修

子供室の広さは最小限に

❶「島田ボックス」子供室展開図

(1)子供室1 展開図(S=1:100)

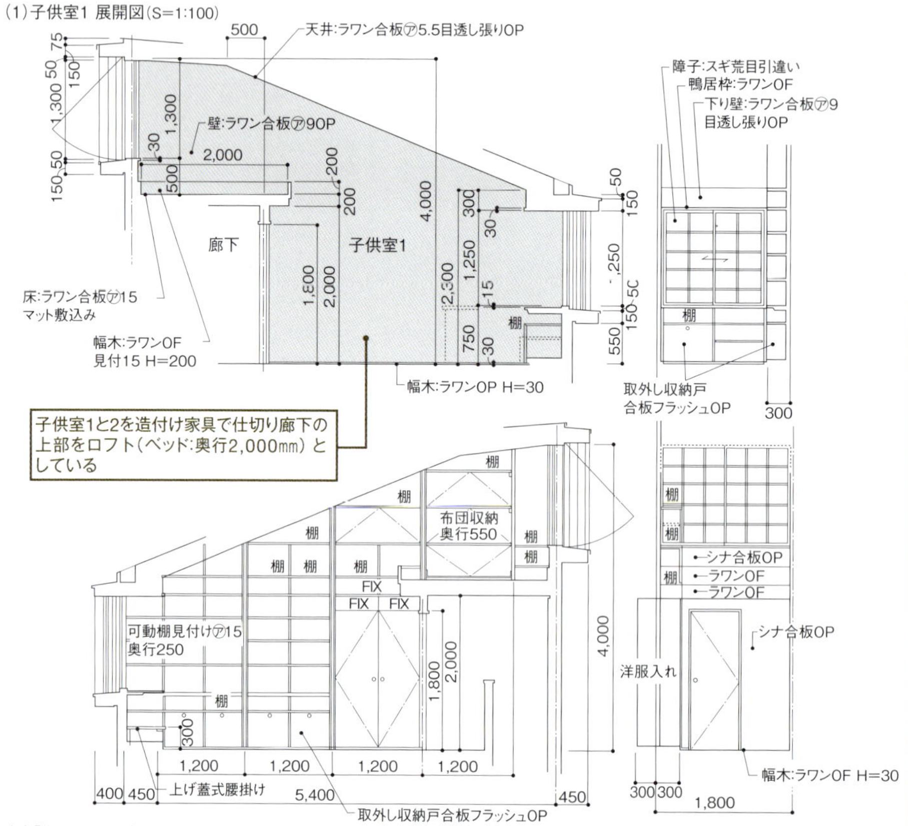

(2)「島田ボックス」2階平面図(S=1:200)

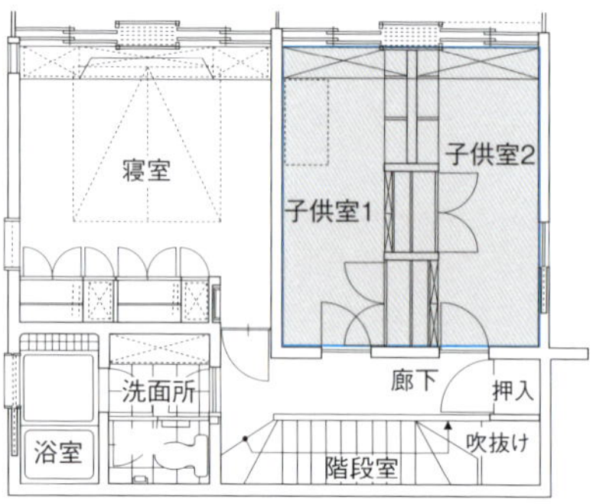

約4畳ほどの広さだが、ロフト部分を廊下の上に確保し、狭さ・圧迫感をなくしている

「子供に子供室はいらない」と宮脇はいう。必要な時期があるとしても、それは小学校高学年から高校まで、それ以前は必要なく、以後は子供室ではなく成人の下宿部屋である。また、子供室とはいえ実態は親が与えた勉強用独房であり、子供も親からの逃避部屋にしているのが現状だ。子供室でなくとも1人になれる場さえあれば、家はもっとオープンであるべきだ。

図面に「子供室」と記入しても、子供の年齢によって設計内容が異なる。学齢前の子供には、開放的な空間で玩具を散らかし放題できる「遊び部屋」というつくりとする。子供が増えたり、成長すれば、あとで間仕切を入れてそれぞれ専用のコーナー（机などを置く）をつくる。また、ちょうど「子供室」を必要とする子供には原則として、机（最低700×900㎜）、ベッド（最低900×1900㎜）、クローゼット（600×1200㎜）が納まる最小限の部屋（最低7㎡程度）を用意する［❶・❷］。「子供はどうせ家を出ていくのだから、立派な部屋を与えてもむなしい」と言ったクライアントがいたが、実際、大学生や社会人になれば、ほとんど家に寄りつかないか、寝に帰るだけになる。したがって、つくりは最小限の「寝室」で十分なのだ。

❷「植村邸」

(1) 2階平面図(S＝1:150)

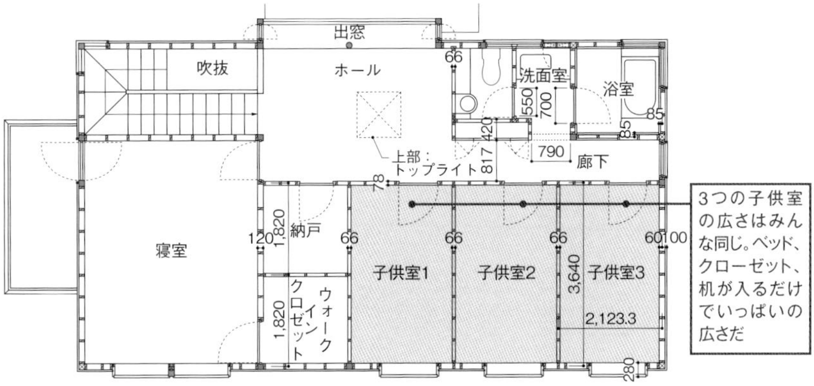

(2) 子供室展開図(S＝1:50)

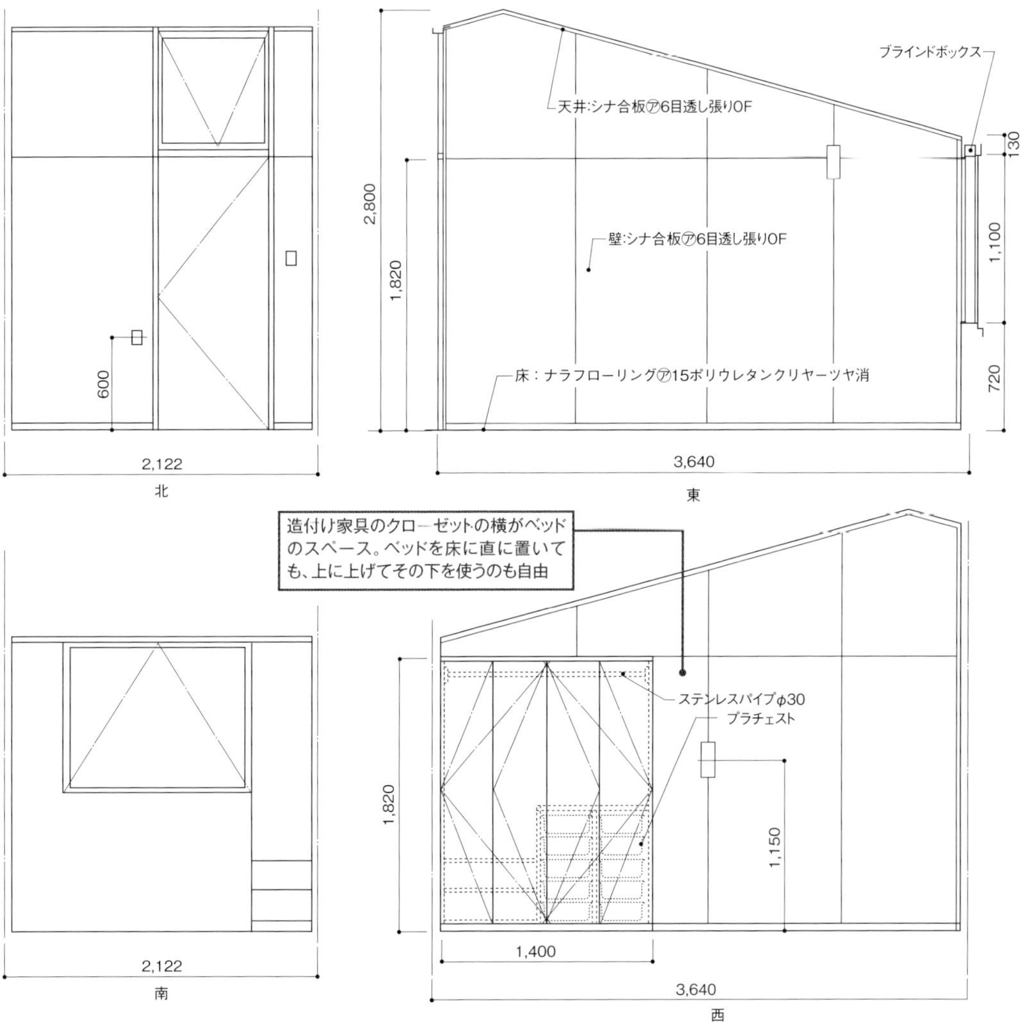

写真=村井修

ウォークインクローゼットは広く

❶「小松邸」1階平面図｜S=1:200

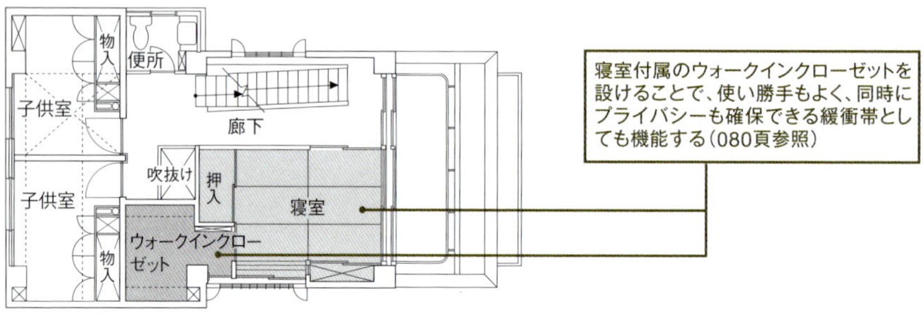

❷「小松邸」ウォークインクローゼット展開図｜S=1:60

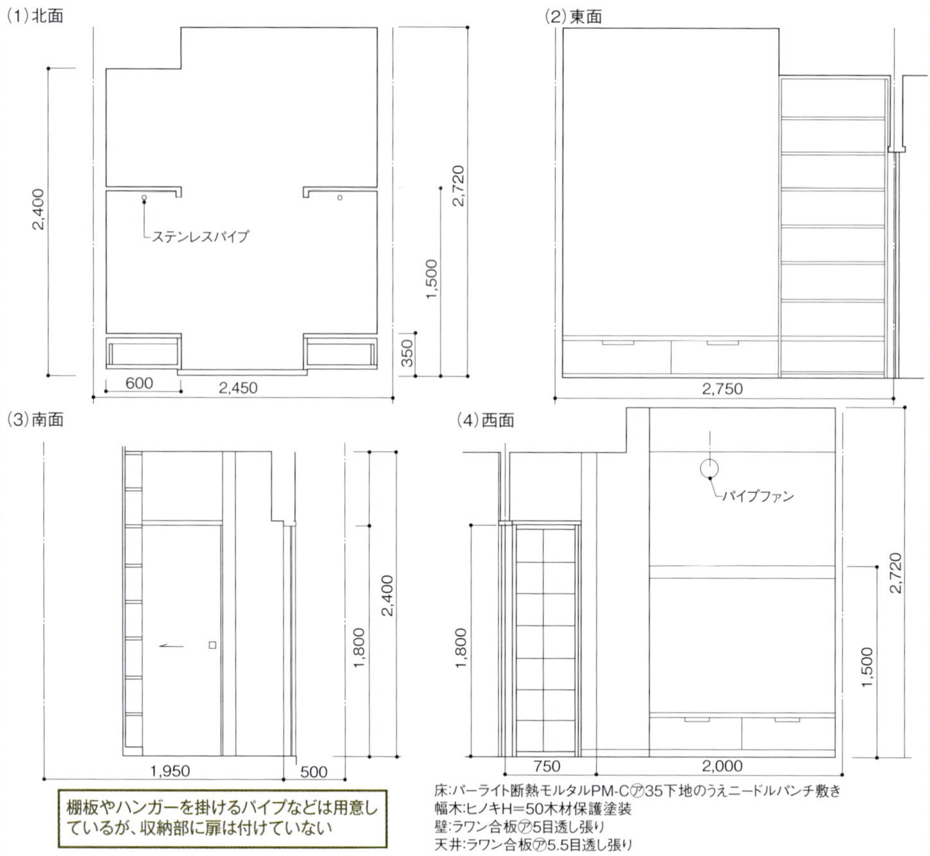

「ウォークインクローゼット」という言葉は、分譲マンションや建売住宅のプランに普通に使われるほどに普及したが、なかにはプランニングでできた「隙間」をウォークインクローゼットと称するものもある。しかし、ウォークインというからには、文字通り人ひとりが動き回れる広さが必要だ。昔の納戸は、タンス類や屏風などの収納場所に使われたが、これこそウォークインクローゼットのかたちそのものである。

現在なら、衣類だけでも幅1間分/人くらいは最低必要で、2人分の収納と通路で3畳、それに寝具や小物の収納などを考えると4畳半や6畳になり、寝室の隣にあれば、立派な「前室」となる［❶〜❸］。これを大きな家具と捉えれば、収納部に特に扉をつける必要もないだろう。

もし、それだけの面積がとれなければ、「壁面収納」という手もある。壁面収納は、通路分を部屋と共有するので、それだけ面積を節約できる。伝統的な「押入」は壁面収納の例だが、押入の奥行(800㎜程度)は布団の収納が前提のため、深すぎることがある。洋服にベッドの生活が前提なら、600㎜の奥行でよく、場合によっては450㎜でも幅があれば十分収納スペースとして用が足りる。

❸「横尾ボックス」1階のクローゼット

(1) 1階平面図(S = 1:150)

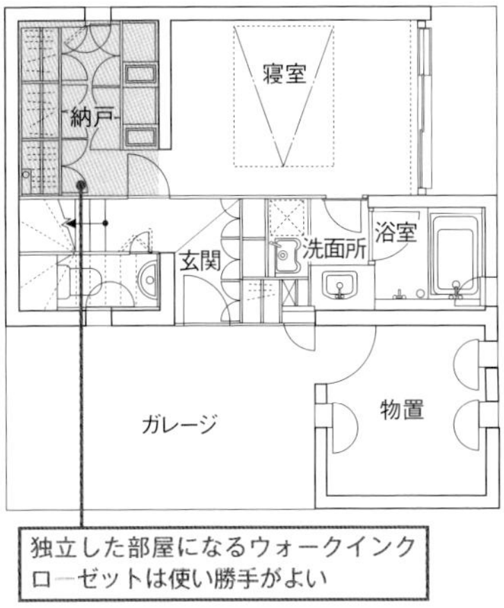

(2) 平面図(S = 1:50)

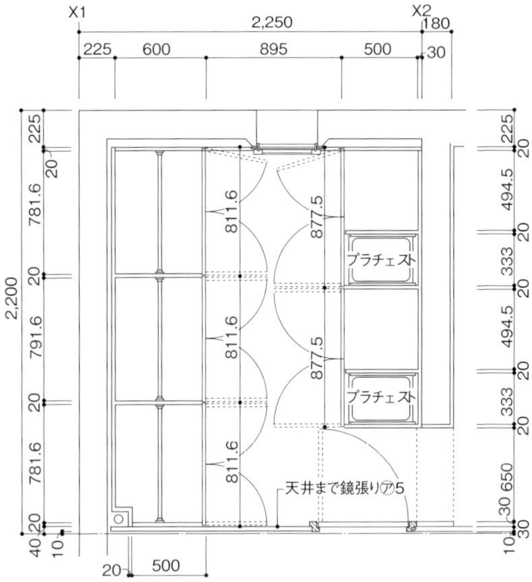

1人当たり1,800の開口が収納量の目安となる。扉のなかの棚割はそれぞれの使う状況による

(3) 展開図(S = 1:50)

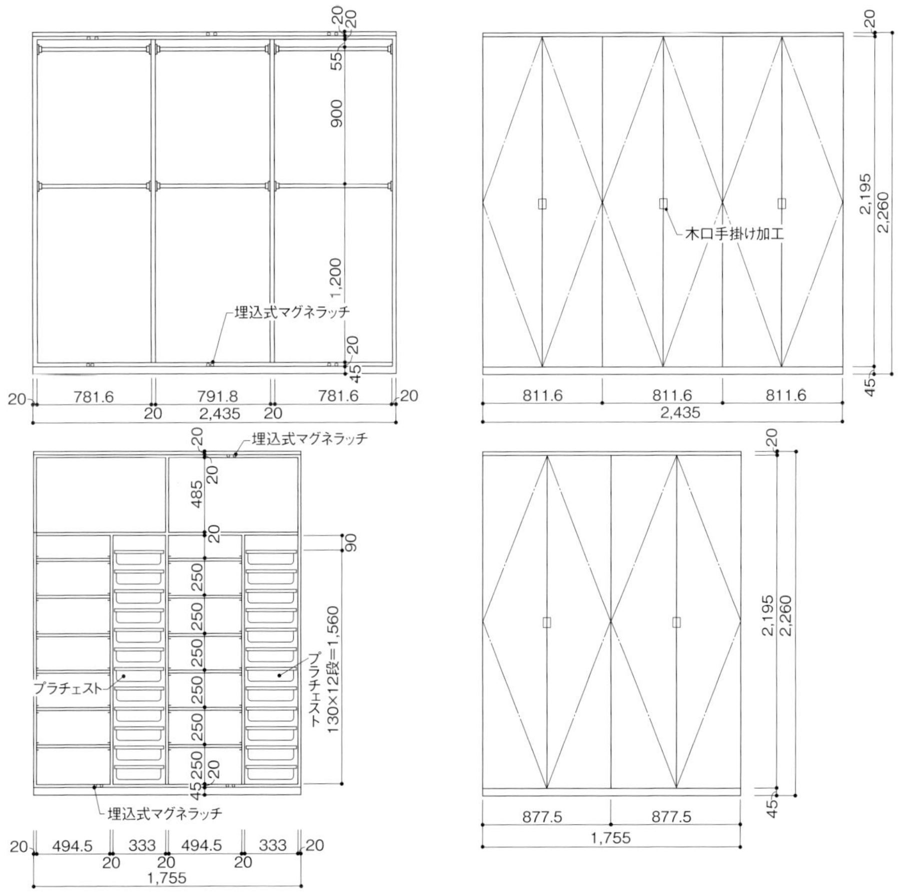

玄関には大きな収納スペースを

❶「池田ボックス」玄関収納詳細

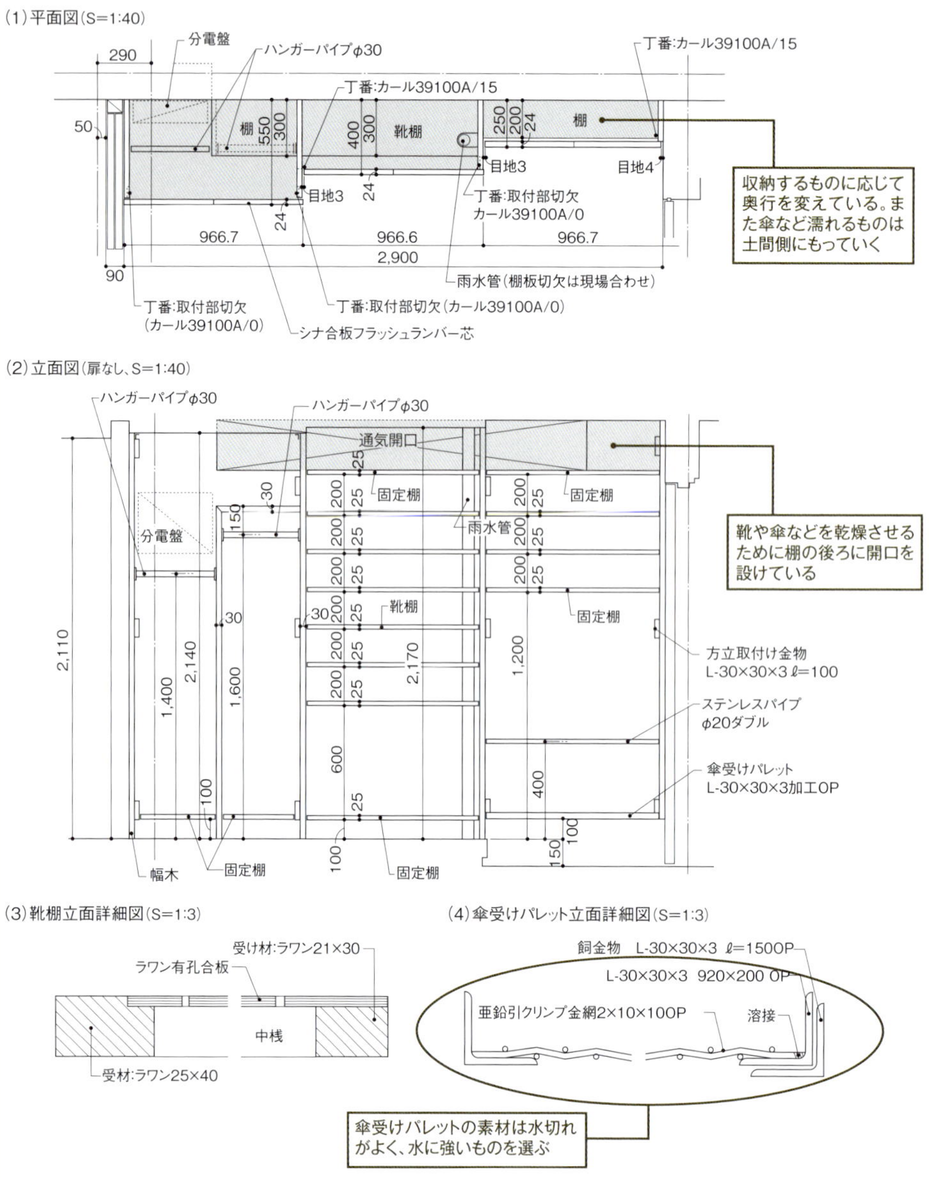

収納スペースの上手なとり方は、使いたいものを、使いたいところに収納することと、デッドスペースがあったら収納を考えることである。さて、この考えでいくと玄関にはかなりの収納スペースが必要となる❶。上下足分離の場所だから、まず履物を納める下足入れがいるが、これが1人当たりかなりの量になる。結局、礼装用など普段履かない靴などは納める余地がないので、下足入れでなくクローゼットの片隅に収納されることが多い。収納量については計画時に施主の持ち物を調べることになるが、下足入れの奥行は最低300㎜程度確保したい。

また、コート類も多い。シーズンごとに入れ替えるにしても、外出用と近所の買い物用、雨用などがある。それに、来客のコートを掛ける場所も必要になる。雨といえば傘もある。日傘もある。折畳み傘の収納も考えたいし、玄関土間やアプローチを掃除する、ホウキやチリトリなどの掃除用具も、玄関に収納すると勝手がいい。

さらに、スキーやゴルフバッグという大きなもののスペースや、小物入れも必要になる。玄関に置いておきたいものには、宅配便や書留の受取り用の三文判などがあり、そうなると引出しもほしくなる。

❷「横尾ボックス」玄関収納詳細

(1) 平面図(S = 1:50)

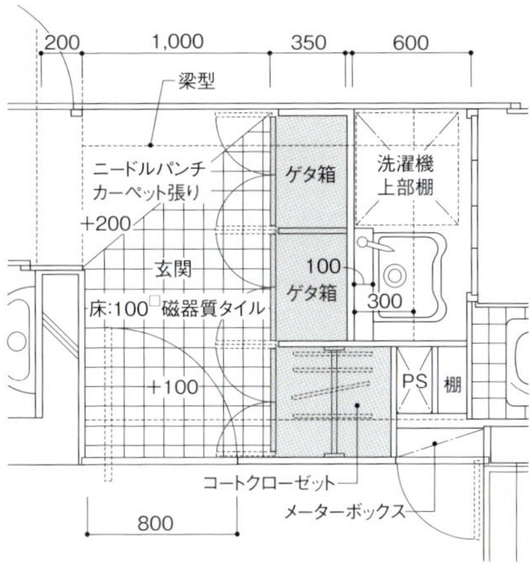

(2) 展開図(S = 1:50)

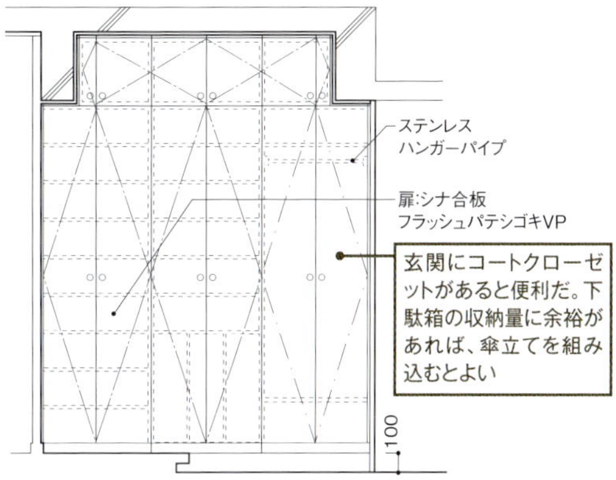

玄関にコートクローゼットがあると便利だ。下駄箱の収納量に余裕があれば、傘立てを組み込むとよい

❸「内山邸」玄関収納詳細図 | S=1:30

(1) 平面詳細図

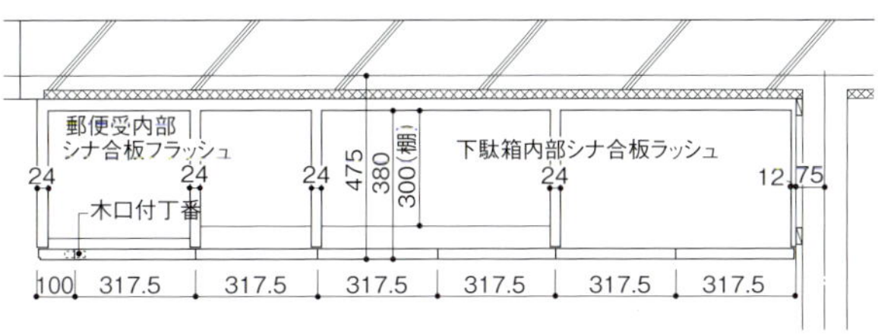

(2) 断面詳細図1

外部との関係が良ければ、玄関収納の一部に郵便受けを組み込んでやるとよい。外に独立するポストと異なり、郵便物の取り出しが楽で喜ばれる

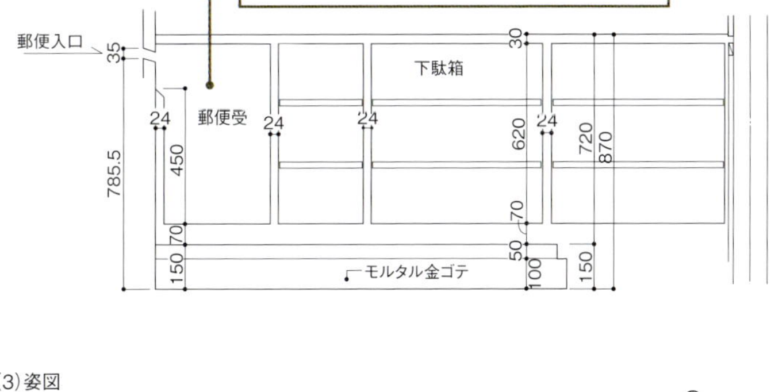

(3) 姿図

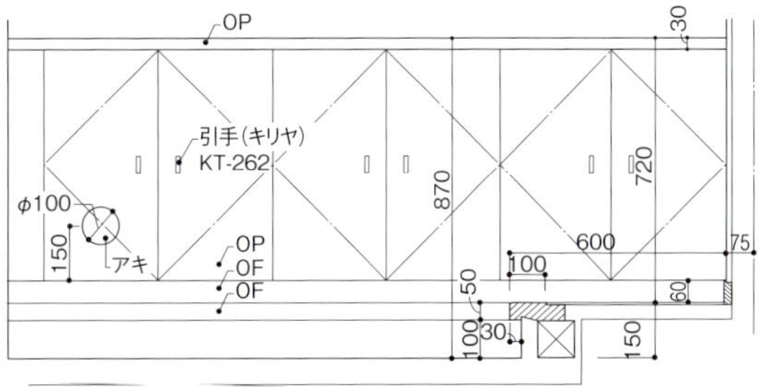

(4) 断面詳細図2

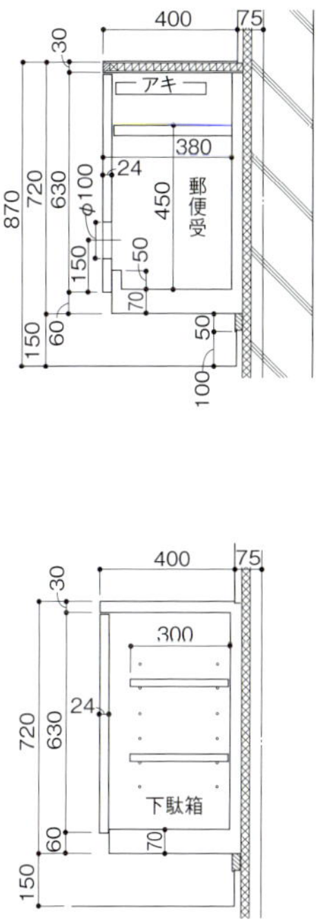

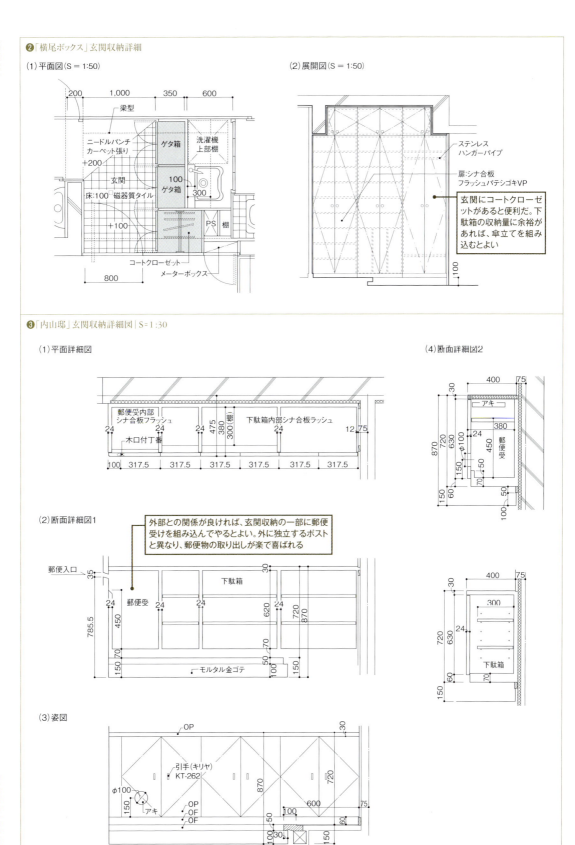

キッチンは収納マジックボックス

❶「木村ボックス」キッチン

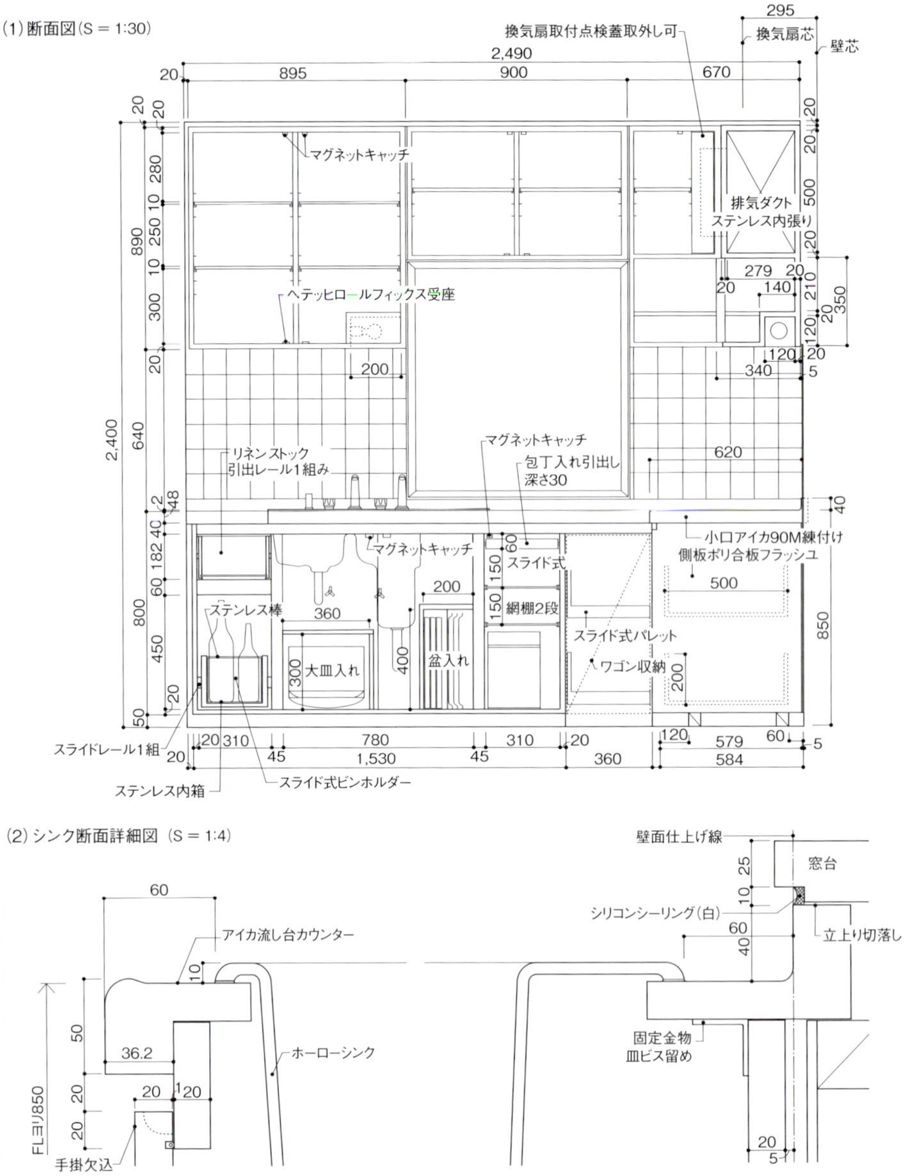

「キッチンは収納マジックボックス」と宮脇は語るが、ものがあふれる日本の住宅のなかでも、キッチン廻りにはずばぬけてものが多い。よくいわれるように、和、洋、中と三種類の料理に合わせた調理器具や調味料と食器（家族分+客用）があるほかに、食材のストックも、乾物、生鮮物、冷凍物と場所を選ぶものがあり、厨芥も燃える、燃えない、ビン、カンと分別しなければならないから、狭いスペースからあふれてもおかしくない。

しかも、調理手順を考えると、ただ収納されていればいいというものではなく、必要なときに必要なものがサッと取り出せないと、使い勝手が悪いばかりか、場合によっては危険を伴うことになりかねない。まさにマジックボックスでないとこれを解決できないのだ。

ところで、調理するものや方法は各家庭各様だから、キッチンの収納も一様ではなく、きめ細かく対応するためには、ひとつずつじっくりと設計するしかない。ここで紹介するキッチンを設計したころと違って、現在は収納に使用する引出しレール、丁番やかご、フック、トレイなどのパーツが手に入りやすくなっているので、うまく組み合わせてやることで独自のキッチンをつくることができる。

❷「横尾ボックス」キッチン

(1) 断面図(S＝1:40)

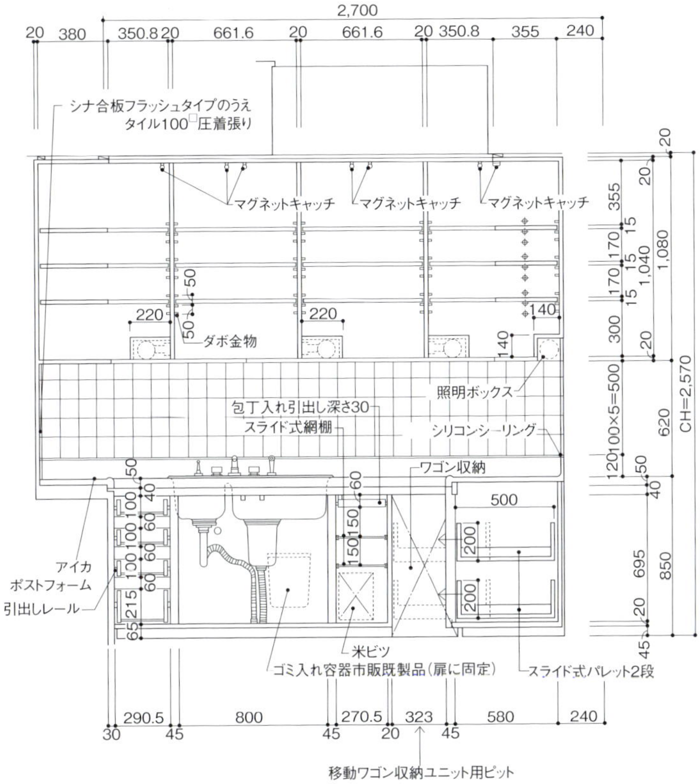

「横尾ボックス」キッチンを食事室から見る

キッチン収納で使い勝手のよい高さは800～1,600㎜の範囲にある。ここは、ワークトップの調理作業面の高さと重なるため、実際にキッチンを使う人とスペースの配分についてよく打ち合わせる必要があ

(2) 平面図(S＝1:40)

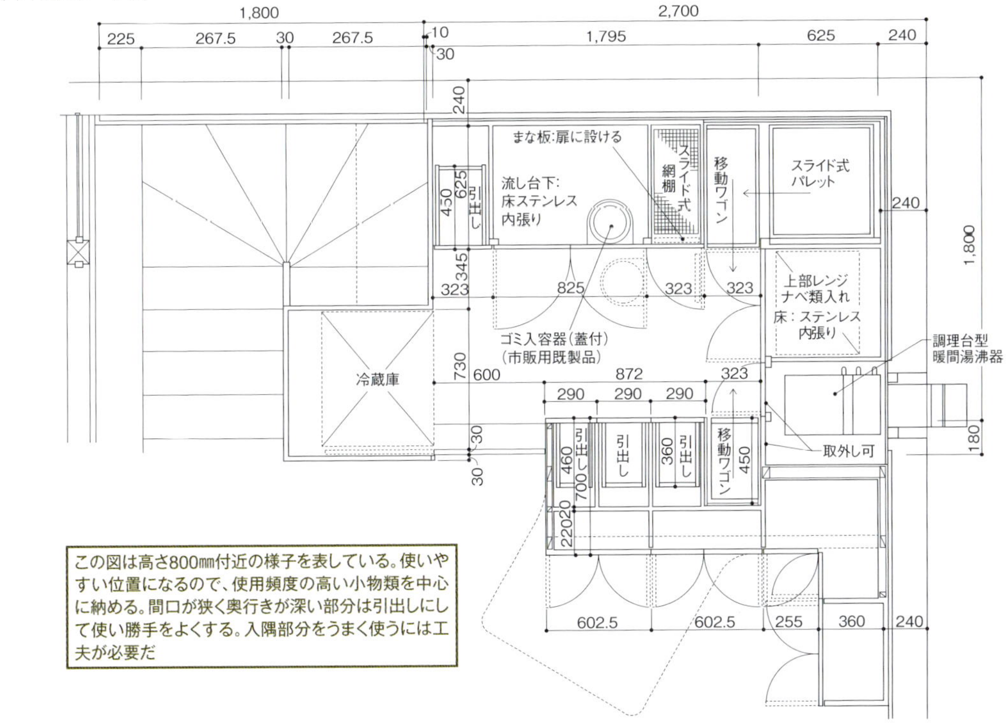

この図は高さ800㎜付近の様子を表している。使いやすい位置になるので、使用頻度の高い小物類を中心に納める。間口が狭く奥行きが深い部分は引出しにして使い勝手をよくする。入隅部分をうまく使うには工夫が必要だ

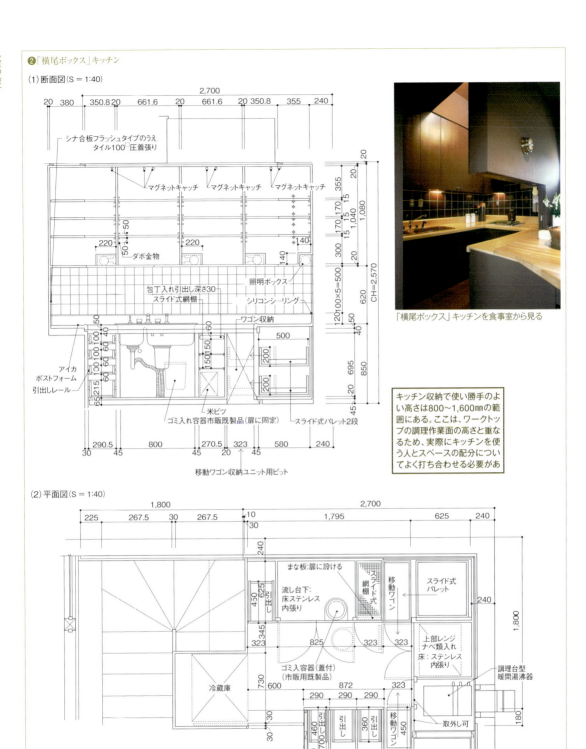

写真=村井修

造付け家具は職種を統合する

❶「藤江邸」居間ベンチ詳細図｜S=1:40

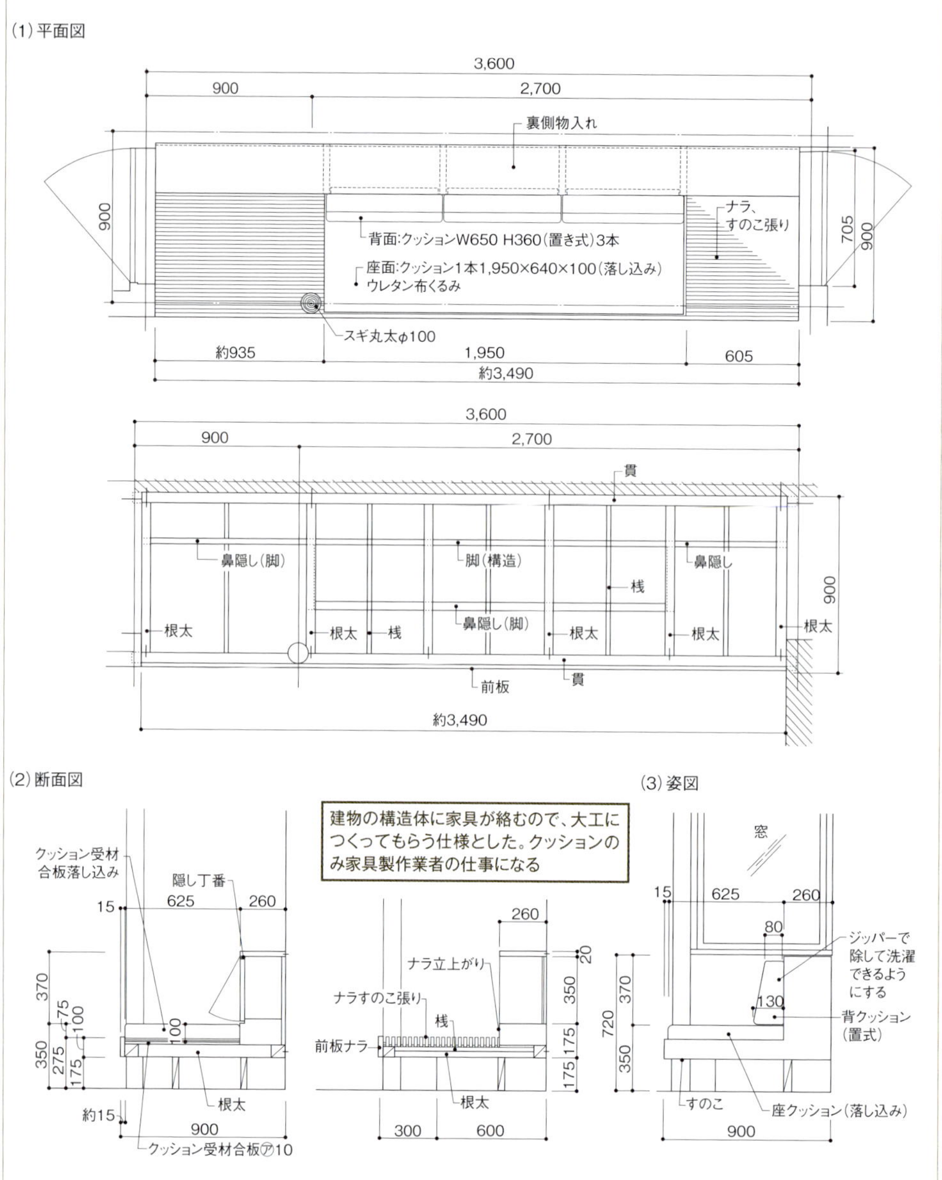

造付け家具というと、建築と一体になったものであるから、当然、住宅設計の作業のなかのひとつの仕事と考えている。造付けというからには、広義には押入も「造付け家具」といえないこともないが、普通は棚やキャビネット、ベンチ、テーブルなど、家具らしいものが設計の対象になる。なかには「置き家具」風の、建築と一体化していないものも含まれる。

これらの「造付け家具」は、一般には家具職が製作することを前提に設計するが、押入の例があるように、場合によっては大工や建具職の仕事を前提に設計することもある。ベンチなどは、フレームを大工でつくり、クッションのみ家具職に頼む、ということができる。また、ラウンジピットなどはベンチの仲間になるが、仕事をするのは下地を組む大工と、カーペットを張る内装屋になる（床暖房を仕込めば設備屋も参加する）。

テーブルは、移動できる「置き家具」としてつくることもあるが、もっと多様な使い方ができるよう、カウンターやキッチンなどと絡めて、テーブル廻りにデッドスペースをつくらずに、より使い勝手のよいかたちになるよう設計することが多い。

❷「菅野ボックス」飾り棚・ベンチ断面詳細図｜S=1:40

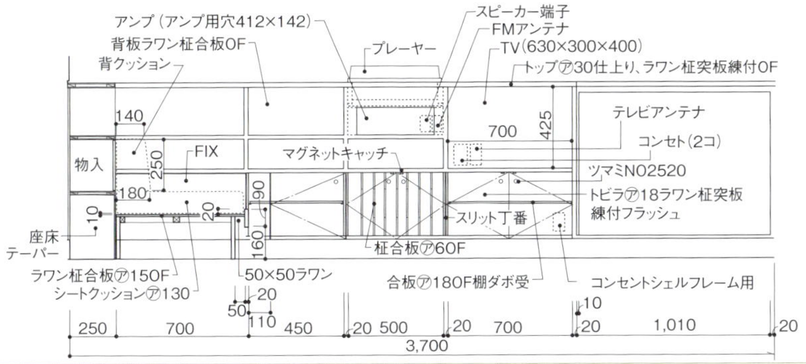

これくらい複雑になると、家具製作業者の出番となる。プレーヤーやアンプなどの電化製品の収納が絡むので、電気業者の協力も必要になる。工程に出戻りが起きないよう調整が大切になる

❸「BOX-A QUARTER CIRCLE」ベンチ廻り断面詳細図｜S=1:40

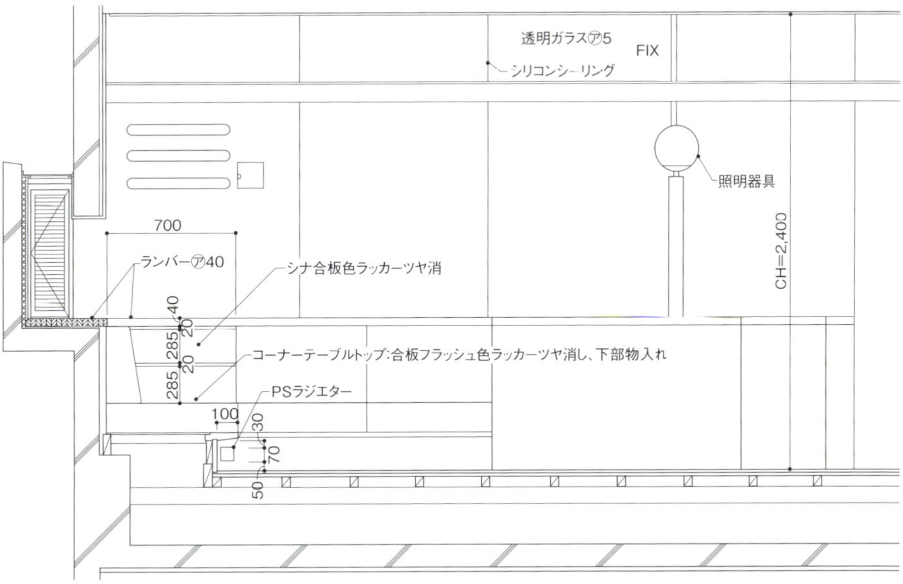

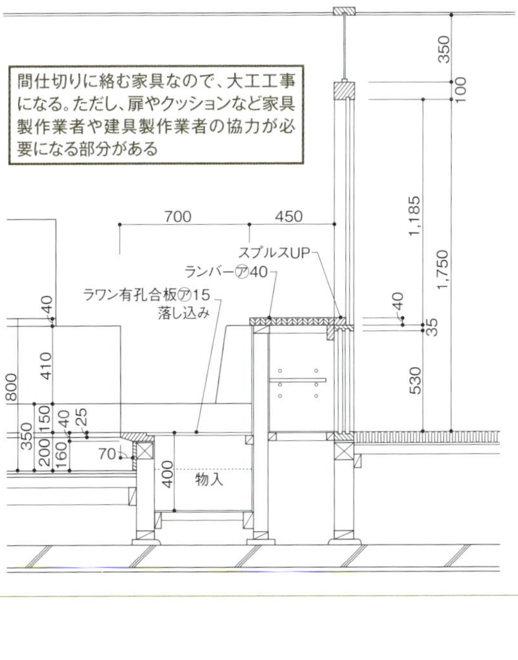

間仕切りに絡む家具なので、大工工事になる。ただし、扉やクッションなど家具製作業者や建具製作業者の協力が必要になる部分がある

❹「藤江邸」居間ベンチ廻り

独立柱にベンチの框がからまり、ベンチといっても、建築と一体化している様子が分かる

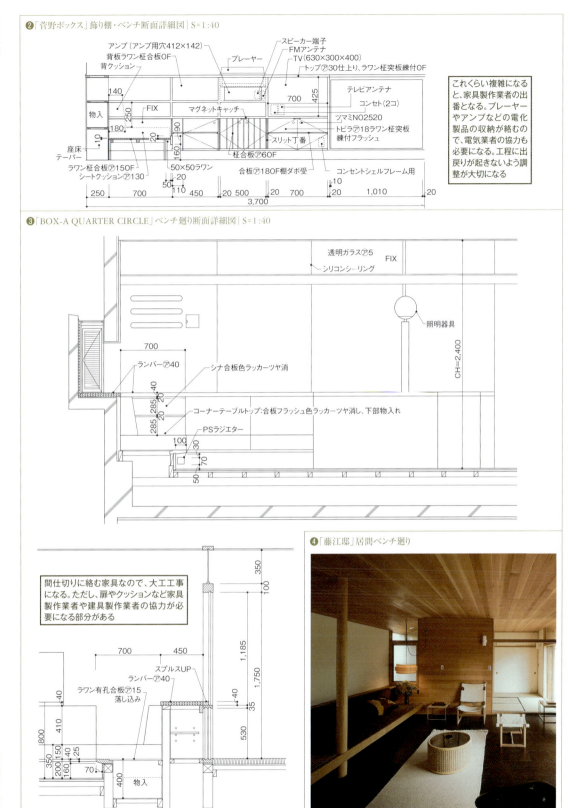

写真=村井修

食卓はさまざまな活動の場

❶「小松別邸」食卓

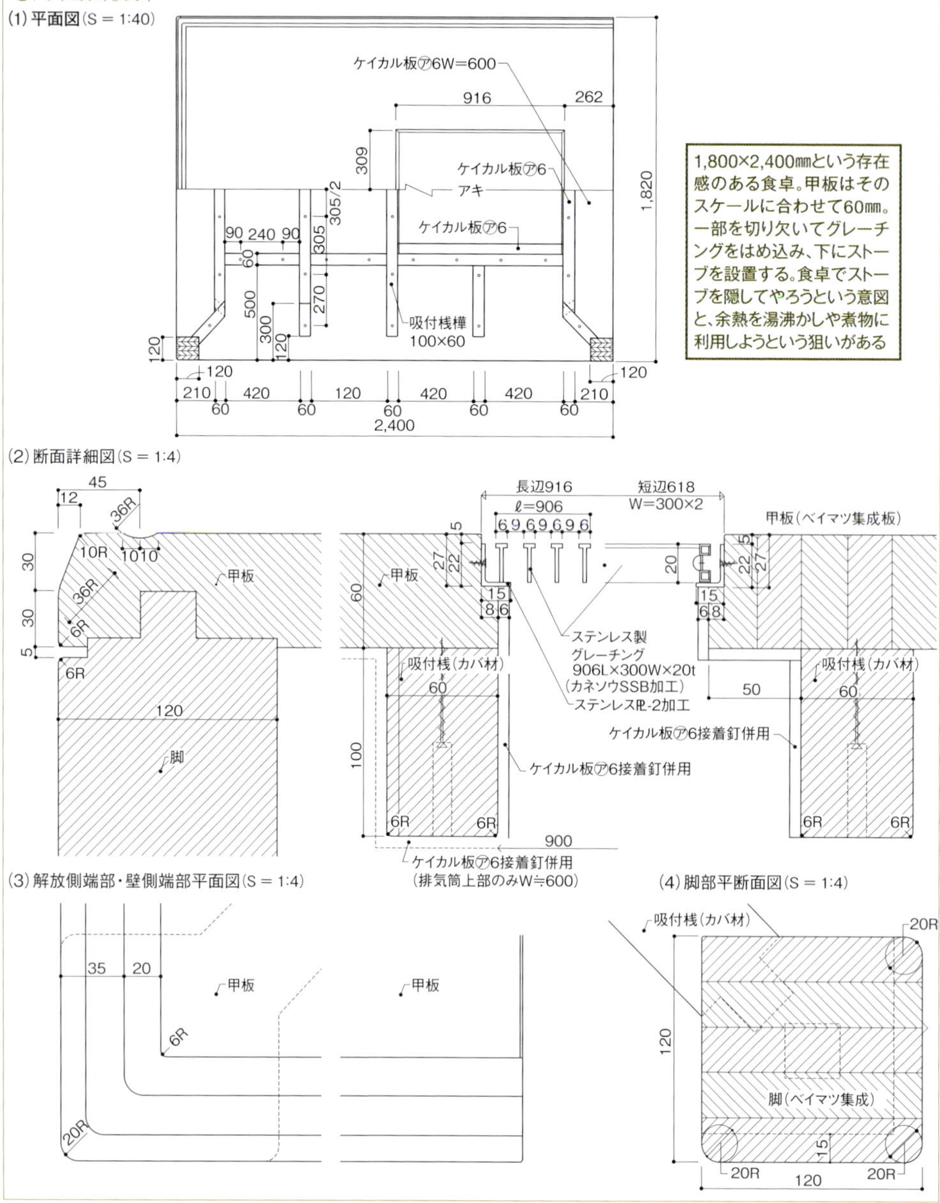

1,800×2,400㎜という存在感のある食卓。甲板はそのスケールに合わせて60㎜。一部を切り欠いてグレーチングをはめ込み、下にストーブを設置する。食卓でストーブを隠してやろうという意図と、余熱を湯沸かしや煮物に利用しようという狙いがある

食卓はできるだけ大きくしたい、とは宮脇の考え。自邸でも1800×1800の食卓を置いて実証してみせていたが、大きい食卓では、食事だけでなく、新聞を広げたり、本を読んだり、手紙を書いたり、ゲームをしたり、子供が宿題を片付けたり、取り込んだ洗濯物を畳んだり、アイロンをかけたり、…とさまざまなことができる。

これは、食事が済んだらリビングのソファに移動して、ここでコーヒーを飲みながらゆっくりと新聞を開く、なんてスタイルよりも、食事が済んでも、そのままなんとなくそこで時間を過ごしていることが普通であるという、ダイニングがリビング化している現代の状況を踏まえてのことなのだ。それならば、食卓廻りでいろんなことができるように、小物を収納できる戸棚などをしつらえてやればよいわけだ。

住宅事情からも、リビングとダイニングそれぞれに十分なスペースをとってやれないのであれば、いっそのこと、ダイニングスペースを充実させて、ダイニングがメインのリビングをつくり、という考えに立てば、1日をそこで気持ちよく過ごすことができること請け合いだ。

キッチンの天井は高く

❶「松川ボックス＃2」キッチン展開図｜S＝1:60

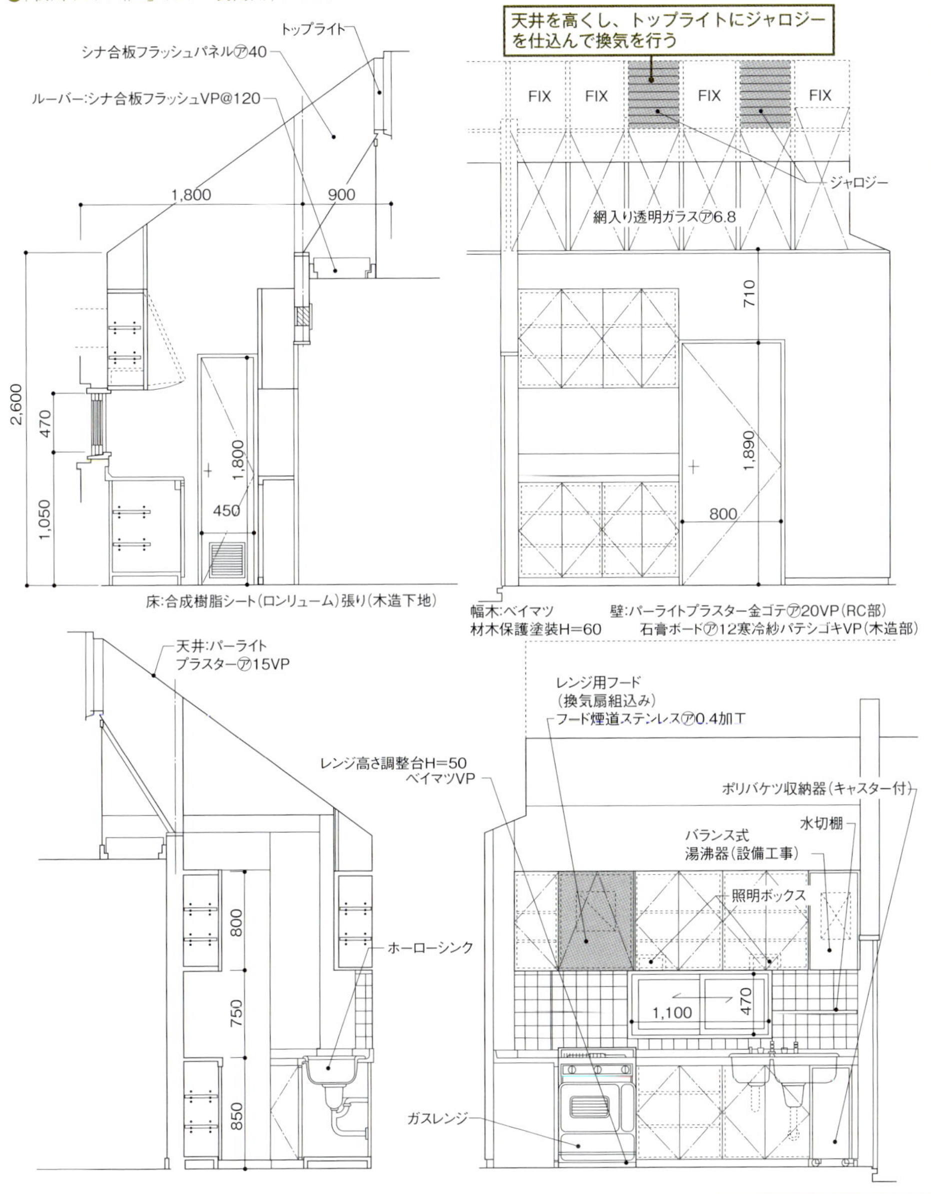

キッチンには、その部分を独立した部屋とするクローズ型と、ダイニングやリビングスペースに開くセミオープン型、一体となるオープン型がある。最近はセミオープン型やオープン型が人気だが、これは調理しながらダイニングやリビングの気配をうかがい、団らんに参加したい主婦の願望があるからだ。しかし、オープンの度合いが高くなるほど、調理に伴う臭い、湯気、煙、油煙などがダイニングやリビングのほうに漂ってくる。料理を待つ身には、おいしい匂いは歓迎だが、湯気や油煙は結露や汚れなどの原因となるため、やはりこれらはキッチン側で捕まえて処理（排気）をしておきたい。

当然、レンジフードはあるはずだが、それだけでは完全には捕捉しきれない。そこでキッチンの天井をダイニングやリビングより高くしたり、吹抜けを設けて換気扇や高窓で排気できると、かなり効果的だ［❶］。また、キッチンの天井廻りを小壁で囲って、天井にレンジフードとは別に換気扇を用意する方法も効果がある。ただし、これはガスコンロの熱気で上昇気流が発生することを前提にしているので、上昇気流が発生しにくいＩＨコンロの場合は、捕集力を高めた専用の換気扇を選びたい。

MAYUMI MIYAWAKI

写真＝村井修

宮脇檀研究室のできごと［2］
1975-1979

1975

1月
- 6日仕事はじめ
- 新建築月評はじまる。メンバー西沢文隆・高橋てい一・内藤廣

3月
- 2日榎本彰、結婚2人目の既婚所員となる
- 宮脇檀、共立女子大家政科講師退職
- 椎名英三・石田信男退所独立

4月
- 東京大学工学部建築科講師となる

5月
- 6日、ARCHITEXT公開ミーティング VAN99HALL

6月
- 立川ブラインド工業株式会社の顧問となる
- 宮脇檀、吉村順三先生の芸術院賞受賞パーティーでバーテンを勤める

7月
- オープンデスク学生来る（9大学10名）

8月
- 建築家協会野球大会。吉村順三事務所との連合チームで2回戦まで勝ち進む
- 16日～24日事務所恒例夏休み
- コーンズ・アンド・カンパニー・リミテッドの顧問となる

9月
- 12日宮脇檀、新建築社海外視察団団長として渡米・宮脇照代、金寿根氏に招かれて韓国へ

10月
- 10日今年で6回目やはり恒例バーベキュー大会
- 23日宮脇檀、建築家協会第6回大会に出席

11月
- 22日アメリカ旅行スライド会

12月
- 6日近藤元子、結婚。石川元子となる
- 26日大掃除、仕事おさめ

1976

1月
- 5日仕事はじめ
- 新建築月評はじまる メンバー吉阪隆正・渡辺武信・デイヴィット・スチュワート・宮脇檀
- 榎本彰、一級建築士となる
- 宮脇檀、ヤマハオートバイコマーシャル出演

3月
- 宮脇檀、秋田相互銀行ゴルフコンペに出場最多打数賞

4月
- 宮脇檀、建築家協会理事就任
- 川田紀雄入所
- 大谷研究室と共にペンションの設計に入る
- ナスステンレス・オカムラ製作所2社とドロップインシンク共同開発始まる

5月
- 税理士、児玉章氏にかわる
- 宮脇照代、アメリカ・ランドスケープ研修旅行出発

6月
- 6日落合映、結婚3人目の妻帯者となる

7月
- オープンデスク学生来る（10大学10名）

8月
- 建築事務所健保組合野球大会。吉村事務所との連合チームで2回戦まで進む。不戦勝
- 11日高尾宏、恒例のヨーロッパ研修旅行派遣

9月
- 13日宮脇檀、4年ぶりの人間ドック。ALL NO-MAL
- 宮脇檀、沖縄建築士会ワンマンコンペ出題のため沖縄へ

10月
- 23日宮脇檀、建築家協会大会に出席

11月
- 秋田相互銀行角館支店完成

12月
- 宮脇照代取締役辞任。退所

1977

1月
- 6日仕事はじめ
- 21日「創る術について5人のデザイナーと語った」出版記念会 壁装館
- 26日日新工業コンペ受賞式
- 新建築連載「人間のための住宅のディテール」始まる

2月
- 宮脇檀、立川ブラインドシルキー新6色を決める 粟辻博・大井義雄氏と
- 8日安藤忠雄オフィスで講演。東孝光氏と

3月
- 4日～27日日ソ技術者交流で内井昭蔵・水谷頴介氏とソ連プレファブ技術視察

4月
- 22日～24日宮脇檀、空間社劇場オープンパーティー出席のため韓国へ
- 23日～24日所員一同数馬カブト造り見学会

5月
- 20日労使・給与体系・就業規定団交。まとまらず

6月
- 8日宮脇檀、建築家協会広報担当理事として官公庁入札について建設省にて記者会見
- 28日佐々木宏出版記念会。宮脇檀司会をつとめる

7月
- 宮脇檀、「ja」のEditorial Associateとなる 石井和紘・鈴木博之・香山寿夫・小沢昭氏と
- 恒例のオープンデスク学生来る（10大学11名）
- オーバン大学（米）助教授J. H. ブライアント氏来所

8月
- 4日恒例健保組合野球大会。吉村事務所と連合12対2コールド負け
- 19日榎本彰氏第二子誕生

9月
- 住宅建築「木村邸」29頁一挙掲載大特集
- 19日～21日宮脇檀 韓国建築家協会会長金寿根氏に招かれ韓国へ

10月
- 6日～10日所員有志長崎オクンチ祭へ
- 店舗と建築「秋田相互銀行」58頁大特集
- 12日高尾宏第一子誕生
- 建築家協会大会でオープンデスク学生受入れ3年連続で表彰さる

11月
- 7日朝日ゼミナール東孝光・藤井博巳氏と
- 北海道デザイン研究所学生修学旅行で訪問
- 28日アミカ編集部（伊）取材に来所

12月
- 30日仕事おさめ

1978

1月
- 9日仕事はじめ

2月
- 吉田五十八賞最終候補に残るも落ち

3月
- YAMAHA日吉店3人展。東孝光・山下和正氏と（木村邸出品）
- YMCA建築研究シリーズ
- 13日落合映、恒例のヨーロッパ研修旅行派遣
- 壁装館、キサ・デコール図面展に木村邸出品
- Friend Ship Palace Sudanインテリア設計始まる。金寿根氏と協同

5月
- 宮脇檀、木曽へ檜の勉強に。水谷頴介氏と
- 22日～29日宮脇檀、テレビ神奈川の取材でポーランドへ
- 恒例健保野球大会。吉村事務所との連合チームで2回戦まで進む

6月
- 17日～19日宮脇檀、Friend Ship Palace Sudan図面持って韓国へ

7月
- 恒例のオープンデスク学生来る
- 公団金沢地先並木2丁目配置住棟設計始まる。神谷・内井・藤本各事務所と
- 横浜市新本牧建築誘導計画委託研究終る

8月
- YAMAHAシステムキッチンの標準設計行う
- 宮脇檀、高知建築士会青年部会研修会へ。村井修氏と終わってから流政之アトリエ・出江寛オフィスへ

9月
- 宮脇檀、テレビ神奈川リビングポートキャスター終る。通算1.5年

10月
- 北海道デザイン研究所学生修学旅行で訪問
- YMCA建築研究シリーズ
- 横浜市新本牧公共施設基本計画委託研究始まる

11月
- 11日～17日宮脇檀・山崎健一・川田紀雄 韓国古寺巡りの旅へ
- 住宅の今日展PART2に松川邸出品

12月
- 本年原稿集計631枚
- 3日秩父夜祭りへ。林・西沢・内井・東氏らと
- 29日仕事おさめ

1979

1月
- 8日仕事はじめ
- 山崎健一、西沢文雄さんらとインドから帰る

2月
- 岩波映画社、コマーシャルを事務所にて撮影

3月
- 12日韓国旅行のスライド会。国際文化会館で
- 高尾宏、坂倉事務所6カ月に長期出張より帰る

4月
- 東急不動産宮脇学級始まる
- 宮脇檀、高橋てい一氏芸術選賞受賞パーティーの司会をつとめる
- 畔柳美知子・永友秀人正所員となる

5月
- 恒例健保組合野球大会。吉村事務所との連合チームで2回戦まで進む
- 大滝文子入所

6月
- 20日東急不動産住宅見学会で松川邸・船橋邸へ
- 宮脇檀、秋田相互銀行本店の設計コンサルタントとなる
- 事務所図書室の本棚、図面収納棚等の模様替え

7月
- 恒例のオープンデスク学生来る（10大学11名）

8月
- 3日宮脇檀、メリー・ベーレントさんの東京大学博士号授与を祝うパーティーで司会をつとめる
- 6日宮脇檀、山形新聞主催講演会へ。後蔵王・笹野へ
- 夏休み例年の如くバラバラに9日間。宮脇・川田はとれず

9月
- 6日高尾宏、第二子誕生

10月
- 宮脇檀、クロワッサンで美しい40代 次点に選ばれる
- 山崎健一・六角鬼丈・毛綱モン太・藤塚光政と韓国古寺巡りへ

11月
- 1日北海道デザイン研究所学生修学旅行で訪問
- 3日山崎健一をヤマハ銀座ショップ住宅コンサルタントに派遣
- 宮脇檀、7日～9日建築家協会大会に出席 後街頭行進へ
- 13日～26日宮脇檀、第26回海外視察団団長としてヨーロッパへ。榎本彰同行
- 日本住宅公団金沢地先並木2丁目図面 1年7ヵ月を経て終了

12月
- 本年宮脇檀原稿集計445枚
- 石川元子退所
- 宮脇檀 住宅設計の依頼で台湾へ
- 28日仕事おさめ。「雪園」にて忘年会

［第4章］

外部仕上げ

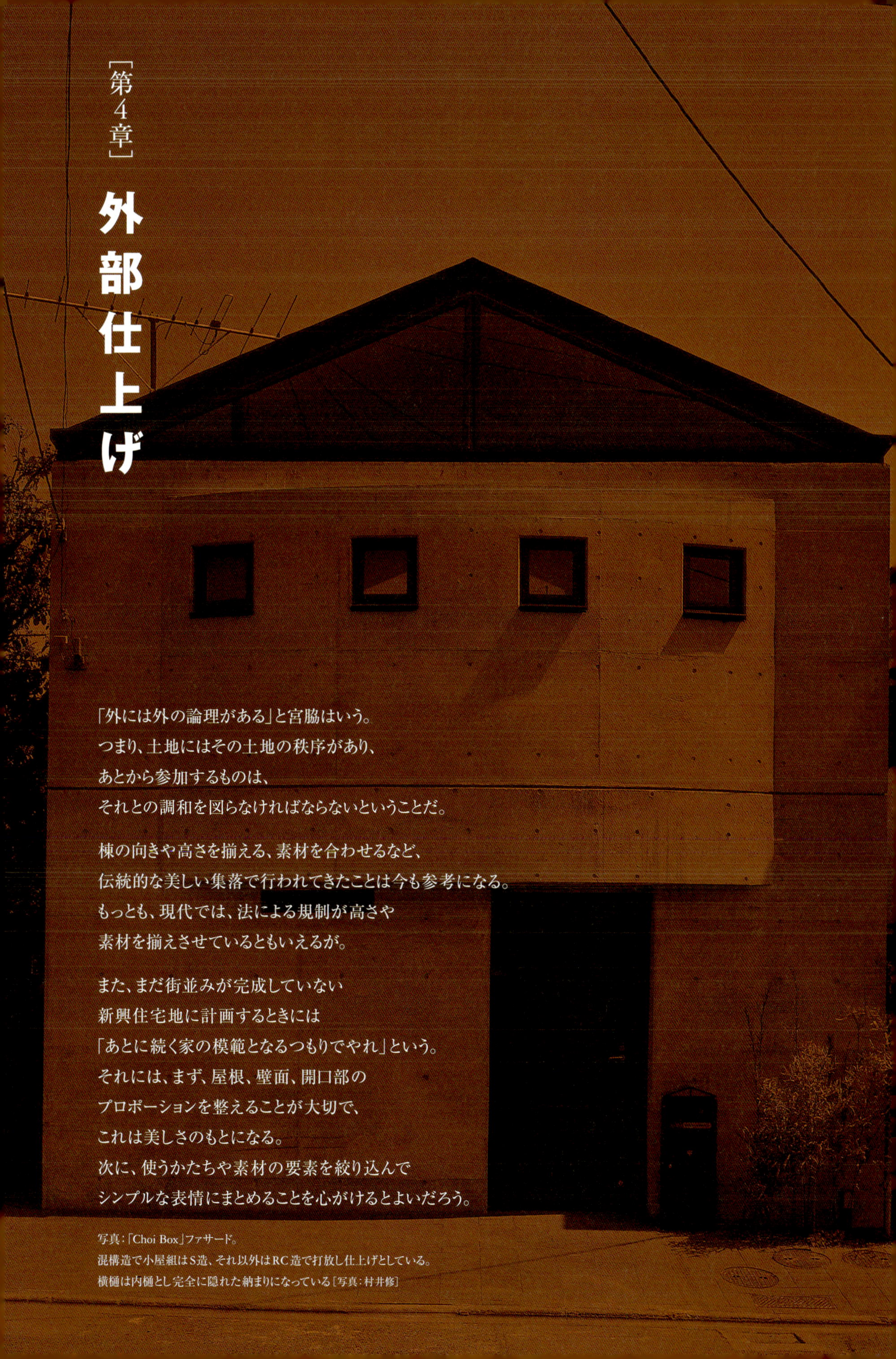

「外には外の論理がある」と宮脇はいう。
つまり、土地にはその土地の秩序があり、
あとから参加するものは、
それとの調和を図らなければならないということだ。

棟の向きや高さを揃える、素材を合わせるなど、
伝統的な美しい集落で行われてきたことは今も参考になる。
もっとも、現代では、法による規制が高さや
素材を揃えさせているともいえるが。

また、まだ街並みが完成していない
新興住宅地に計画するときには
「あとに続く家の模範となるつもりでやれ」という。
それには、まず、屋根、壁面、開口部の
プロポーションを整えることが大切で、
これは美しさのもとになる。
次に、使うかたちや素材の要素を絞り込んで
シンプルな表情にまとめることを心がけるとよいだろう。

写真：「Choi Box」ファサード。
混構造で小屋組はS造、それ以外はRC造で打放し仕上げとしている。
横樋は内樋とし完全に隠れた納まりになっている［写真：村井修］

屋根のデザインは棟を消す

❶棟換気を付けた場合「高畠ボックス」｜S=1:25

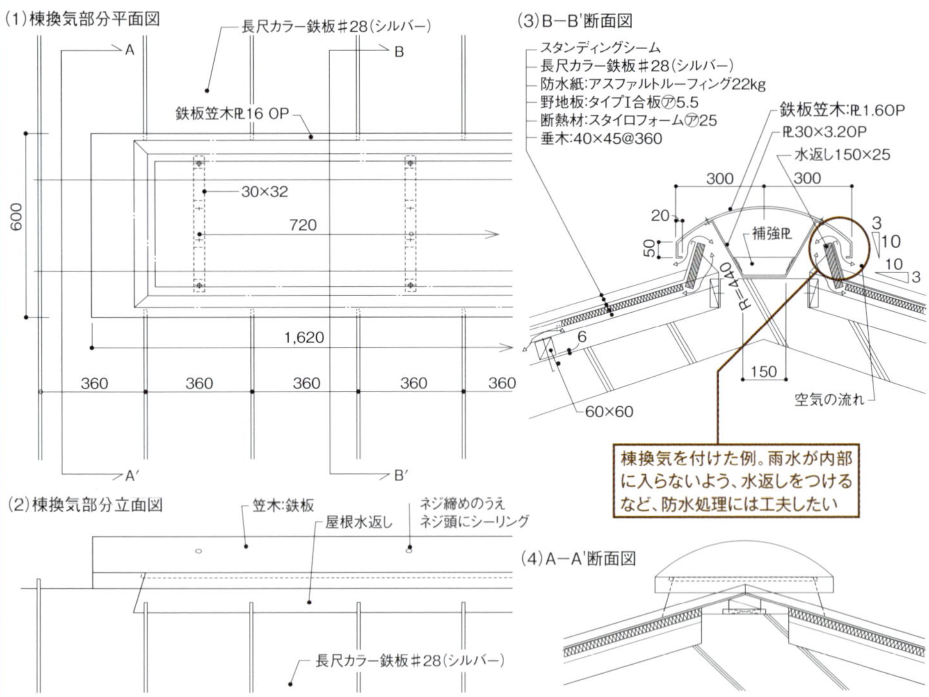

❷隅棟で棟を消した場合「木村ボックス」

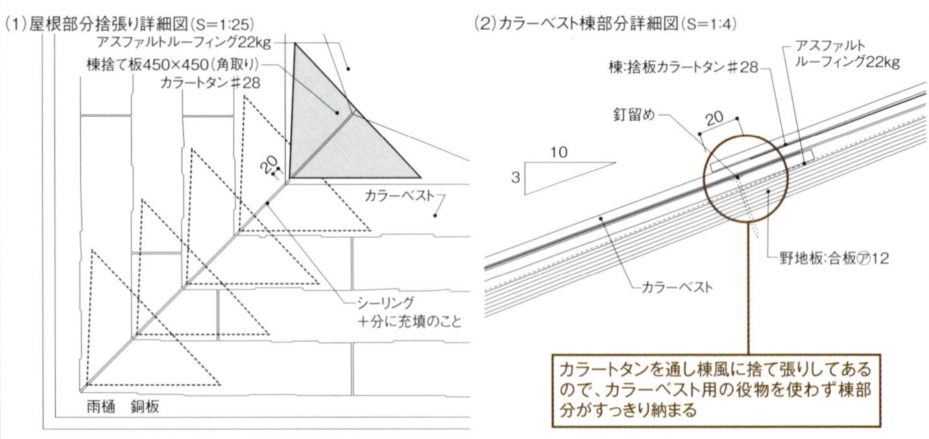

「いらか(甍)のなみ(波)」といえば瓦葺きの屋根が連なる様子をいうが、もともと「いらか」とは瓦葺き屋根の棟のことを指す。棟は屋根葺き材の葺き終いの部分で、雨仕舞いのため瓦葺きや茅葺きなど、葺き材によっては独特の納まりになり、それが装飾になる。屋根勾配が5／10以上になると、道を歩いていても棟がよく見えるので、装飾的な効果もよく決まる。

宮脇檀建築研究室で設計する住宅の屋根葺き材は、金属板や平板スレートなどが多く、棟納まりは比較的簡単で、地上からはあまり棟が目立たない。採用する屋根勾配もゆるい(3／10程度)ため、なおさら棟が目に入らない。

そのため、必要があれば棟換気などの仕掛けを考えるが[❶]、多くは、さらりと棟を処理することになる。それよりも、棟という突起物を消し去って、葺き材のみで屋根面をつくることで、稜線のきれいなかたちを出そうと試みることがある[❷]。

実際のところ棟があると、棟の部分がジョイナーのように見え、面材を寄せ集めて屋根をつくったという感じになるが、棟を消すことで屋根が塊を削りだしてつくったように一体的に見え、力強く感じられるからである。

❸「名越邸」西立断面図｜S=1:150

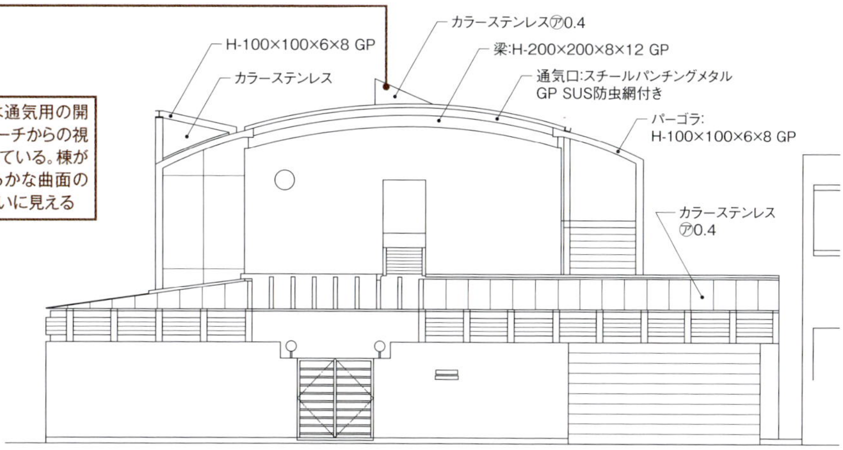

この三角形は通気用の開口で、アプローチからの視界からはずれている。棟がないので柔らかな曲面のラインがきれいに見える

❹「内山邸」断面詳細図｜S=1:40

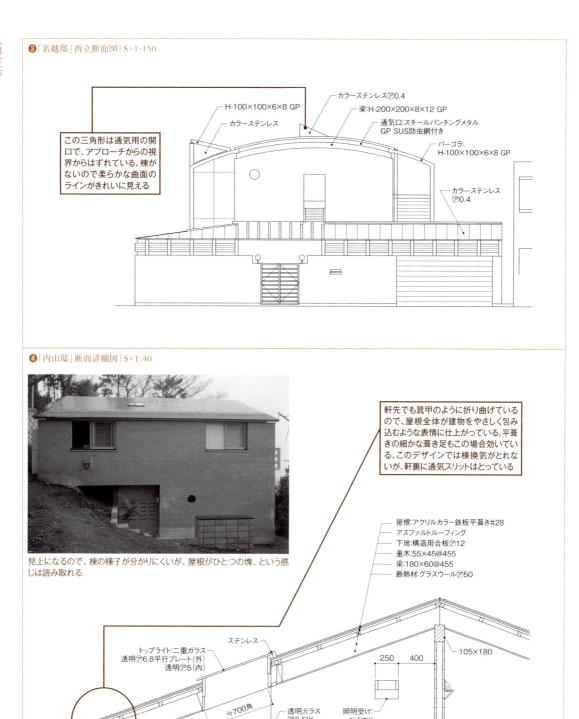

見上になるので、棟の様子が分かりにくいが、屋根がひとつの塊、という感じは読み取れる

軒先でも箕甲のように折り曲げているので、屋根全体が建物をやさしく包み込むような表情に仕上がっている。平葺きの細かな葺き足もこの場合効いている。このデザインでは棟換気がとれないが、軒裏に通気スリットはとっている

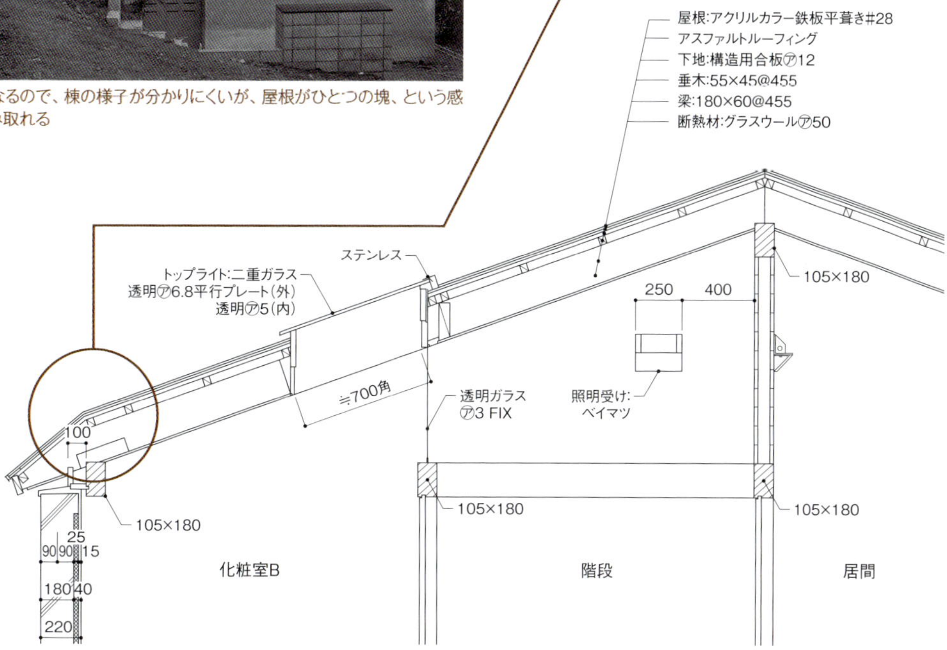

写真=宮脇檀建築研究室

軒先を細くすっきり納める

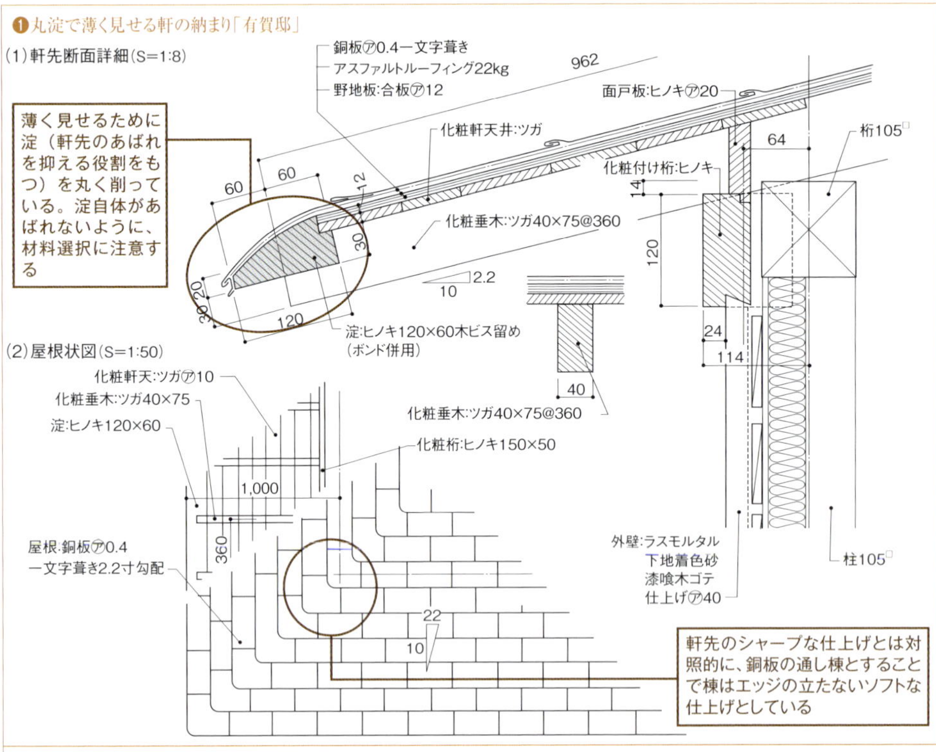

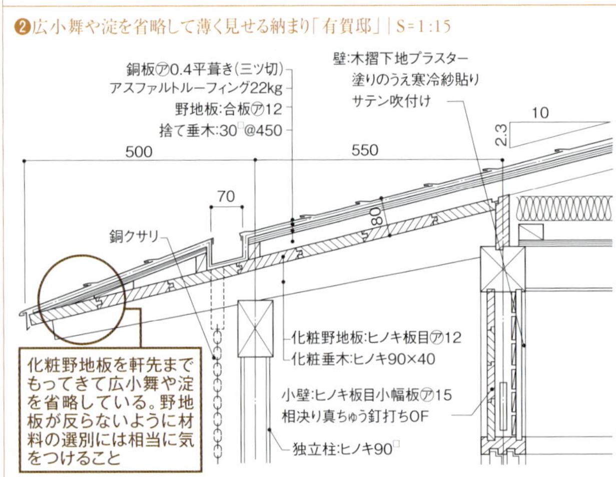

「有賀邸」エントランス部分。軒先に厚みを感じさせないシャープな仕上がりになる

軒先やけらばの表情は、屋根葺き材や軒の出などによってさまざまに変わる。葺き材が瓦であれば、軒もけらばも役物を使うので少し豊かな表情ができ、茅葺きなど葺き材に厚みがあるとよい表情が出る。また、化粧野地や化粧垂木を使うと淀や広小舞が出てくるからさらに細やかな表情がつく。いずれにせよ、ある程度の軒の出がないと、よい表情はつくりにくいのだ。葺き材が金属板やスレート板になると、素材自体に厚みがないため軒先やけらばの表情をつくりにくい。しかし、その薄さを引き立てるべく、淀に丸みを付けたり[❶]、淀や広小舞を省略したり[❷]することで、よりシャープな表情をつくることができる(どちらも垂木の先端を欠き込んでいる)。

ただし、木造で防火構造を要求される場合、垂木をすっかり包み込むことになり、見せ方を考えずに設計すると、鼻隠し板や破風板のせいが200㎜前後となり、しまりのない表情になる。それでも、軒先に軒樋を設けることで、いくぶん表情がつく。寄棟屋根なら軒樋を全周に回すことで比較的きれいにまとまる。しかし切妻の場合は、けらばの部分に幅広の破風板が丸見えになるため、二段破風とするなど見せ方に気をつけたいところだ。

❸鉄板で薄く見せる庇の納まり「船橋ボックス」｜S=1:10

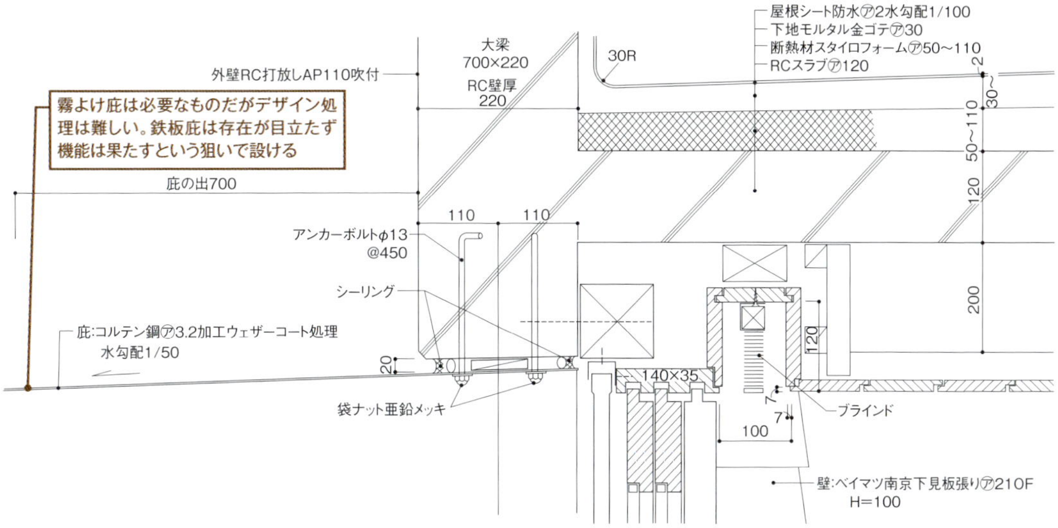

❹R鉄板による庇の納まり「グリーンボックス#2」

(1) アイソメ図(S = 1:40)

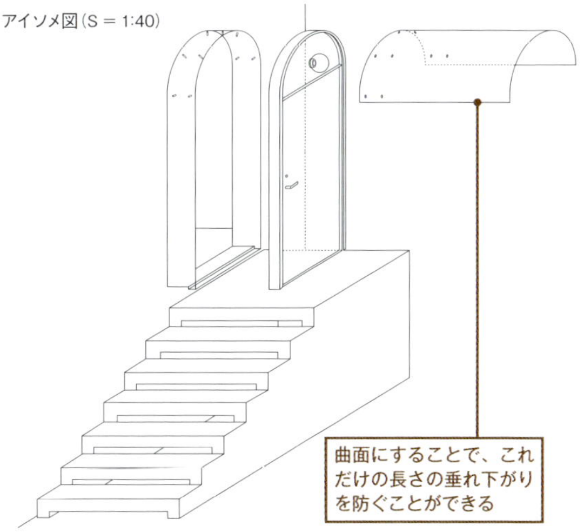

これだけの突き出しがあっても、重苦しさが感じられないのは鉄板のみという板厚の薄さが効いている

(2) 断面詳細図(S = 1:4)

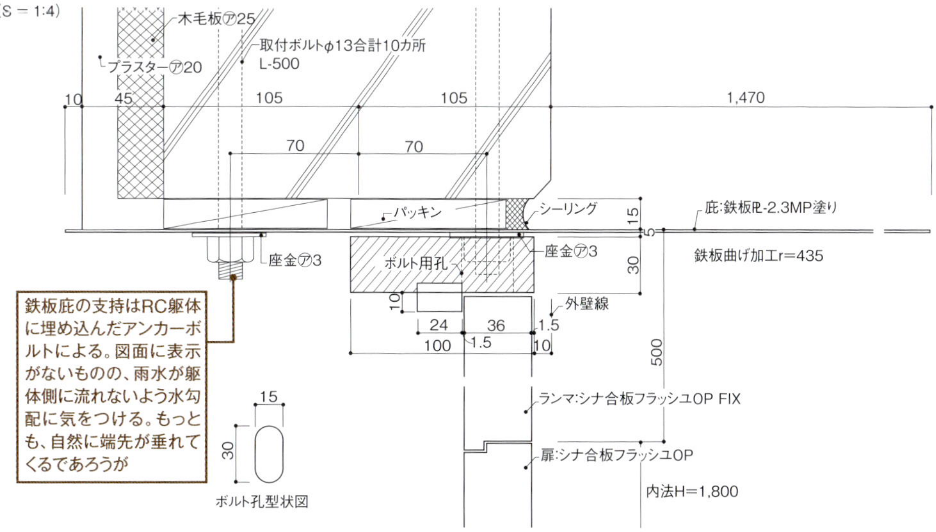

写真=村井修

門から玄関までのアプローチは長く

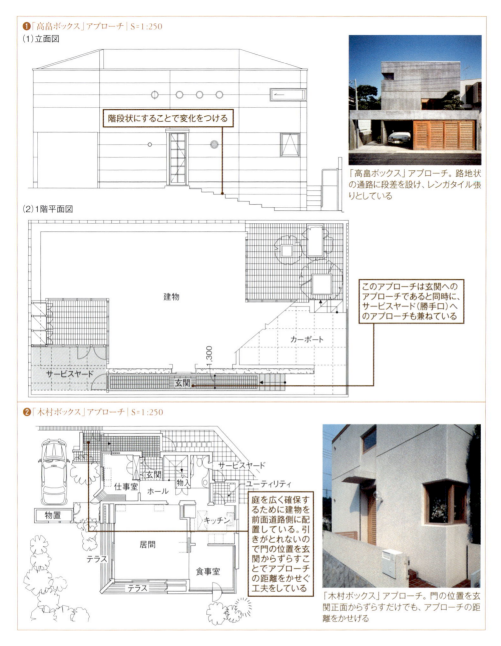

❶「高畠ボックス」アプローチ｜S=1:250

（1）立面図

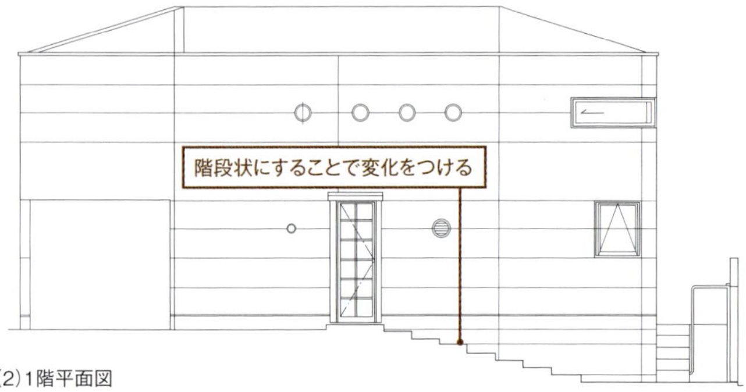

（2）1階平面図

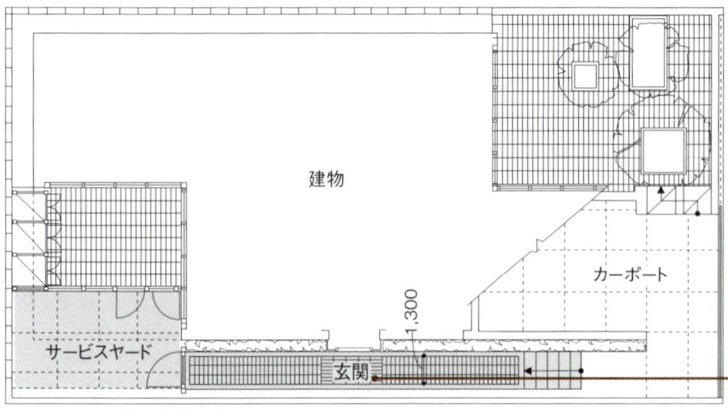

「高畠ボックス」アプローチ。路地状の通路に段差を設け、レンガタイル張りとしている

❷「木村ボックス」アプローチ｜S=1:250

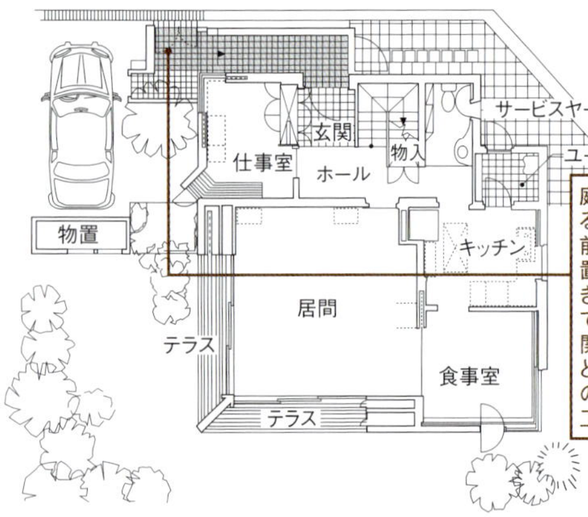

「木村ボックス」アプローチ。門の位置を玄関正面からずらすだけでも、アプローチの距離をかせげる

道路から玄関までのアプローチが長い家は格式がある、あるいは風情があるように思われる。もったいつけるつもりもないが、神社やお寺の参道と同じく、アプローチが長いと、その間で訪れた人は気持ちを切り替える準備ができ、迎える側はもてなしの設いを用意できるという利点がある。

長いアプローチをとるためには、道路からセットバックし、玄関までの距離がとれる位置に建物を配置できる敷地の広さが必要だが、近年、都市型の住宅地では、敷地が狭くなる一方で「玄関扉を開けたらすぐ道路」というケースが多い。

しかし、そのような場合でも傘をさして通れるだけの路地状の幅（1.5m程度）がとれれば、なんとかアプローチの体裁を整えられる［❶］。少なくとも玄関前に門をもってこなければ、玄関からいきなり道路とならないアプローチをつくることができる［❷］。路地状のアプローチのつくり方は、京都の伝統的な町家造りや谷口吉郎氏、吉村順三氏の作例に手本がある。大切なのは、舗装の仕上げ、建物際と敷地境界際の植栽、照明などの足元廻りのつくり込みを丁寧にすることと、到達先の玄関廻りをしっかりデザインすることである。

❸「小松邸」アプローチ｜S=1:80

右奥にある玄関へは隣家との狭間を通っていく。このような状況は古い街並みのなかで時々見かける

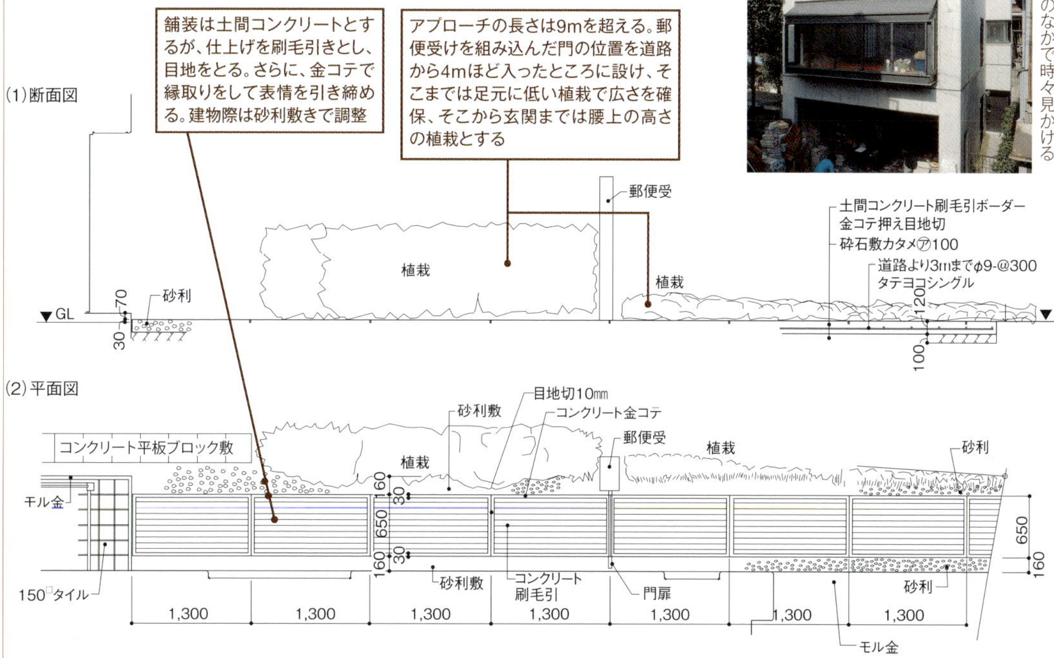

❹「河崎ボックス」アプローチ｜S=1:250

塀際に植えた竹に沿って玄関にアプローチする。足元の低い植栽と足元灯が誘導してくれる

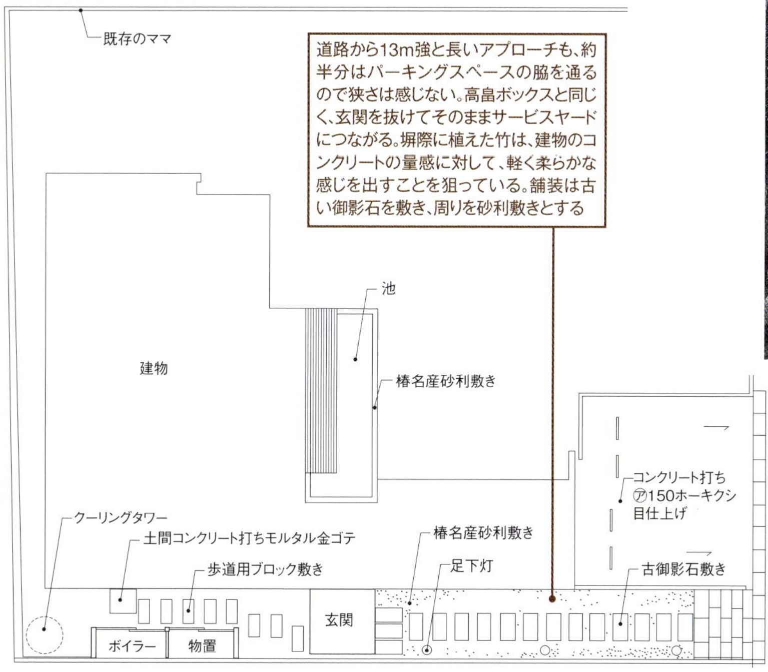

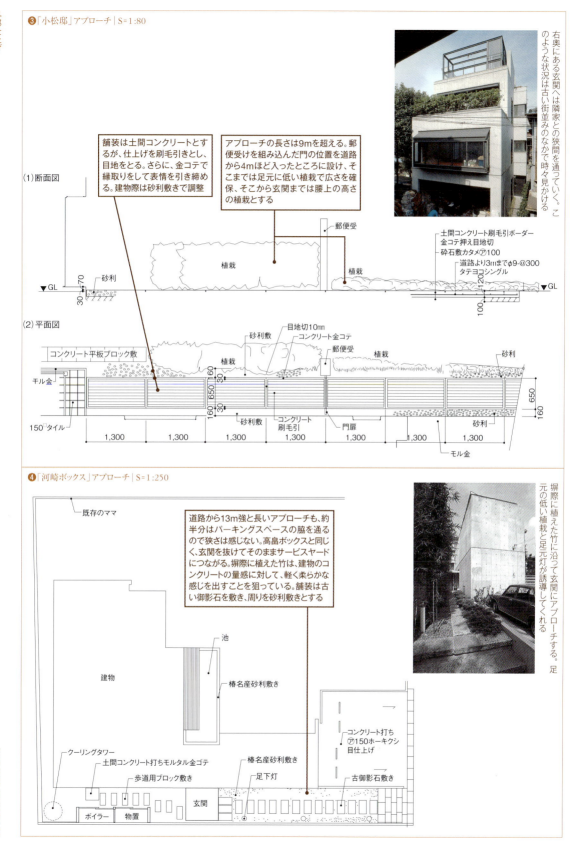

写真❶〜❸=村井修、写真❹=宮脇建築研究室

居室の狭さをテラスで補う

❶「伊藤明邸」平面図｜S=1:200

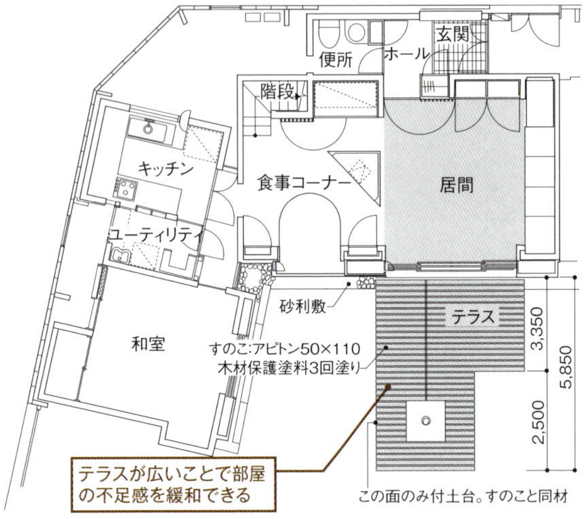

❷「幡谷邸」居間よりテラスを見る

居間・テラスの床仕上げ材が同素材ではない（カーペット・すのこ）ため多少の段差をとっている

❸「伊藤明邸」居室―テラス部分断面詳細｜S=1:15

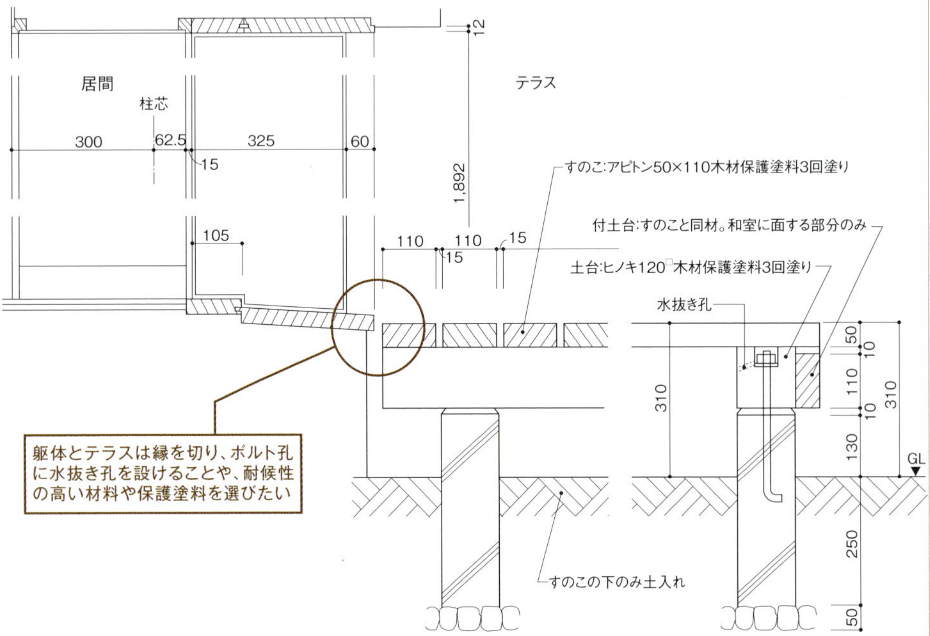

テラスもバルコニーも、雨ざらしになるところだが、ここは「外部だが外でない」といった、室内と室外を結びつけてくれる中間領域として、できれば室内の延長として使いたい。

建ぺい率や容積率の制限、あるいは予算の制約などで、居間の床面積を十分にとれない場合でも、居間の前にテラスやバルコニーがあると、不足していた広さが補完された気分になる。

そのためには、居間と同じくらいの広さのテラスがほしいが、実際は残った敷地の面積や予算によって広さが決まる［❶］。２階バルコニーの場合も２ｍの出幅までは床面積に算入されないが、出せるならもっと出したい。ただし出した分、階下の部屋に日照などの影響が大きくなるため、グレーチングのような透光性のある床材を使うことを検討する。

そして、部屋の延長として使う場合は、テラスやバルコニーの床面と部屋の床面とは、できるだけレベル差がないのが望ましい。バリアフリーの考えからもそうしたいところだ。ただし、ここは室内と室外とが出会う部分だけに、水密性や気密性の性能に対してどう対処するか、ディテールには細心の注意がいる［❷・❸］。できれば躯体とは縁を切るとよい。

❹「牛島別邸」1階平面図｜S=1:200

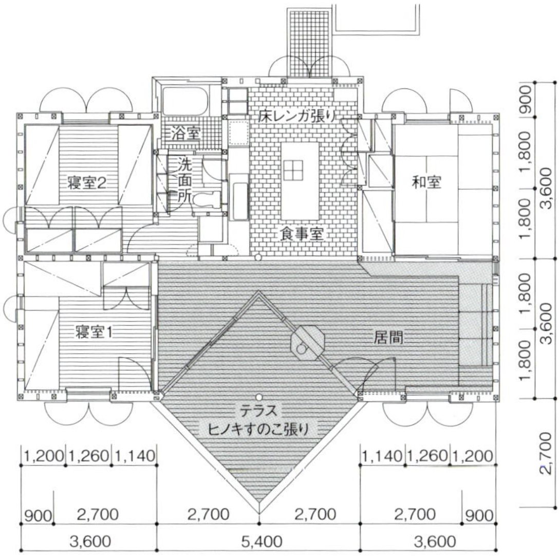

❺「牛島別邸」居間とテラス

居間からテラスを望む。テラスはアウトドアリビングとして使えるよう8畳分の広さを用意している

❻「白萩荘」2階平面図｜S=1:200

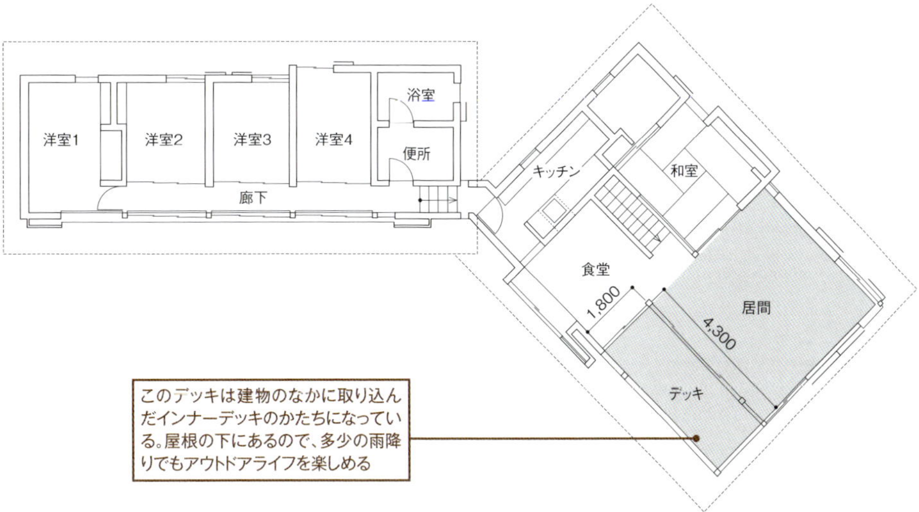

❼「名越邸」2階平面図｜S=1:200

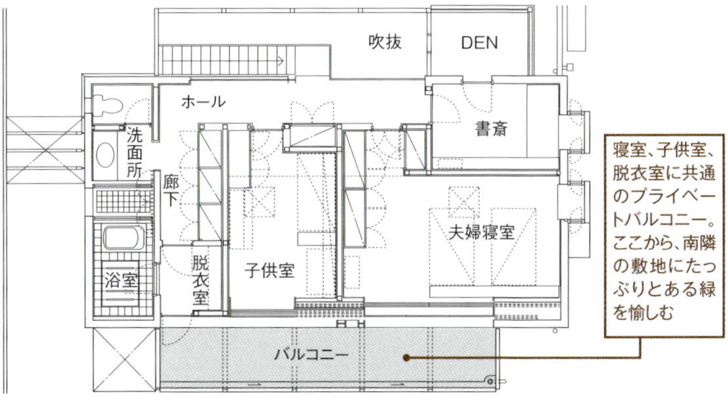

❽「白萩荘」デッキを見る

食堂よりデッキ、居間を望む。デッキは、食堂、居間のどちらからも使うことができる

写真❷=村井修、写真❺、❽=宮脇建築研究室

門扉と調和した郵便受け箱をつくる

❶「小松邸」郵便受け箱と1体となった門扉｜S=1:40

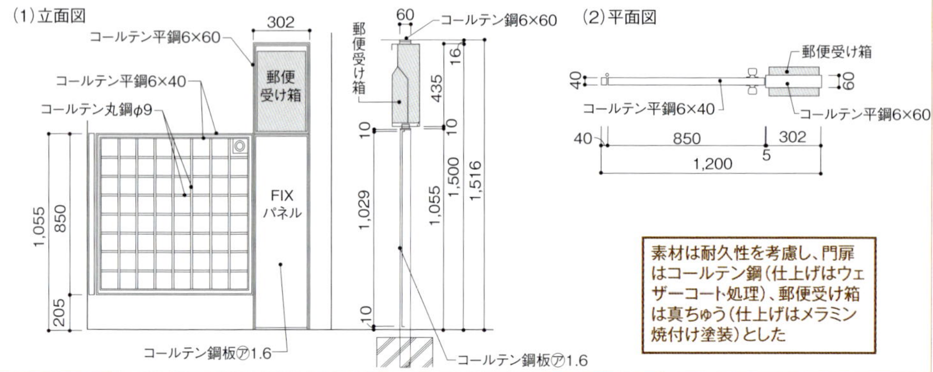

素材は耐久性を考慮し、門扉はコールテン鋼(仕上げはウェザーコート処理)、郵便受け箱は真ちゅう(仕上げはメラミン焼付け塗装)とした

❷「小松邸」郵便受け箱詳細｜S=1:8

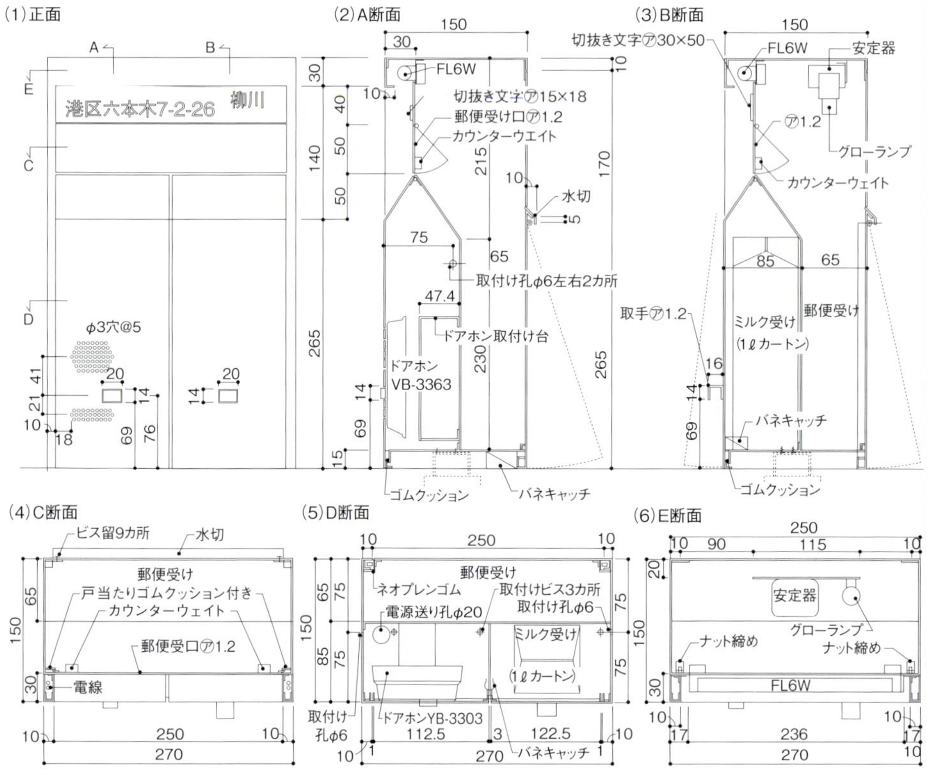

住宅地の境界処理の手段として門を構えると、そこが外から訪れる人との最初の接点になる。したがって、そこには表札、インターホン、郵便受け、門灯などいろいろなものが取り付く。最近、牛乳の配達を受ける箱を用意する例は減ってきたが、代わりに宅配便を受ける収納ボックスが求められるようになってきた。

さて、そもそも最初からこれらのものが必要だと分かっているのだから、納め方をきちんと考えておきたい。それぞれの機能をもつメーカー既製品を並べるだけでは、どんなにがんばってみてもうまくいかない。ただし、今日では、このような機能を複合した既製品も出回っているようである。

そこで、宮脇檀建築研究室では、郵便受け箱がある程度のボリュームを占めることから、ここに表札やインターホンなどの機能を複合させたものを計画し、統一感のあるデザインで、門廻りをすっきりまとめるように心掛けてきた。

❶・❷は小松邸の郵便受け箱で、素材は真ちゅう製、メラミン焼付け塗装仕上げとしている。昔の仕様(1980年竣工)のためミルク受けがついているが、ひと工夫すればさまざまな用途に応用可能だ。

❸「木村ボックス」郵便受詳細図｜S=1:8

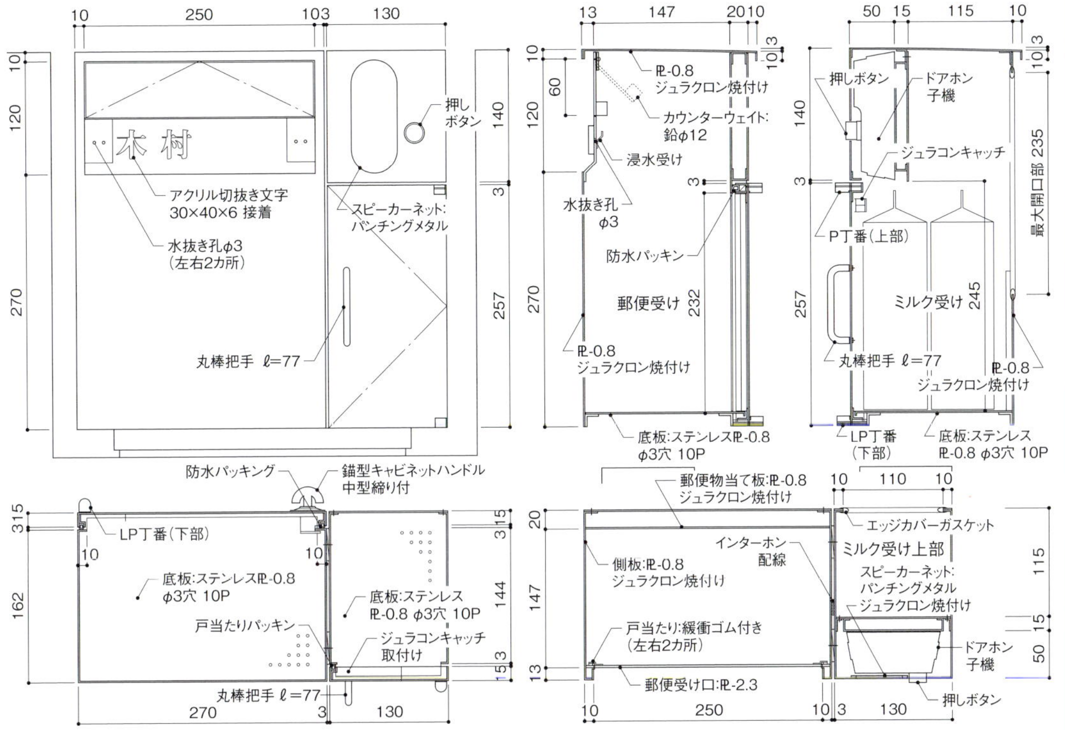

❹「船橋ボックス」玄関扉詳細図

(1) 外部立面図(S = 1:40)

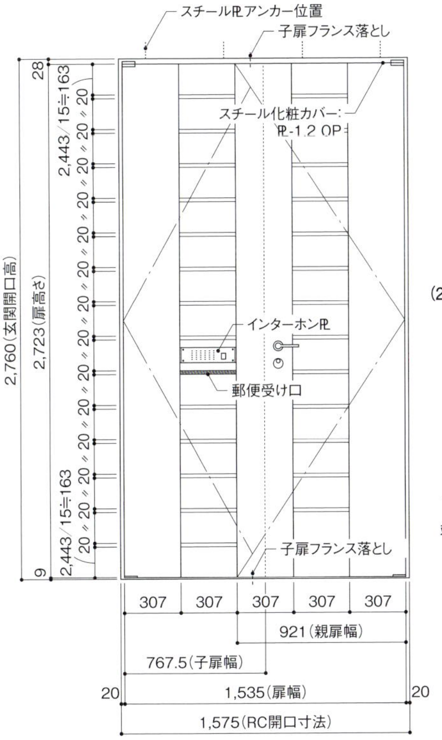

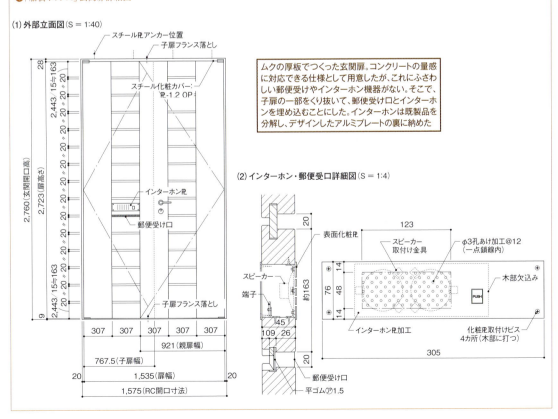

ムクの厚板でつくった玄関扉。コンクリートの量感に対応できる仕様として用意したが、これにふさわしい郵便受けやインターホン機器がない。そこで、子扉の一部をくり抜いて、郵便受け口とインターホンを埋め込むことにした。インターホンは既製品を分解し、デザインしたアルミプレートの裏に納めた

(2) インターホン・郵便受口詳細図(S = 1:4)

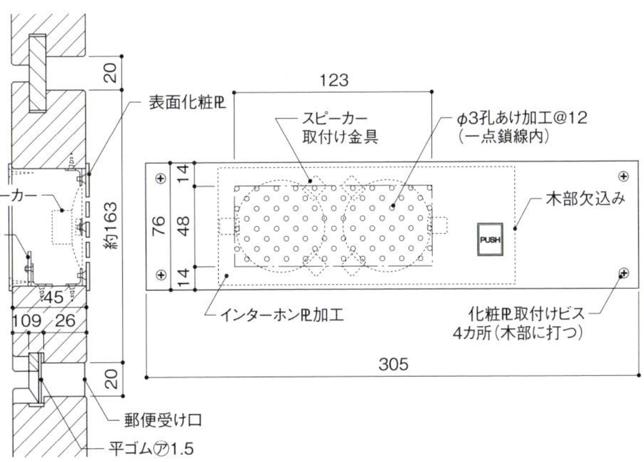

テラスのレベルは仕上げ材で決まる

❶「植村邸」居室—デッキ部分断面詳細図｜S=1:30

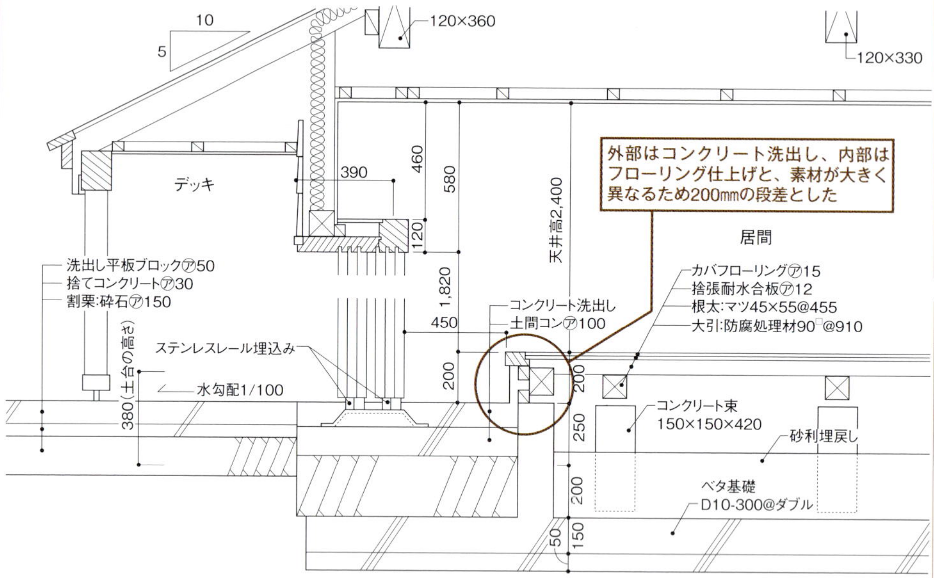

❷「幡谷邸」居室—デッキ部分断面詳細図｜S=1:30

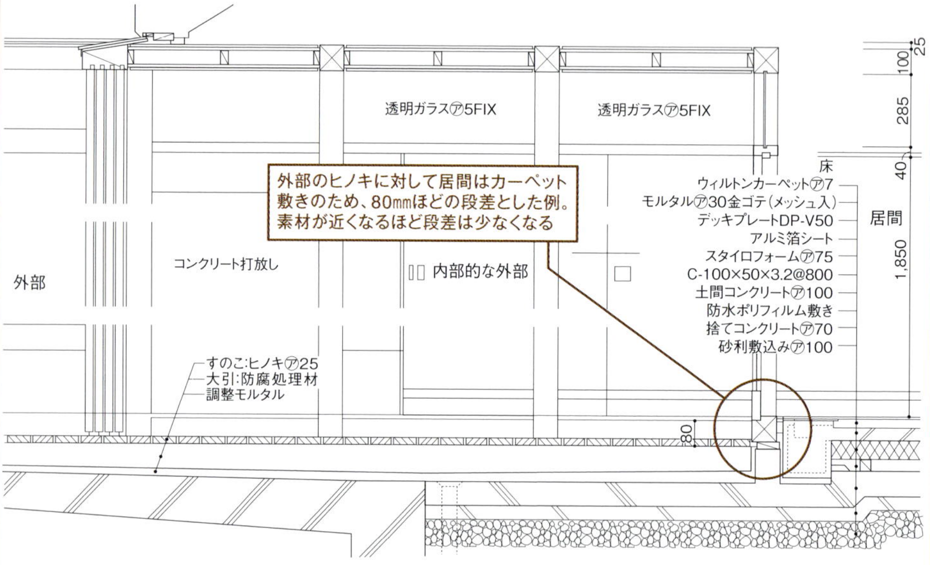

テラスの床仕上げといえば、レンガを敷いたり、タイルや石を張ったりするのが一般的だ。雨ざらしになるところだから、床の耐久性を考えれば当然の選択だが、これらの材料を使うと、ここは「外」という意識が強く働く。だから、室内の床面とのレベル差は玄関ホールと土間の差（200㎜程度）くらいつけることになり、履物を履き替えることになる。しかし、その代わりにバーベキューなどで多少床を汚しても構わない、という使い方ができる［❶、❸］。

一方、102頁❷のように居間の狭さを補うために、室内の延長として使いたい、という気持ちがあってテラスやバルコニーを設ける場合には、床面のレベル差はゼロに近づけたいし、テラス床の仕上げ材も木質を選びたい。そうすることで、室内履きのまま利用することができる［❷］。

最近は耐久性のあるセランガンバツやイペなどの木質デッキ材がいろいろ輸入されているが、宮脇檀建築研究室で使ってきたのは、どこでも入手しやすく、コストも予算に合わせられるヒノキ（木材保護塗料仕上げ）だ。ヒノキの耐久性は、目安として10～15年である。したがって、テラスやバルコニーのディテールは、やり替えを前提に考えること。

❸「松川ボックス＃2」断面詳細図 | S=1:40

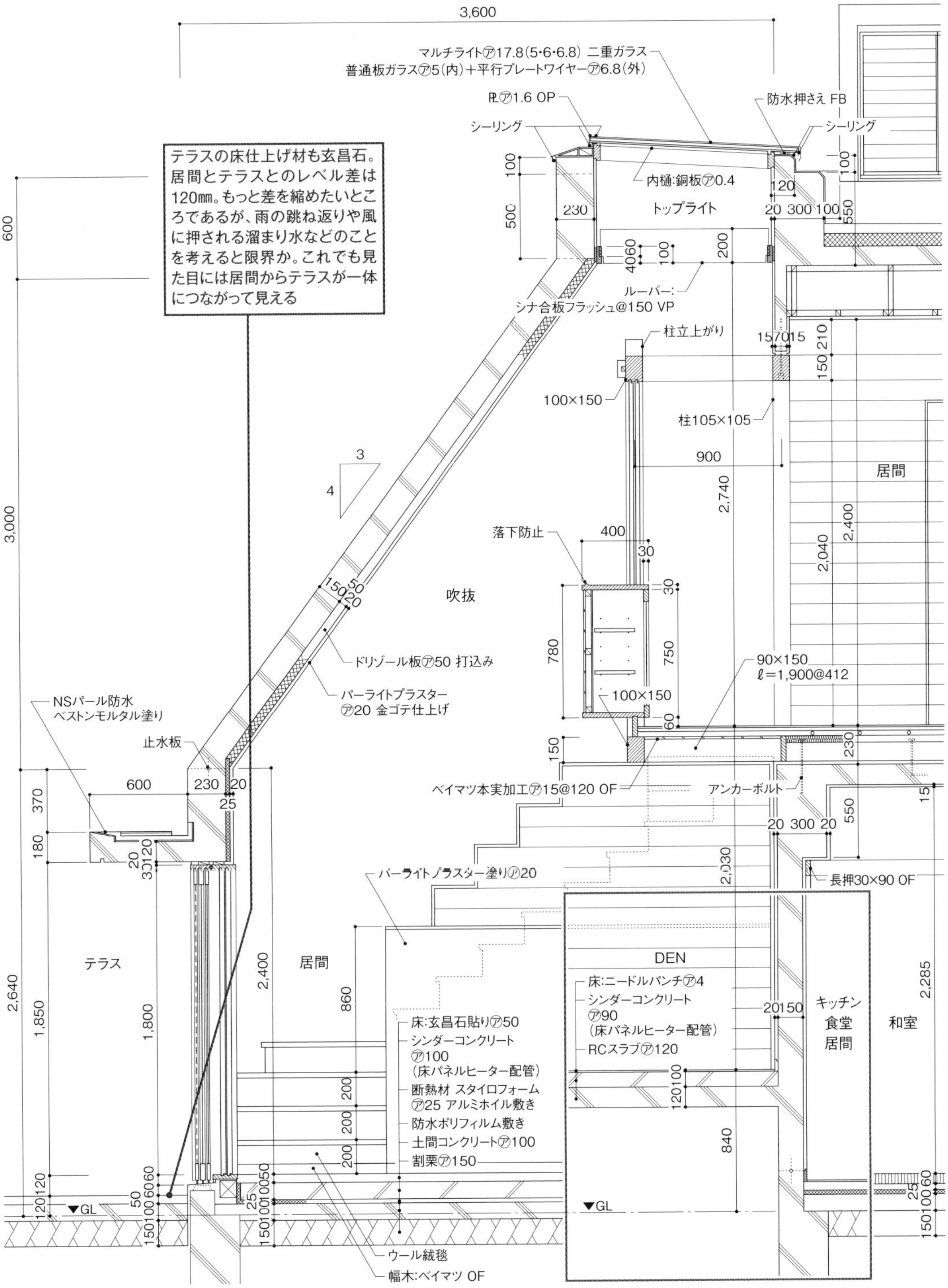

内樋を建築と一体化する

❶「吉見ボックス」内樋詳細図｜S=1:15

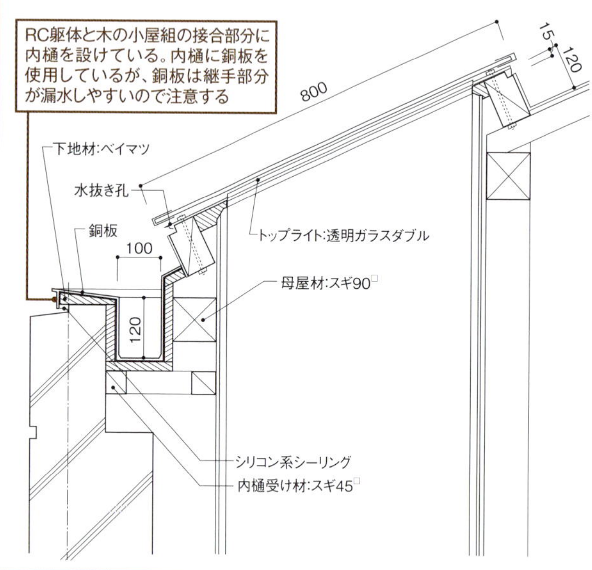

「吉見ボックス」外観。躯体はRC造、小屋組のみ木で組み、外壁の内側で軒樋を納めている

❷「木村ボックス」内樋詳細図｜S=1:6

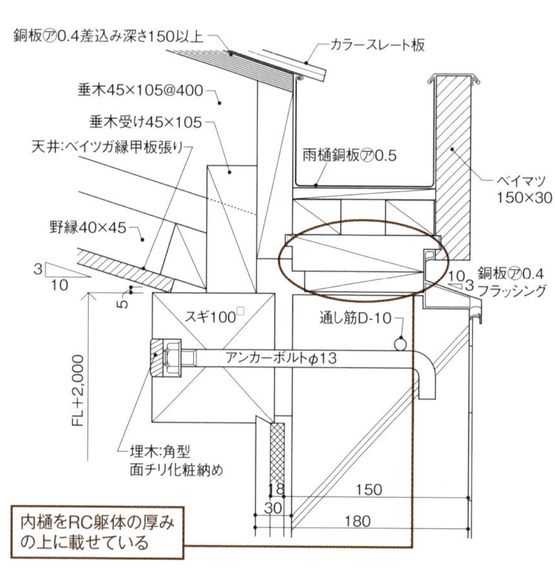

「木村ボックス」外観。この内樋の幕板が鼻隠し風に見え、建築との一体感を出している

098頁で軒樋は、軒先の表情をつくるのに役立つと述べたが、漫然と取り付けても、よい結果とはならない。それは市販の樋のデザインや素材によいものが少なく、軒樋はアンコウ［註1］に向かって排水勾配をつけるため、軒のラインがきれいに納まらないからである。これを解決するには、軒樋のデザインを屋根と一体に見えるよう、建築化してしまえばいい。つまり内樋にするのである［❶～❹］。そうすることで、樋を隠す幕板でいろいろとデザインでき、家のかたちをすっきり、きれいに見せることができる。

　しかし、内樋にするなら雨仕舞いを徹底的に検討しなければならない。なにしろ、内樋は不具合があると直ちに雨漏りにつながるからだ。まず、樋の素材は銅板やステンレス板など耐久性の高いものを選び、直接雨のかからない個所で継手を設け、そこにシリコン系のシーリングを施し、さらにオーバーフローにも対応する納まりを考える。しかし、内樋はどんなに慎重に検討しても、結局のところ「漏るもの」と考え、漏れたとき、どう対処するかを考えることが大切だ。たとえば、実際には樋の部分を建物と縁を切った納まりとし、幕板のデザインで建物と一体化しているように見せるのも手だ。

❸「高畠ボックス」内樋詳細図｜S=1:4

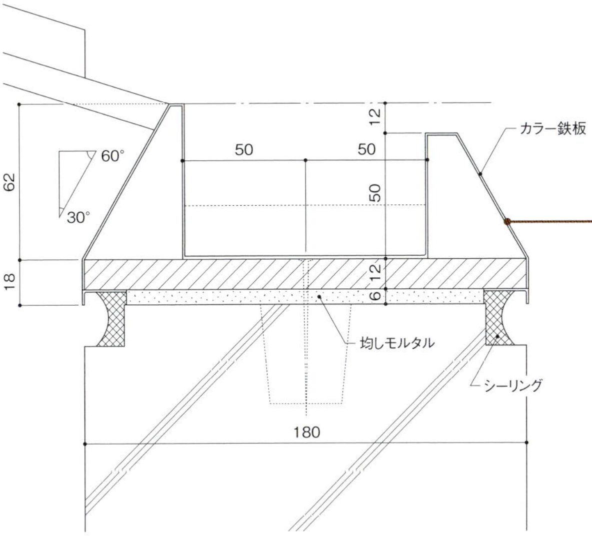

RC躯体の壁厚なりの幅で設けた内樋。樋の水勾配は樋底を上下して調節する。この図面は、左がパティオで吹き抜けている部分を表している

コンクリートの箱に笠木が回っているように見えるのが内樋。表情を引き締める役割がある

❹「和久井邸」内樋詳細図｜S=1:8

屋根の水下側に見えるスリットが内樋の場所。屋根と同化しており、それと気付かない

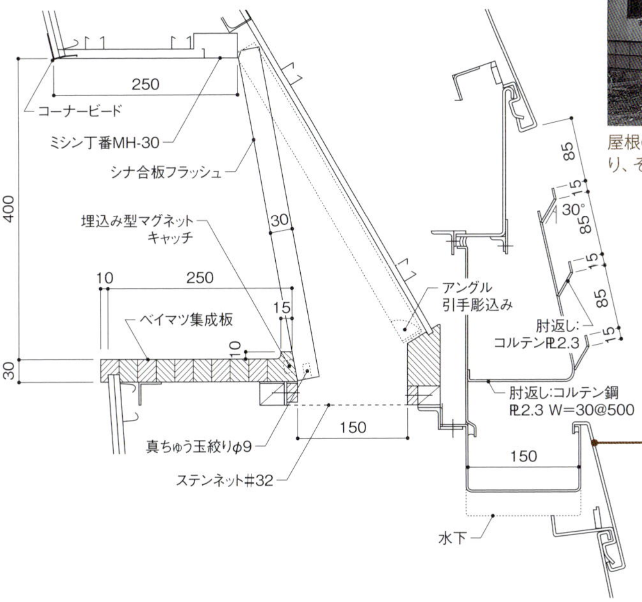

内樋は屋根と同材のコルテン鋼でつくり、屋根の厚みのなかに仕込んだ。ガラリ状の羽は、屋根面の連続性を保つためスリット幅を細かくする目的と、雨水を樋に誘導するガイドの役目がある

1 —— 呼び樋、雨水を縦樋に導く落とし口

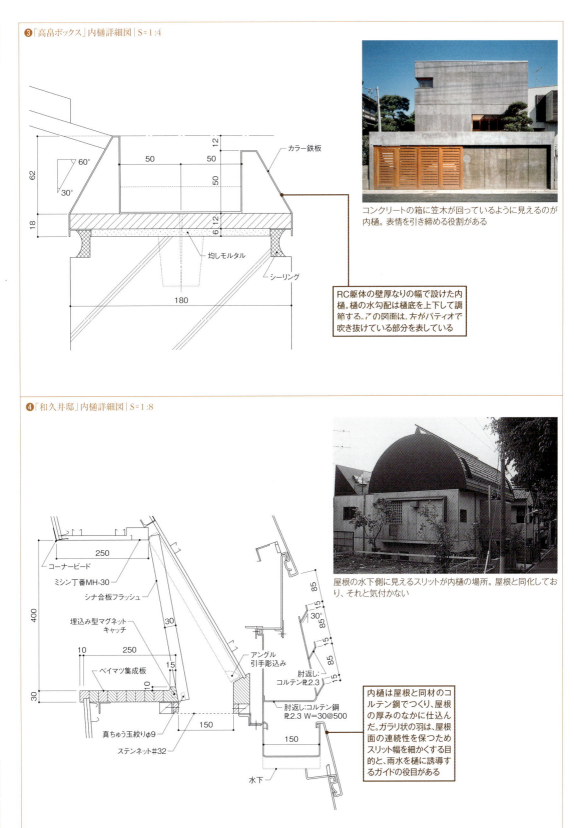

写真❶〜❸=村井修、写真❹=宮脇檀建築研究室

縦樋の存在を消す

❶「松川ボックス」断面図｜S=1:40

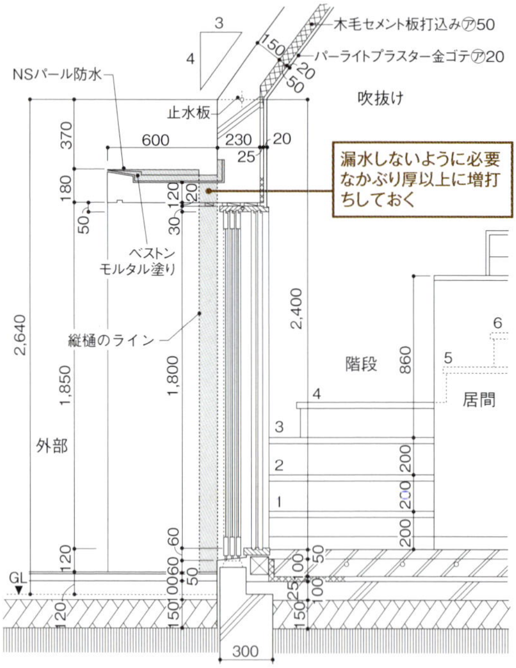

「松川ボックス」RCの庇。小庇の壁側に目地をとり、そこを縦樋代わりにした。目地底はタイル貼り

❷「植村邸」C型チャンネルを使った樋詳細図｜S=1:8

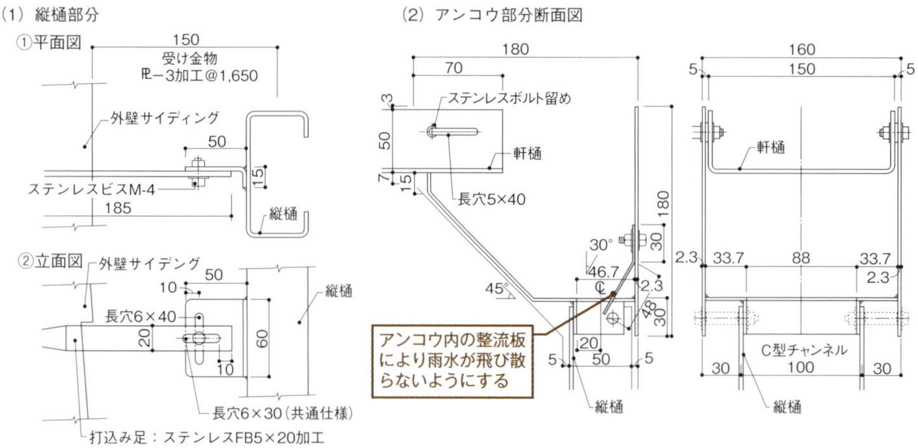

軒樋をつけると、それとセットになって縦樋が出てくる。どの位置に縦樋を通すかは、ある程度デザイン的な理由で決めるが、屋根面積と降雨量との関係もあり、そうそう自由に取ったり付けたりできるものではない。また、位置だけでなく縦樋の素材や形状の選択が、建物立面に大きな影響を与える。つまり縦樋はかなり目立つ邪魔な存在なのである。縦樋の代わりにチェーンなど垂らす方法もあるが、これができるのは玄関庇くらいだろう。そこで、じゃまなものをなくせないかと、RC躯体の小庇を内樋仕立てにして、そのまま三方枠のように縦に回し、壁を流れる雨水を見せよう、というのが「松川ボックス」だ[❶]。

また、縦樋を設ける場合も、意匠上通す位置は慎重に決める。縦樋を筒状とせず、C型チャンネルを使い、筒を割ったようなかたちにすることで「雨の日には流れる水の様子を愉しむ」という考え方もある[❷、❸]。この方法では、縦樋のゴミの詰まりを気使う必要もなく、軒樋のオーバーフローも避けられる。うまく雨を伝わせるコツはアンコウのなかに水をコントロールする整流板を設けること。ただし、寒冷地では縦樋がつららで埋まってしまうので注意したい。

❸「森井邸」縦樋詳細図｜S=1:6

(1) 断面図

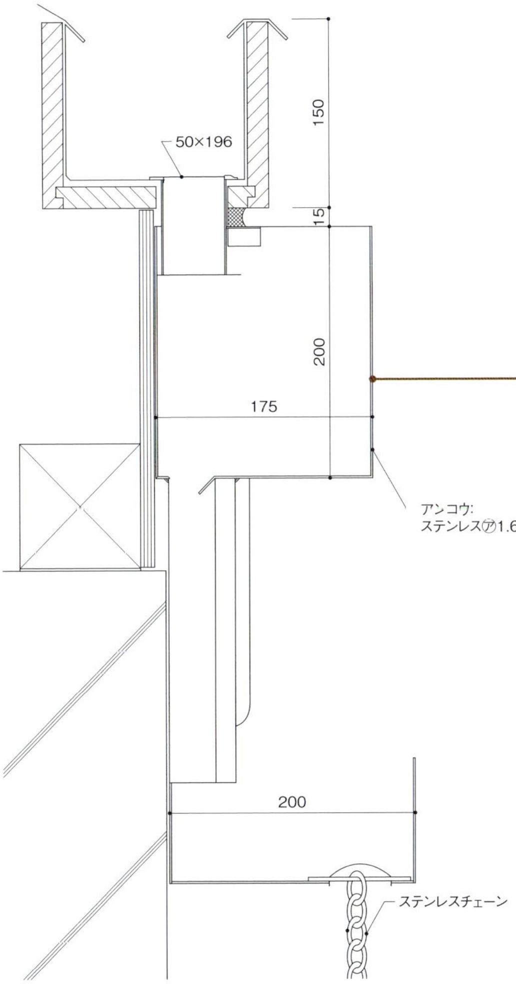

(2) 立面図・平面図

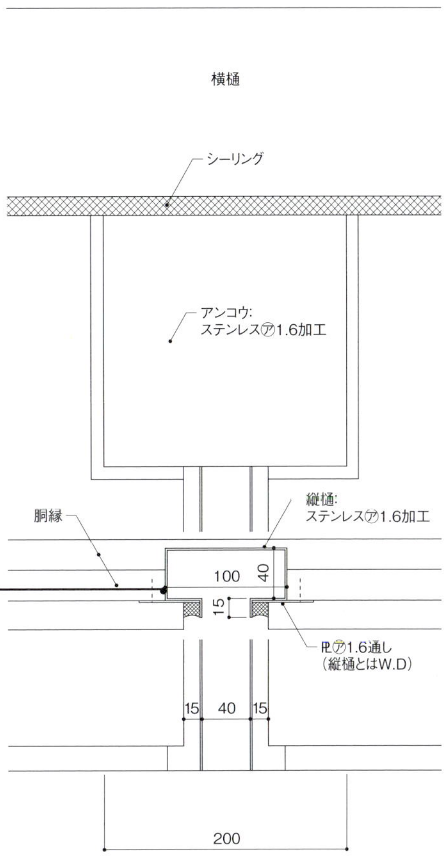

(3) アンコウ部分平面図

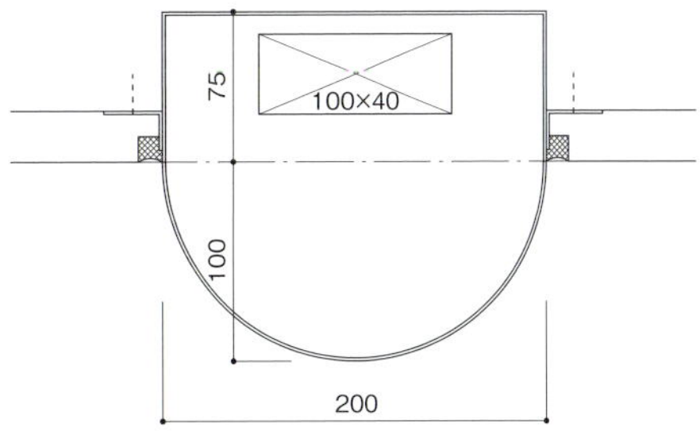

2階部分の縦樋は外壁仕上げのなかに埋め込まれて、スリットに見える。1階では、縦樋が鎖に変わっている

雨樋は内樋形式で、縦樋は外壁のふかし厚のなかにステンレス板をC型に加工したものを埋め込む。縦樋の存在は見えずスリットのみ見えるが、これはメンテナンスの便を考えてのこと。内樋、縦樋の位置関係でアンコウも半分は外壁のなかに埋め込まれているので、見えがかりはそれほど大きくない

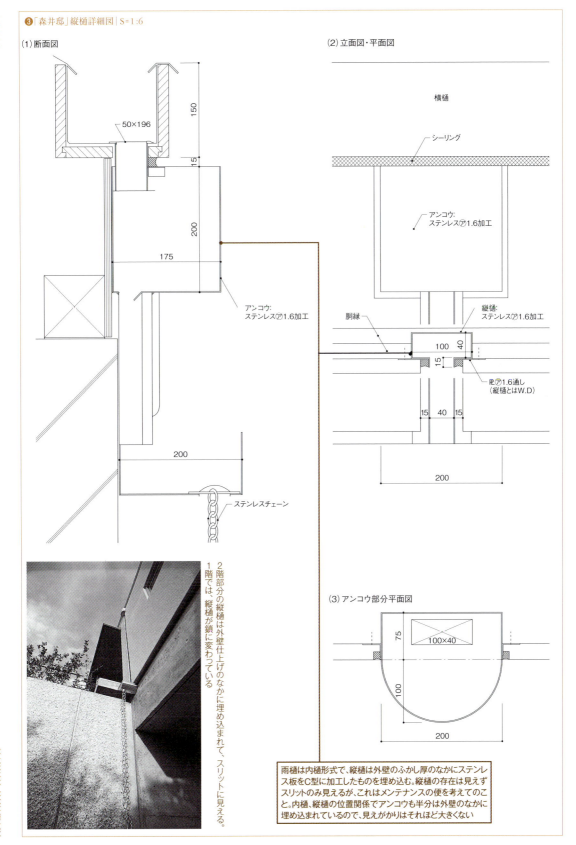

写真❶=村井修、写真❸=宮脇檀建築研究室

カーポートは高低差や建物を利用する

❶「高畠ボックス」

(1) 1階・地階平面図(S = 1:150)

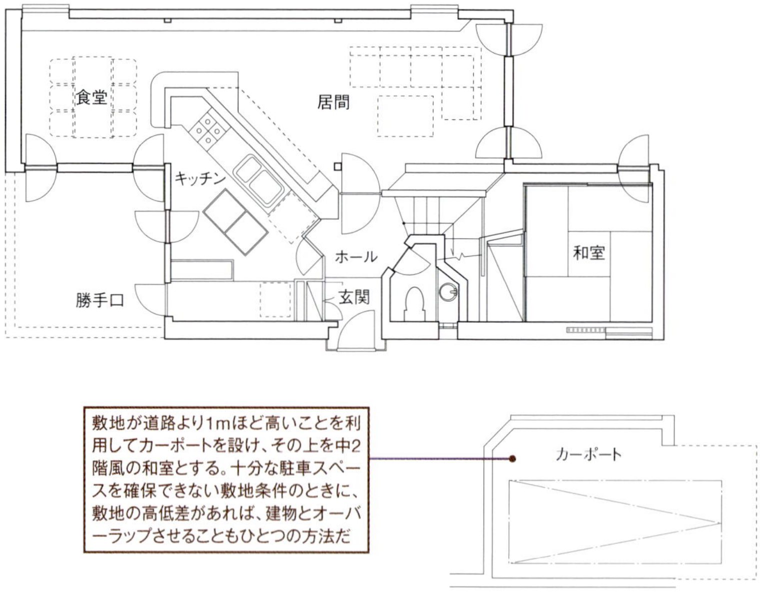

(2) 東西断面図(S = 1:150)

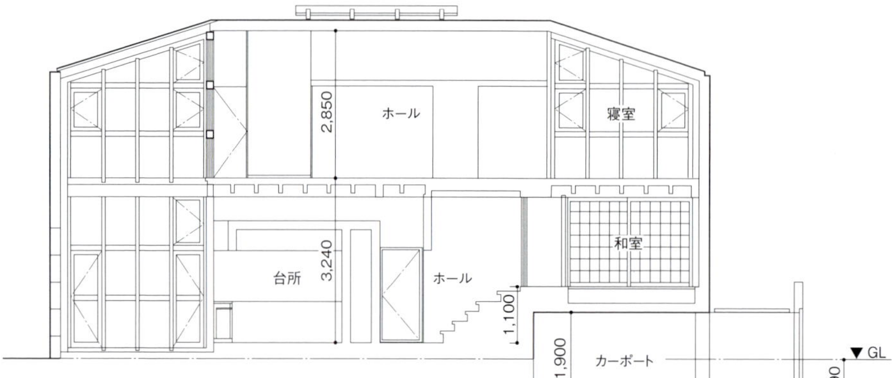

車1台分で約10㎡、周辺を入れると20㎡近くは駐車スペースとして必要で、しかも、道路に面した位置に取らなければならないから、狭小敷地の多い都市部の住宅地ではカーポートの扱いに苦労する。それに、車の出入り口の幅分、生垣や塀が途切れるから、街並み景観の連続性を保つ気配りも必要だ。道路に直角に出入りするかたちは、途切れる幅を最小にできるが、2台駐車になったとき、並列駐車としたら間口が広がるので、できれば縦列駐車にするよう計画する。

少しでも敷地に余裕がとれるなら、前庭(玄関アプローチの一部)のようなつくりにして緑化ブロックを使うなど、舗装仕上げに注意してやると、車が出払っているときも、間が抜けた感じにならずにすむが、屋根がほしい、となると、既製のシェルターをもってくるより、カーポートを建物と一体化して計画するほうがきれいに納まる。

敷地に高低差があるときは、基礎の一部を利用して半地下または地下のかたちでカーポートのスペースをとるのは定石[❶]。平坦地であれば、下屋の一部にカーポートを抱き込んでやる[❷・❸]。これで、建物のプロポーションが整えやすくなり、使い勝手もよくなる。

❷「植村邸」| S=1:150

(1) 1階平面図

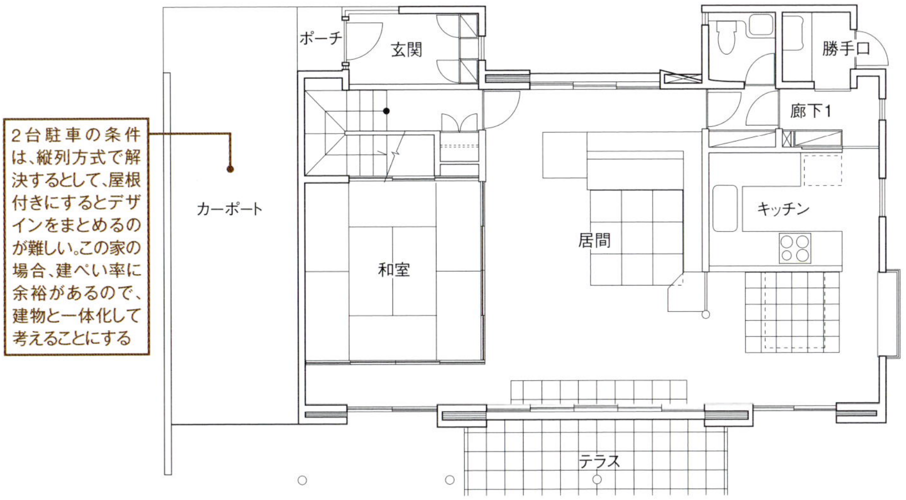

(2) 北立面図

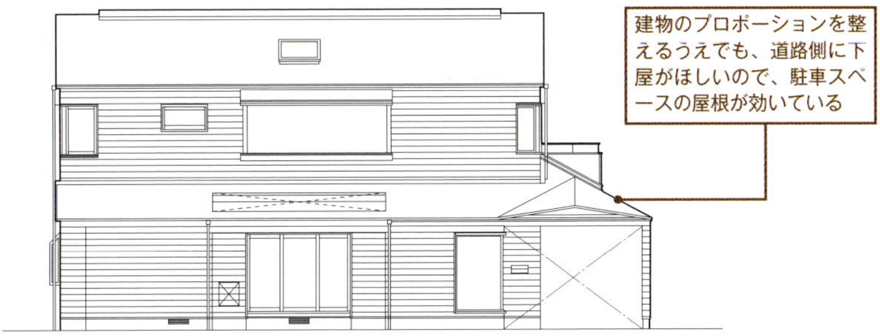

❸「島田ボックス」南立面図 | S=1:150

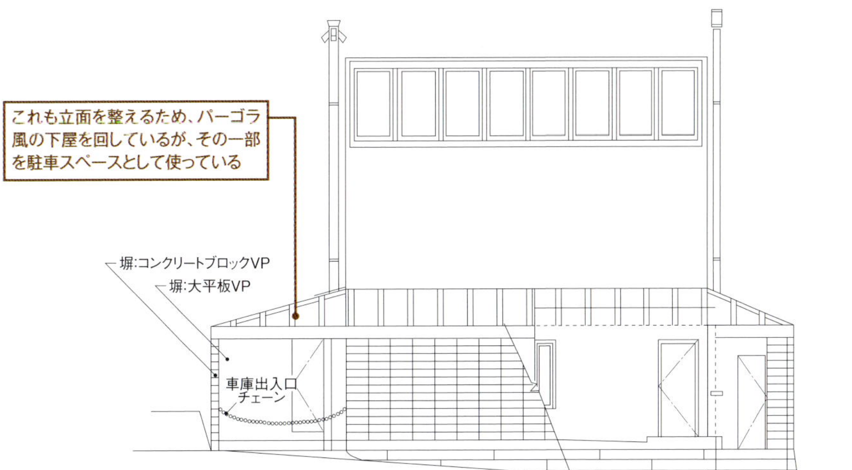

植栽計画の進め方

❶「植村邸」外構植栽図（植栽イメージの伝え方）｜S=1:100を47%縮小

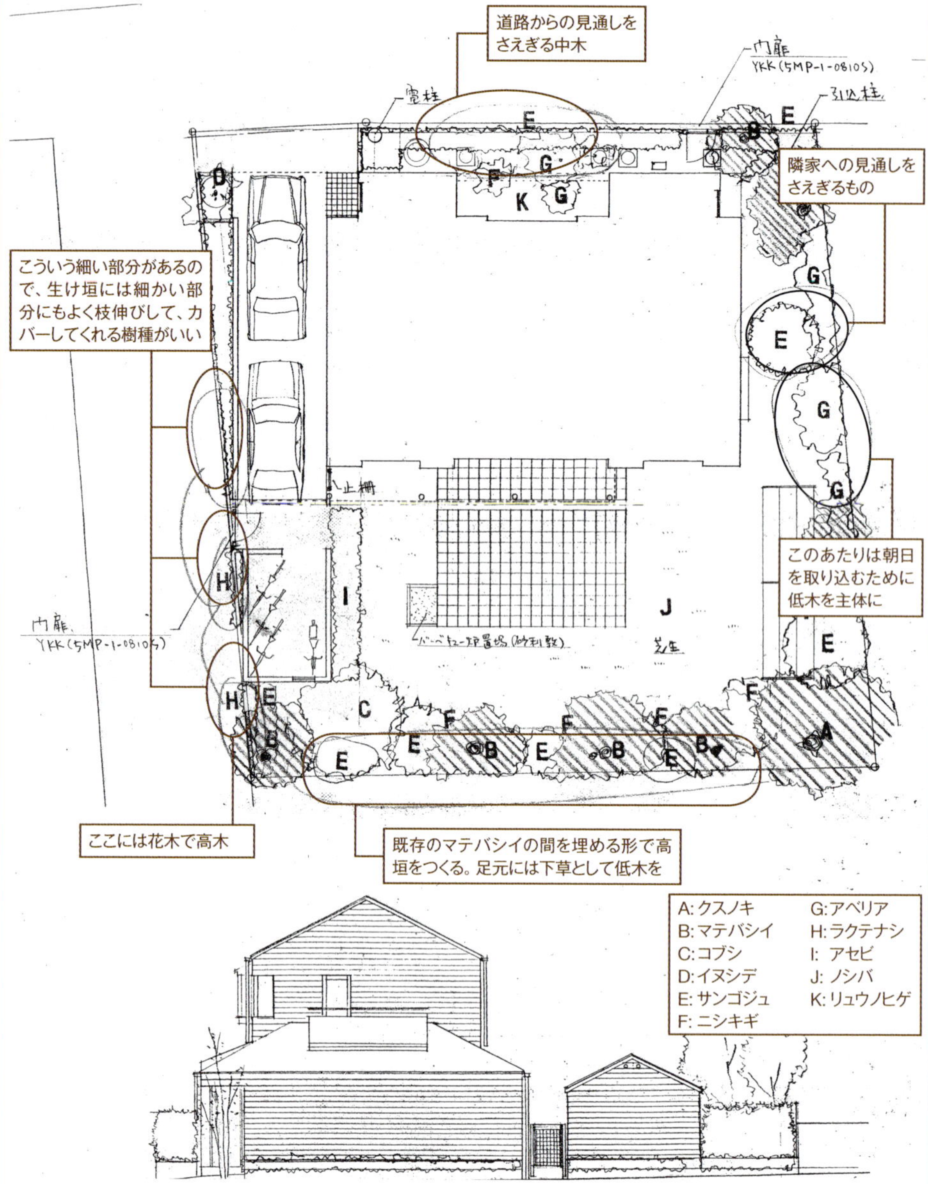

外構計画については、宮脇檀建築研究室では、建築工事のなかに含めるのを最小限の門、塀とアプローチ処理にとどめている。工事費の総額をふくらませたくないのと、植栽は建主の好みにまかせたい、という考えがあるからだ。

それでも、清家清氏が言っていたように「緑は建築の失敗をカバーしてくれる」からというわけでもないが、緑があるとないとでは建物の印象がまるで違うので、別途予算をとってもらって、植栽計画も考えるように努めている。

しかし、植物の名前を覚え、その特性を覚えることは簡単でない。植物には並でない知識のある西澤さんに「どうしたらよいか」と宮脇が尋ねたら「素人が生半可な知識をひけらかしてもしょうがない。こんなふうに考えていると、イメージを植木屋に伝えなさい。あとは彼らがやってくれる」との答えをいただいた。これならできる。

以後、もっぱらその方針で植栽を考えることにしているが、基本にしているのは、剪定などで樹形をつくり込んだものは使わない、シンボルツリーになるものを入れる、花木や果実のつく木を混ぜる、手入れの難しいものは避ける、などである【❶・❷】。

❷「木村ボックス」外構図（植栽イメージの伝え方）｜S=1:50を42%縮小

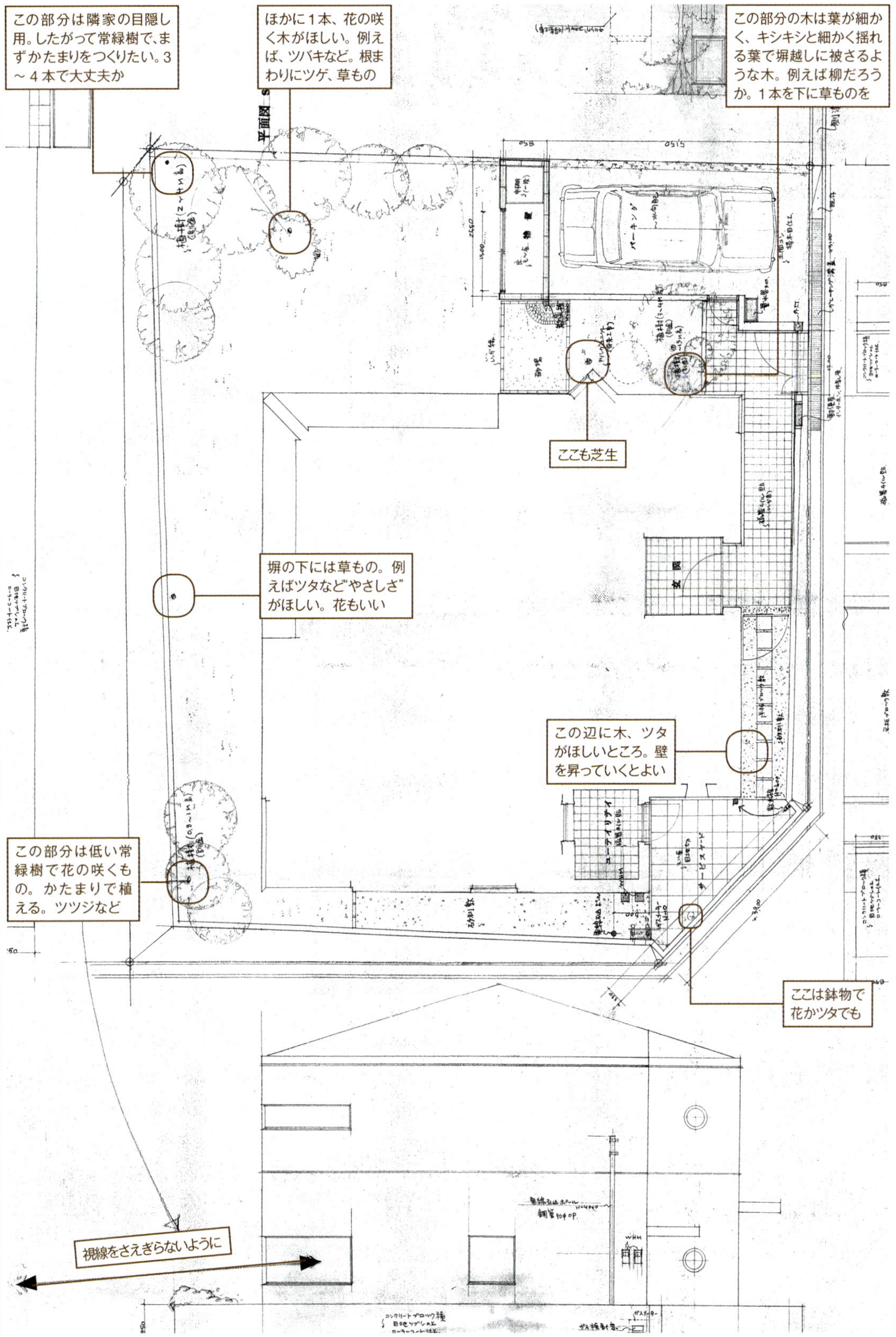

宮脇檀研究室のできごと［3］
1980-1979

1980

1月
- 仕事はじめ
- 朝日カルチャーセンター（宮脇檀他）始まる
- 川田紀雄、一級建築士登録

2月
- 宮脇檀、住宅設計打合せで台湾へ

3月
- 79年海外研修スライド会・国際文化会館
- 家協会映像シリーズ撮影班事務所及び現場撮影

4月
- 宮脇檀、成人病検査。ALL NOMAL
- 学会賞受賞記念パーティー。松川邸にて

5月
- 所員有志及び宮脇彩、八方尾根にスキー
- NTV春夏秋冬、宮脇檀レギュラーに
- 学会賞授賞式
- 恒例健保組合野球大会。吉村事務所との連合チームで2回戦で惨敗
- 6日～6月7日小林裕美子恒例の派遣員としてアメリカへ

6月
- 宮脇檀・榎本彰、高知建築家グループと韓国へ
- 宮脇檀、日本文化会議へ

7月
- 恒例のオープンデスク来る（10大学10名）
- 都立大院生、二瓶正史アルバイターとして勤務開始
- パリ国立都市計画研究所長 フランソワーズ・ショーエ女史来所

8月
- 夏休み例年の如くバラバラに
- 宮脇檀、住宅設計打合せで台湾へ

9月
- AAスクール学生、神尾武文入所研修開始

10月
- 宮脇檀、U－Aアジア・オーストラリア地域国際建築会議に参加
- 宮脇檀、甲府現場行途中31km／h速度違反で1カ月免停

11月
- 8日～22日宮脇檀・山崎健一アフリカへ
- 東急不動産宮脇学級再びはじまる
- 住宅公団金沢参加6事務所スライド会開く（宮研にて）

12月
- 新都市サービス大津ヶ丘店披露完成宴
- 本年宮脇檀原稿集計646枚
- 26日仕事おさめ。「北の富士」にて忘年会

1981

1月
- 7日仕事はじめ
- 宮脇檀、李邸打合せで台湾へ
- 27日芸大生、松川邸見学

2月
- 永友秀人退所

3月
- 久し振りの事務所旅行・箱根富士屋ホテル

4月
- 中村彰入所
- 恒例春闘（定昇込み10％Up）

5月
- 25枚の住宅展示用パネル作製
- 宮脇檀、ボンエルフ視察でヨーロッパへ。積水ハウス佐伯常務らと
- 恒例健保組合野球大会。吉村事務所と連合チームで1回戦で惜敗

6月
- 宮脇・川田・山崎、東洋エクステリア塩尻工場見学

7月
- 宮脇檀、文春でカネタシャツのコマーシャル
- 恒例のオープンデスク学生来る（10大学10名）
- 宮脇檀、家協会文化講演会で石毛直道氏と対談
- 決算3年連続黒字でまとまる
- 高尾宏退所

8月
- 夏休み例年の如くバラバラに
- 宮脇檀、夏休みアメリカ・ロスアンジェルスへ
- 「JA」誌、宮脇檀特集号発刊

9月
- 9日東ドイツ国営放送取材（盛国邸・船橋邸）
- 12～26日宮脇檀新建築社第30回海外視察団団長としてアメリカへ

10月
- 宮脇檀、日野市役所にてボンエルフ説明会
- 研究室本社、千駄ヶ谷から代官山に移転
- 宮脇檀住所、代官山マンションに移転
- 所員及び旧所員及び家族集まって中津渓谷でバーベキュー大会
- 長谷川真理入所、大滝文子退所
- 建築知識別冊「人・エスキース・作品」発刊

11月
- 宮脇檀、東芝テレビのラジオCM撮り
- 小林裕美子、韓国古建築の視察旅行

12月
- B.M.W.・オースチンミニをVWゴルフに変更
- 畔柳美知子結婚。渡英のため退所
- 本年宮脇檀原稿集計514枚
- 26日おさめ。「BARN7」にて忘年会

1982

1月
- 7日仕事はじめ
- 川田紀雄退所、独立
- 東急不動産 北柏ビレッジ見直し始める
- 日比谷シティガラスプラザに宮脇檀作品出品

2月
- 多摩西部建築指導事務所で高幡不動産住宅地の説明

3月
- 積水ハウス若手設計者と宮脇檀アメリカ西海岸へ

4月
- オープンデスク学生来る（5大学5名）
- 二瓶正史・新井敏洋・岸本久入所
- 宮脇檀、成人病検査。ALL NOMAL
- 宮脇檀、芸大建築科同窓会会長に就任

5月
- 恒例春闘（定昇込み14％）
- 恒例の健保組合野球大会。吉村事務所との連合チーム1回戦で惜敗
- 高須住宅祭完成。宮脇・山崎・二瓶・川田 シンポジウム参加

6月
- 宮脇檀、YKK富山工場見学
- 建築知識シミュレーションのためパソコン2台入る
- 阿蘇ゴルフクラブにて宮脇檀本年第一回のゴルフ。スコア不明
- 出石斎藤隆夫記念館設計のため、宮脇檀出石町へ
- 宮脇檀・吉松真津美・山崎健一「核兵器の廃絶を求める建築人の会」に参加

7月
- 宮脇檀、台湾食道楽旅行
- オープンデスク学生来る（6大学6名）
- 宮脇檀、高橋てい一氏芸術院賞受賞記念パーティの司会をつとめる

8月
- 夏休み例年の如くバラバラに
- 56年度決算出来る。黒字
- 宮脇檀、ワープロ要員としてアルバイト
- 完成した田中邸に関係者一同招待され宴会

9月
- 小林裕美子、休暇で2週間ニューヨークへ
- 和歌山龍神邸完成パーティー。宮脇・落合出席。翌日奈良・久保邸現場

10月
- 宮脇檀、住環境視察団コーディネーターとしてヨーロッパへ
- 二瓶正史・新井敏洋、健保組合卓球大会の出場。惜敗

11月
- パーソナル誌、台所の工夫コンペ審査
- 山崎健一、2度目のインド旅行。西沢文隆・林昌二夫妻らと

12月
- 山崎健一、駒沢公園ハウジングギャラリーにて講演
- 20日忘年会。新高輪プリンスホテル全員一泊
- 24日恒例のターキーパーティー。キューピーのターキーで
- 「街並みを創る」責任編集終了・刊行
- 本年宮脇檀原稿集計682枚
- 26日仕事おさめ

1983

1月
- 7日仕事はじめ
- 8日中山邸コンクリート打。若手所員例により動員
- 宮脇檀、ヒューストンNAAB大会で講演

2月
- 雑誌キーワード50。宮脇檀責任編集

3月
- 上野団地住宅際、シンポジウム
- 宮脇檀、定期成人病検査。ALL NOMAL
- 宮脇檀、SD海外建築視察研修団コーディネーターとしてアメリカへ。二瓶正史同行
- オープンデスク学生来る（3大学4名）
- 新井敏洋・長谷川真理結婚式。宮脇檀媒酌

4月
- 市原出入所

5月
- 恒例春闘（定昇込み16％Up！）
- ワープロ講習、研究室にて
- 恒例の健保組合野球大会。吉村事務所と連合チーム1回戦で惜敗

6月
- バーベキューパーティー。名栗渓谷にて
- インターンとしてモンタナ大学生 Darcy Garneau 来る

7月
- 小林裕美子退所。ニューヨークへ
- 宮脇檀、日本建築家図面展オープンのためソウルへ
- 宮脇檀倒れる。山王病院へ10日間入院（急性胃腸炎）
- The Barn 銀座2丁目店オープニングパーティー

8月
- オープンデスク学生来る（6大学6名）
- 夏休み例年の如くバラバラに
- 宮脇檀、アメリカ・カナダで休暇
- 山崎健一、韓国へ。念願の浮石寺を見て来る
- 落合映インドへ

9月
- イトーピア水城ヶ丘・行橋住宅祭。宮脇・二瓶出席
- 南志度ニュータウンTVシンポジウム
- 第19期決算報告。今年度も黒字
- 宮脇檀、家協会関東支部ニュース投稿「圓堂さんへの手紙」一大センセーション

10月
- 斎藤隆夫記念館、静思堂竣工式。草柳大蔵氏と
- 吉松真津美、アップルツアー。アメリカへ初体験旅行
- 高幡鹿島台パンフレット出来上る

11月
- セキスイハウス住まいの図書館オープン
- YKK新製品開発いよいよ試作段階へ
- 中村彰、念願のVespa 50s。中古にて購入
- 高幡鹿島台プロジェクトチーム葉山にて3日間合宿

12月
- Darcy Farewell Sushi Party
- 23日恒例のターキーパーティー。キューピーのターキーで
- 本年宮脇檀原稿集計676枚
- 27日仕事おさめ&忘年会「小川軒」にて忘年会

[第5章]

開口部

宮脇檀建築研究室では、人の住む場所で使う建具は、
木製を原則としている。
外部開口部の建具、つまりサッシも原則木製建具とする。
それは、人の手に触れるものは
「気持よくありたい」と思うからである。

気持ちよい、ということは開口部がある場所にふさわしい形状、
断面、寸法などが自由に決められること、
結露などがないこと、しっかりして頑丈なこと、
手ざわりのよいことなどを満たしている状態のことだ。
しかし、アルミサッシの普及率が90％を超えているなかで、
この原則を貫くのは容易なことではない。

木製建具は住宅用アルミサッシと比べ、コストでは勝てないが、
その魅力を愉しんでもらう努力は怠っていないのだ。

写真：「あかりのや」のファサード面の開口部を室内側より見る。
鴨居兼梁としているため、すっきりとした納まりになっている［写真：村井修］

せめて玄関扉は木製にしたい

❶「中山邸」玄関扉立面図｜S=1:40

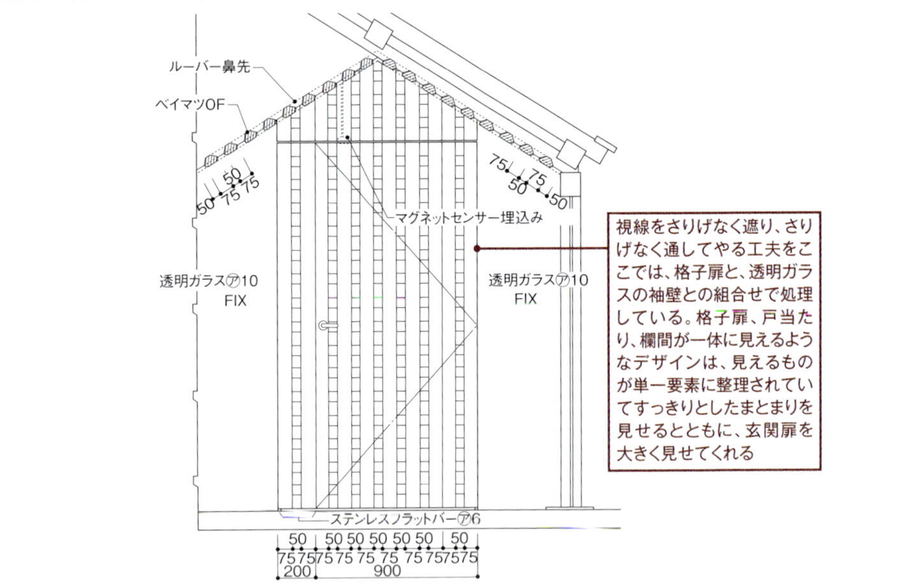
ルーバー鼻先
ベイマツOF
マグネットセンサー埋込み
透明ガラス㋐10
FIX
透明ガラス㋐10
FIX
ステンレスフラットバー㋐6
視線をさりげなく遮り、さりげなく通してやる工夫をここでは、格子扉と、透明ガラスの袖壁との組合せで処理している。格子扉、戸当たり、欄間が一体に見えるようなデザインは、見えるものが単一要素に整理されていてすっきりとしたまとまりを見せるとともに、玄関扉を大きく見せてくれる
200
900

❷「中山邸」玄関扉詳細図｜S=1:5

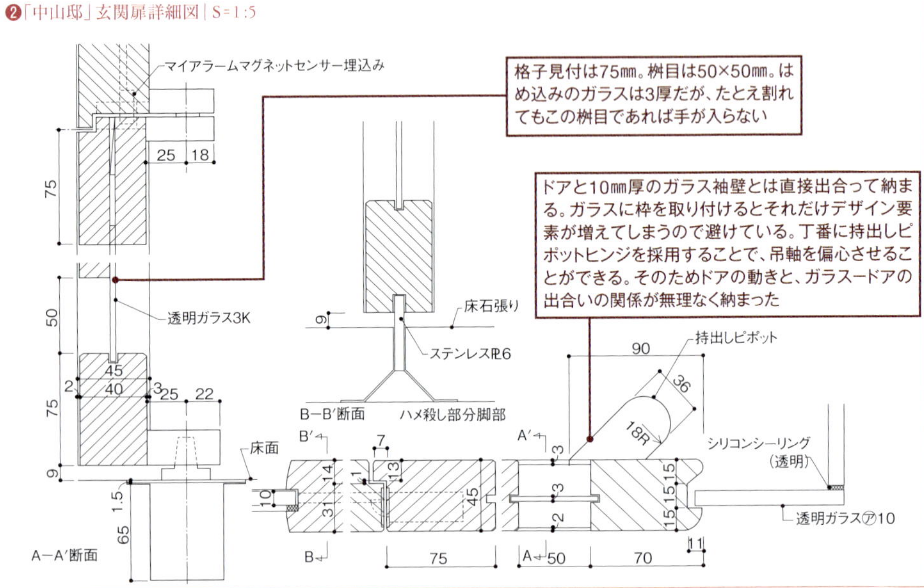
マイアラームマグネットセンサー埋込み
格子見付は75㎜。桝目は50×50㎜。はめ込みのガラスは3厚だが、たとえ割れてもこの桝目であれば手が入らない
ドアと10㎜厚のガラス袖壁とは直接出合って納まる。ガラスに枠を取り付けるとそれだけデザイン要素が増えてしまうので避けている。丁番に持出しピボットヒンジを採用することで、吊軸を偏心させることができる。そのためドアの動きと、ガラス－ドアの出合いの関係が無理なく納まった
透明ガラス3K
床石張り
ステンレス㋐6
持出しピボット
B－B′断面
ハメ殺し部分脚部
床面
シリコンシーリング（透明）
透明ガラス㋐10
A－A′断面

僕の木製建具に対する個人的な志向性については本誌79年12月号『吾が偏愛的木製建具考』に書いてあるので参考にしてほしい［註1］。

要するに手の触れる場所としての建具は、手にやさしいものであってほしいし、結露なんかもしてほしくない。それには木を使うのが一番だ……とまあそんな単純な趣旨である。

特に乙種防火戸等の法的制限を受けない室内建具や、プランニングによって1階で3mという距離をクリアできる玄関扉などは、微妙な見付け寸法の要求や、材料の質感などがその重要なポイントになるので、どうしても木製にしたいということになる。

玄関扉はほかの建具に比べ、始めからその家の顔としての表現を要求されているので、木製サッシであるがゆえのコストアップもある程度は認められるというズルイ抜け穴もある。

また家の玄関はそれぞれの家の持つ性格、デザイン、風格などの予告的な役割を持ち、また道路からのアプローチの仕方、距離、エレベーションでの見え方など、それぞれの家一軒一軒ごとに異なるデザインでありたい。となればこれは木製でそれぞれを表現する以外にない。

❸「星野邸」玄関扉立面図・平面図｜S=1:40

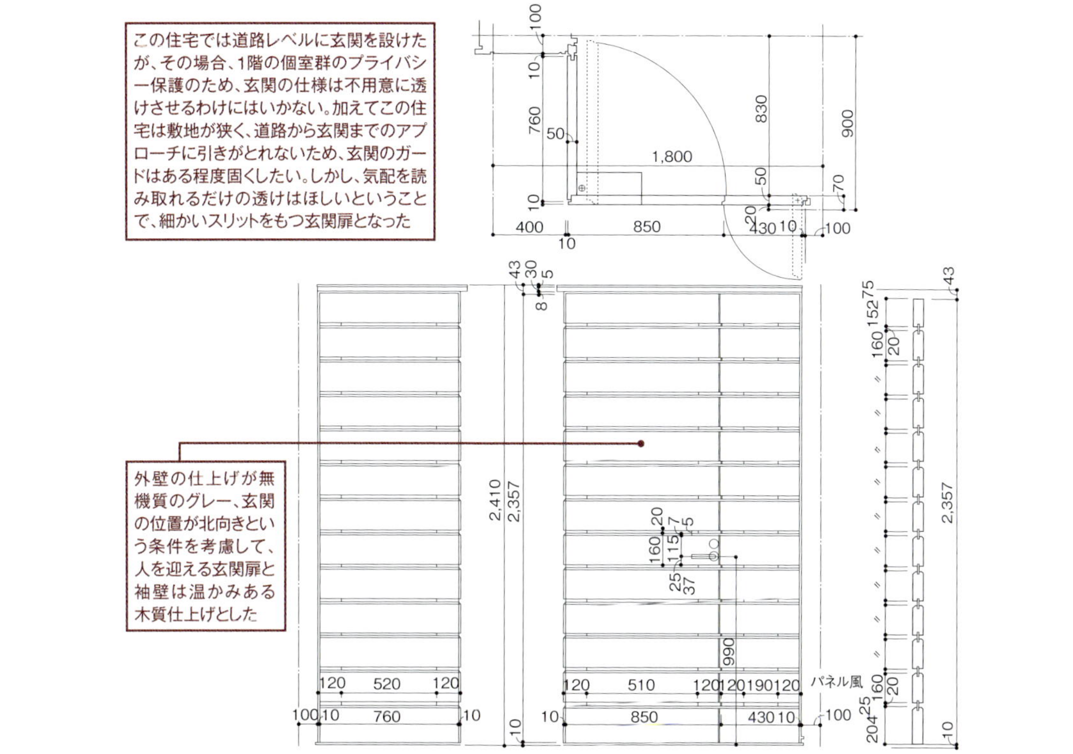

❹「星野邸」玄関扉詳細図｜S=1:8

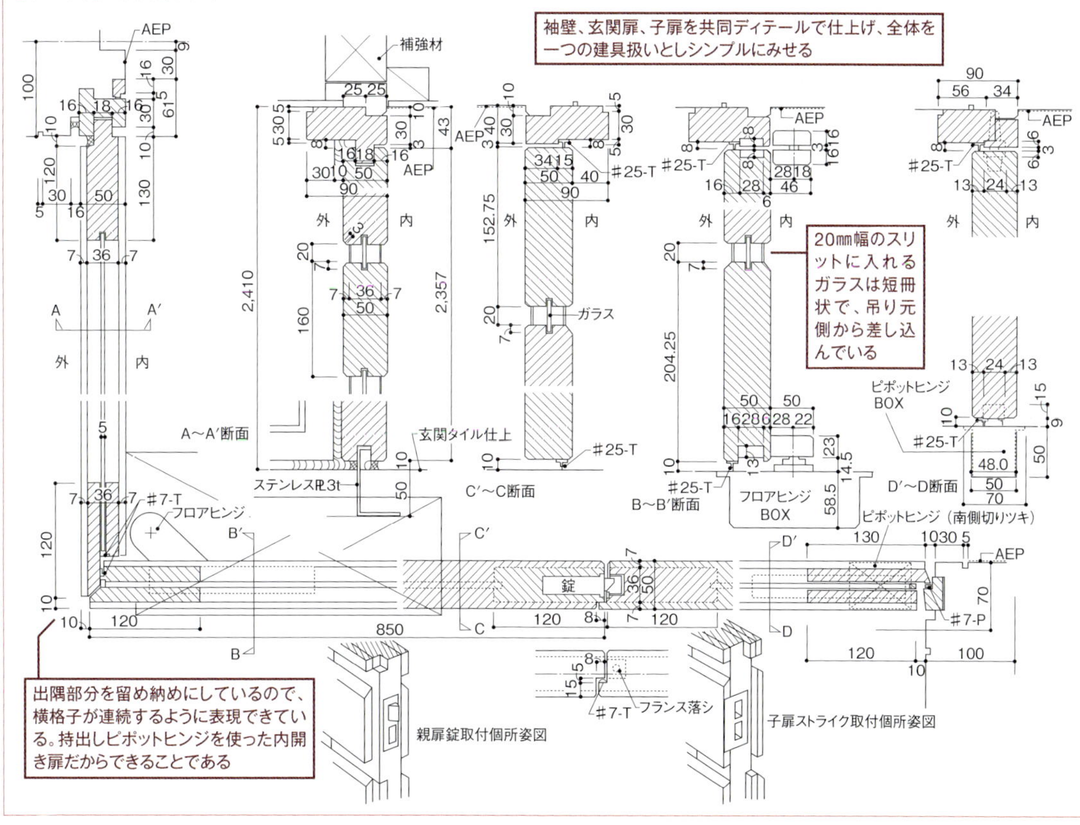

1 ――この原稿は「建築知識」1984年2月号特集「住宅開口部のデザインとディテール」に掲載された原稿「せめて玄関は木製にしたい」から抜粋・再構成したもの

❺「龍神邸」玄関扉

(1)玄関扉立面図(S=1:40)

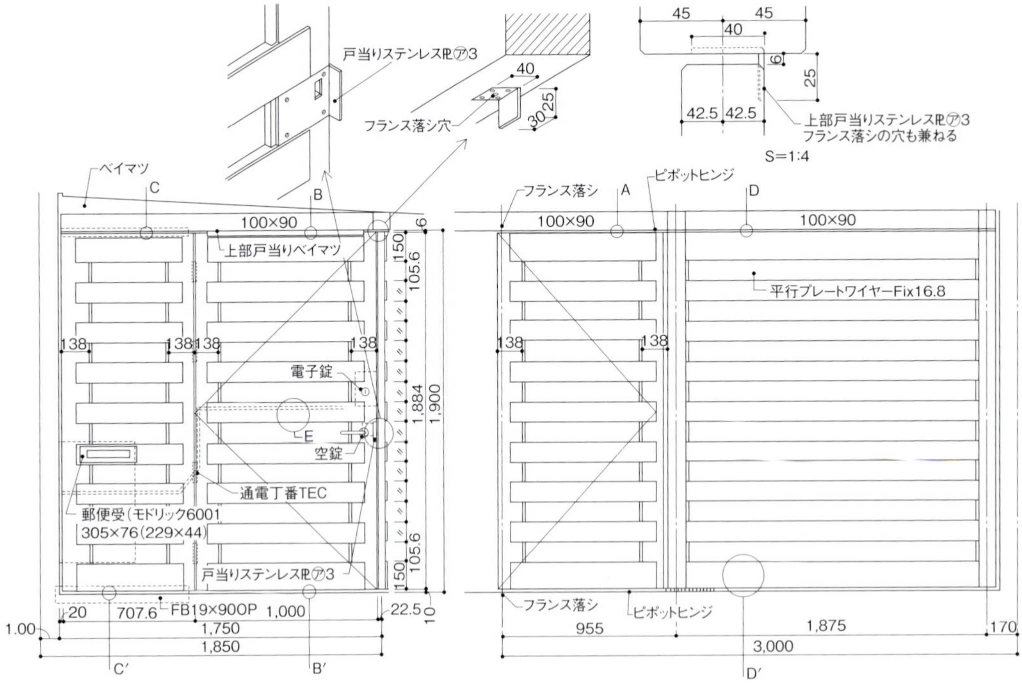

大きな家具などの搬出入を考慮し、親扉2枚構成でコーナーを大きく開口できるようになっている。直交する扉の召合せ部は枠を立てることができないし、縦框の切り欠き加工も難しいところ。ここではステンレスプレートを加工して戸当りなどの受け金物としている

(2)玄関扉断面詳細図(S=1:6)

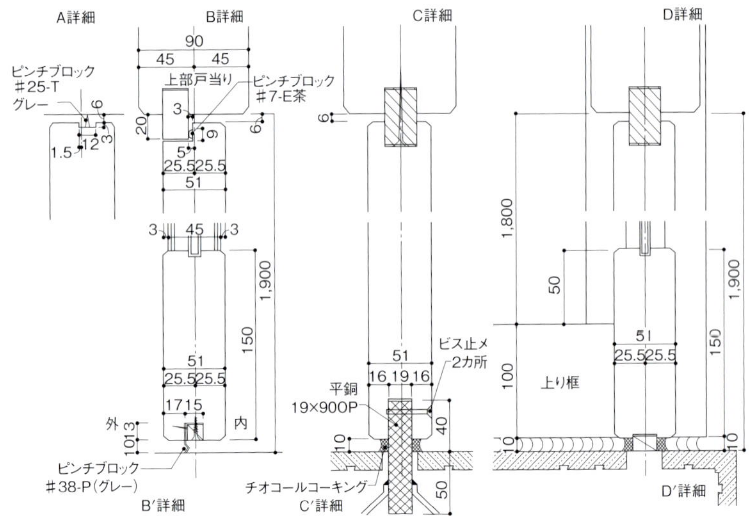

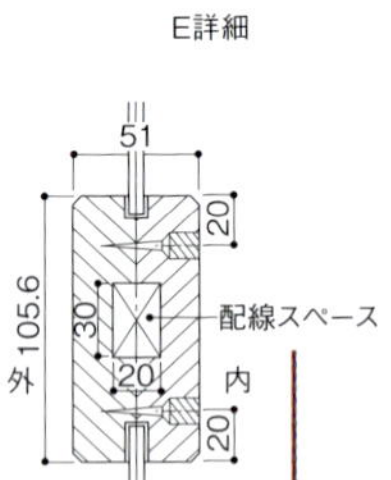

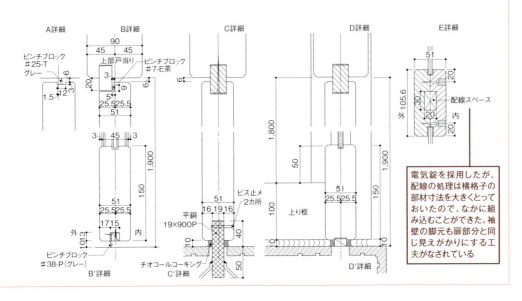

電気錠を採用したが、配線の処理は横格子の部材寸法を大きくとっておいたので、なかに組み込むことができた。袖壁の脚元も扉部分と同じ見えがかりにする工夫がなされている

玄関扉は木製建具でつくり込む

❶「町田の家」玄関扉詳細図｜S=1:4

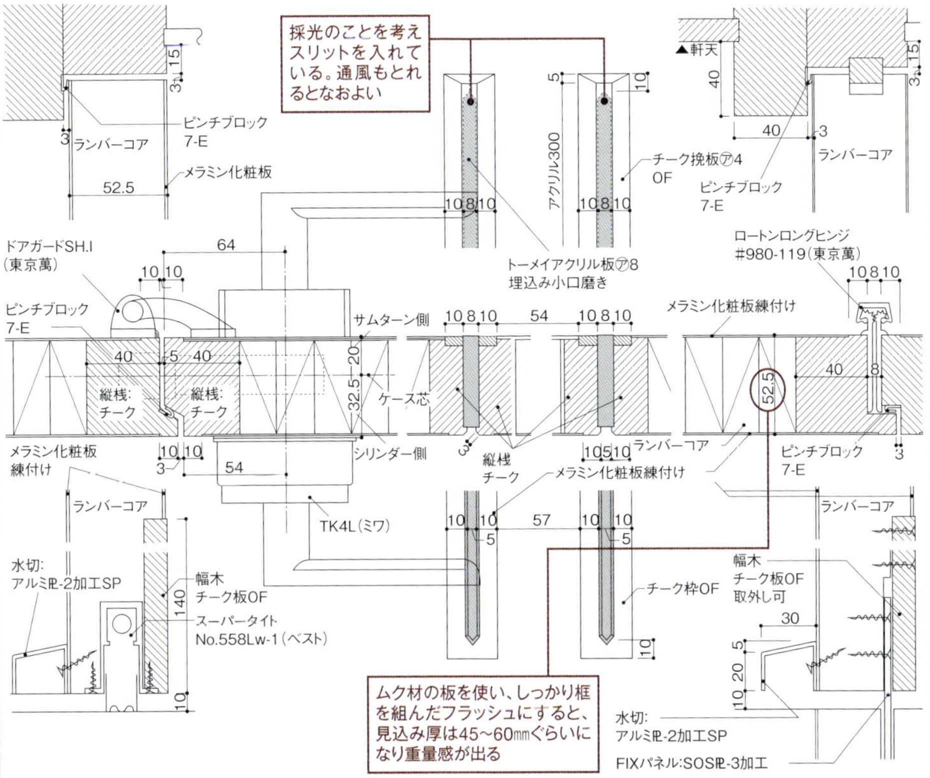

「有賀邸」の玄関扉。コストのかかる木製建具も玄関なら採用しやすい

「木村ボックス」の玄関扉。内開きとし、土間はフラットに仕上げている。扉には採光の工夫をしている

玄関は「住宅の顔」、といわれていて、それなりにコストをかけてつくり込むことが許される。しかも、家のなかで最も使用頻度が高いため、コストのかかる木製建具でも採用しやすい。また、玄関扉に防火戸の規制がかかる場合でも、延焼線より後退するか、防火袖壁を設けるなどの工夫により延焼のおそれのある範囲から外せる。

さて、玄関扉にまず求められるのは、どっしりとした重量感である。それによって、耐破壊などの防犯上の安心感も得られる。したがって、木製といっても、合板を使ったフラッシュ戸仕立てではだめで、ナラやヒノキなどのムク材を使い、しっかり框を組んだフラッシュにする。そうすると、デザインにもよるが、見込みが45〜60㎜厚ぐらいになって、必然的に重量感が出てくる[❶]。

このように宮脇檀建築研究室ではムク材のフラッシュ仕立てを標準とするが、玄関土間へは採光がほしいし、扉を挟んでお互いに気配を感じる程度の仕掛けもほしいので、開口部を上手にとることも条件になる。ついでに、スライド式のスリットなどを設け、建具に通風の機能も組み込めるとなおよい。玄関は意外と風の通り道になる。

写真＝村井修

内開き玄関扉は三方枠納めとする

❶「橋爪邸」玄関扉詳細図

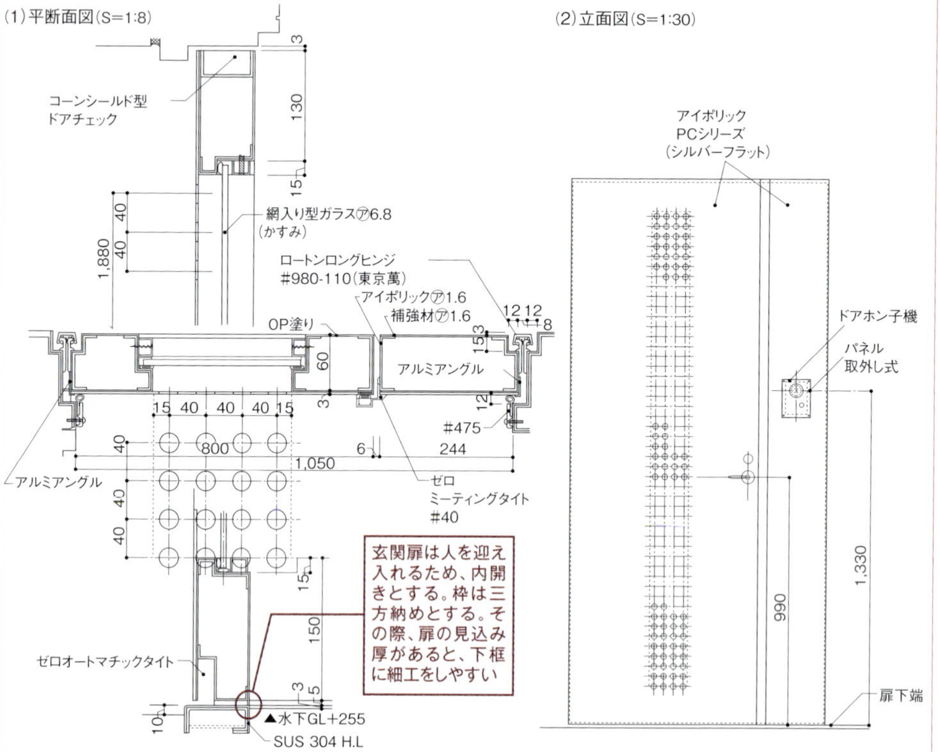

❷「橋爪邸」1階平面図 | S=1:250

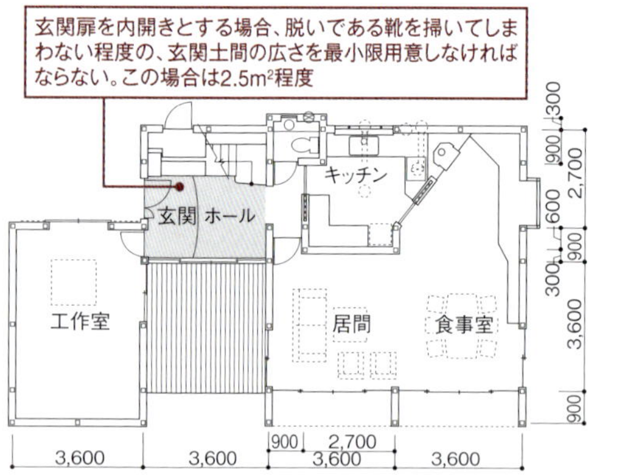

「橋爪邸」の玄関。三方枠納めとしている

玄関扉は「いらっしゃい」と客人を招き入れるために、内開きにする。そのためには、脱いだ靴を扉で掃いてしまわない程度に、玄関土間の広さを最小限2.5㎡程度確保しなければならない。扉自体にも、内開きならではの納まりが必要になる[❶〜❹]。たとえば、扉と戸当たりの納まり。雨の浸入や隙間風を抑えようと、四方枠にして、沓摺りにも戸当たりを設けると、土間の床面に凸型の筋ができて、足を引っかけるおそれがある。しかも、土間に入った雨水も抜けない。さらに土間に排水勾配をとると、扉の下框が土間を擦る。そこで、まずは土間をフラットに仕上げる。また枠廻りは床面に凸型の出っ張りを避けて、三方枠の納めにするが、下框から風や水が浸入しないよう、細工をする。宮脇檀建築研究室では、ここに昔は馬毛ブラシを用いたが、現在は既製品があり[註1]、これで雨仕舞いを確保している。扉の見込み厚があると、細工する余地がとれるので助かる。

ところで、引戸にした場合、玄関用の使い勝手のよい建具金物が少ない。現在、事務所では美和ロックの引戸錠などを利用している。また、ムク材で見込みをとると重くなるため、開閉のしやすい金物を選びたい。

❸「ブルーボックスハウス」玄関扉詳細図｜S=1:15

(1) 平面図

ここでは、RC躯体にあけた開口と、木製の枠、扉との対比を意識していたので、木枠が躯体に癒着しない表現になっている。沓摺は邪魔になるので三方枠で納めている

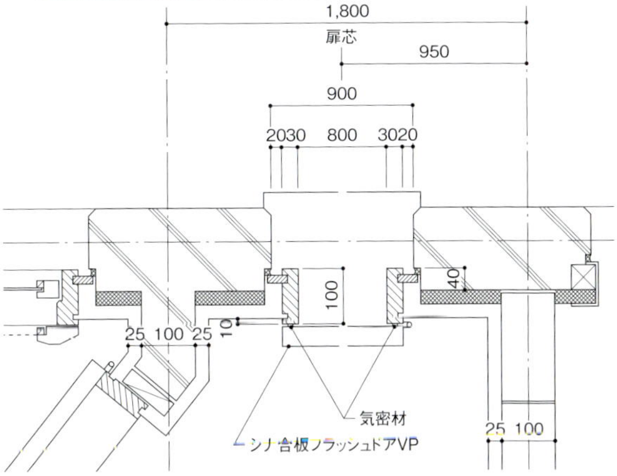

(2) 断面図

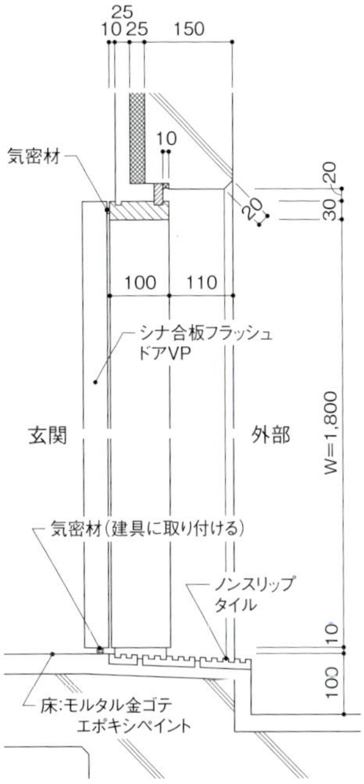

❹「木村ボックス」玄関扉詳細図

(1) 断面図(S = 1:30)

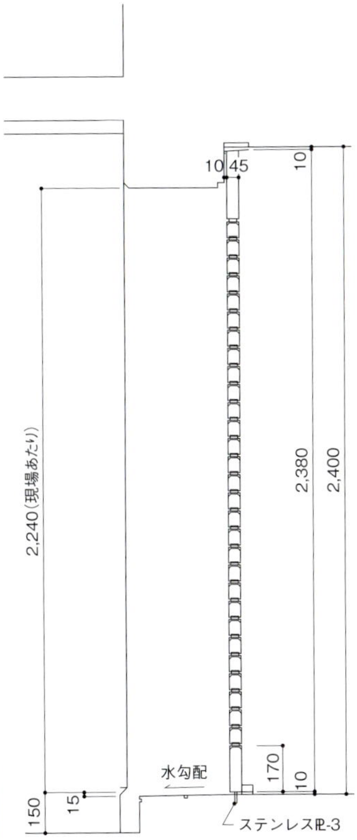

(2) 平断面詳細図(S = 1:5)

RC躯体の開口に木枠を絡ませなければもっと対比をすっきりと見せることができると、枠の代わりになる袖パネルで対応する。上枠の代わりをRC躯体がしており、下枠は当然ない

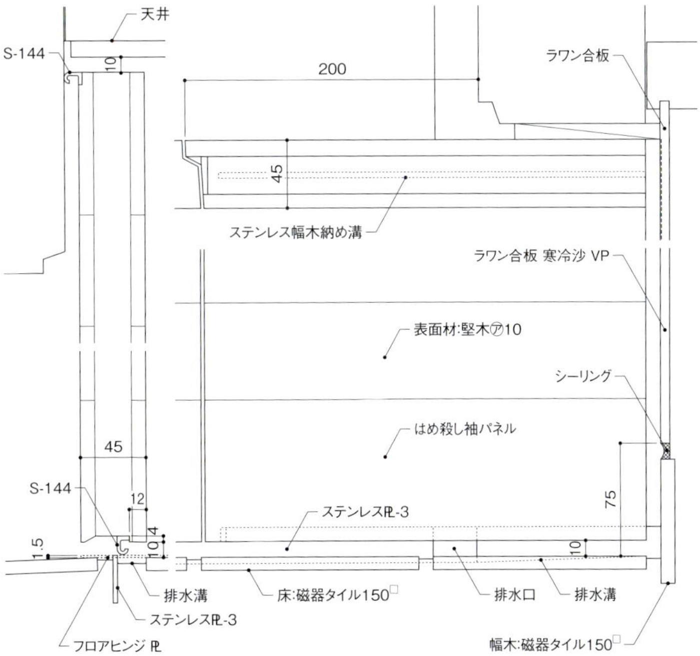

MAYUMI MIYAWAKI

1 —— スーパータイト(ベストTEL: 03-3257-7700)

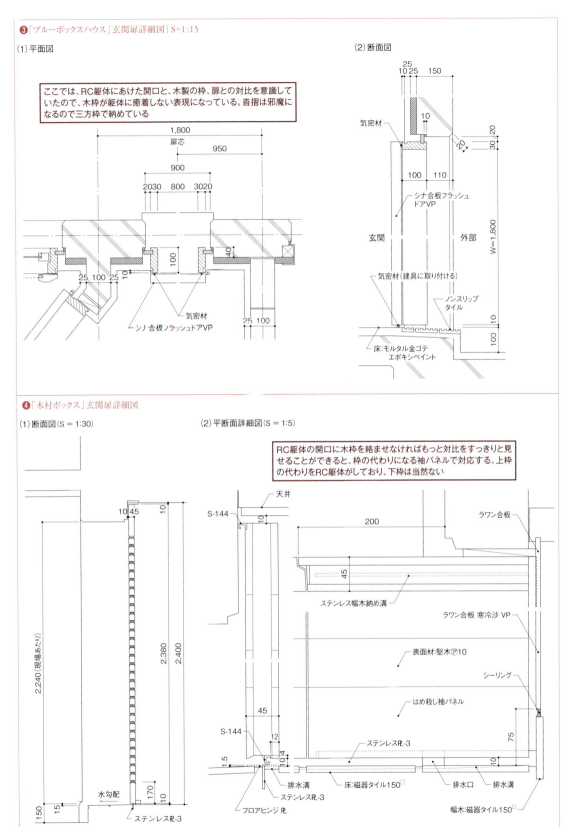

写真=村井修

木枠は厚物を使い、内部側に配置

❶「富士道邸」窓廻り断面詳細図｜S=1:8

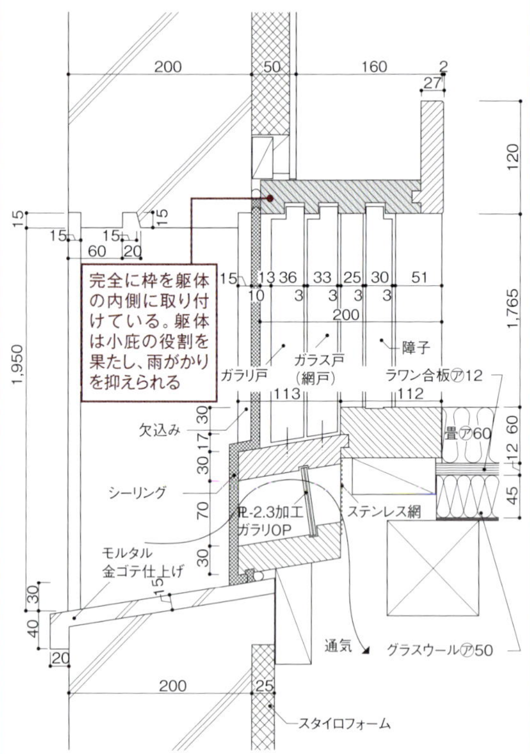

❷「富士道邸」窓廻り断面詳細図｜S=1:8

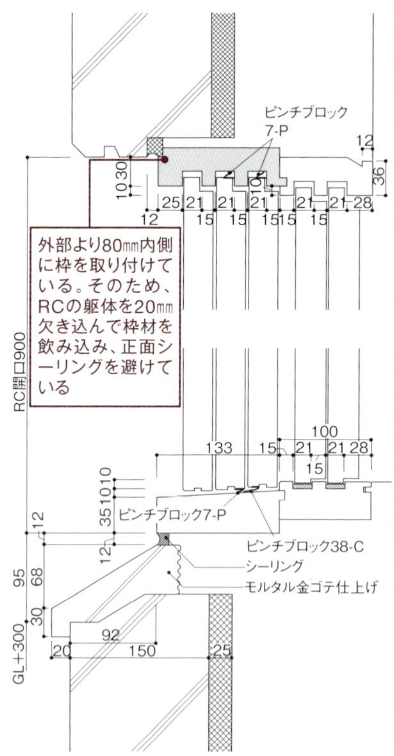

❸「富士道邸」の木製建具

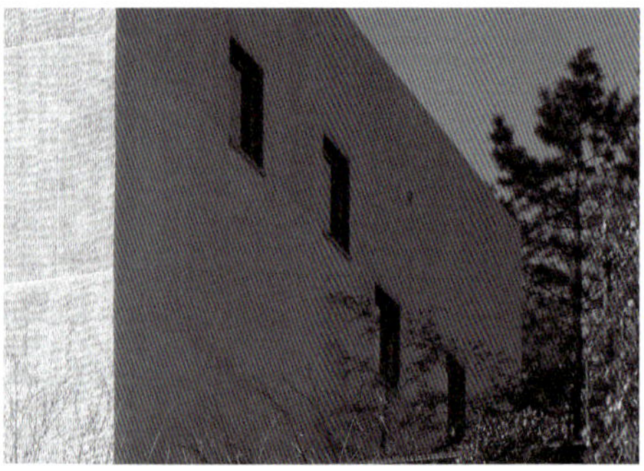

建具を躯体と同面にせず、内側に下げている

❹「富士道邸」外観

コンクリートの躯体を生かしつつ、内部は木とした混構造

宮脇檀は「住宅には木製建具だ」といっている。だから、躯体がRCであっても木製建具を使う。木枠のRC躯体への取付け方は、くさびや取付け金物を使った、標準的な留め方になる。しかし、外部開口部に木製建具を使った例は少なく、使用する場合は増沢洵氏の例を参考として考え、木製枠を可能な限り雨ざらしにしないように注意している。そのためには、躯体の厚みを利用して、枠をできるだけ内側に納め、庇と組み合わせる「❶～❹」。

さらに、枠の線がすっきり見えるように、目地の幅は15㎜程度とし、シーリングの打ち方は側方とするなど注意する。耐久性を考えると、いつか木枠を交換しなくてはならないときがくる。それを少しでも引き延ばすには、枠材にヒノキ材などで、36～40㎜ぐらいの厚物を使う。ただし、そのままを見付け寸法にしたらひどいプロポーションになるから、躯体を欠き込むなど、見せ方は調整する「❶～❻」。

また耐久性を考え、外部用の木材保護塗料も併用する。オスモなどの植物性のオイルを浸透させるタイプがよいが、クリアなものではなく、カラーのものを使いたい。しかし、木肌を殺したくないので、濃色系は避ける。

❺「三原ボックス」窓廻り詳細図｜S＝1:8

(1) 断面詳細図

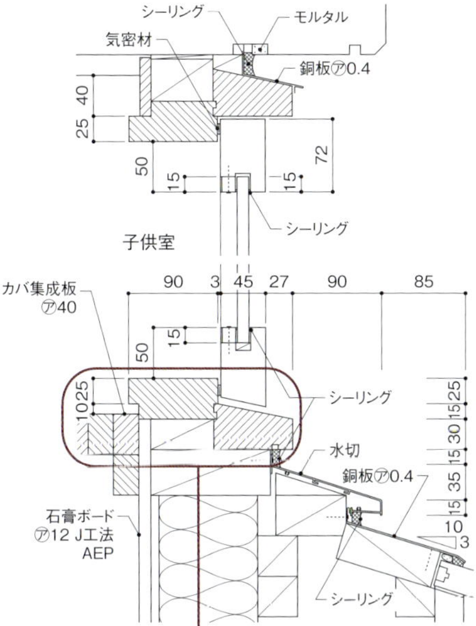

方立をつなぐ上枠と下枠は40㎜厚のムク材を加工して納める。個々でも、室内で見える枠の見付けは25㎜に押さえている

(2) 平面詳細図

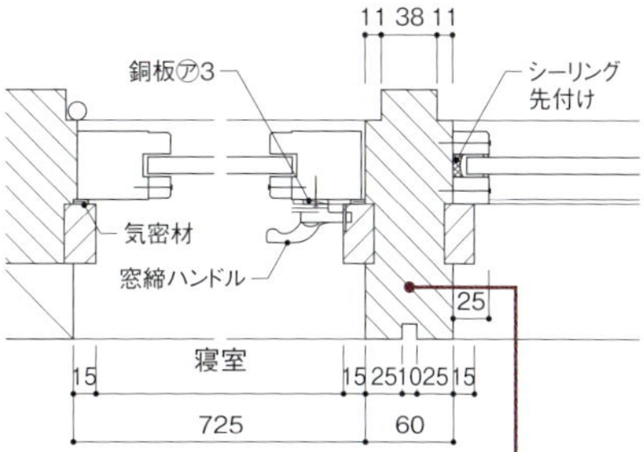

60×180㎜というスギのムク材を方立にして構成した開口部。室内に60㎜の見付けがそのまま見えるとごついので、目地をとり、2つの材が合わさった感じにする

❻「木村ボックス」窓廻り詳細図｜S＝1:8

(1) 断面詳細図 A

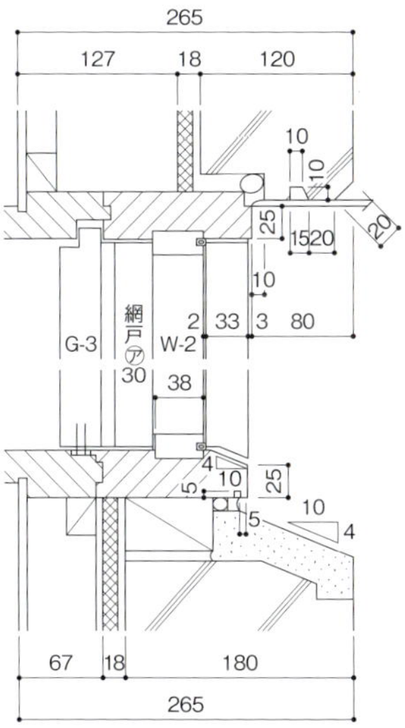

枠の外側で外壁面から80㎜と決めたので、網戸、障子戸と、建具の本数が増えてくると枠は内側に出てくる。枠チリも10㎜と決めたので、建具が増えたぶんは内壁がふけてくる

(2) 断面詳細図 B

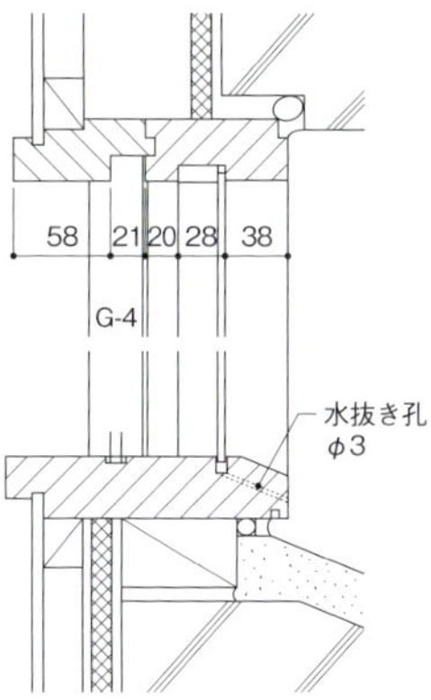

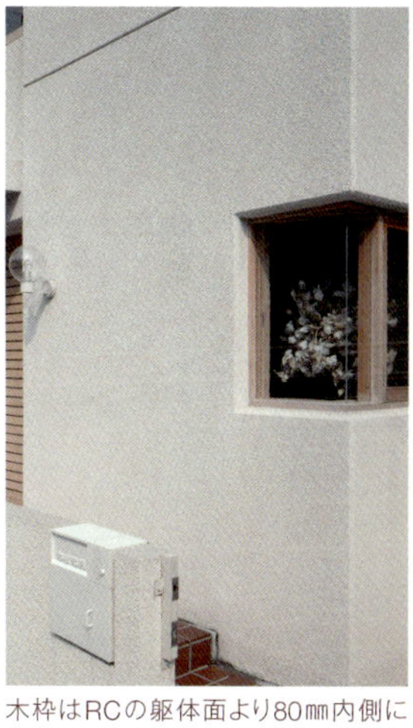

木枠はRCの躯体面より80㎜内側に納まる。この80㎜がささやかな庇代わりになってくれる

写真❸＝山崎・榎本建築研究室、写真❹、❻＝村井修

戸を枠にかぶせて雨がかかりを防ぐ

外部開口部の木製建具は、よほど深い軒や庇に守られない限り、雨ざらしになる。そして雨をかぶって、最後に水が切れるのが下枠のところなので、ここが真っ先に傷む。

そのため、下枠はできるだけ早く水が切れる形状を考える。急な勾配をとればよいが、これは建具の形式によってできないことがある。たとえば、開き戸の場合は比較的勾配をとりやすいが、引戸ではレールとの絡みで、勾配をとるのに限界がでてくる。

開き戸にすれば、開閉形式や使う金物にもよるが、枠に対して建具（サッシ）を全かぶせ納まりにすることもできる［❶～❹］。こうすると、枠が雨ざらしにならず耐久性が上がる。さらには、いつか木製建具を取り替えることになれば、このときには建具屋だけで用がすみ、大工工事になるのを避けられる。

あまり勾配がとれないときは、下枠だけ板金で巻く方法がある。こうすると、耐久性を確保することができるが、枠の部分に違う材質が入ってくるので、縦枠や上枠との見えがかりをどう調整するかが、検討のしどころだ。その場合、水切などほかの場所で使った板金との見た目の調和を考えるとよい。

❶「植村邸」窓廻り平断面詳細図｜S=1:6

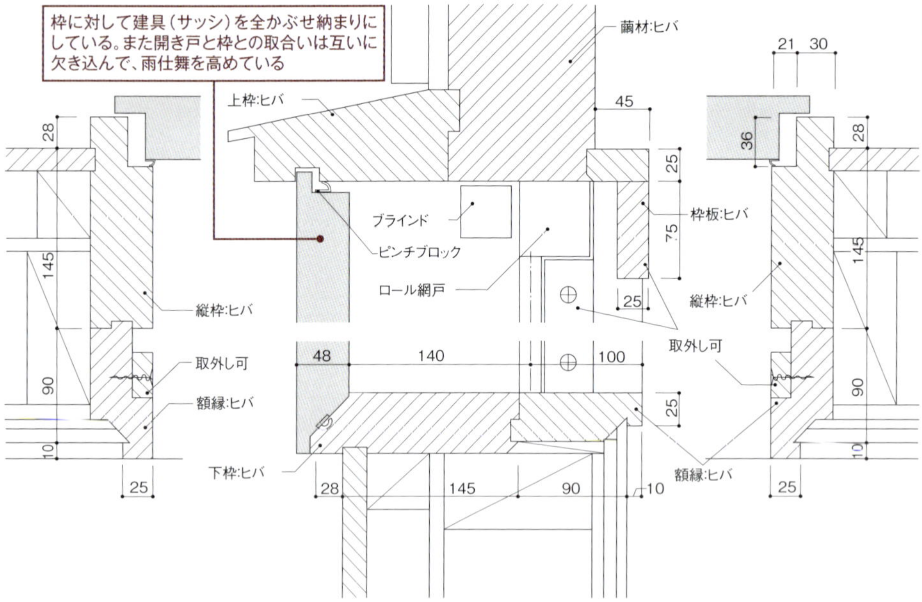

❷「松本邸」開き戸

戸を枠にかぶせるだけでなく、戸の先端が建具にひっかかるように造作している（山崎・榎本建築研究室の事例）

❸「田中ボックス」の開き戸

宮脇檀建築研究室ではオーソドックスな開き戸。この当時は、枠を切り欠くなどせず、突付けとしている

❹「森ボックス」窓廻り断面詳細図｜S=1:15

(1)引戸部

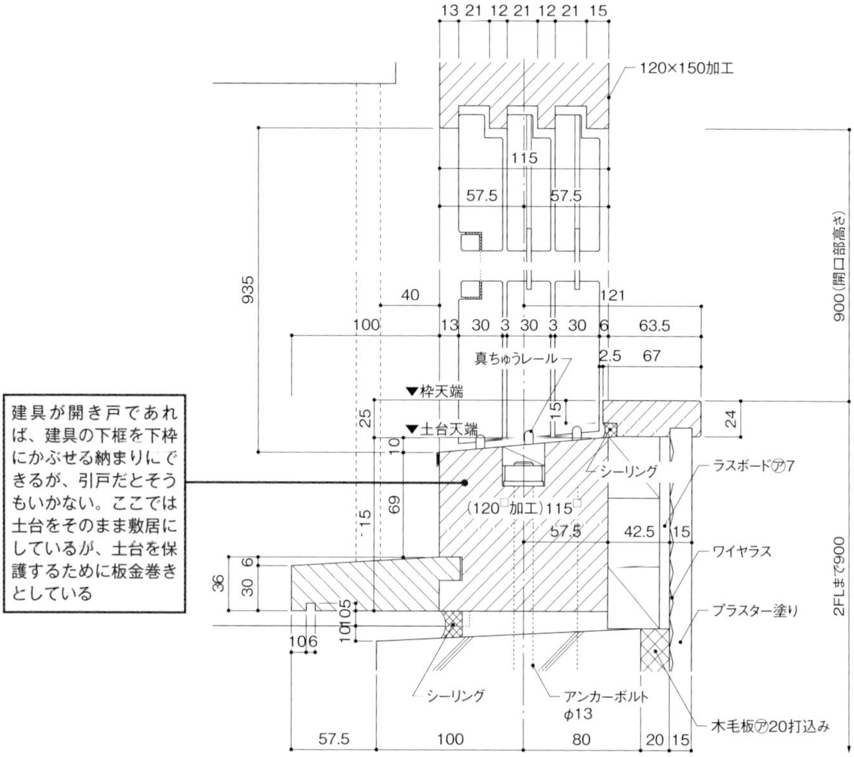

(2)外壁部

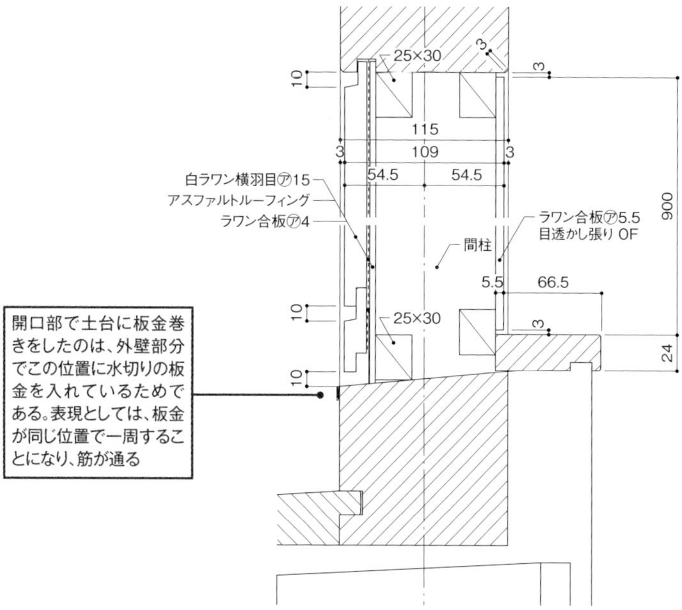

写真❷=山崎・榎本建築研究室、写真❸=村井修

小庇で雨がかりを防ぐ

❶「田中ボックス」窓廻り断面詳細図｜S=1:4

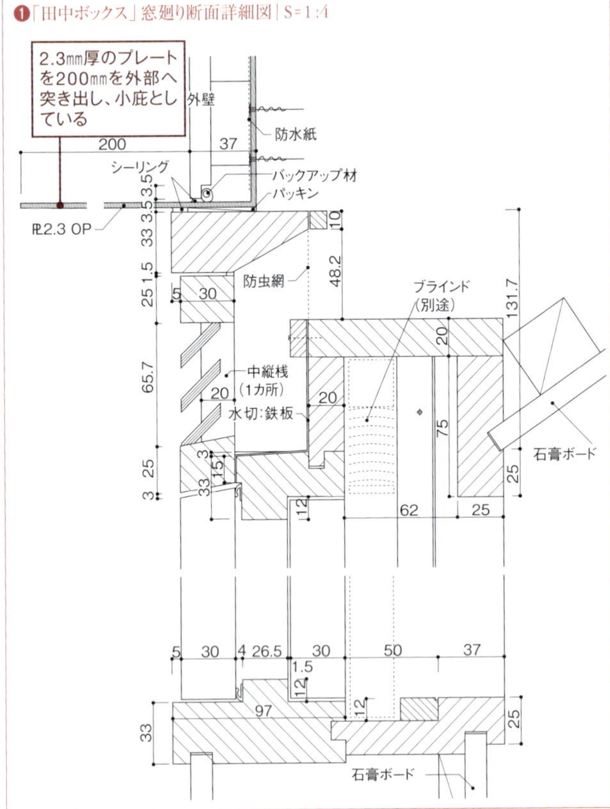

❷「内山邸」窓廻り断面詳細図｜S=1:30

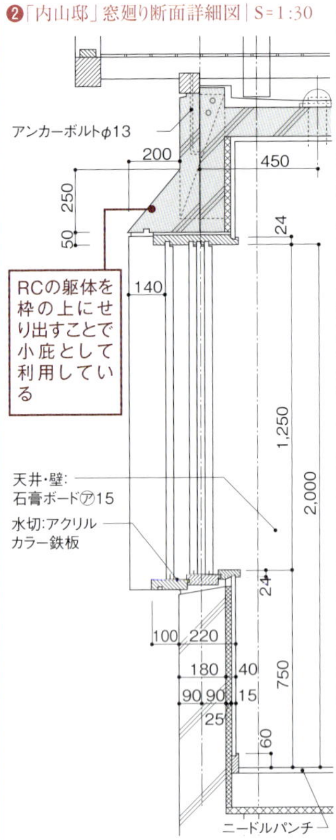

❸「田中ボックス」の小庇

小庇はデザイン的にも建物にアクセントをつけてくれる

❹「森井邸」の小庇

これだけの庇の出でもずいぶんと建具の傷みを軽減できる

木製建具を外部開口部に使う場合、できるだけ雨ざらしにしないよう、屋根の軒を出したり、開口部に庇を付けたりするのが原則だ。しかし、たとえば狭小の敷地に住宅が密集するところでは、敷地の許容いっぱいに建てなければならない状況だから、軒を出したらその分家が狭くなって、ほしい広さが確保できなくなる。非常に悩ましい状況が発生してしまう。

最近では、外壁素材の耐久性がよくなり、建具素材もアルミなどになっているうえ、軒の出がない単純な箱型のデザインはきれいだ、という理由で軒や庇がない家が増えている。せっかくきれいなかたちをつくったのに、小庇なんかつけたくない、と思うかもしれないが、これがあるとないとでは大違いである。10㎝ほどの出幅であっても、窓への雨がかりは少なくなり、建具や壁の汚れ具合や傷み具合に違いが出てくる。

たとえ単純な箱型のデザインの家であっても、庇をつけないのではなく、それに合った小庇（アルミプレートを折り曲げただけとか）を考えればよいのであって、❶〜❽のようなかたちで、小庇を積極的にデザインの小道具として外壁に組み込んで、有効に利用したい。

❺「龍神邸」窓廻り詳細図｜S=1:20

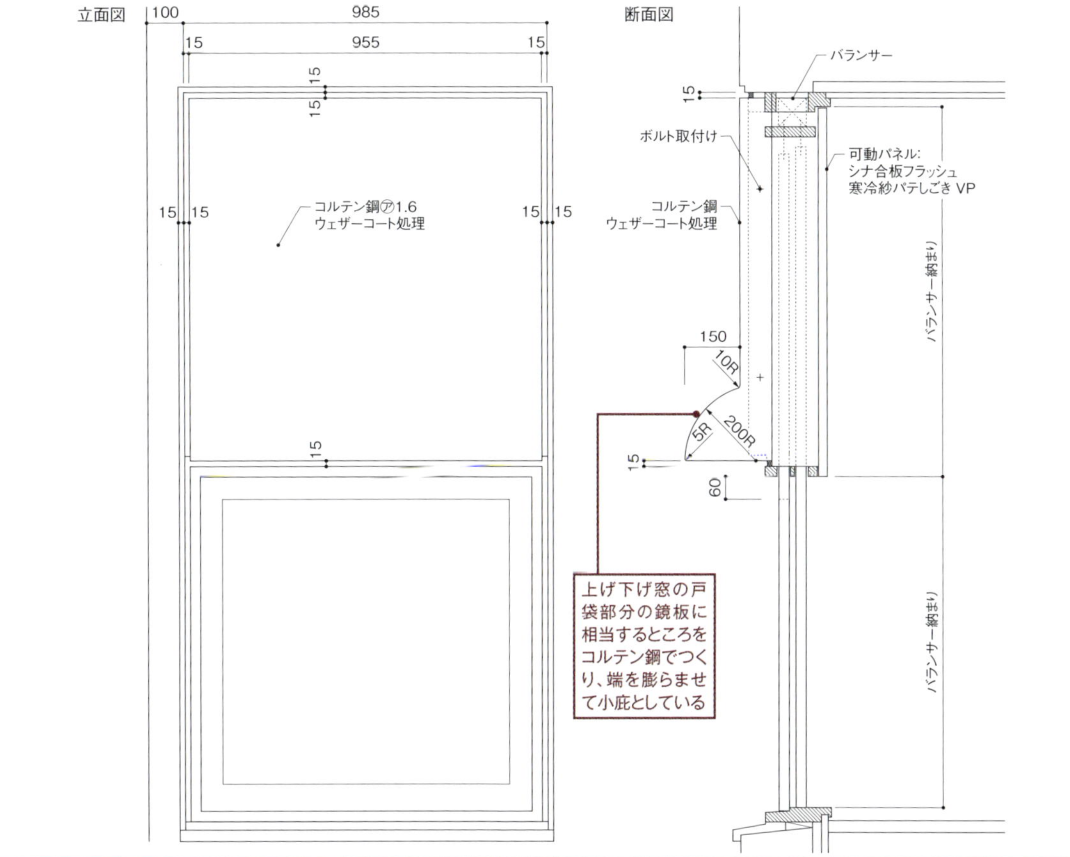

❻「稲垣ボックス」窓廻り断面図｜S=1:30

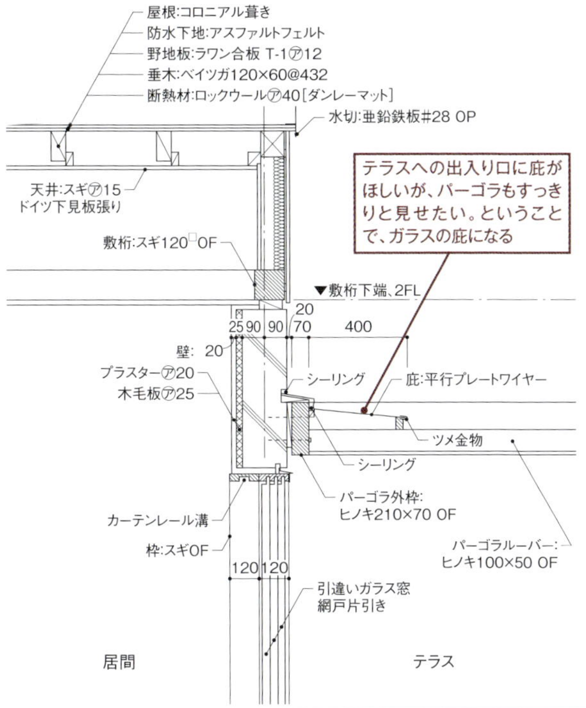

❼「稲垣ボックス」の小庇

L型に配置された2棟の建物の間にパーゴラのかかるテラスがある

❽「船橋ボックス」の庇

庇の出寸法は開口部の状況により適宜変えている。このように幅の広い開口部に対しては出寸法も大きくなる

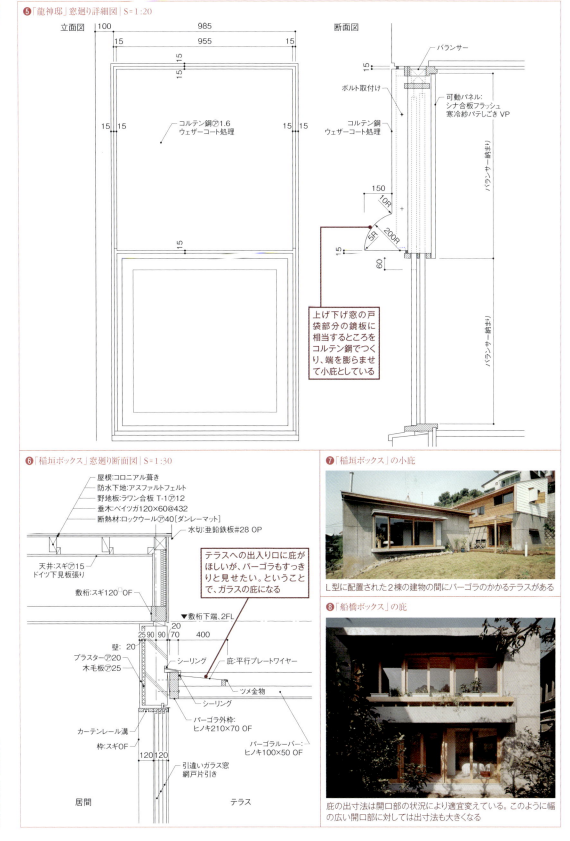

写真❸、❼、❽=村井修、写真❹=宮脇檀建築研究室

引戸の掃出し窓で内外を連続させる

❶「松川ボックス#2」出入口廻り断面詳細図｜S=1:40

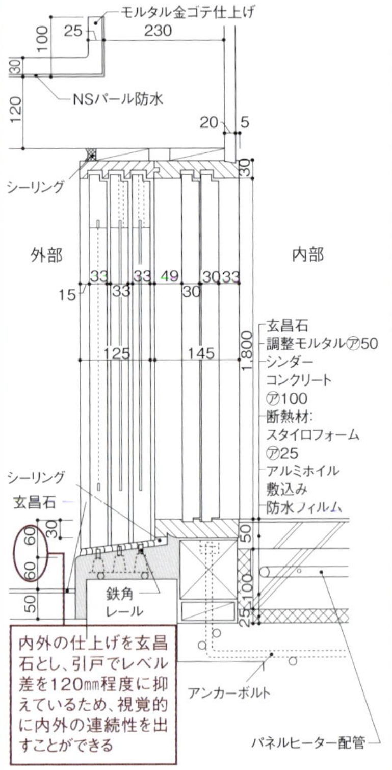

❷「富士道邸」窓廻り断面詳細図｜S=1:40

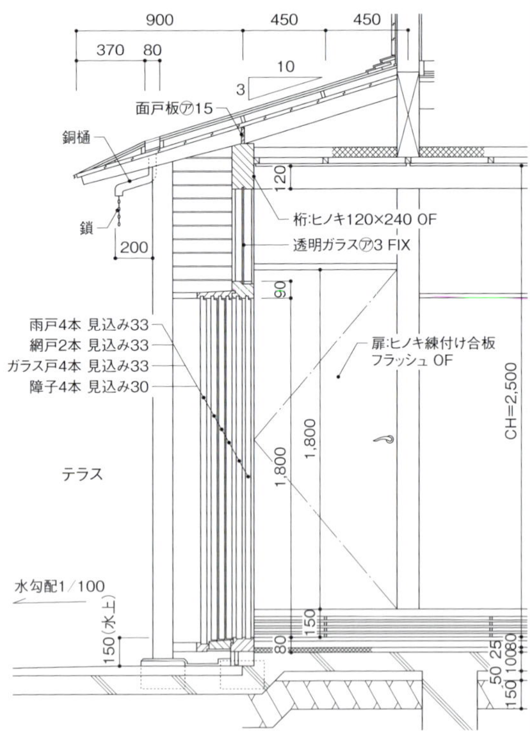

❸「松川ボックス」の内外の連続

内外の床の素材を統一することで、連続性を出している

❹「富士道邸」の内外の連続

正面左の窓を正面の窓に比べ低く抑えて、連続性を出している

テラスやバルコニーに面した開口部はいわゆる「掃出し」といって、床面に敷居がある。ここに納まる建具をどのような構成にするかによるが、場合によってはレールや溝が何本も走り、幅広の敷居になる。

普通、このように開口部をすべて開け放つ場合は、引戸で構成するが、この場合、敷居廻りで気密性や水密性を確保するため、水返しを立ち上げたり、気密パッキンの受け材を取り付けたりと、複雑な断面になる。すると、この部分の表情は明らかに床仕上げ材とは異なってしまう。そのため室内と室外の床の連続感が切れないよう、質感を揃えるなど敷居のつくり方に注意しなければならない。また、エッジの立った敷居溝やレールは、踏んだときの感触も悪いから、フラットに近づけるよう工夫する必要がある。

ただし、引戸で構成した場合には、室内と室外の床レベル差を、水勾配程度に抑えられるので、その点では室内外の連続性を感じさせることができる[❶〜❺]。もし、これを開き戸で構成すると、開口幅をそれほど広くとることはできないし、複数の種類の建具を組み合わせるのが難しくなるが、レールなどがないぶん、足元がすっきりする。

❺「菅野ボックス」断面詳細図

(1) 窓廻り断面図（S＝1:30）

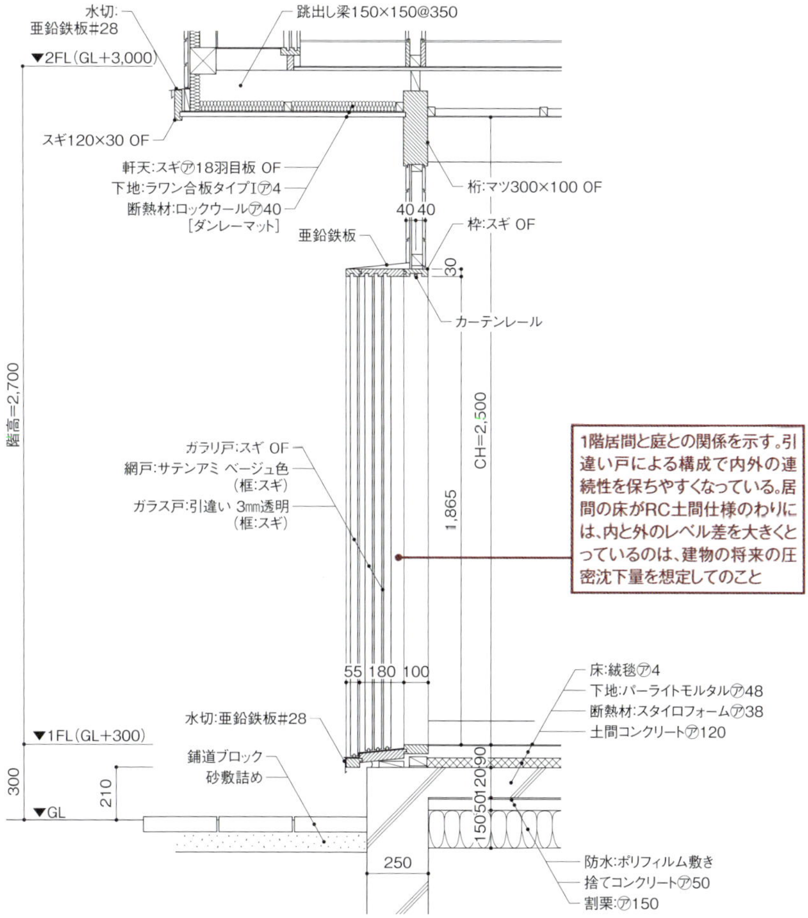

(2) 玄関廻り断面詳細図（S＝1:15）

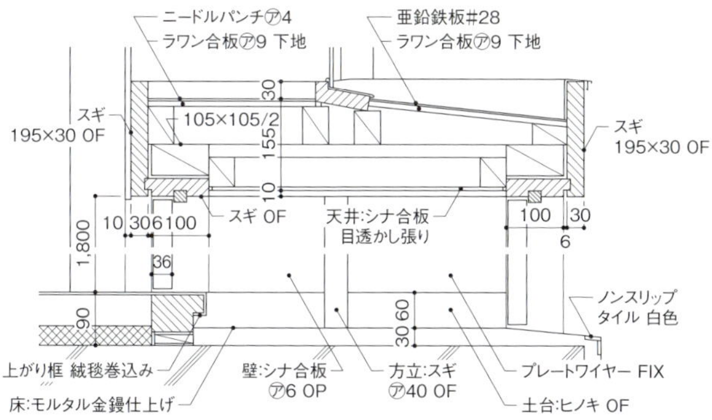

土間スラブに直床仕上げのため、玄関土間とのレベル差は60㎜

南面を見る。1階右が居間であり、庭への出入りは容易にできる

写真❸、❺=村井修、写真❹=宮脇檀建築研究室

躯体と一体化した戸袋をつくる

❶「木村ボックス」開口部詳細図｜S=1:20

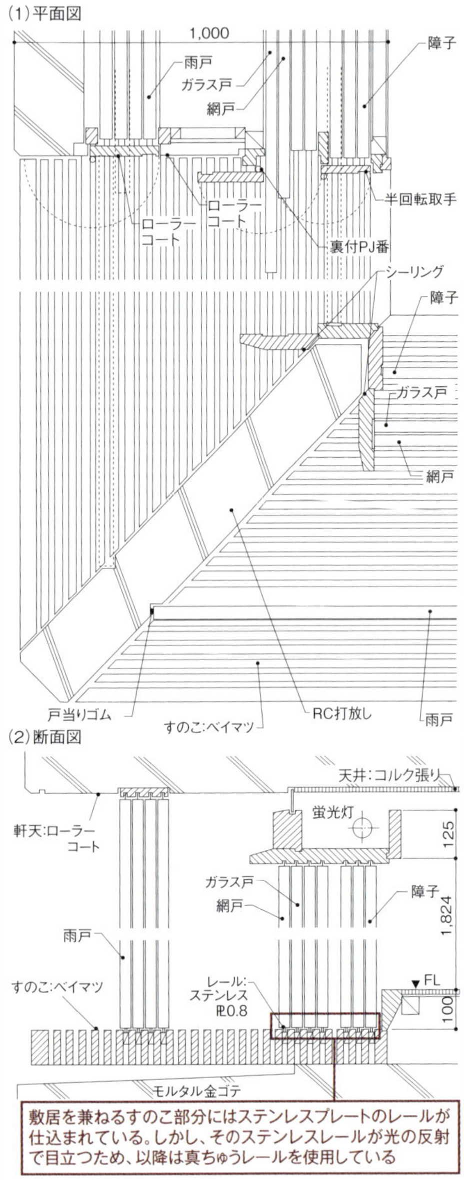

❷「木村ボックス」庭から開口部を見る

幅3,600㎜の全引込みとなる開口部

❸「木村ボックス」1階平面図｜S=1:200

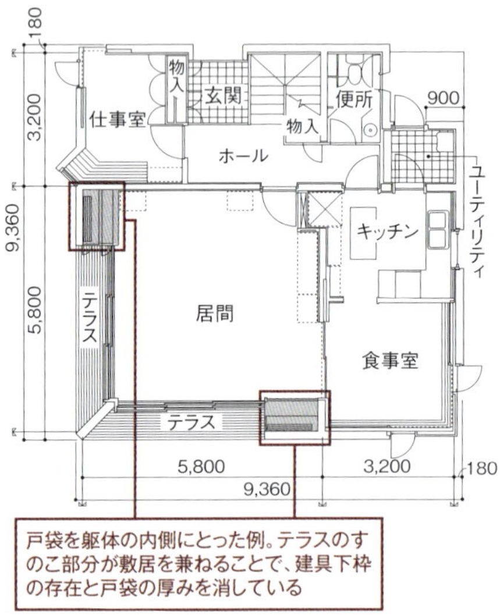

開口部の建具を開き戸にするか、引戸にするかという選択は、いろいろな条件を検討するなかで決まるが、ワイドスパンの開口部を、建具を残さずに開け放ちたい場合には引戸で構成することになる［❶～❻］。しかし、開け放ったときに、左右の隅に建具が残るような中途半端なことでは、狙った効果が十分に得られない。そのため、建具は「引込み戸」にして袖壁のなかに隠してしまうのだ。

この場合、引き込む建具が1本くらいなら、通常の壁厚のなかで処理できるが、2、3本と増えれば、戸袋という専用の収納スペースを用意することになる。しかし、これを雨戸の戸袋のように外壁に張り付けたのでは外観が破綻してしまう。したがって、プランニングのなかで位置どりを検討し、戸袋を躯体と一体化させる工夫をする。戸袋のとり方には、躯体の外側か、内側にとるかの考え方がある。外側にとると、プランニングへの影響は避けられるが、外観のまとめ方に気を使う。内側にとると、戸袋の面積分プランニングへの影響が大きくなるが、外観はまとめやすい。「木村ボックス」は戸袋を内側にとった例だが、テラスのすのこが敷居を兼ねることで、内側からもすっきり納まっている。

❹「名越邸」1階平面図｜S＝1:200

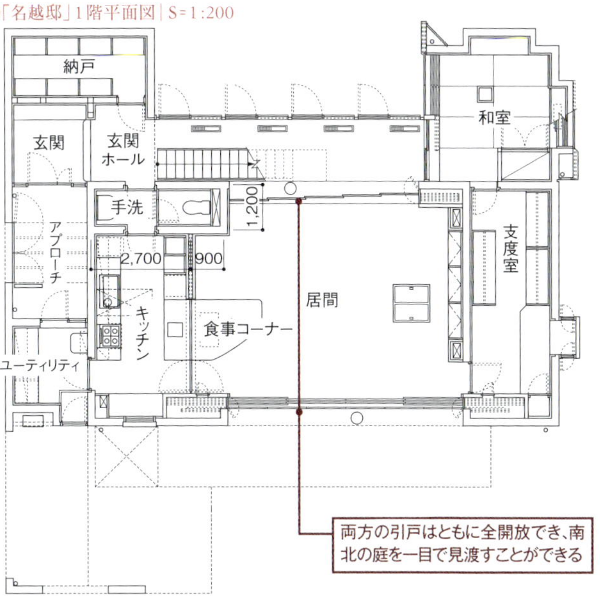

❺「木村ボックス」室内から開口部を見る

建具を全開放した状態。戸袋の存在が気にならない。欄間にははめ殺しのガラスが入っている

❻「名越邸」開口部詳細図｜S＝1:20

(1)居間ー廊下開口部平断面図

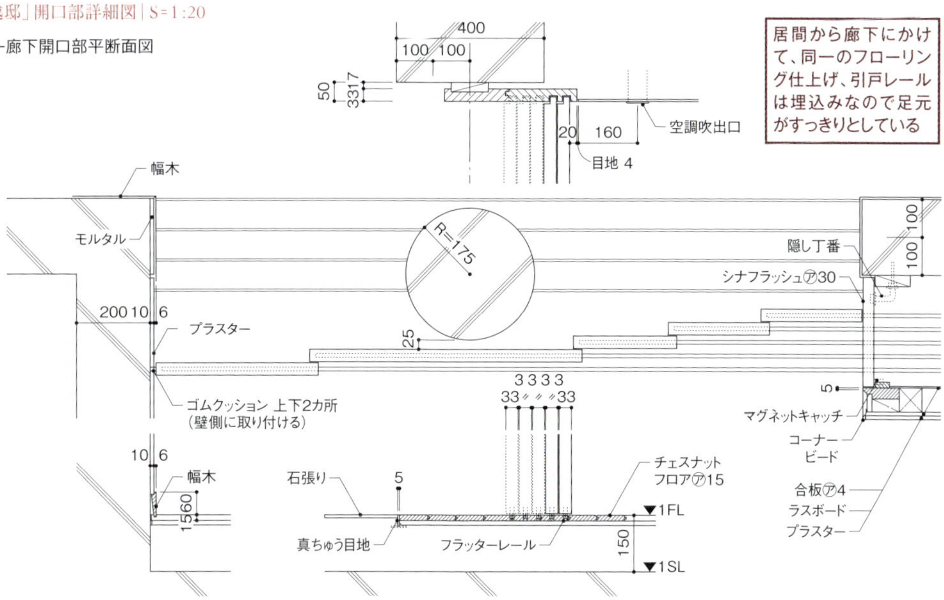

(2)居間ー外部開口部平断面図

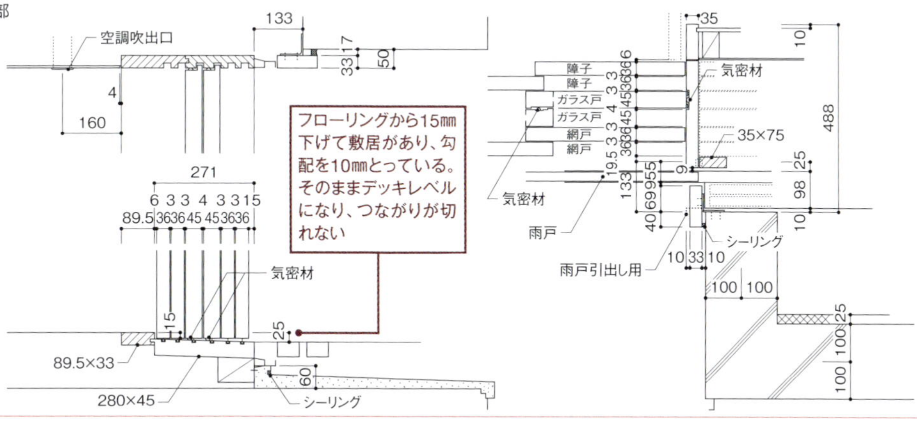

写真=村井修

戸袋蓋で戸袋をすっきり見せる

❶「町田の家」建具の取外しを戸袋内で行う｜S=1:10

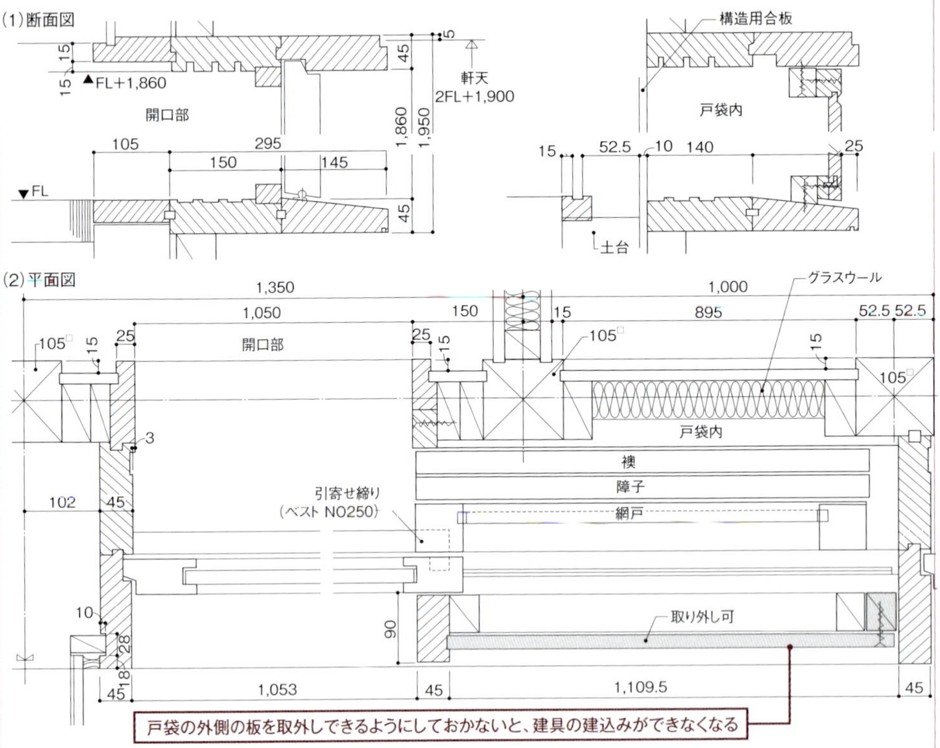

❷「林邸」戸袋蓋を付ける｜S=1:20

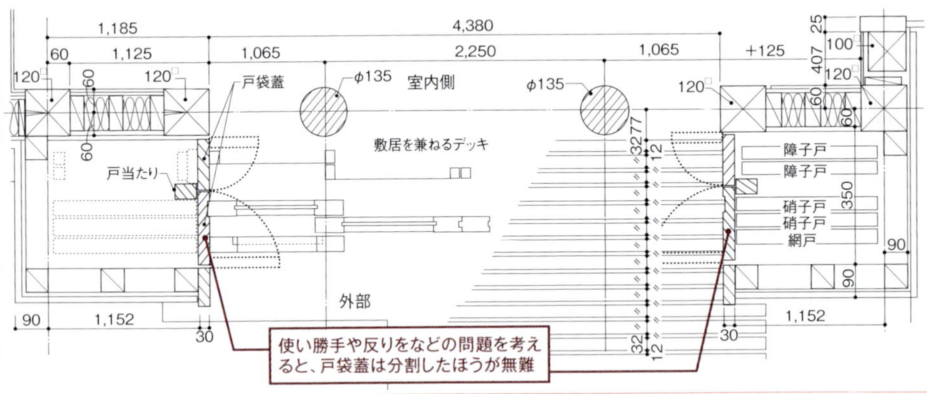

通常の雨戸は、何本仕立てであっても一筋の敷居を走り、戸袋のなかでは敷居を外れ、順に送り込み納める。したがって戸袋の口は建具1本通るだけの幅だけでよい。しかし、ガラス戸を戸袋に引き込む場合は、建具の数だけレールを戸袋に敷き、戸袋の口を建具の数だけ開けなければならない。1本引きの開口部であれば、雨戸、網戸、ガラス戸、障子戸と複層の建具構成でも、戸袋にしまってある建具が「蓋」の役割を果たすので、戸袋口の開口は建具の数だけ開けておけばよいが、建具の幅が、重ね代がある分だけ開口幅より広くなるので、建込みをどうするか、戸袋に細工するなどの工夫をしなければならない[❶]。

また、2本引き、3本引きの建具で構成される開口部の戸袋口は、建具を引き出したあとの戸袋口開口をふさぐ「蓋」を別に考えなくてはならない。その場合、建具の縦框に蓋の役目をする板をつける方法もあるが、普通は、蓋になる幅広の板を戸袋口の開口に取り付ける[❷]。掃出しの開口部では、内法高さがあるため、結構な板材が必要になる。枠材と同一に見せるため同じ材質の材を使うが、積層板を使うなどの工夫により、反り、ねじれなどの不具合に対処する。

❸「藤谷邸」1階平面図｜S=1:200

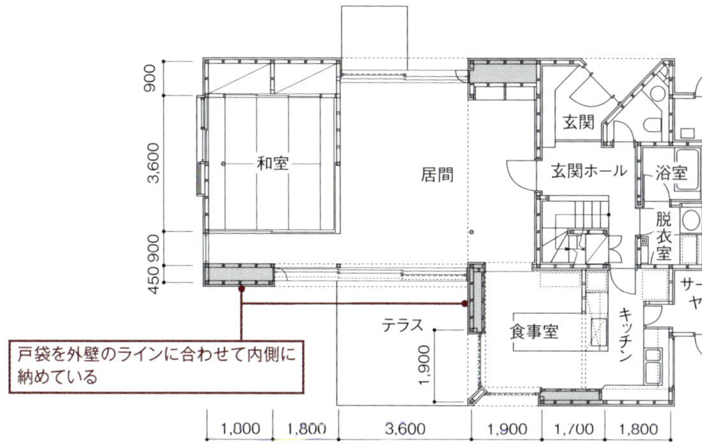

外壁の内側に戸袋を納めているので、立面がすっきりときれいにまとまっている

戸袋には1枚板の蓋が付く。これを閉めると数の多い建具が見えなくなり、見かけがすっきりとする

❹「藤谷邸」開口部詳細図｜S=1:20

(1) 居間ーテラス断面図

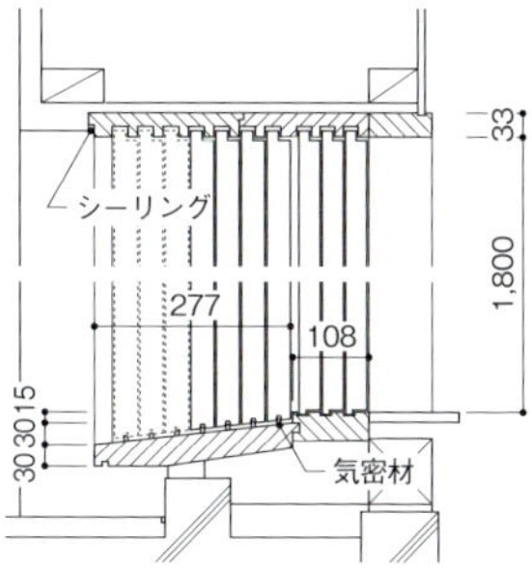

(2) 居間ーテラス平面図

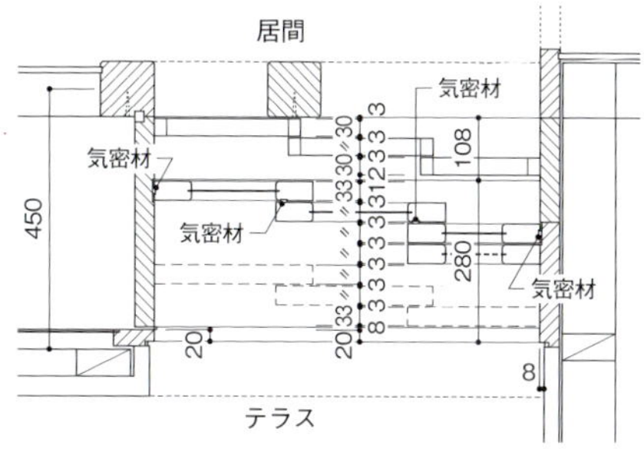

(3) 食事室ーテラス断面図

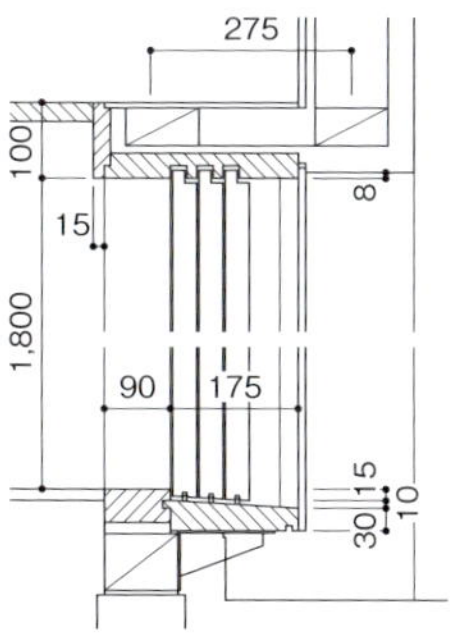

(4) 食事室ーテラス平面図

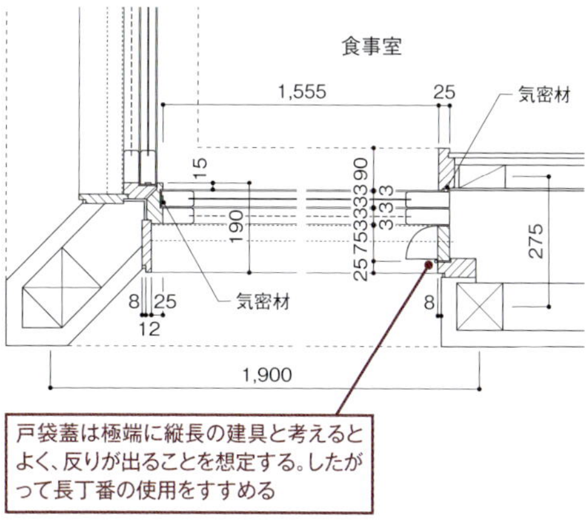

写真=宮脇檀建築研究室

連窓の方立は薄く

❶「町田の家」開口部平面詳細図｜S=1:20

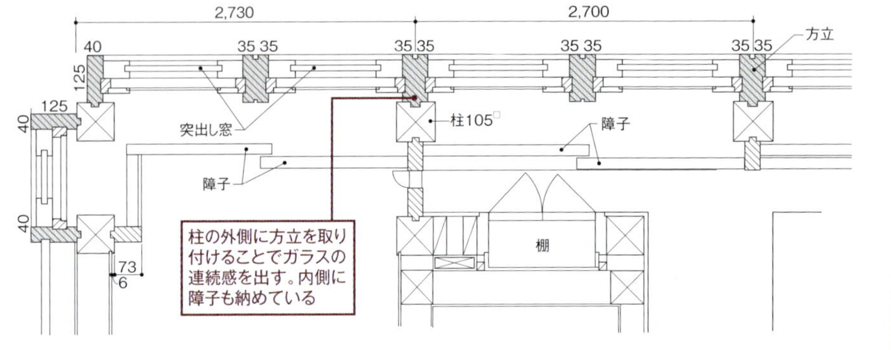

❷「町田の家」開口部断面詳細図｜S=1:20

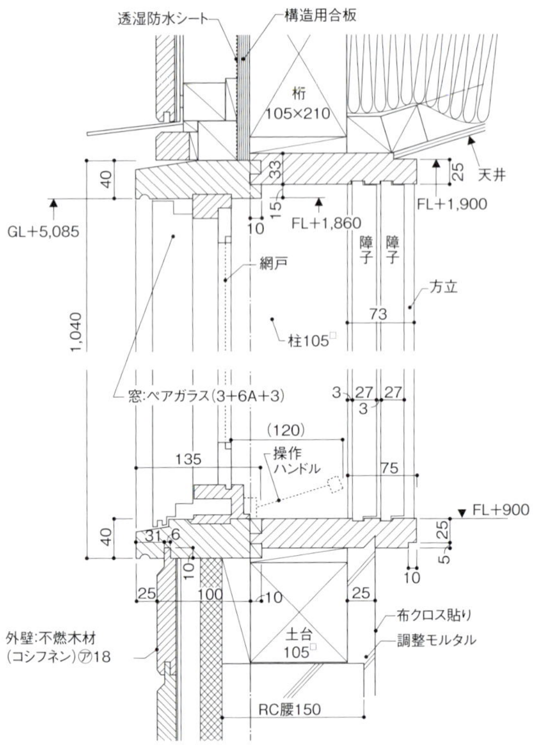

「町田の家」外観。2階腰壁までがRC造でその上に連窓が取り付く

2階室内側より連窓を見る。障子も一体感のある納まりとなっている

連窓による横長の開口は、建物のエレベーションをきれいなプロポーションにまとめやすく、宮脇檀建築研究室でもしばしば登場する。連窓を成立させるには、連窓方立が必要になるが、木造の場合は構造材を兼用した柱を並べ、その間に建具を納めていく方法が最も簡単だ。しかしそれでは、その柱の幅が目立ってしまい、建具の連続感が弱くなってしまう。

そんなときには、構造体ラインの外側に連窓をもってくればよいのだ［❶～❼］。これにより連窓方立の扱い方次第で、かなりの連続感を出すことができる。しかし、連窓方立の見付け幅は柱に比べて細いとはいえ、建具の框＋枠＋方立＋枠＋框という複合されたときの見付け幅は、柱以上のシルエットになってガラスの連続感を邪魔してしまう。そこで、框＋框の見付け幅のなかで方立が納まるように考えれば、連続感が途切れないというわけだ。また、連窓をきれいに見せるには、建具の框面やガラス面が同一に揃っているほうがよい。そのためには建具仕様が突出し窓や片開き窓などに限られてしまう。この事例では既製の木製建具を使用した例だが、框を兼ねた方立にスリットを入れてさらに薄く見せ、連続感を強く出している。

❸「三宅ボックス」南立面図｜S=1:200

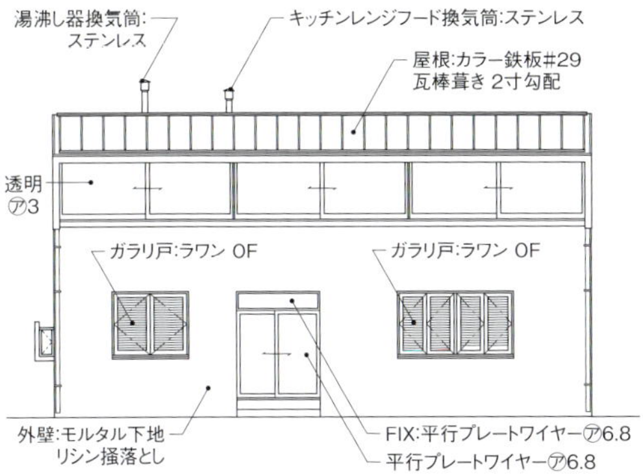

❹「三宅ボックス」2階平面図｜S=1:200

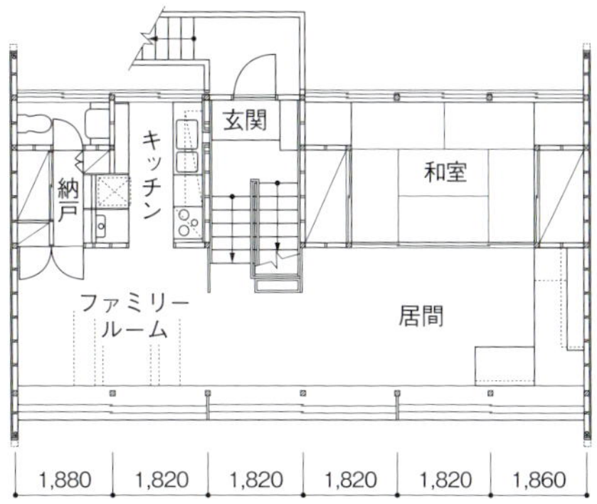

❺「三宅ボックス」南面の連窓

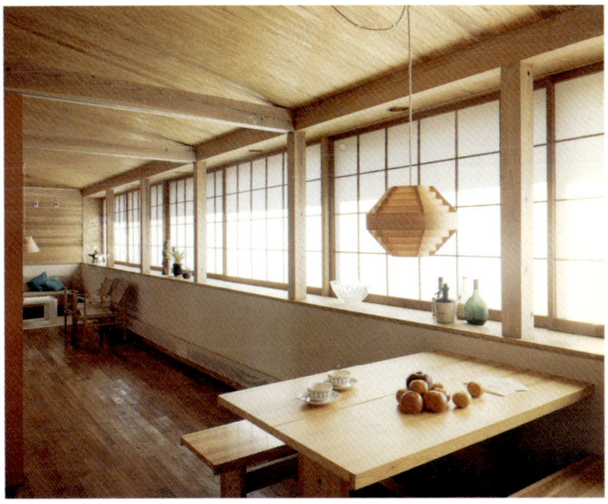

構造体の柱の外に建具を納めることで、方立を薄く見せることができ、連窓を強調できる

❻「あかりのや」外観

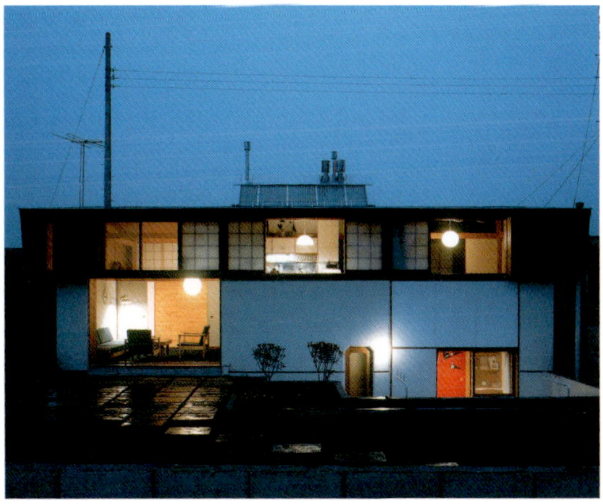

2間間隔という長スパンに立つ柱の間に建具が入っているので、柱の太さがあまり気にならずにすんでいる

❼「森ボックス」2階平面詳細図｜S=1:20

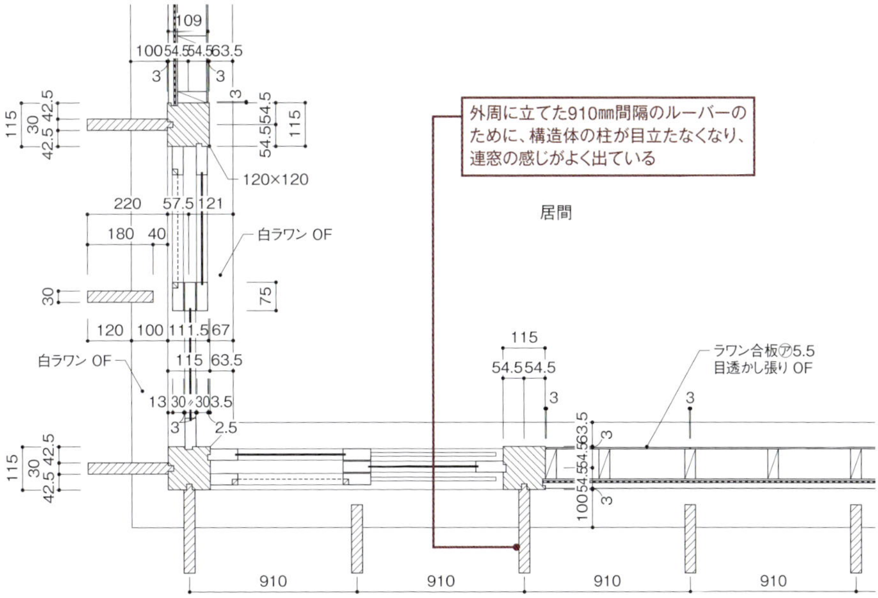

写真❷=新建築写真部、写真❺、❻=村井修

開口部は「抜け」の感じを出す

❶「藤江邸」断面詳細図｜S=1:50

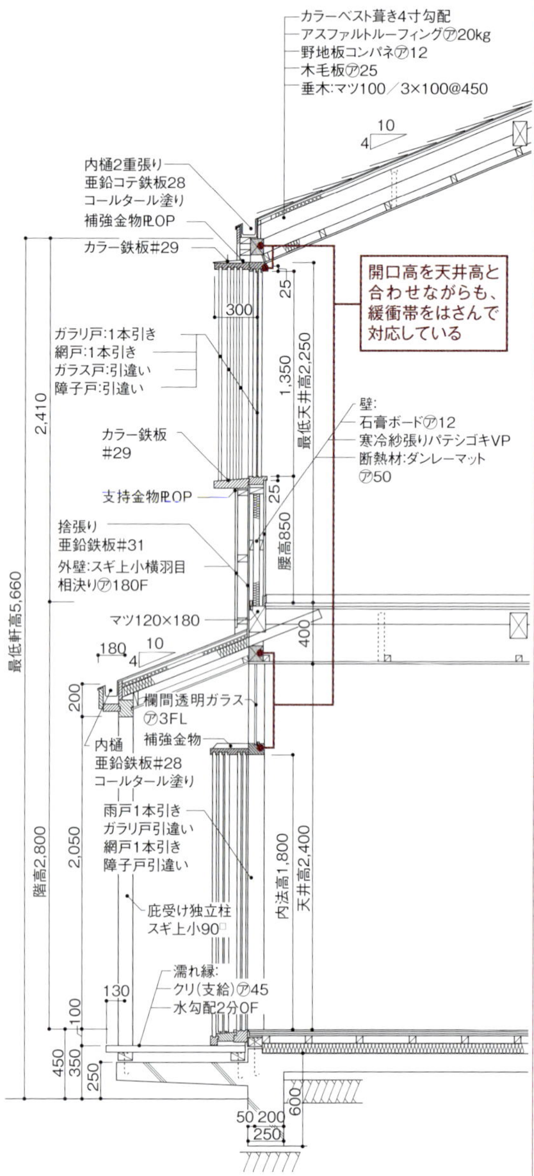

❷「あかりのや」断面詳細図｜S=1:50

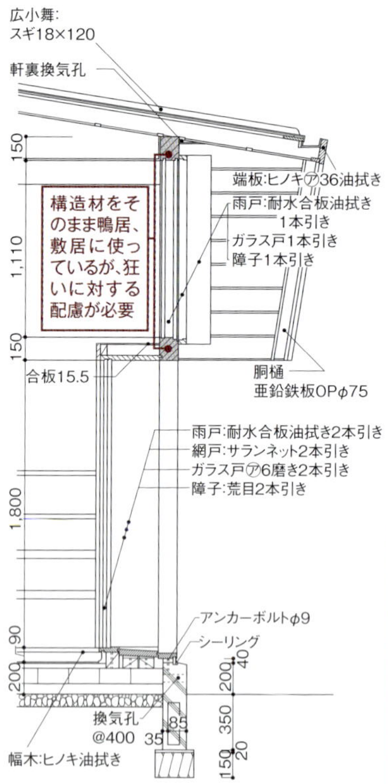

❸「藤江邸」開口部

上部をFIXとして躯体の歪みを調整している

フルオープンの開口部を計画する場合、内法高さを決めるのに2つの考え方がある。

1つは、この開口部を特別な場所と考え、天井いっぱいまでの内法高さにする。天井いっぱいの開口部は「抜け」の感じが強く出るので、大きな開口部の広々とした開放感をたっぷり味わえる。もう1つは、部屋の出入口など、ほかの開口部の内法高さに合わせる考え方である。たいてい内部建具の内法高さは2m前後なので、開口部の高さをその内法高さに合わせると、フルオープンの開口部にも小壁がつくことになる。そして「抜け」の感じが多少弱くなる（といっても、開口幅が広いから抜ける感じは出る）。しかし、室内の統一感は出るので、これも「あり」といえる。

ワイドスパンの開口部を設けるからには、梁や桁といった構造材のせいも大きくなる。しかし、天井いっぱいの内法にするために、構造材に直接鴨居を取り付けるような納まりとするのは危険だ［❶］。ワイドスパンになると、当然、構造材の狂い（垂れ、ねじれなど）を想定しておくべきで、建具を入れるなど、鴨居に伝わる歪みの調整方法を考えておきたい［❷～❻］。

❹「三宅ボックス」断面詳細図｜S=1:40

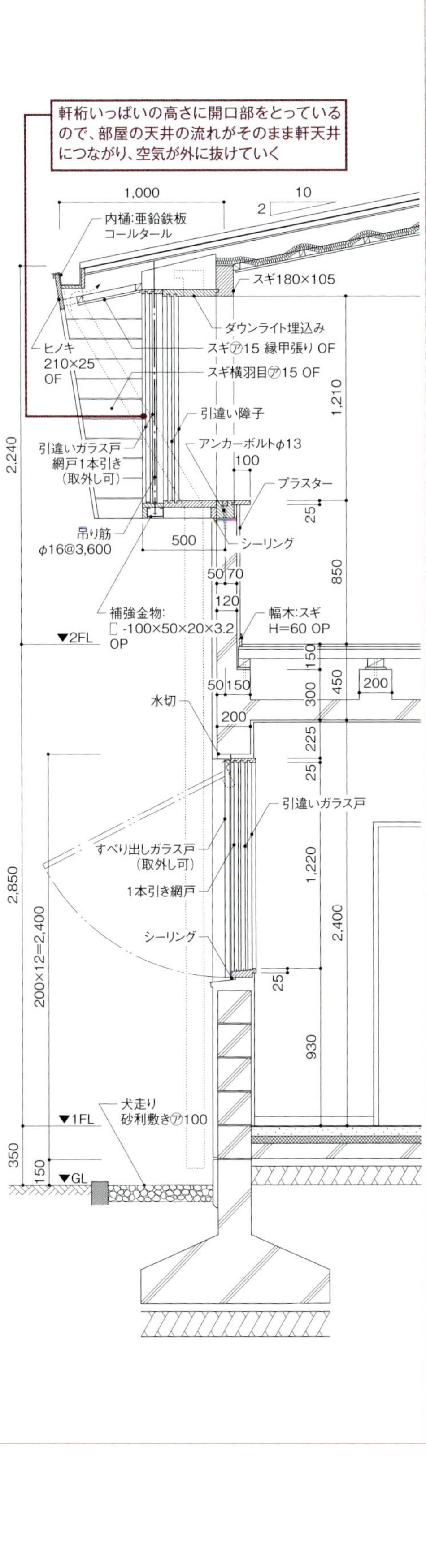

❺「ChoiBox」断面詳細図｜S=1:40

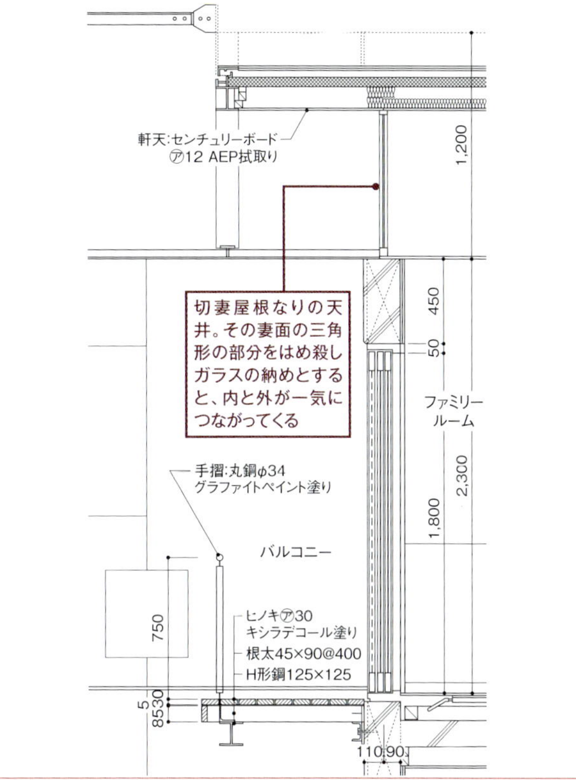

❻「高畠ボックス」断面詳細図｜S=1:8

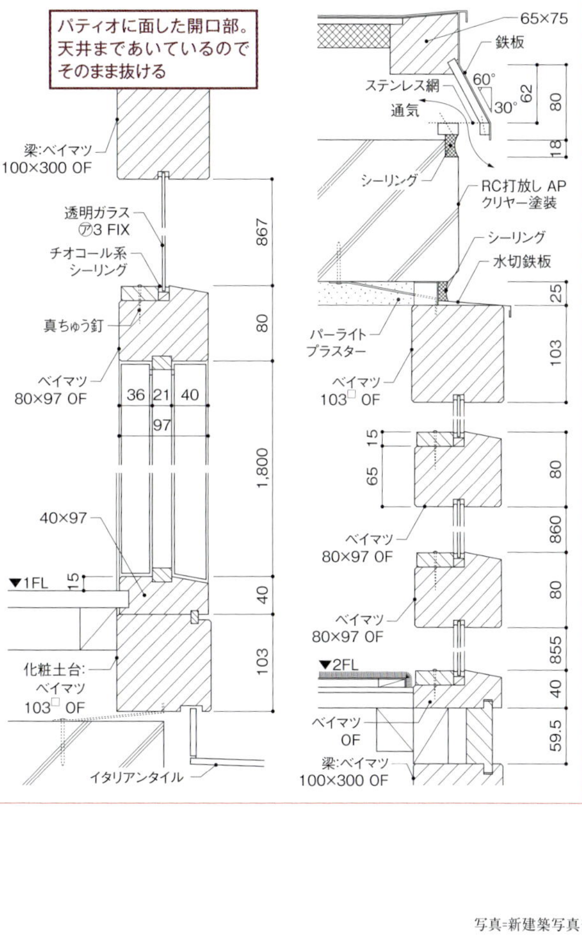

写真=新建築写真部

❶「Choi Box」浴室平面詳細図｜S=1:30

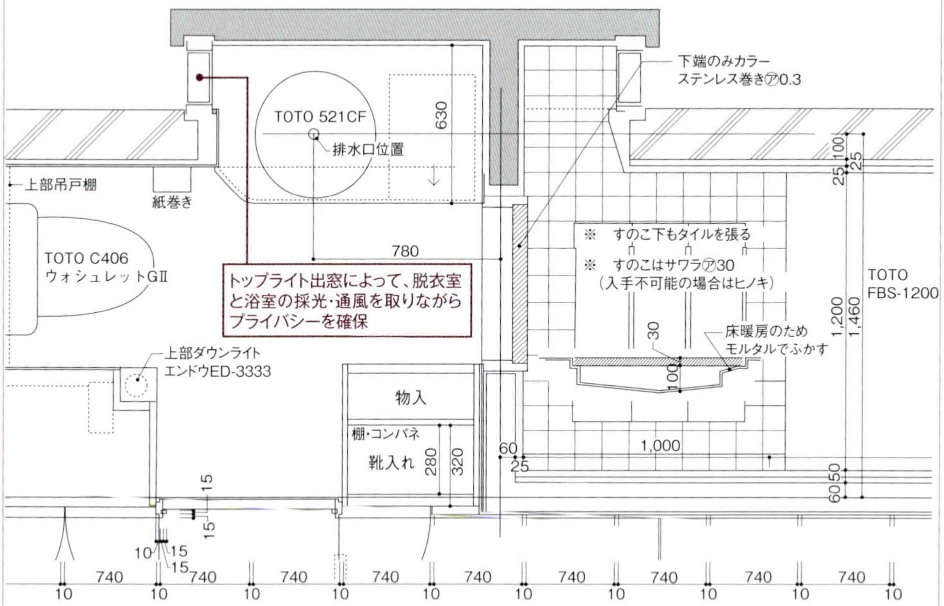

❷「Choi Box」浴室立面詳細図｜S=1:50

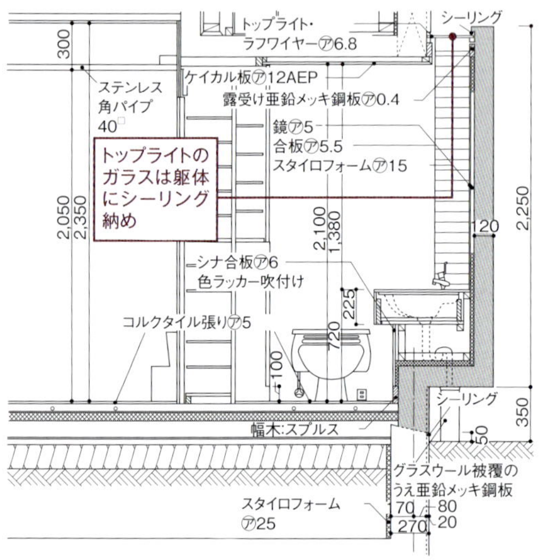

❸「Choi Box」平面プラン｜S=1:250

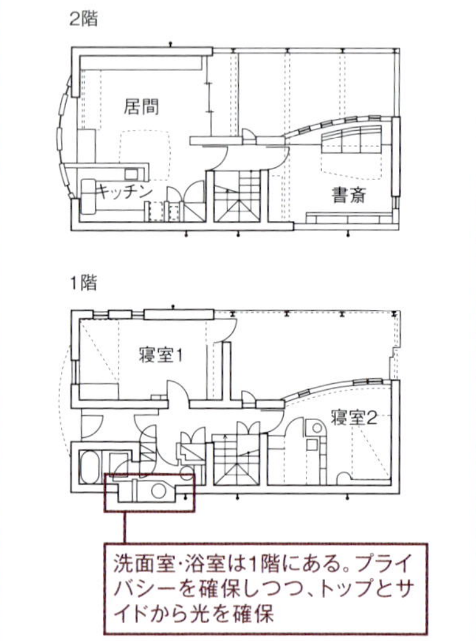

トップライト出窓でプライバシーを守る

開口部を設ける主な目的は採光と通風を確保するためだが、設ける場所によっては、他人に覗かれたり、隣家を覗いたりすることになってしまい、具合が悪い。

これは住宅が密集して建つ都市型の住宅地ではよくあることで、寝室、浴室、トイレなど、プライバシーがほしいところではこれらの対応策を考えておく必要がある。

宮脇檀建築研究室が使うトップライト出窓はその1つの答えである。これは、出窓の正面は壁になっていて視線を遮るが、屋根のガラス面と、両サイドの袖に設けた小窓から採光するもので、サイド小窓を開閉できるようにすることで通風を確保している。このような隙間的なトップライトやサイドライトを使えば、視線を制御することができる［❶～❺］。

視線を制御する方法には、ルーバーを使う手もある。取付けにあたって、縦型または横型のブラインドを窓に付けるのはその応用である。

さらに建築と一体化する場合は、ルーバーの羽角度を調整してやると、部屋の立つ位置に合わせて、見たくない（見られたくない）方向の視線を遮り、見たい方向の視線は確保する、といったことも可能になる。

❹「名越邸」寝室展開図｜S=1:60

(1)展開図1

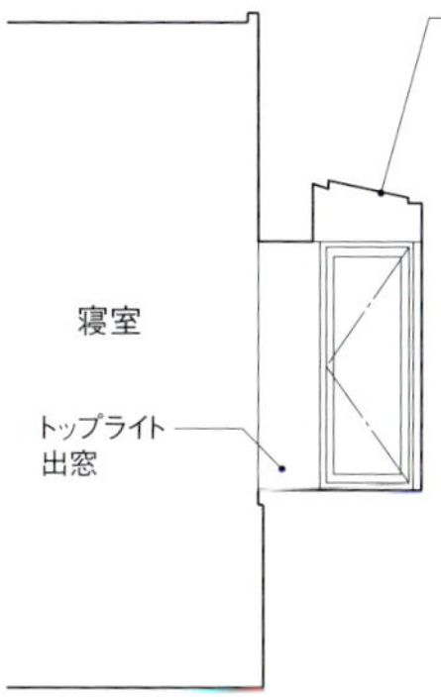

(2)展開図2

敷地境界の近くに寝室の窓がくるときは、トップライト出窓を採用する

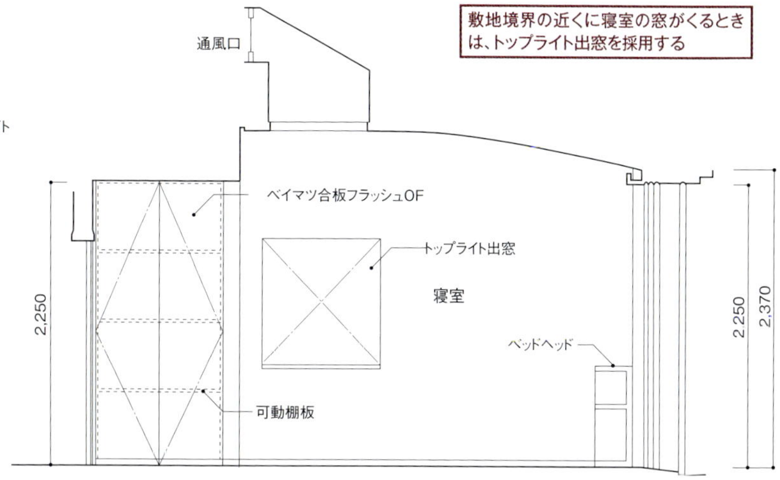

❺「橋爪邸」浴室

(1)断面詳細図(S = 1:40)

2階にある浴室、脱衣室の採光、通風用の出窓。隣地境界に近くそのまま開口部をとったとしたらプライバシーを確保できない

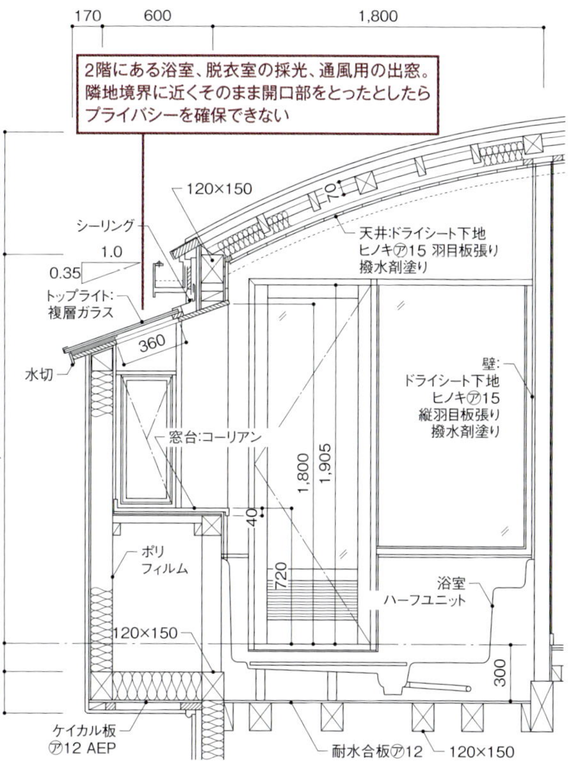

(2)平面図(S = 1:100)

トップライトは採光用。通風は横の窓の開閉で確保する

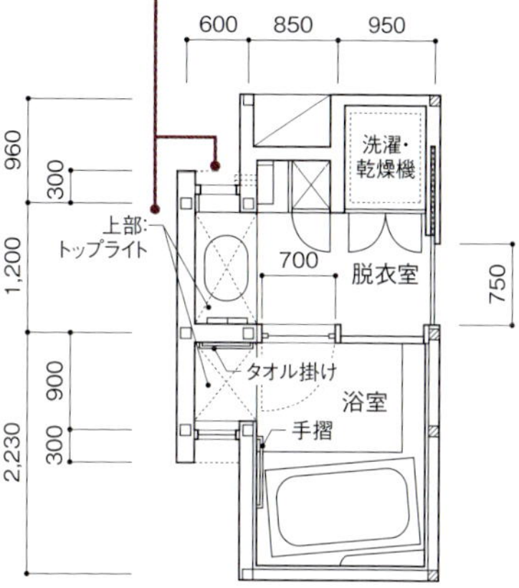

窓は突出し・すべり出し、掃出しは引戸に

❶「薬師邸」開口部詳細図｜S=1:6

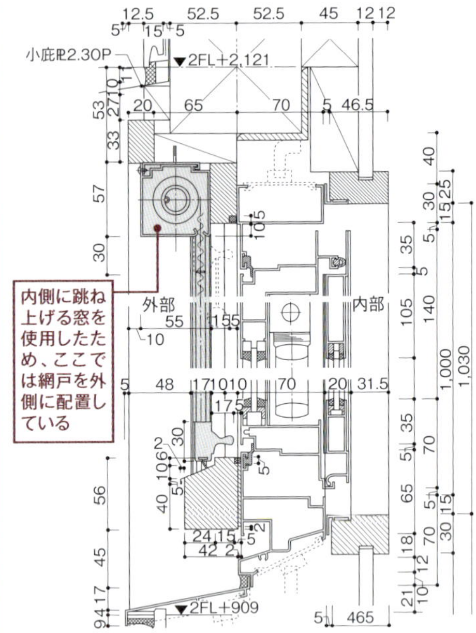

❸「富士道邸」の掃出し窓

片引き戸なので、ガラス戸は戸袋に収納して隠す

❷「薬師邸」平面図｜S=1:200、開口部詳細図｜S=1:20

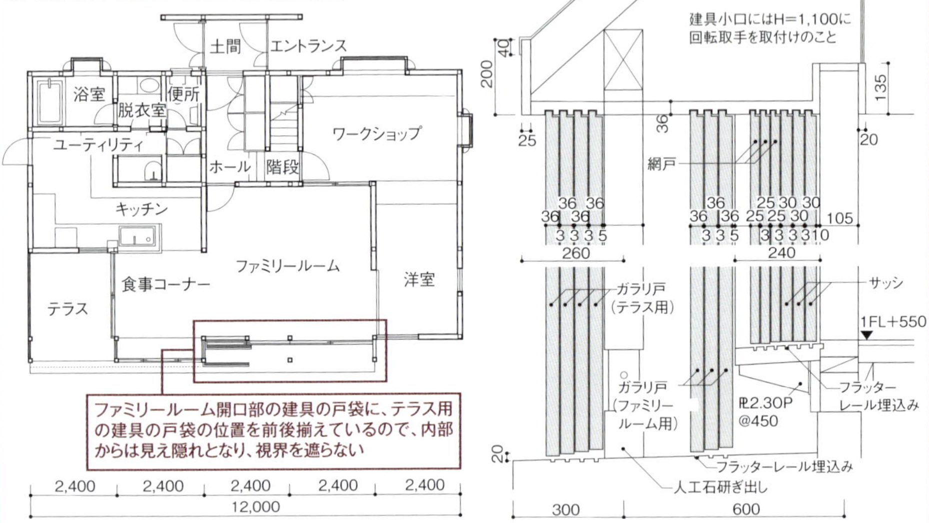

宮脇檀建築研究室では、窓には突出しまたはすべり出しが多く、掃出し部には引戸を使う。突出しやすべり出しタイプを使うのは、多少の雨であれば、通風のため、開けたままにしておけるからである。また、正方形プロポーションの建具をつくりやすく、エレベーションをきれいにまとめるのに便利だからでもある。ただし、このタイプの建具に、ほかの種類の建具（網戸など）を組み合わせようとすると、内側に重ねていくことになるので、それぞれの建具の開閉操作を考える必要がある［❶、❼］。たとえば、網戸を片開きにして内側に開くと、もう1つ別の建具（障子など）の組合せができなくなるから、網を巻き上げたり畳んだりと、平面上で可動するように工夫し、障子が使えるスペースをつくり出す必要がある。また部屋を暗くするため雨戸が必要ならば、内側に片引きの襖戸をつけることでも対応可能だ。このように、突出しやすべり出しでは構成を熟考したい。

その点、引戸で構成した場合は、雨戸＋網戸＋ガラス戸＋障子と必要な建具を順に重ねればすむから容易である。❷では2カ所の開口部の建具を1カ所に収納することで、内部からの視界を遮らない工夫をした。

❹「植村邸」平面図｜S=1:200

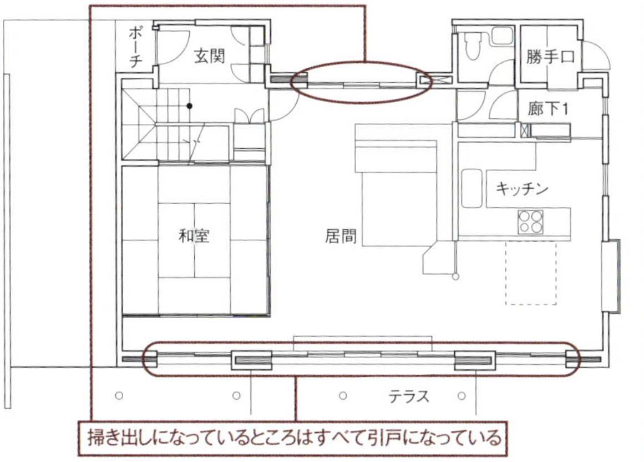

❺「名越邸」開口部断面詳細図｜S=1:20

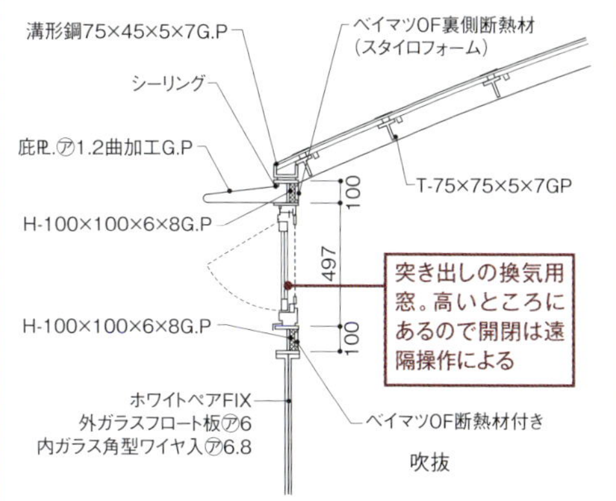

❻「田中ボックス」平面図｜S=1:200

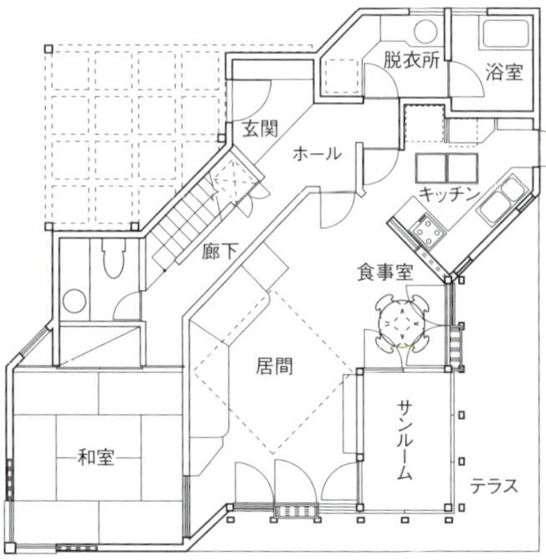

1階のサンルームのテラス間はガラリ戸の引戸。部屋とサンルームの出入りは開き戸による

❼「田中ボックス」開口部断面詳細図｜S=1:20

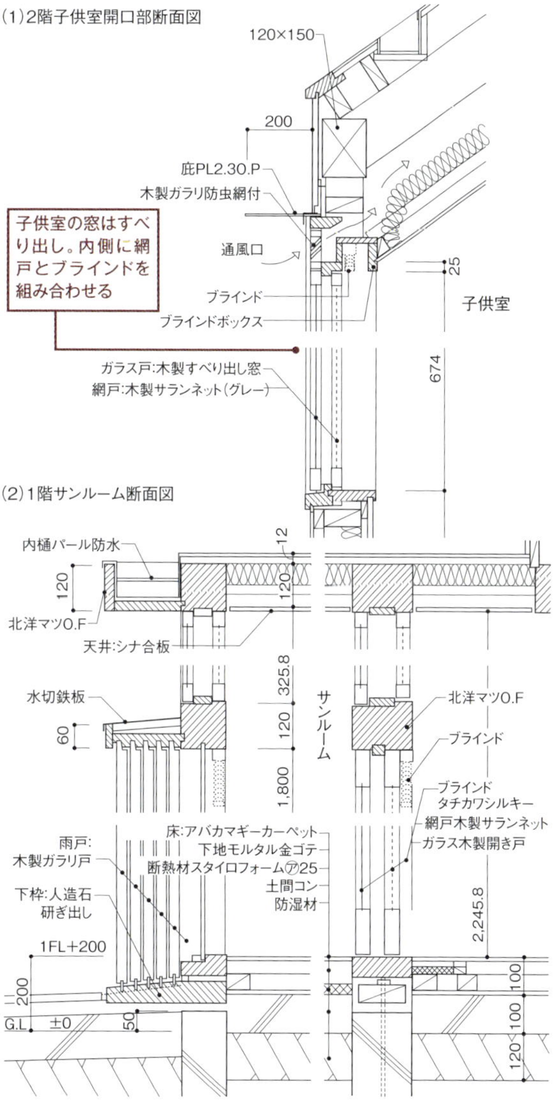

写真=村井修

トップライトの暑さ対策

❶「下立邸」断面図｜S=1:200

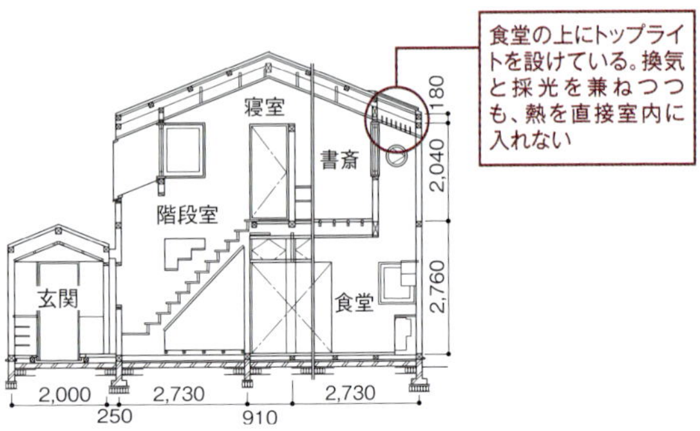

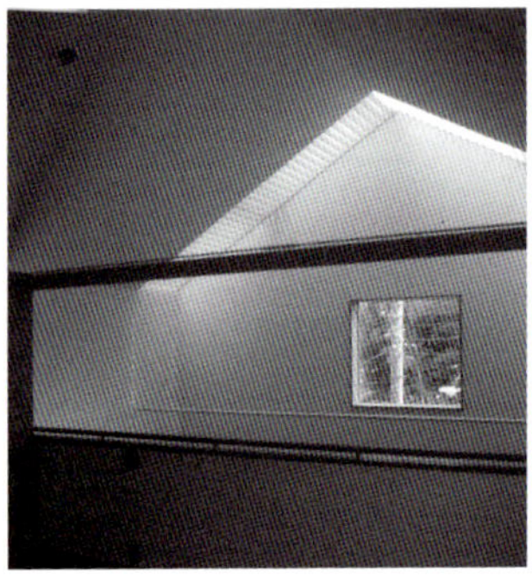

「小野木邸」のトップライト。壁面に沿わせて設置することで、熱を遮断。ただし、光は十分にそそぎ込む

❷「下立邸」トップライト詳細図｜S=1:8

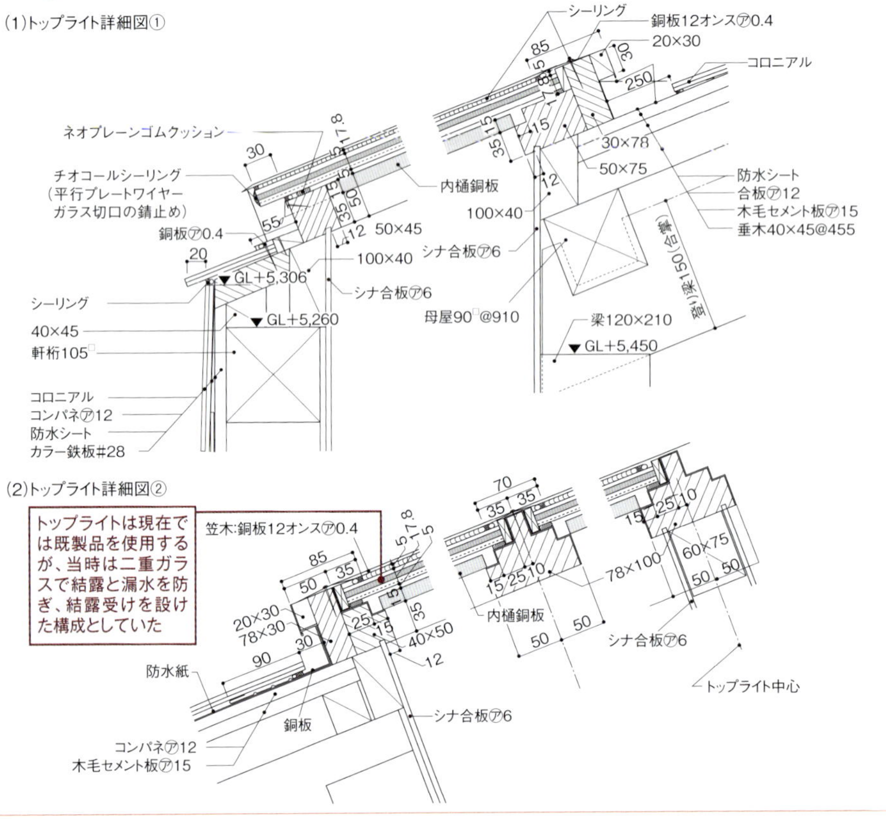

狭小の敷地に住宅が密集する環境が増えてくると、壁面に開口部を設けたのでは、採光上有効と認められないか、プライバシーを確保するのに四苦八苦することになるため、結局トップライトに頼ることが多くなる［❶～❹］。

トップライトやハイサイドライトから入ってくる明かりは、通常の壁面の窓から入る明かりに比べて高揚感をもたらす効果があるため、使い方によっては劇的な演出も可能になる。ただし、設ける位置や、明かりの採り入れ方には注意が必要となる。トップライトからは直射日光が入りやすく、それと同時に熱も入ってくるからで、これらを考慮したうえで設置をしなくてはならない。対応方法としては、次のような対策を考えたい。

①トップライトと室内の床面との距離をとる（吹抜け越しに1階で受ける）
②トップライトを南向きに設置しない
③トップライトを部屋の隅に設定し、直射光の影響が部屋の中心部に及ばないようにする
④ルーバーを組み合わせて直射光を制御する
⑤トップライトのガラスを遮熱、断熱性能タイプにする
⑥夏はガラス面によしずを掛ける

❸「伊藤明邸」トップライト南北断面図｜S=1:40

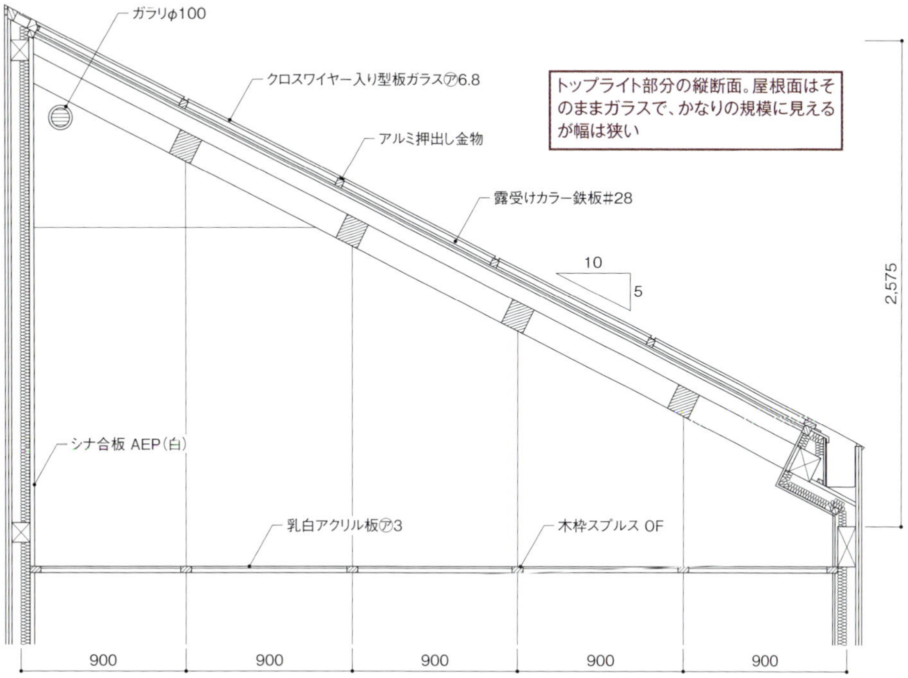

❹「伊藤明邸」断面図｜S=1:100

居間よりトップライトを見上げる。見えているのはアクリル板

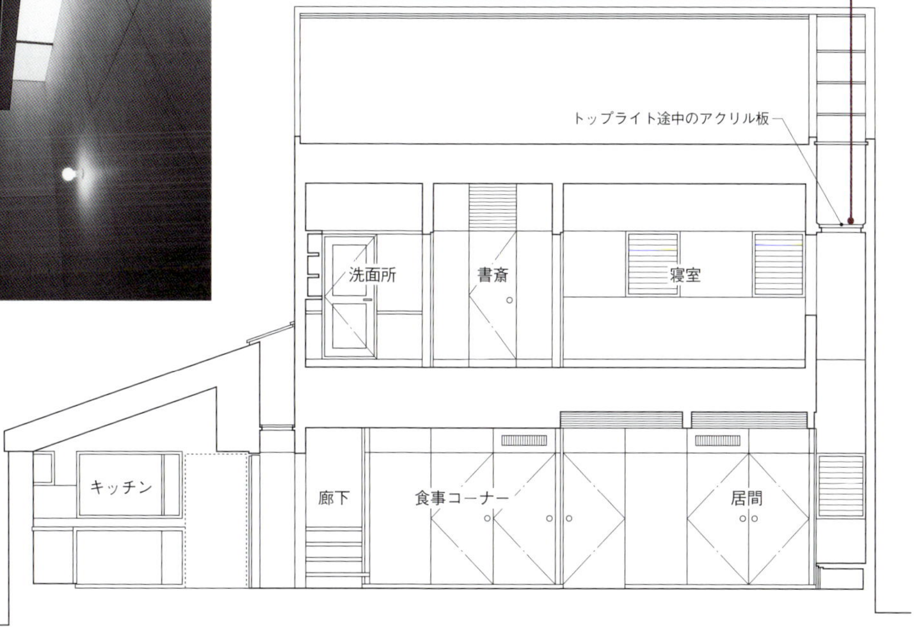

写真=宮脇檀建築研究室

トップライトで室内換気を兼ねる

❶「マッチ・ボックス・ハウス」トップライト断面図｜S＝1:80

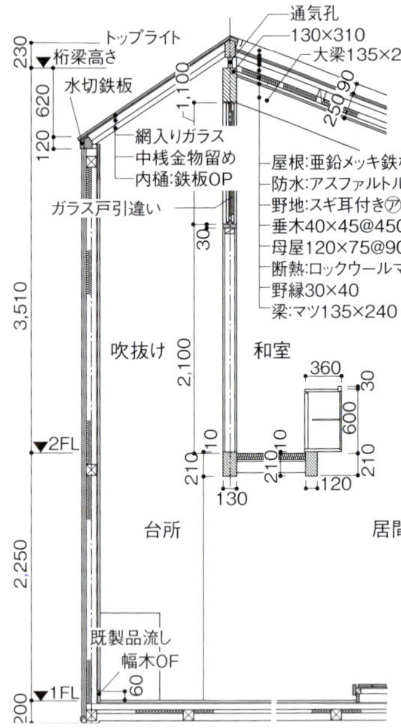

キッチン上部にトップライトを設けることで換気を兼ねている

❷「マッチ・ボックス・ハウス」トップライト内部展開図｜S＝1:100

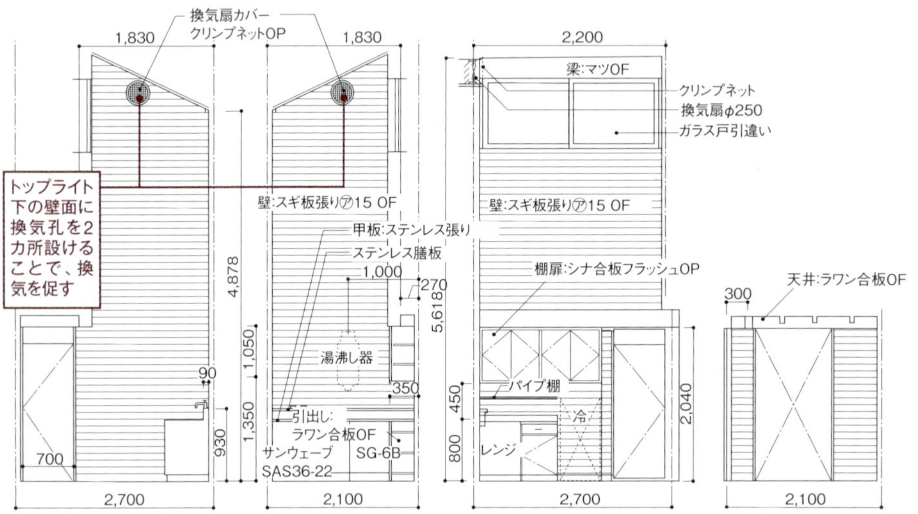

トップライトを設ける本来の目的は採光のためだが、高所に位置することや壁面ではないことを利用して、トップライトに加えてほかの機能をもたせることがある［❶〜❹］。

たとえば、狭い台所にトップライトを設けると、壁面を開口部にとられないので、食器棚を設けるなど使い勝手を優先したレイアウトができるうえに、日中の必要な明かりは十分に手元へ届く。しかも、高いところにあるトップライトを遠隔操作で開閉できるようにすると、トップライトまでのルートがちょうど排気ダクトのような役割を果たす。ここに換気扇も設置し、家中の換気経路の出口にすると、台所の空気圧が負圧になって、キッチンで発生する臭いなどが家中に蔓延するのを防ぐことができる。

住まいの換気計画を考えるときに大切なのは、空気の入口と出口をセットで用意することなのだが、平面図ばかり見て検討していると、なかなか出口がとれないことがある。そんなとき、空気の入口（壁面の開口部）の反対側にトップライトを用意して、開閉できるようにすることで、換気経路の出口とすることができる。平面で見つからなければ、断面で検討してみるのがポイント。

❸「松川ボックス＃2」キッチン部断面詳細図｜S=1:40

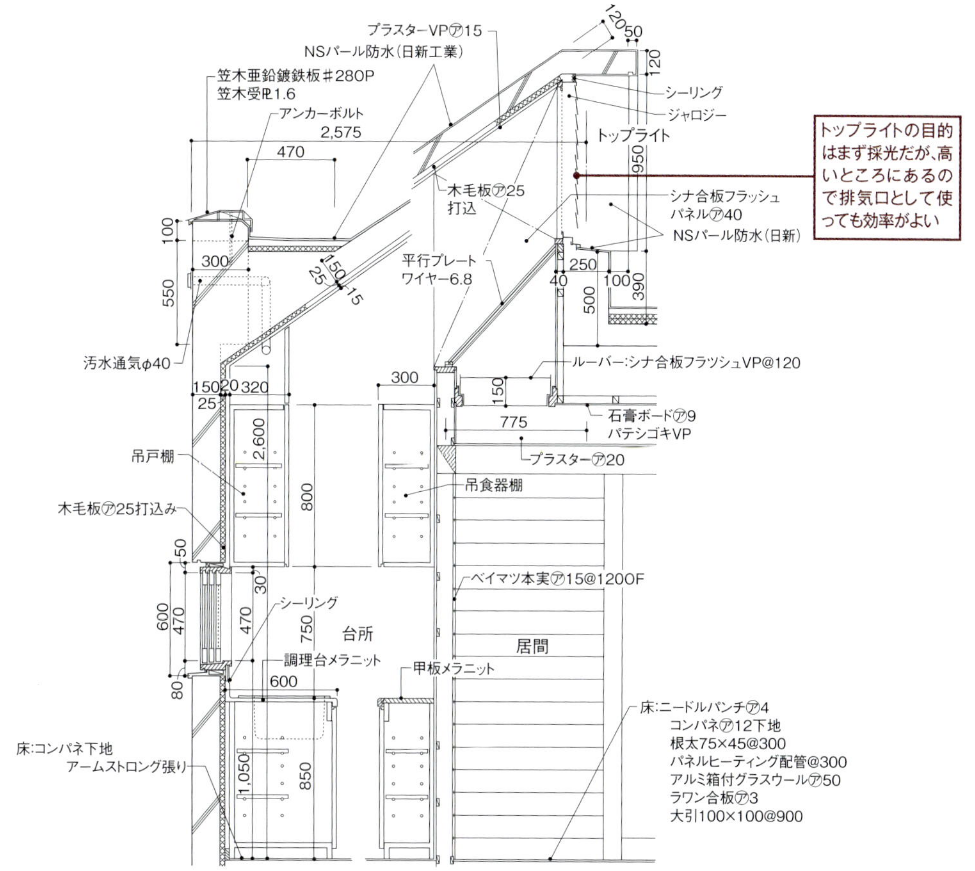

❹「松川ボックス＃2」キッチン部展開図｜S=1:60

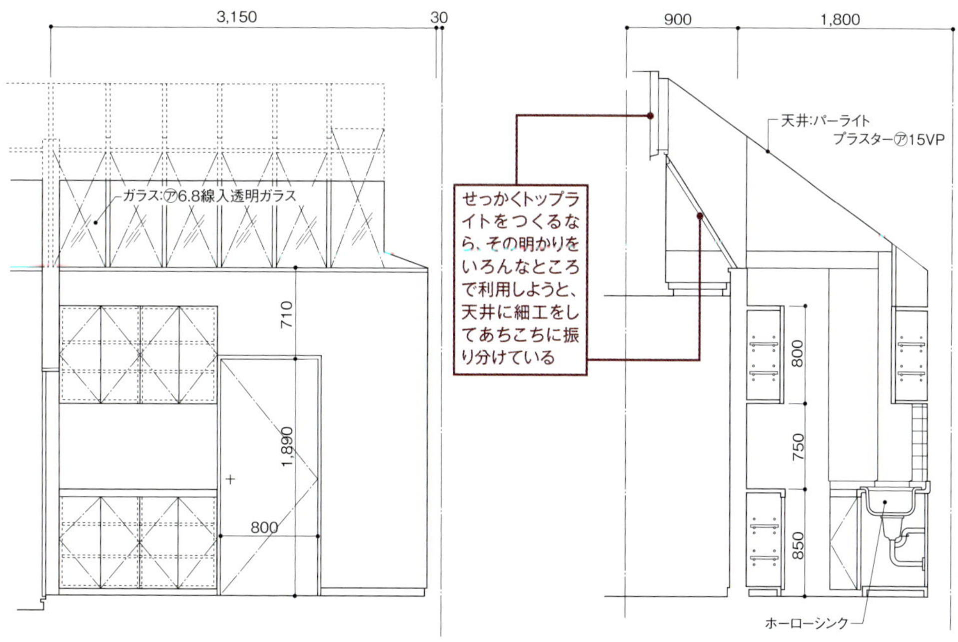

写真=宮脇檀建築研究室

サッシレスのFIX窓に通風を

❶「中山邸」窓廻り詳細図

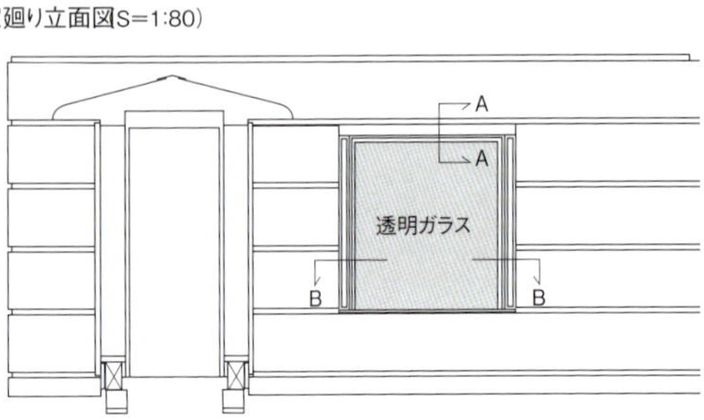

「中山邸」のビューウィンドウ。左右に通気装置を設置

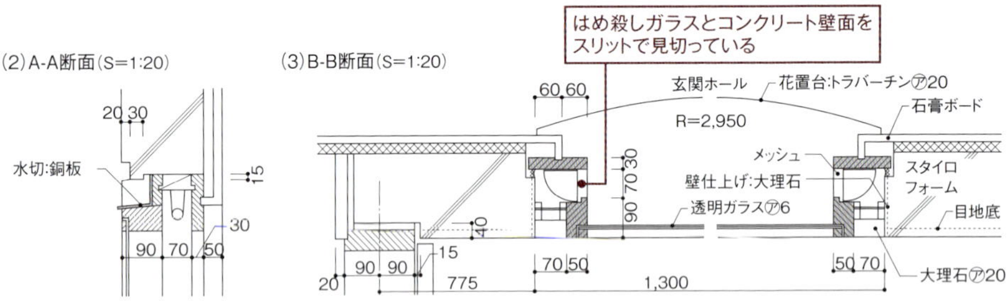

❷「森井邸」浴室窓廻り詳細図

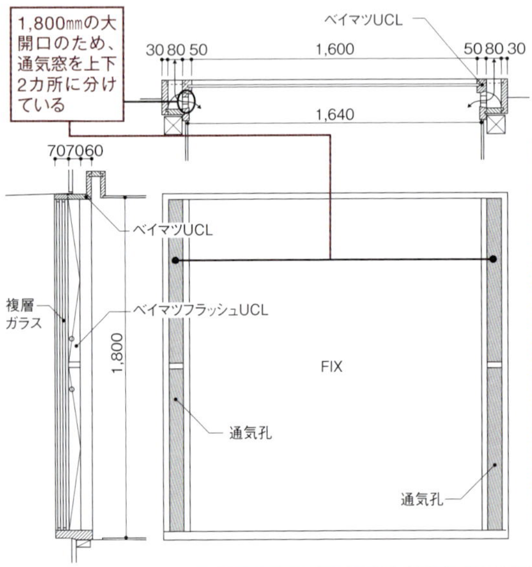

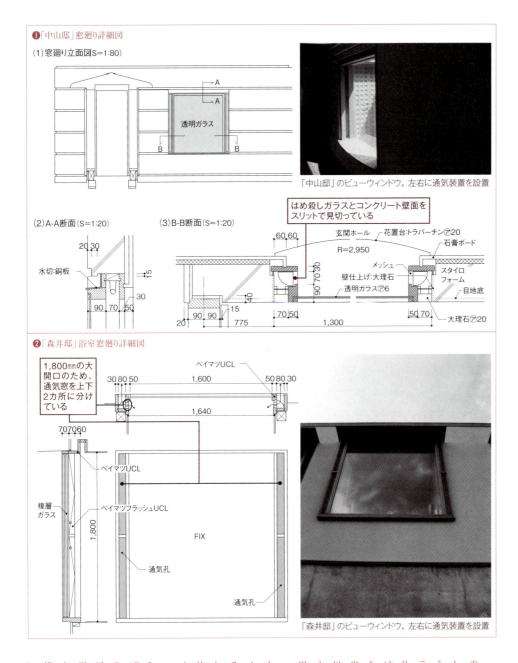

「森井邸」のビューウィンドウ。左右に通気装置を設置

開口部に嵌殺し（FIX）窓を設けるのは、たいていの場合、採光のために利用したいが、通風のためには使わない、というときだ。この嵌殺し窓の納まりは、ガラスを嵌た框（サッシ）が四周を回る建具仕立てのものを嵌込む場合と、建具を受ける枠に直接ガラスを固定してしまう場合とがある。後者を採用するとサッシを省いた分、コストダウンもできるし、それ以上にサッシがない分だけ、見えがかりがすっきりする。もちろん同じ開口なら視界も広くなる。

そうなると、嵌殺し窓を庭や景色を眺めるためのビューウィンドウとして使いたくなる。この窓は採光のためにも使われるのだが、ビューウィンドウとネーミングされているだけあって、部屋のよいところに位置する。そこには、通風の機能も欲しくなる。

ところが、通風のための開閉機構を組み込もうとすると、サッシを設けなければならず、眺望の邪魔をしてしまう。そこで、サッシレスのよいところはそのままに通風を確保できないかということで、視界を外れた欄間や地窓の位置に無双窓などの通風機構を組んだり、枠に通風機構を組み込んだりするなどの工夫をしたい［❶・❷］。

写真=宮脇檀建築研究室

［第6章］

設備

設備に関するデザインのなかでも、
宮脇が特別神経を使ったのが
レンジフードのデザインであろう。
それは、調理する、食べる、団らんすることを一体に考え
「それが真の家庭の姿である」という
宮脇的家族像によるものである。
その舞台となるのが
台所・食事室・居間の関係（配置・つなげ方）であった。
自ら台所に立つ宮脇は、
オープンキッチンを好み、調理をしながらよくしゃべる。
フライパンを回しながらのおしゃべりに、
レンジフードは邪魔な存在だ。
必要なものならば、その存在を消すか、
デザインするかを選択することになる。

また照明やエアコンなどの機器についても
徹底的に隠すことにこだわりを見せている。

写真：「田中邸」の和室照明。
不織布のカバーを付けているが、
カバーの枠が出ないような納まりとしている［写真：村井修］

レンジフードは隠すか兼ねる

❶「下立邸」横引きレンジフード詳細図

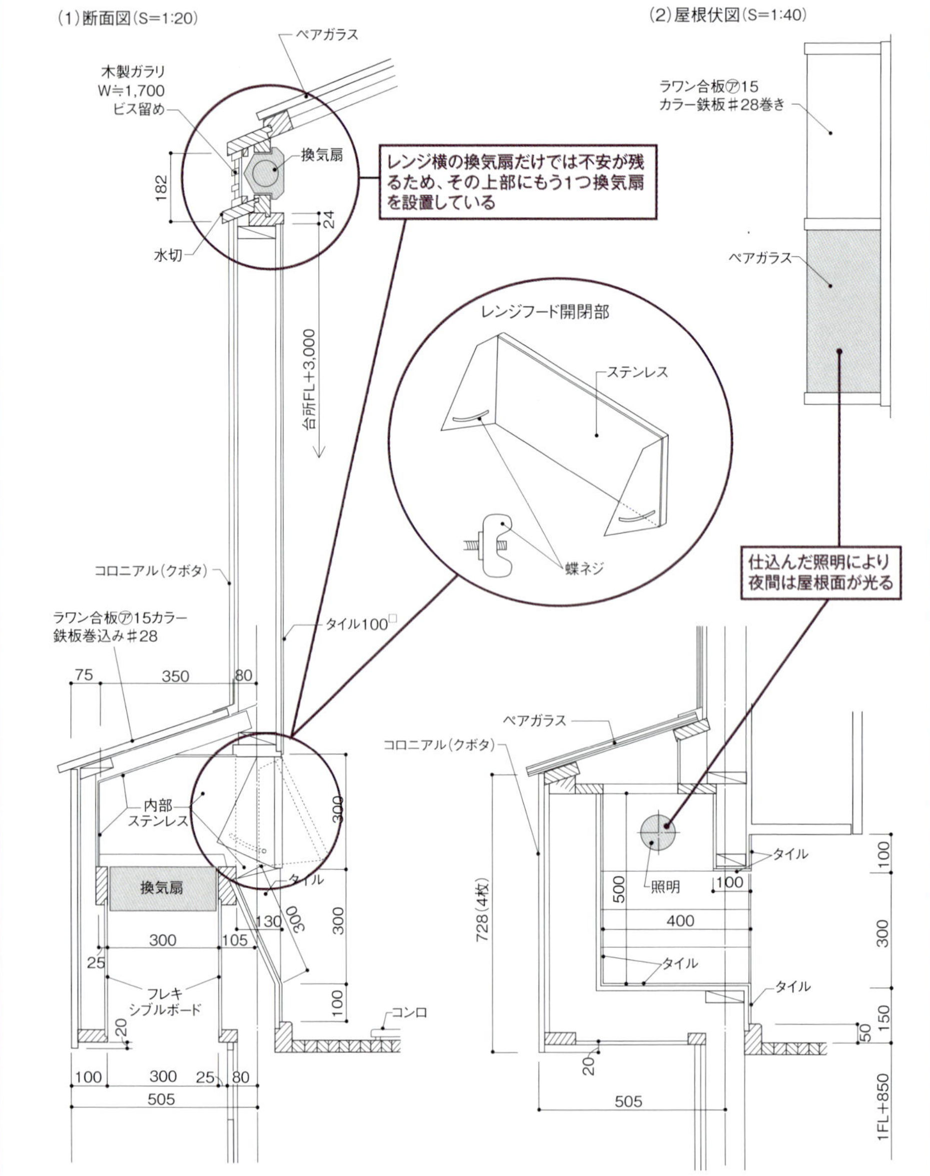

ここでは、必要な設備でも視覚的にはじゃまな存在となるレンジフードの処理方法ついて紹介する。

1つは、じゃまなフードを「隠す」という観点に立った方法である。しかも、発生した煙をすぐその手元で排気してしまうほうが、理想的であり効率的であるという考えにもとづき設計したものだ[❶]。煙が壁に沿って流れるため、比較的強い排気をかけるとレンジ前面の壁面から排気可能である。分かりやすくいえば、無煙焼肉コンロの応用である。

またそれによって外に出たフード部分に外部用の照明を仕込むのも宮脇的サプライズだ。もちろんこれですべてを排気できるわけではないので、予備の換気扇もその上部に取り付けている。

もう1つの方法は、フードの存在を消し、それを中心に人が集まるという効果を狙ったものだ。フード全体に行灯のような間接照明機能をもたせるとともに、フード内部に仕掛けられているスポットライトにより、レンジと食卓に心地よい明かりを落とす[❷・❸]。

また、フードと照明を一体化する別の手法として、少し大きめのフードを製作し、それにダウンライトを仕込むというやり方もある[❹]。

❷「さとうボックス」レンジフード詳細図

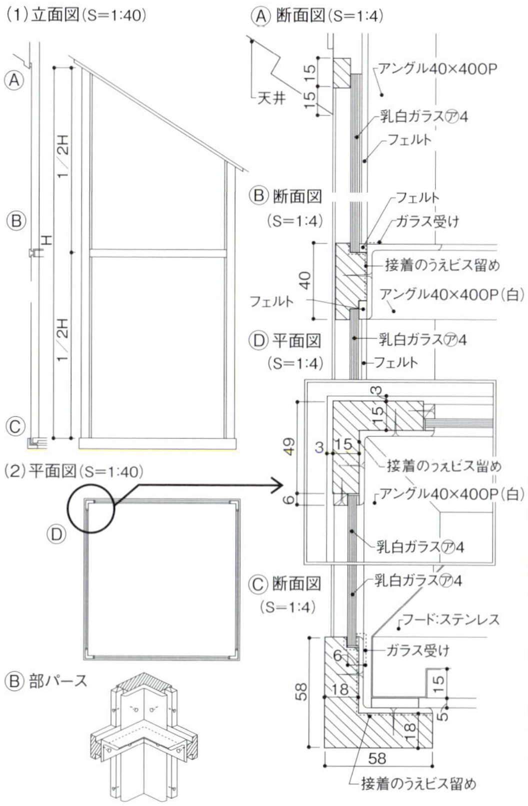

❷「さとうボックス」キッチン断面図｜S=1:80

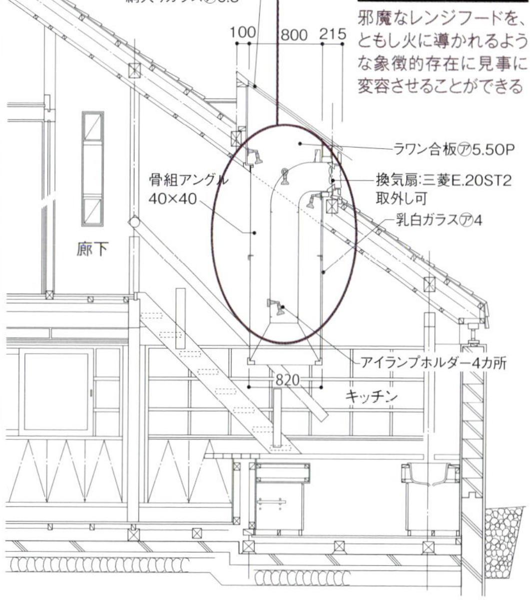

邪魔なレンジフードを、ともし火に導かれるような象徴的存在に見事に変容させることができる

❹「Choi Box」レンジフード｜S=1:40

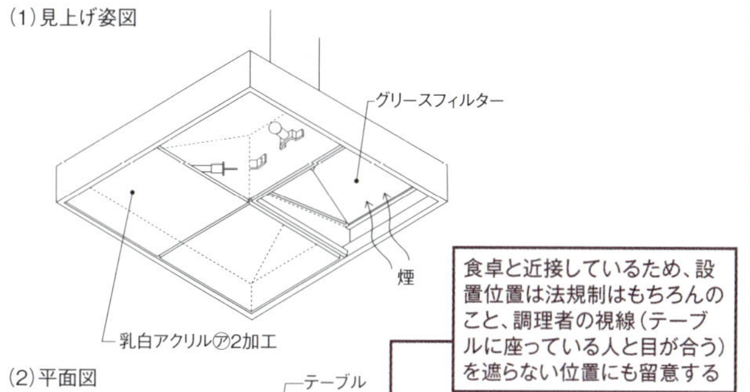

フードの照明はパンチングメタルと乳白色のアクリルにより柔らかな光となっている

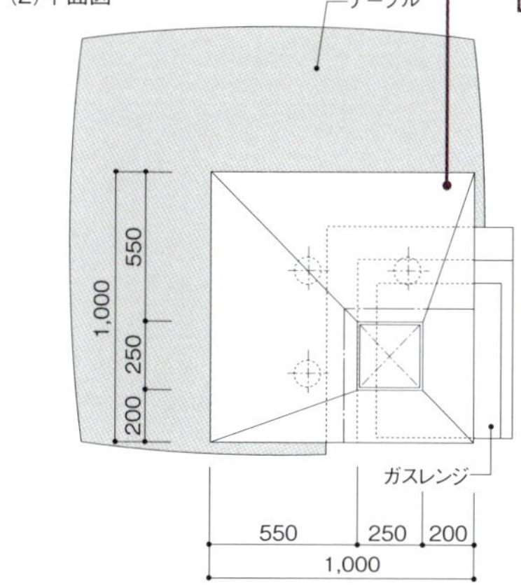

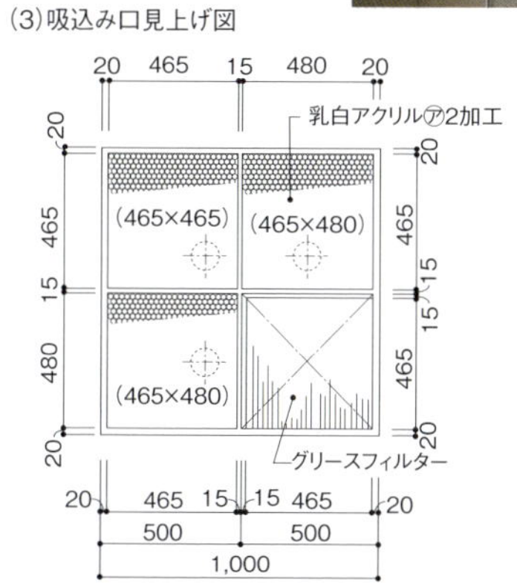

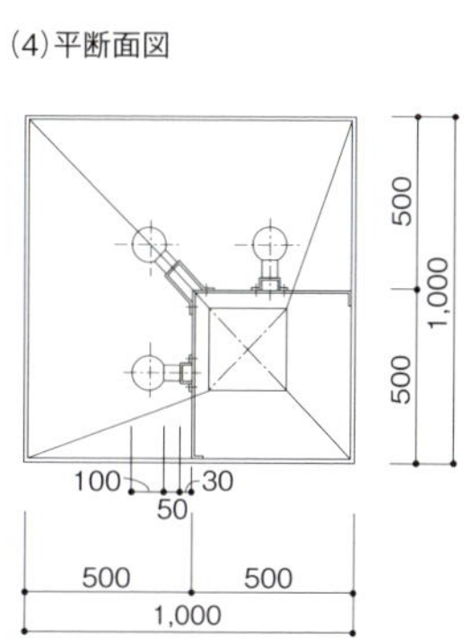

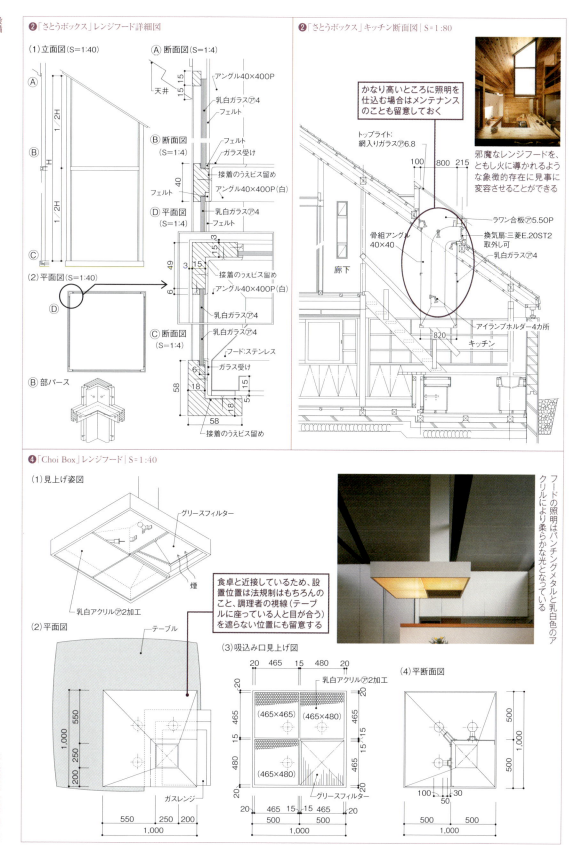

写真=村井修

できる限り設備機器は隠せ

❶「龍神邸」空調詳細図｜S=1:50

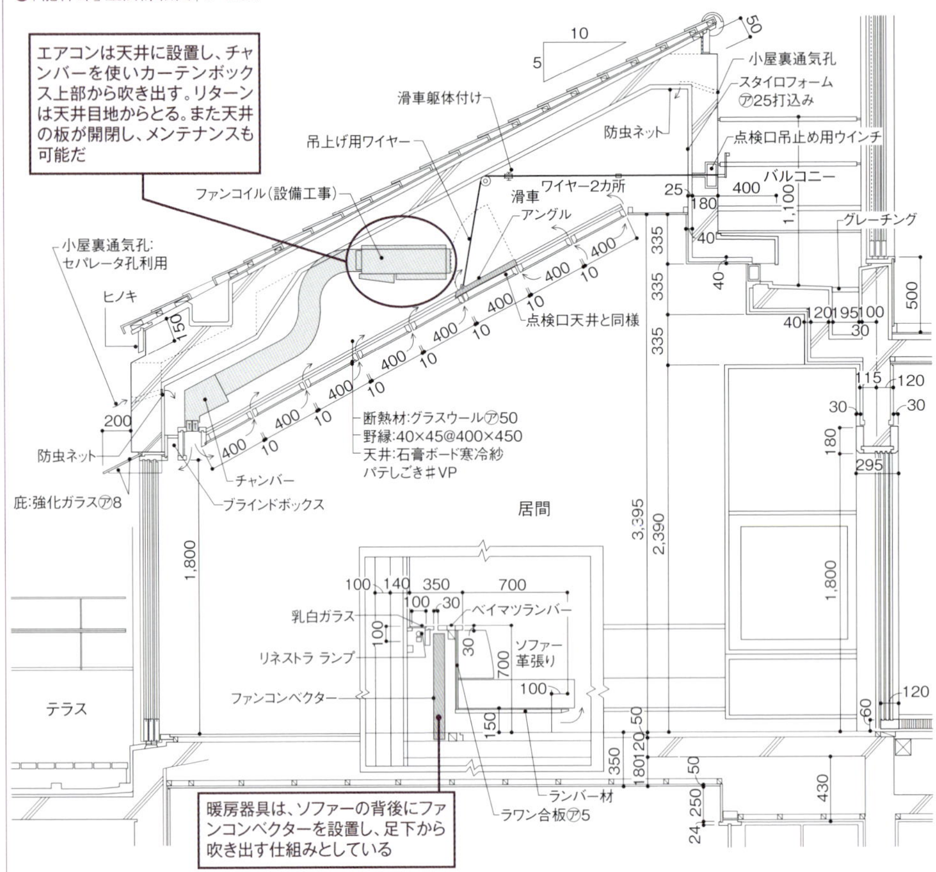

❷「龍神邸」居間

ソファー背後にファンコンベクターを仕込んであり、温風が吹き出す

❸「ブルーボックスハウス」のピット

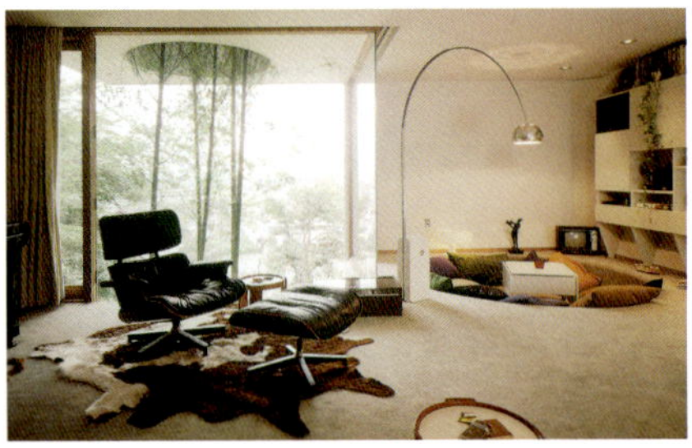

掘込みに床暖房が仕込んであり、熱の効率もよい

手品師が燕尾服のなかに多くのタネを隠しているのと同様、建築にも多くの隠し場所がある。たとえば天井懐、床下などがそれに当たる。

最近の薄い1枚壁の建築ではありえないが、天井懐をとれば、そこに空調設備を仕込み、何気なく設えられたカーテンボックス脇のスリットから温冷風が吹き出す。造付けのソファーの背もたれから吸気し、ソファー下の足元から排気するなど、設備を隠すためには無駄な空間を徹底的に利用する[❶〜❻]。

また、筆者は宮脇がよく使うリビングの床を掘り下げたピットが好きだ。床に座った感覚でくつろげるし、狭いリビングではテーブルや椅子などの家具なしで生活できるのがよい。そこに床暖房を設置すると、熱溜まりとなるため部屋中を広く暖房するよりも効率がよい[❸]。

照明も住宅の心地よい空間形成には重要な要素だ[154頁❼〜❾]。宮脇は、吉村順三氏譲りの温かい暖炉のような照明を好んだ。照明は照明器具ではなく、あくまで「明かり」として扱い、白熱球信者として、あの冷たい光を撒き散らす蛍光灯をひときわ嫌った。また、壁付け灯をシンプルにデザインした「宮脇スポット」も商品開発されている[156頁⓫]。

❹「中山邸」断面詳細図｜S=1:50

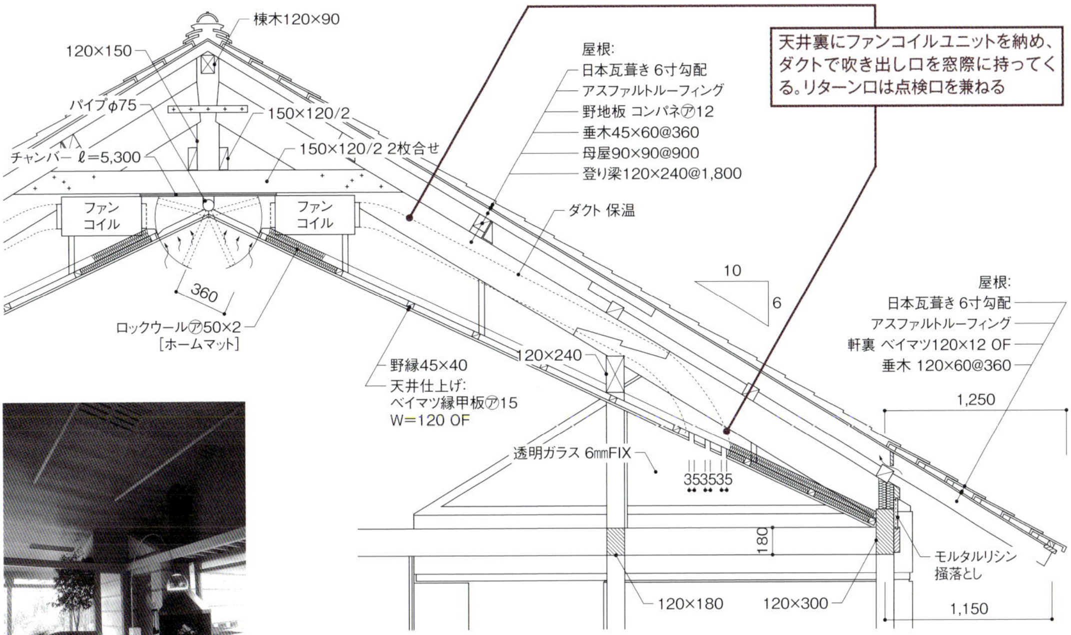

❺「船橋ボックス」断面詳細図｜S=1:15

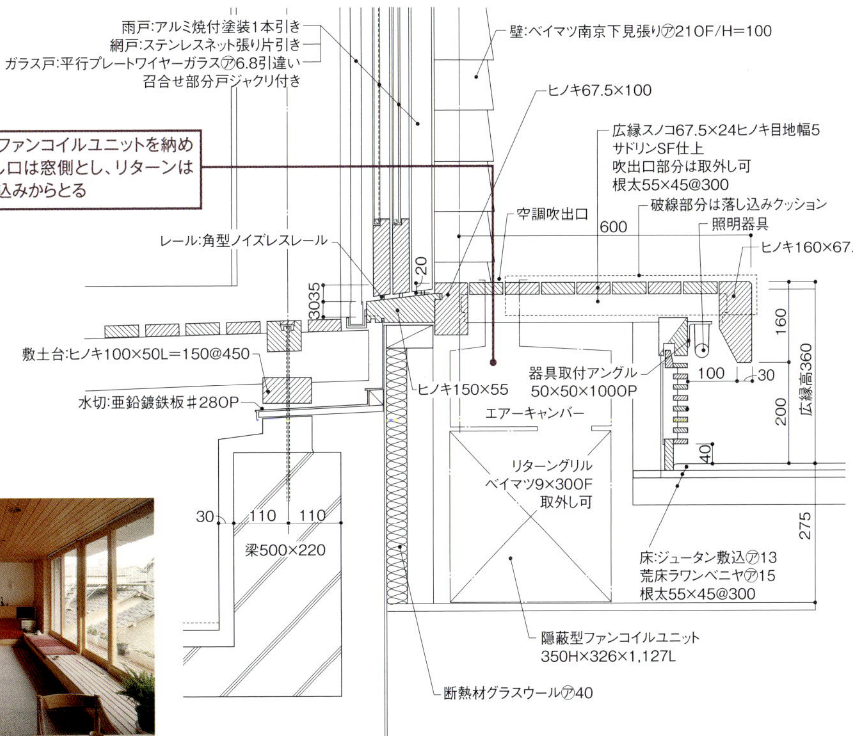

右の窓下のベンチに、空調や照明などの設備が仕込んである

写真❷、❸、❺=村井修、写真❹=宮脇檀建築研究室

❻「龍神邸」ソファ台平断面詳細図｜S=1:5

(1)平面図

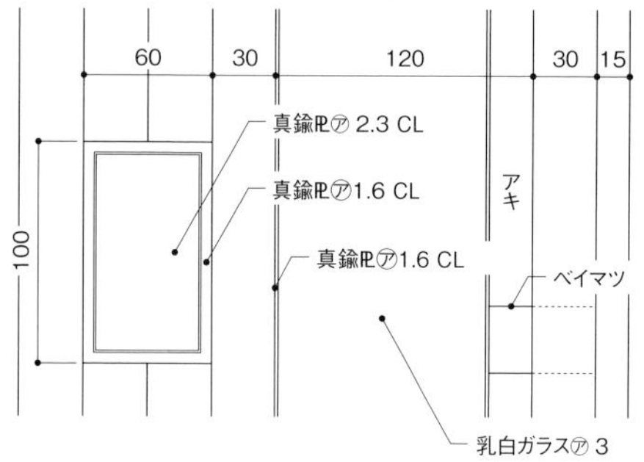

(2)断面図

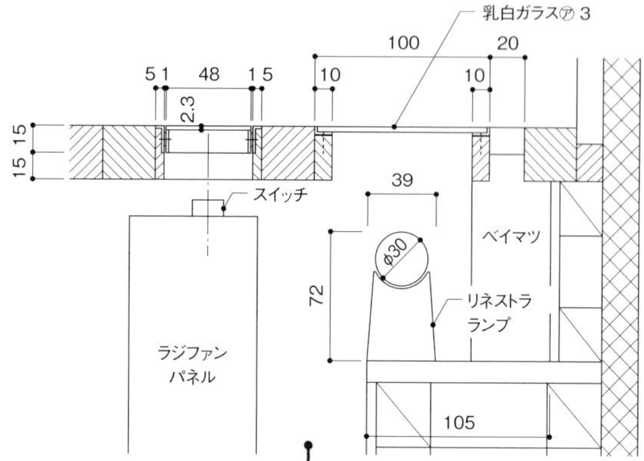

ソファの背中部分。飾り台を兼ねて甲板を回してあるが、そのなかに暖房機と照明の光源を組み込む。明かりは壁面の間接照明になる

❼「龍神邸」和室天井照明詳細図

(1)断面詳細図(S = 1:4)

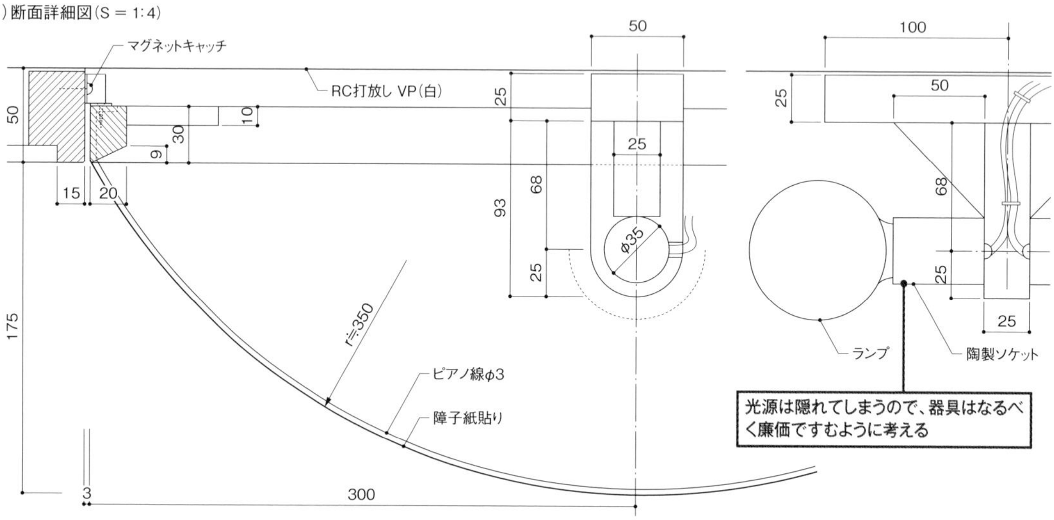

光源は隠れてしまうので、器具はなるべく廉価ですむように考える

(2)空気抜個所詳細図(S = 1:2)

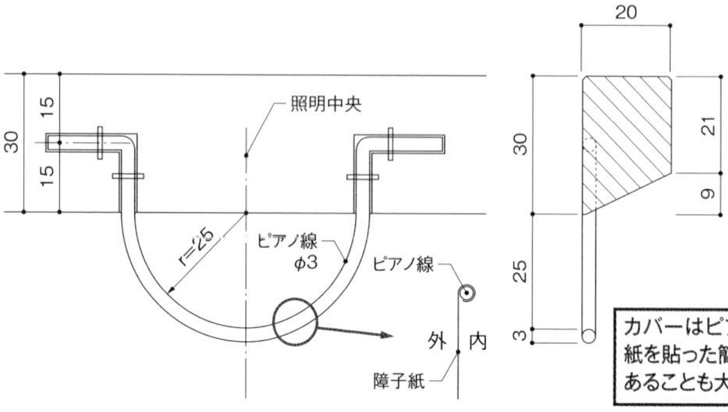

(3)器具姿図

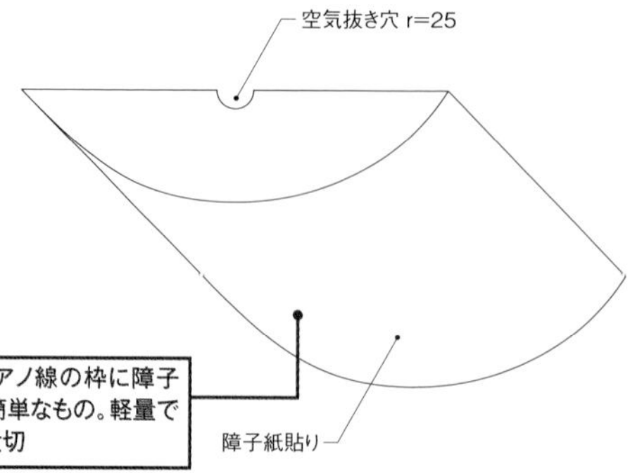

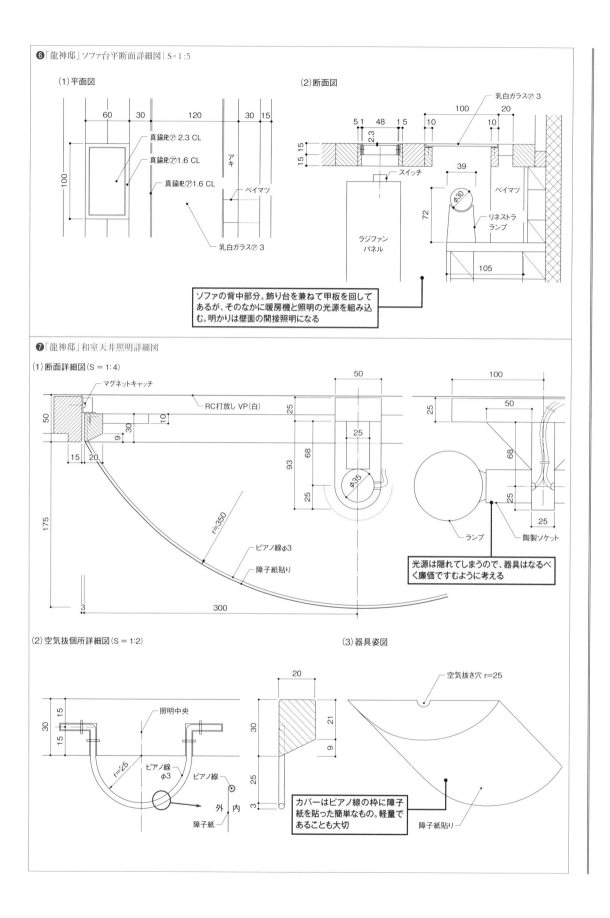

カバーはピアノ線の枠に障子紙を貼った簡単なもの。軽量であることも大切

❽「グリーンボックス＃2」ランタンボックス平断面詳細図｜S=1:20

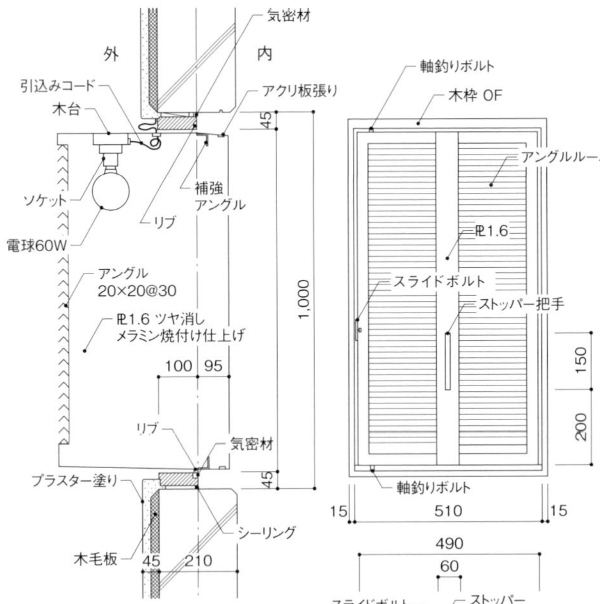

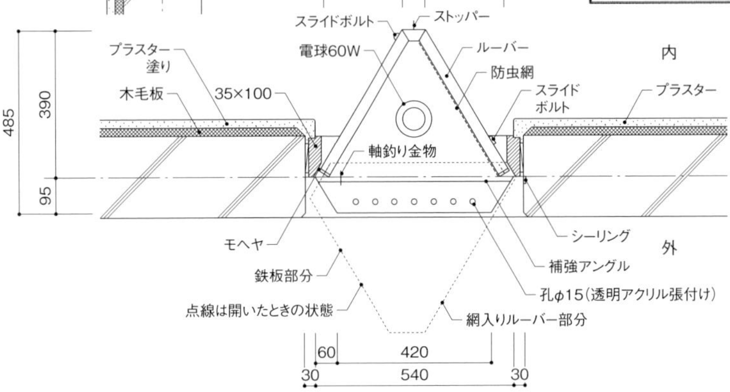

ランタンボックスが閉じた状態。ガラリの面が室内に飛び出す

通風のための開口部をつくるのが目的だが、遮光、通風、照明器具の機能を併せ持たせることで楽しさが生まれてくる

❾「藤岡邸」和室床の間照明立断面詳細図｜S=1:6

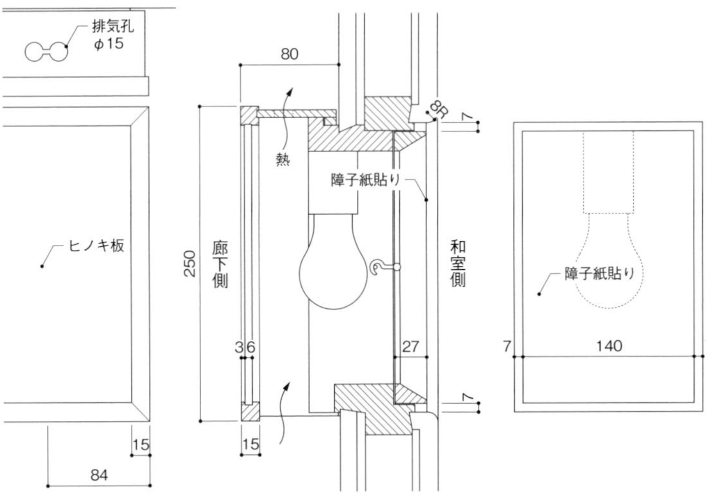

和室と廊下の間仕切り壁に設けた照明器具。1つで両方の照明になるように考えている。大工と建具屋、電気屋でつくる造付け器具である

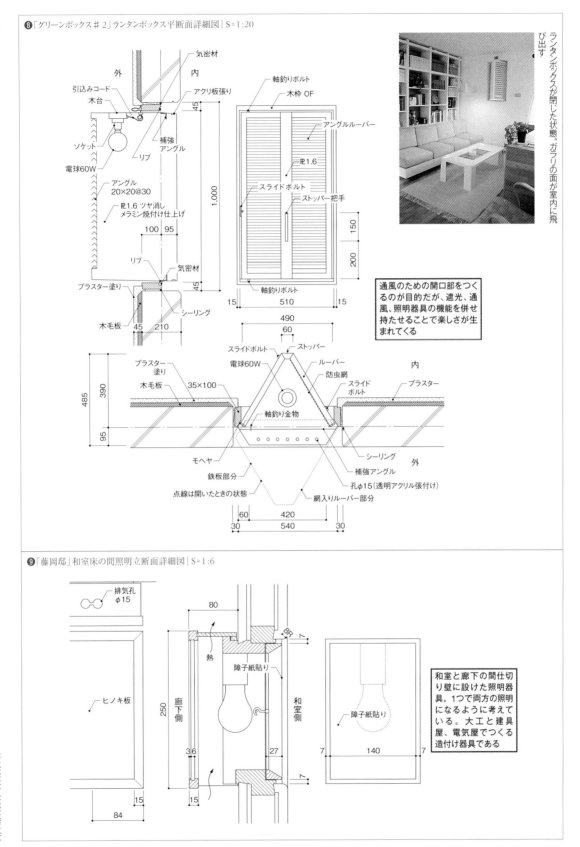

写真=宮脇檀建築研究室

⑩「小松邸」平断面詳細図｜S=1:8

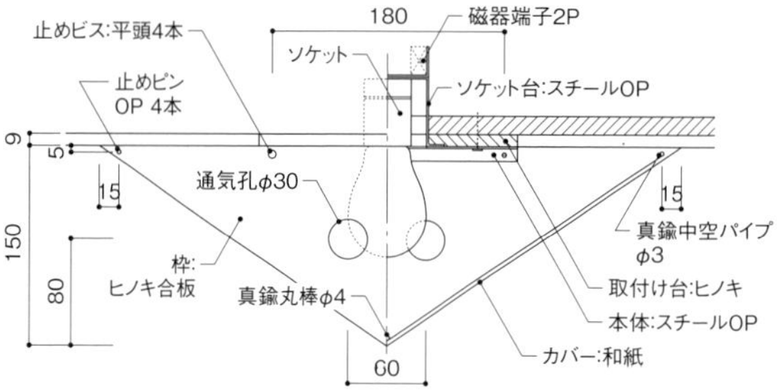

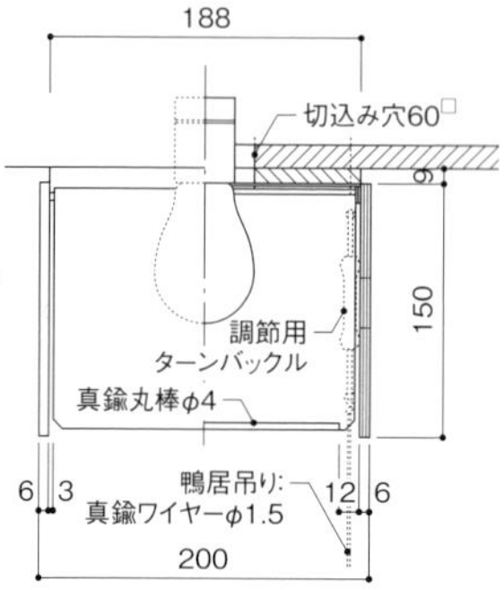

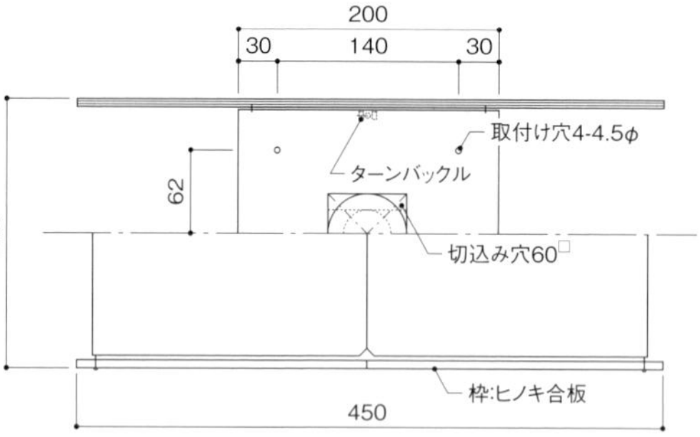

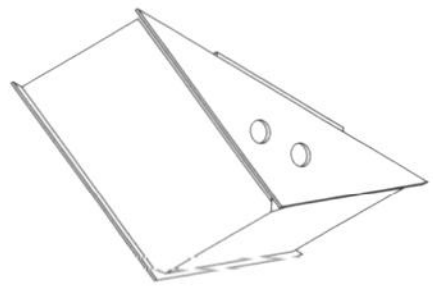

ヒノキ板と和紙でつくる簡単なシーリングライト。空中を飛ぶ鴨居を吊るワイヤーを隠す装置を兼ねている

⑪「宮脇スポット」平断面詳細図｜S=1:5

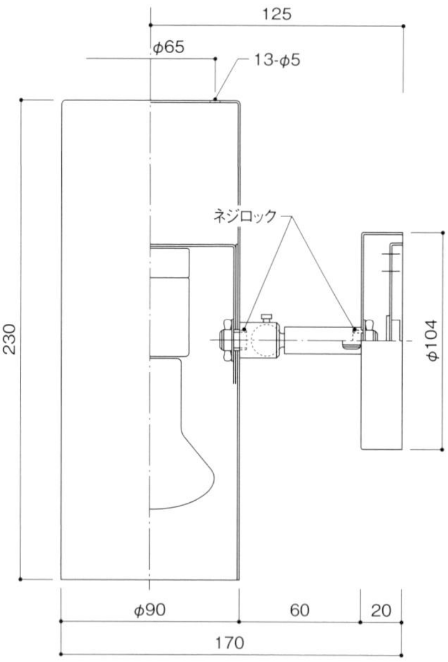

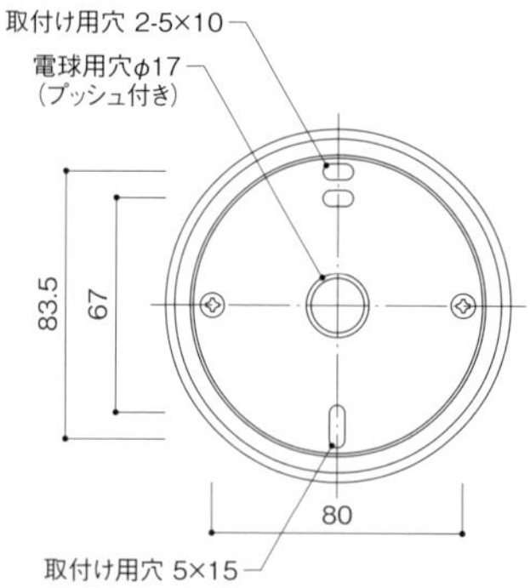

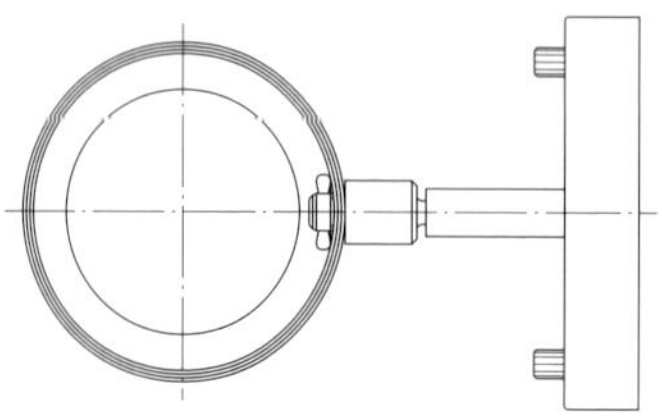

「三宅ボックス」の寝室。「宮脇スポット」は首振りができるのでベッドサイドやデスク廻りに便利な照明器具だ

写真=村井修

［第7章］

エスキース集

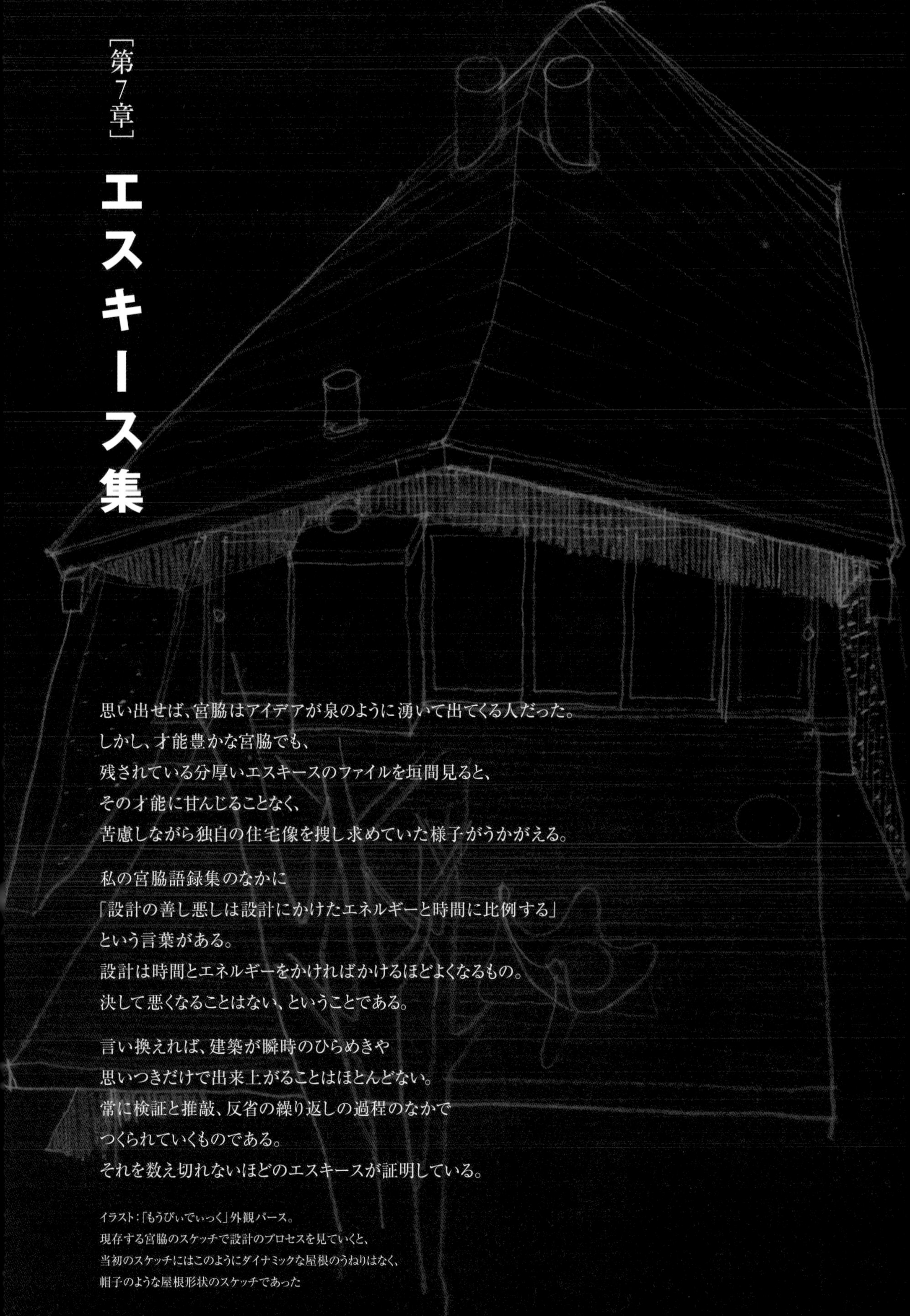

思い出せば、宮脇はアイデアが泉のように湧いて出てくる人だった。
しかし、才能豊かな宮脇でも、
残されている分厚いエスキースのファイルを垣間見ると、
その才能に甘んじることなく、
苦慮しながら独自の住宅像を捜し求めていた様子がうかがえる。

私の宮脇語録集のなかに
「設計の善し悪しは設計にかけたエネルギーと時間に比例する」
という言葉がある。
設計は時間とエネルギーをかければかけるほどよくなるもの。
決して悪くなることはない、ということである。

言い換えれば、建築が瞬時のひらめきや
思いつきだけで出来上がることはほとんどない。
常に検証と推敲、反省の繰り返しの過程のなかで
つくられていくものである。
それを数え切れないほどのエスキースが証明している。

イラスト：「もうびぃでぃっく」外観パース。
現存する宮脇のスケッチで設計のプロセスを見ていくと、
当初のスケッチにはこのようにダイナミックな屋根のうねりはなく、
帽子のような屋根形状のスケッチであった

もうびぃでぃっく

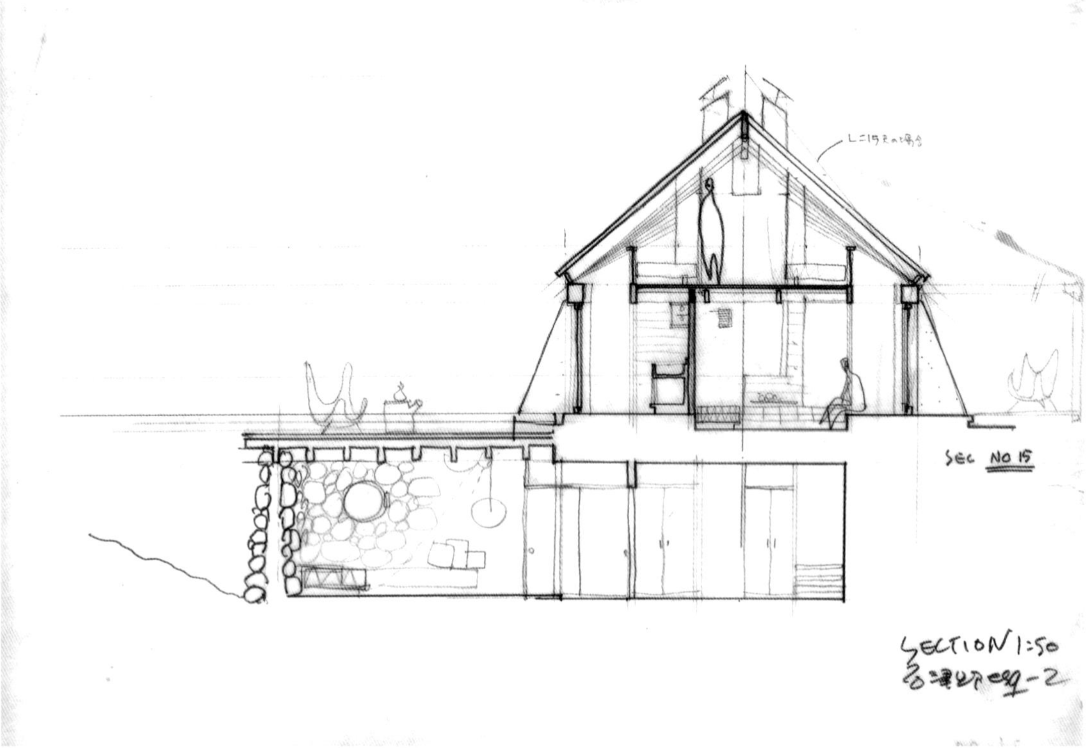
SEC NO 15
SECTION 1:50

1

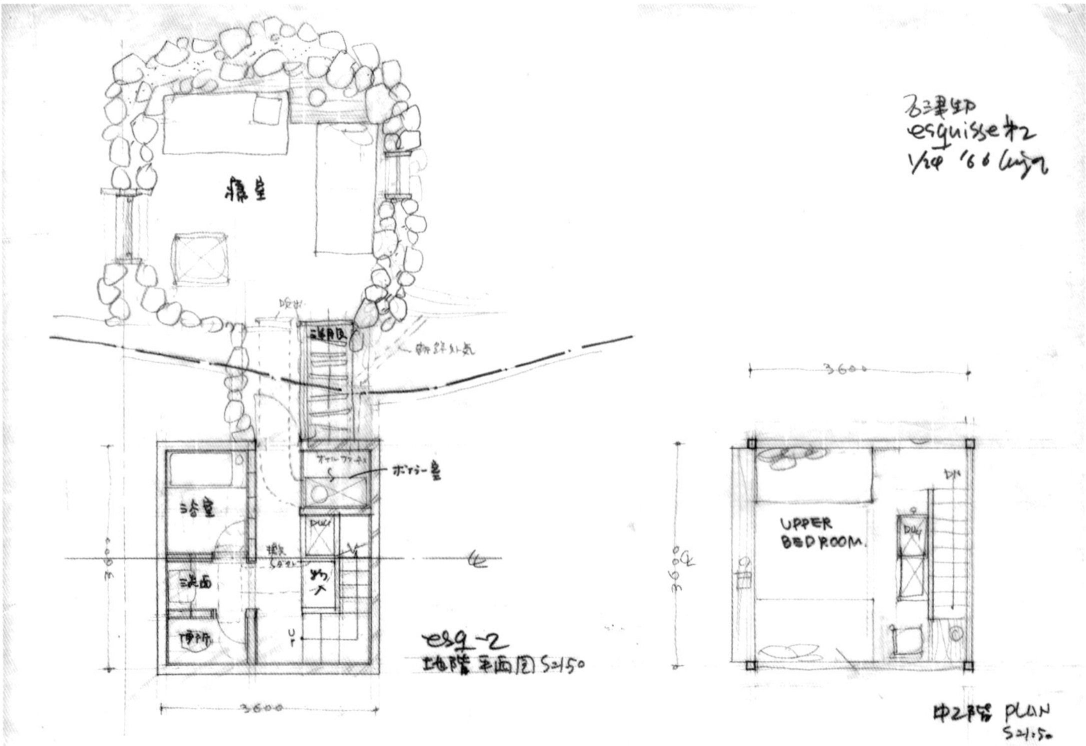
esquisse #2
esq-2
3600
UPPER
BEDROOM.
中2階 PLAN
S=1:50

2

1：断面エスキース［S=1：50を40%縮小］/1966年1月24日作成 ｜ **2**：平面エスキース［S=1：50を40%縮小］/1966年1月24日作成
3：断面図［S=1：50を40%縮小］/1966年1月24日作成 ｜ **4**：1階平面図［S=1：50を40%縮小］/1966年1月24日作成

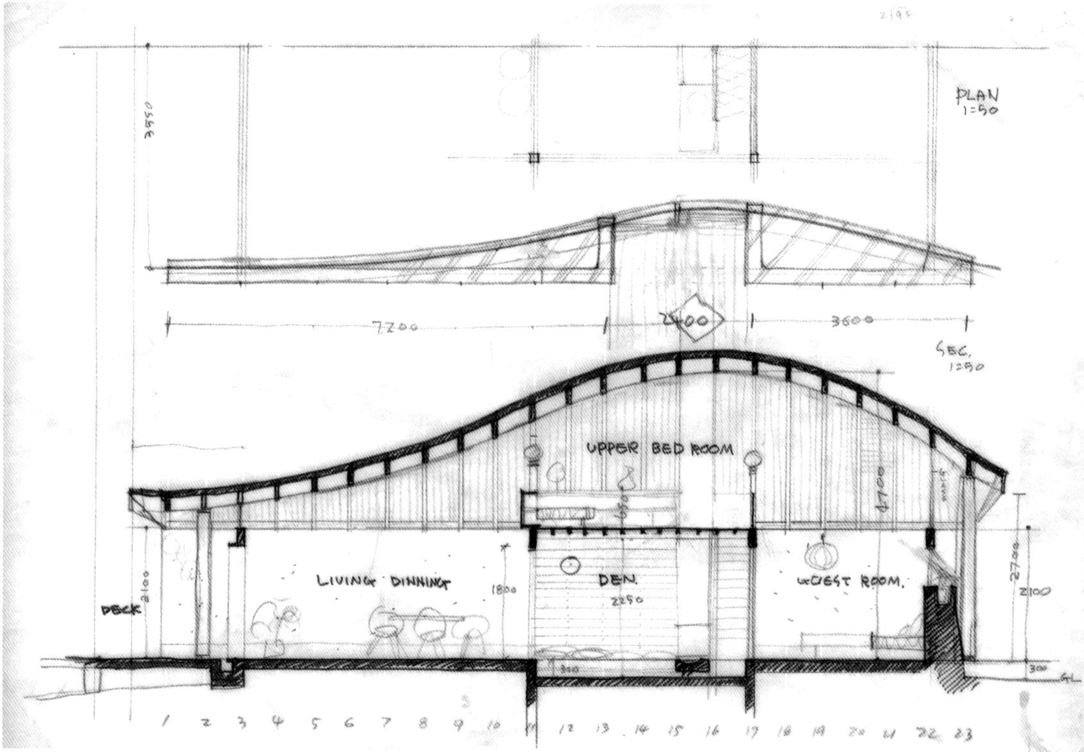

3

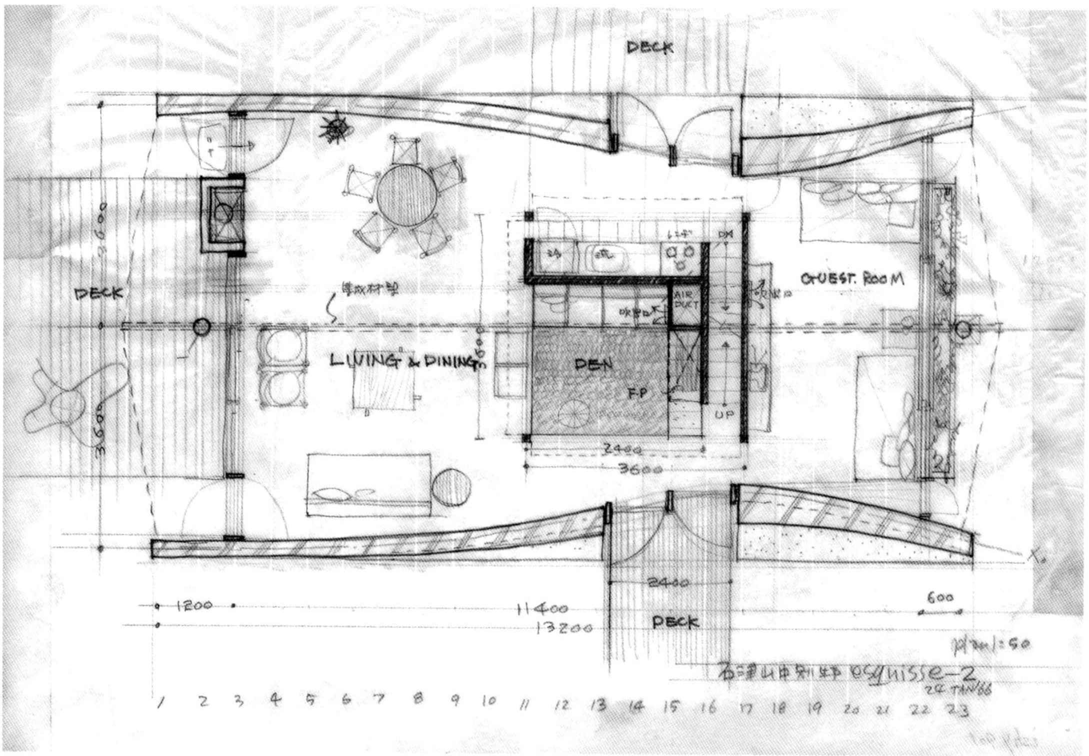

4

名越邸

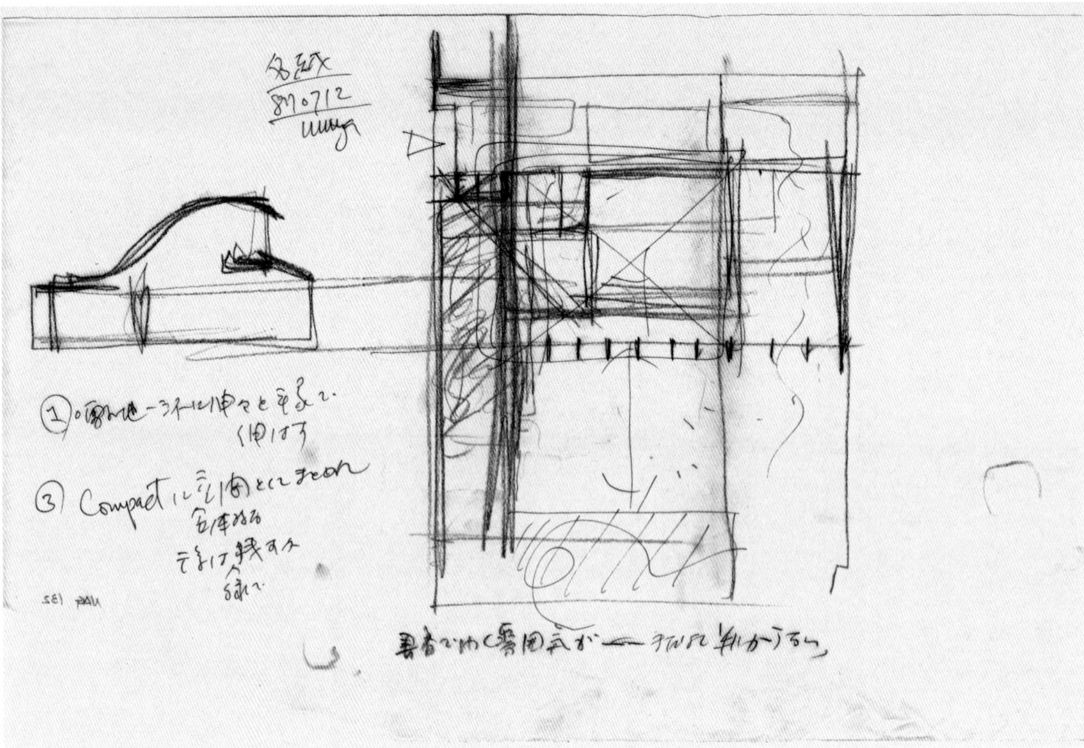

1

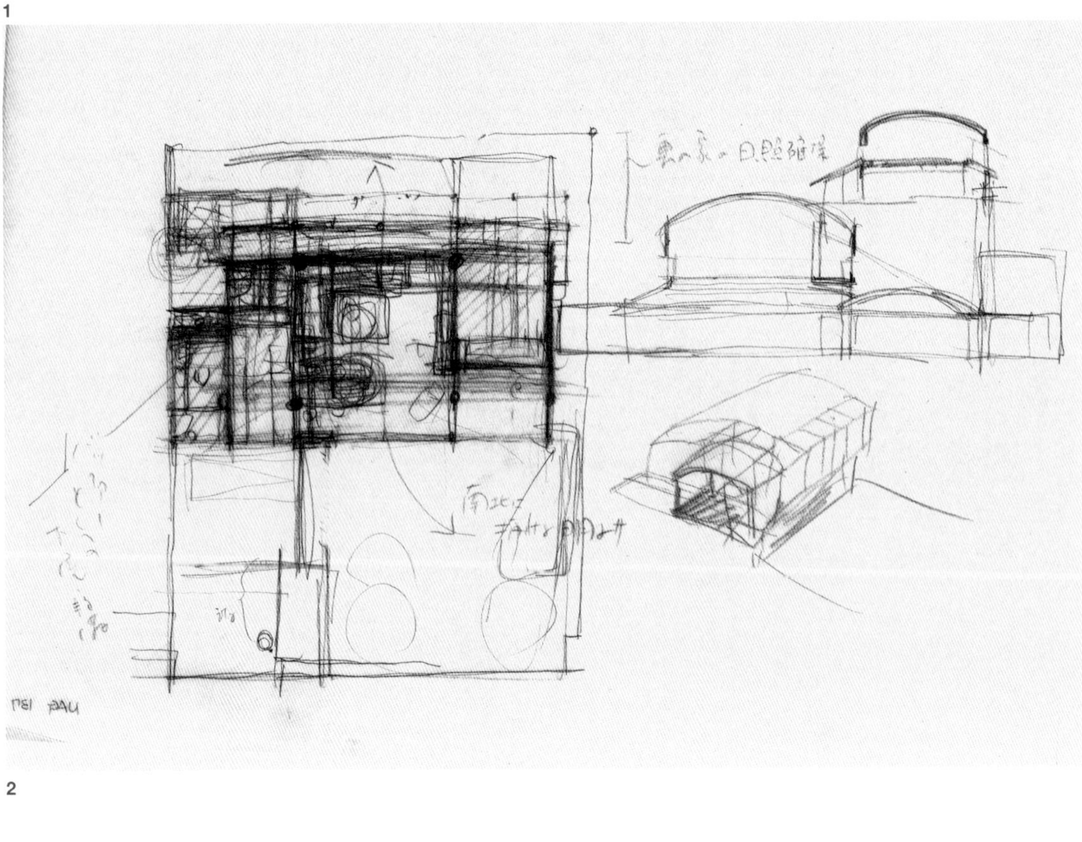

2

1: 平面・立面エスキース［原図を35%縮小］／1987年7月12日作成｜**2**: 平面エスキース［原図を35%縮小］／作成日不明
3: 平面エスキース［原図を35%縮小］／1987年8月4日｜**4**: 外観パース［原図を35%縮小］／1987年8月15日作成

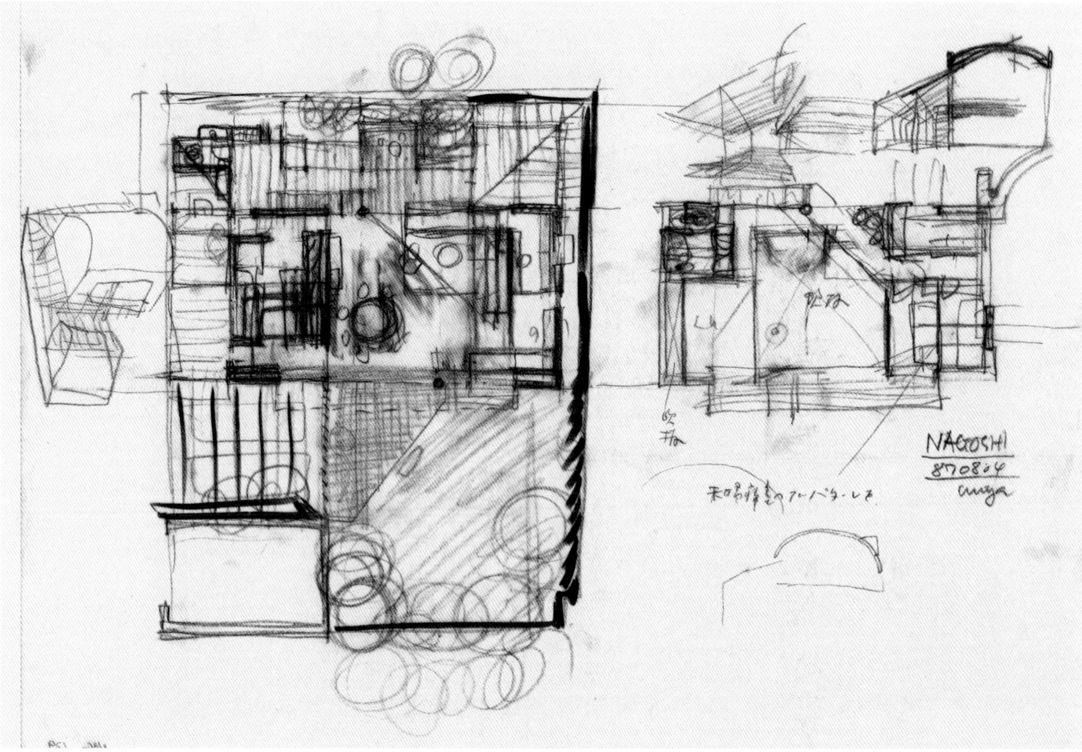

3

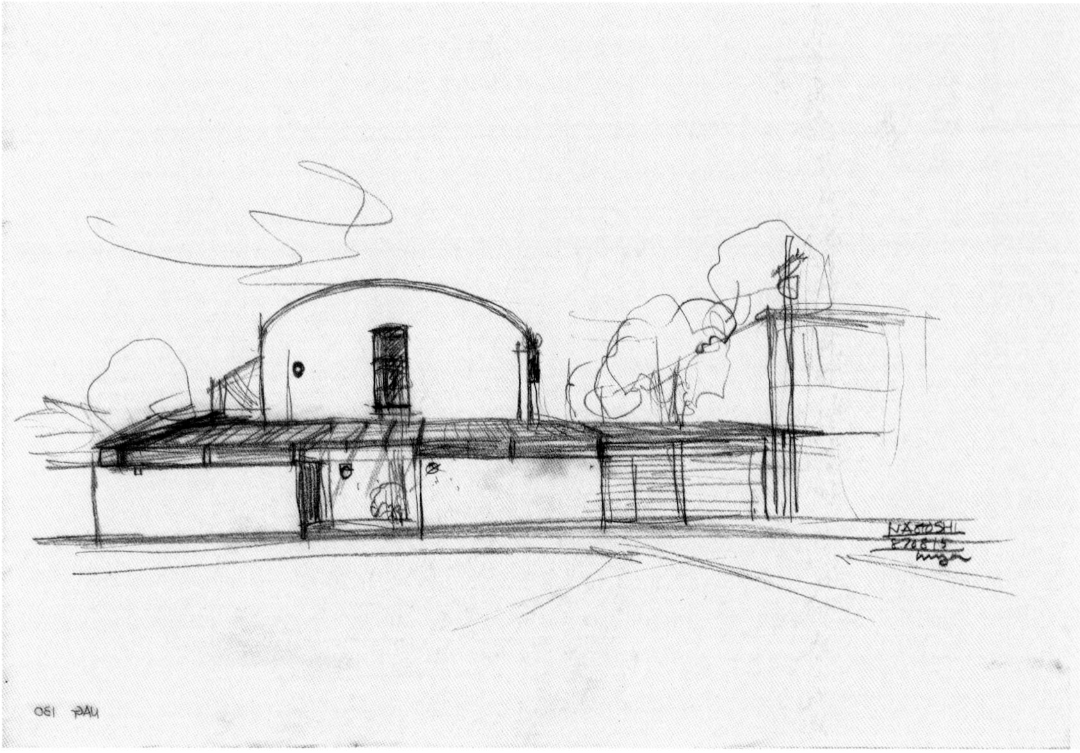

4

グリーンボックス＃2

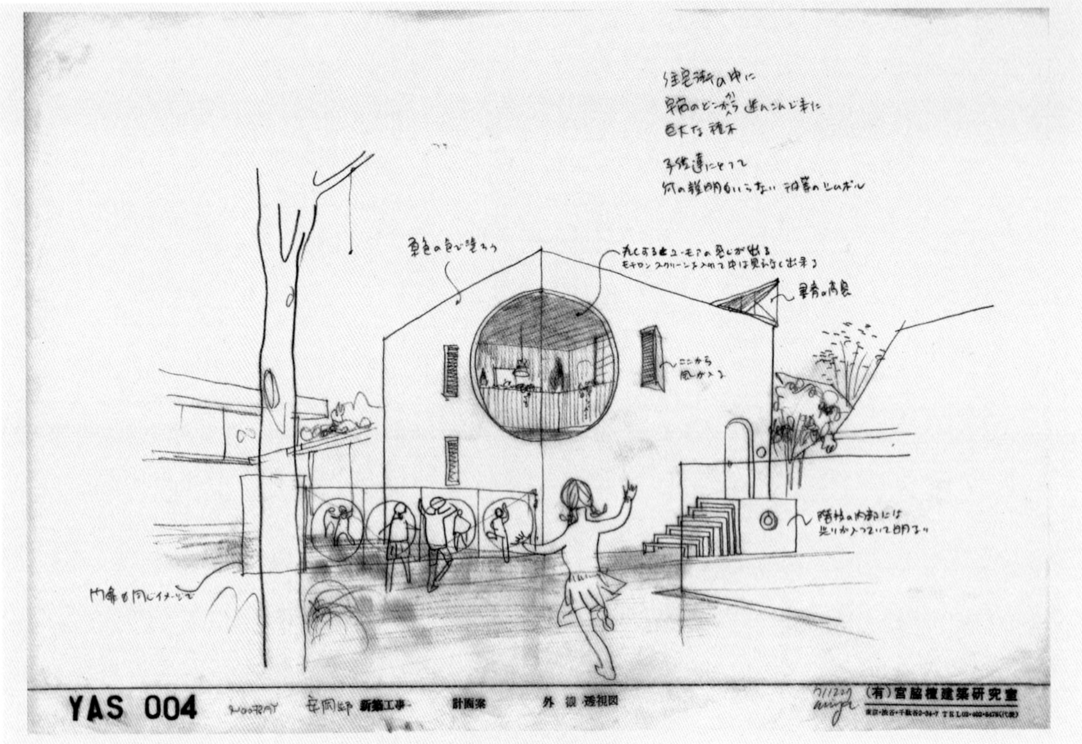

1

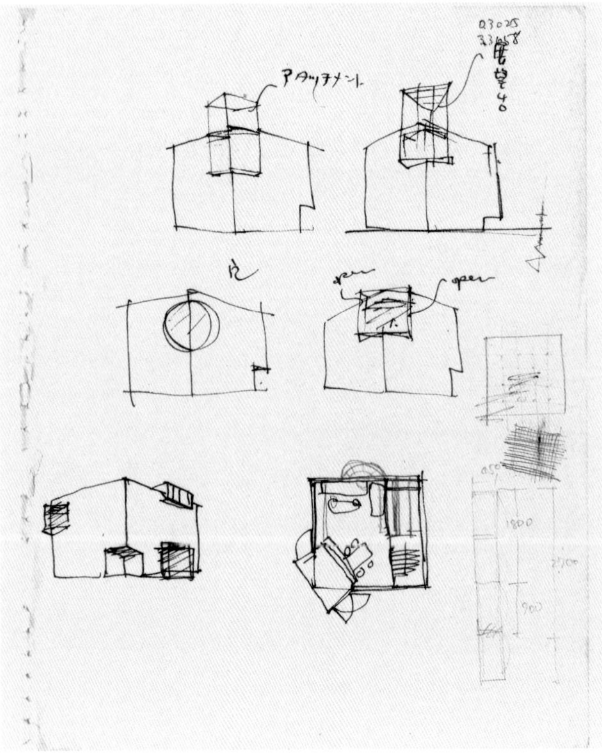

2

1：外観透視図［原図を33%縮小］／1971年12月27日作成｜**2**：外観検討図［原図を33%縮小］／作成日不明
3：平面検討図［原図を33%縮小］／作成日不明｜**4・5**：外廻り検討図［原図を33%縮小］／1970年12月11日作成

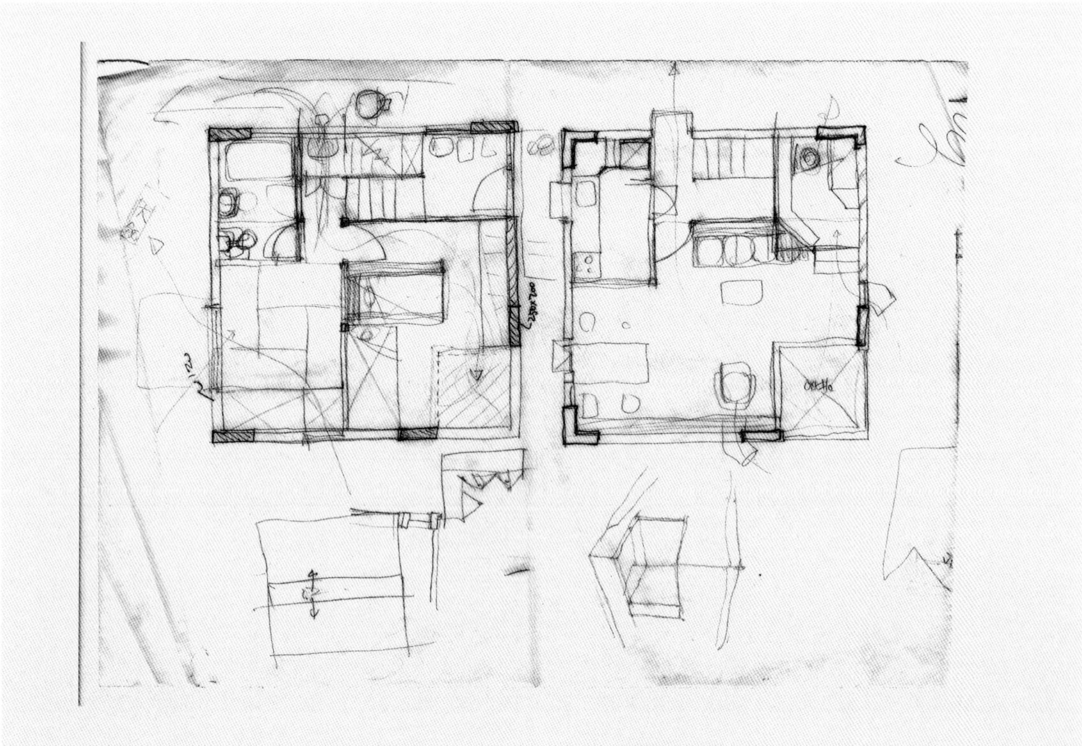

3

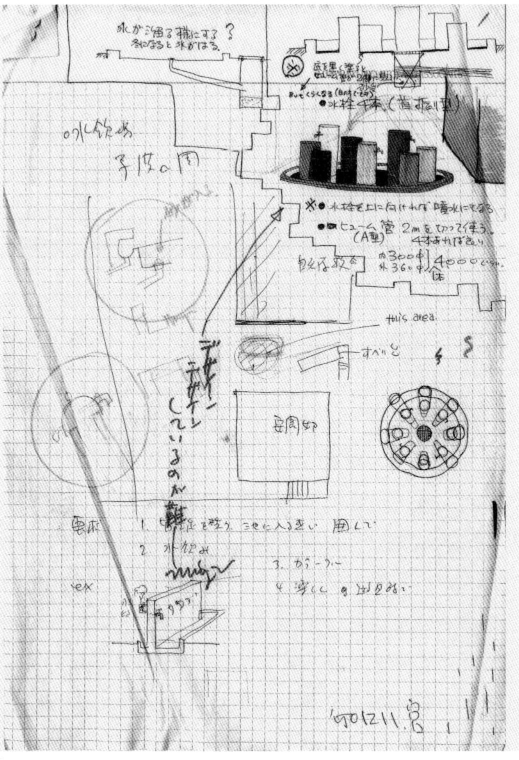

5

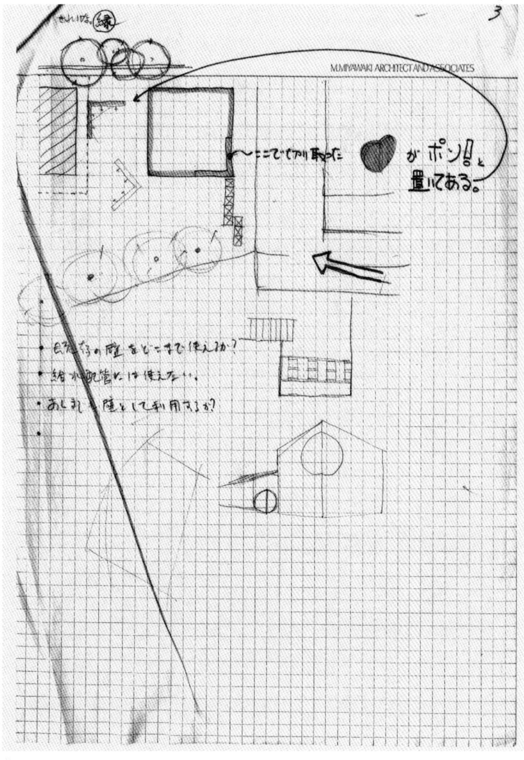

4

藤江邸

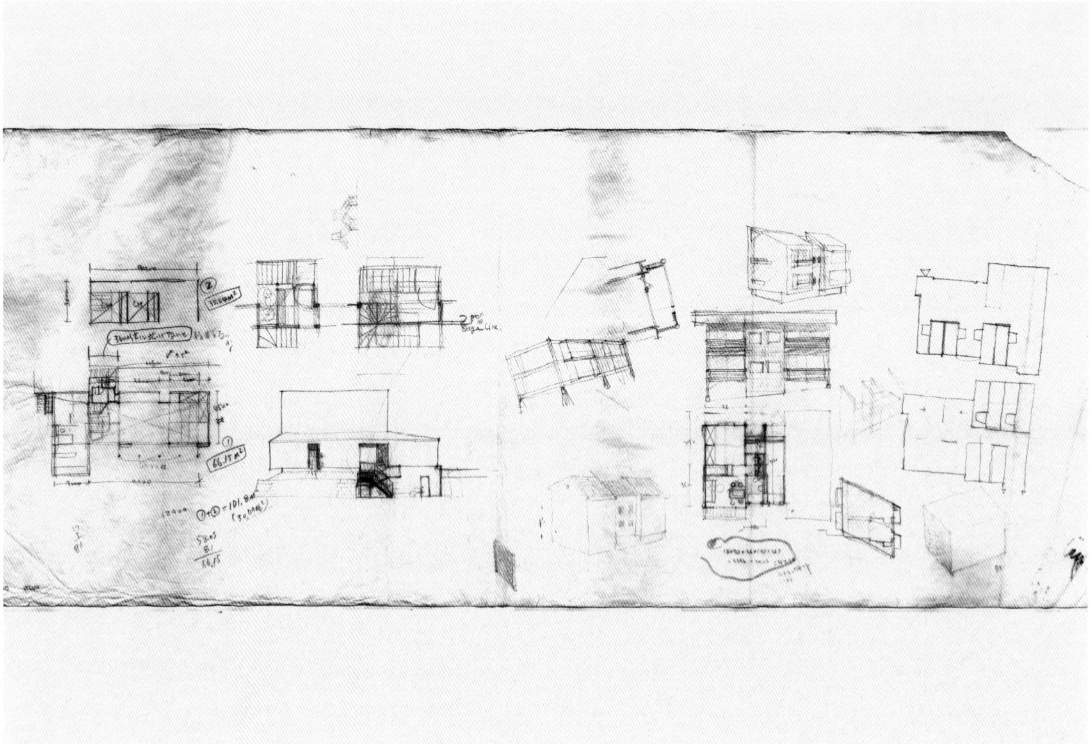

1

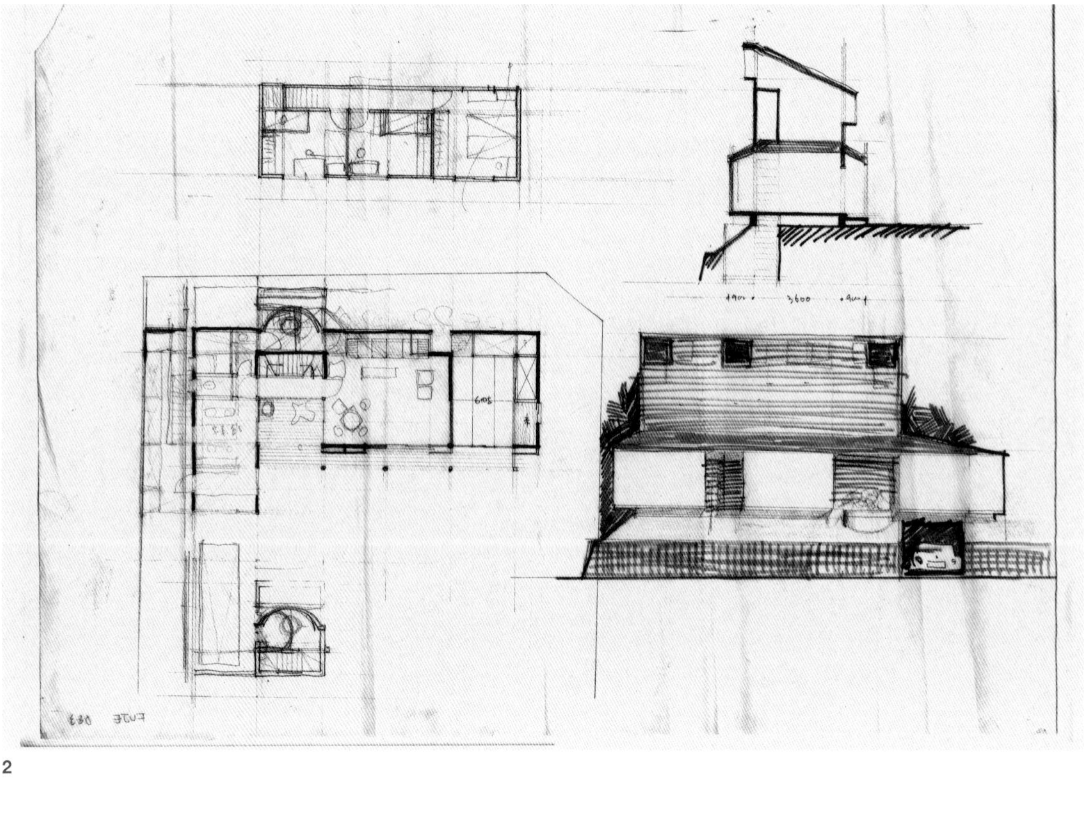

2

1：平面・断面・立面エスキース［S=1：100を15%縮小］／作成日不明｜**2**：平面図［S=1：100を33%縮小］／作成日不明
3：平面・立面・断面図［S=1：100を33%縮小］／1972年12月20日｜**4**：外観透視図［原図を33%縮小］／1972年12月22日作成

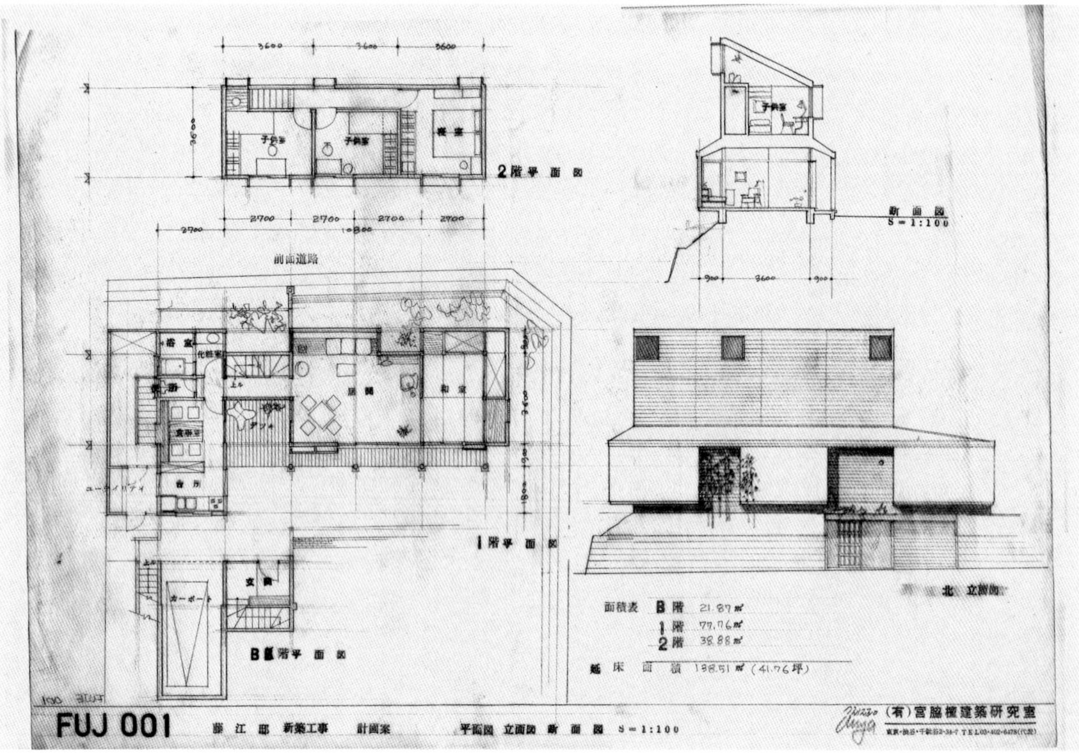

3

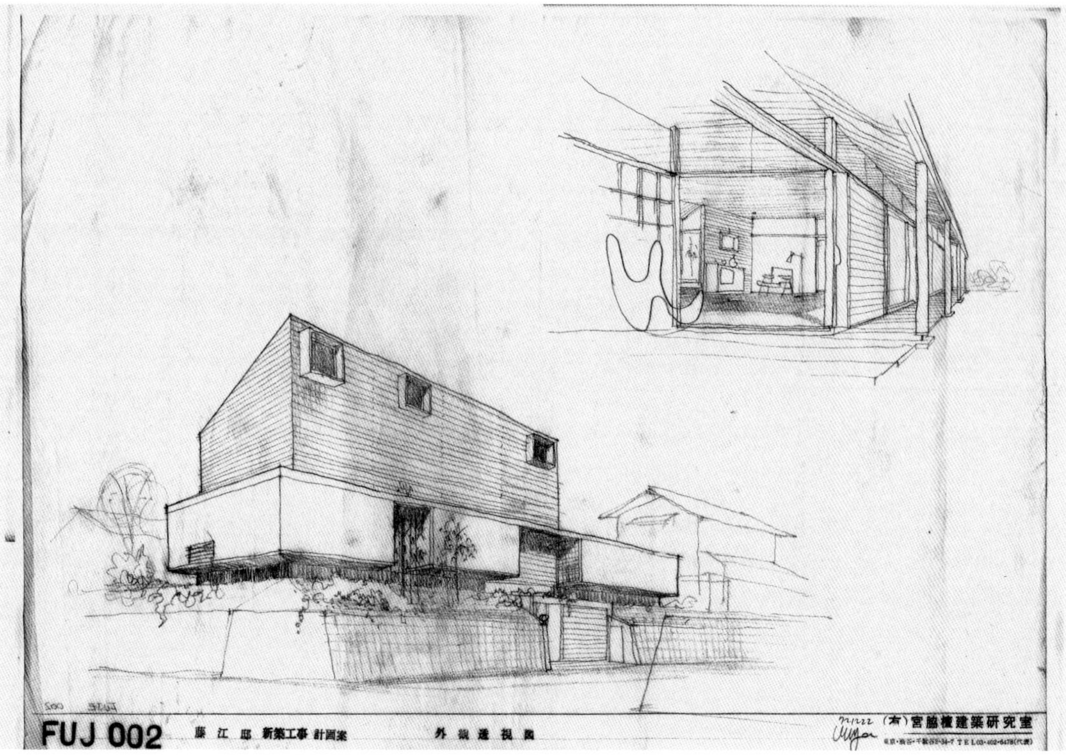

4

さとうボックス

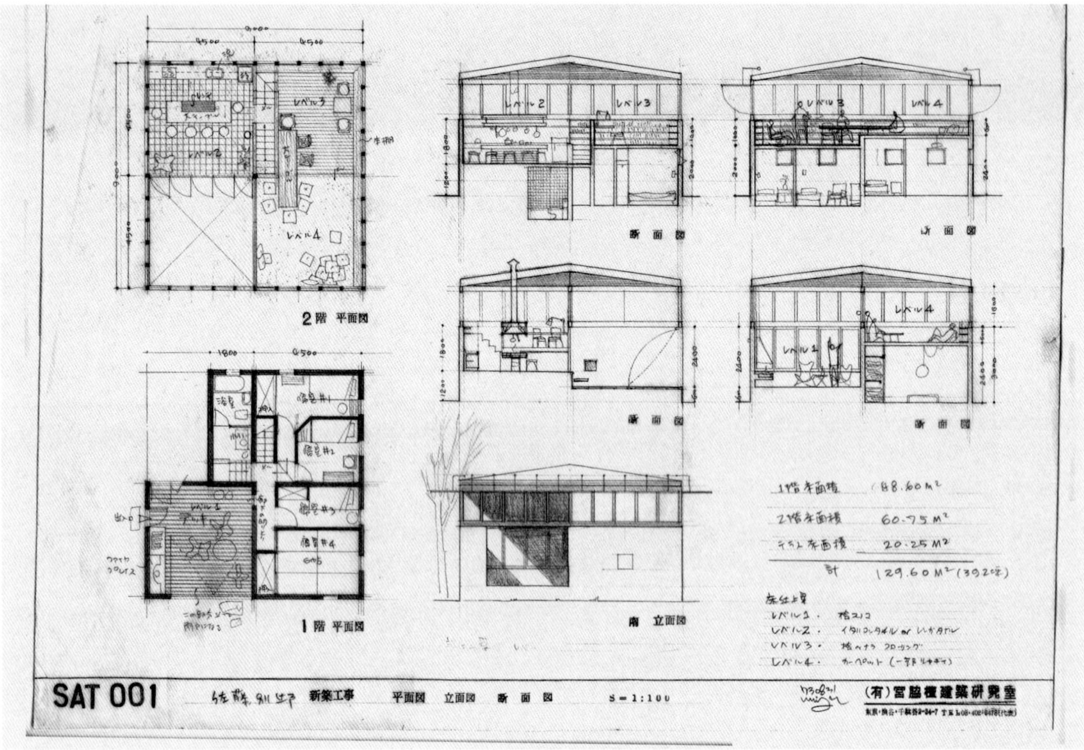
2階 平面図
1階 平面図
断面図
南 立面図
SAT 001
新築工事
平面図 立面図 断面図
S=1:100
(有)宮脇檀建築研究室

1

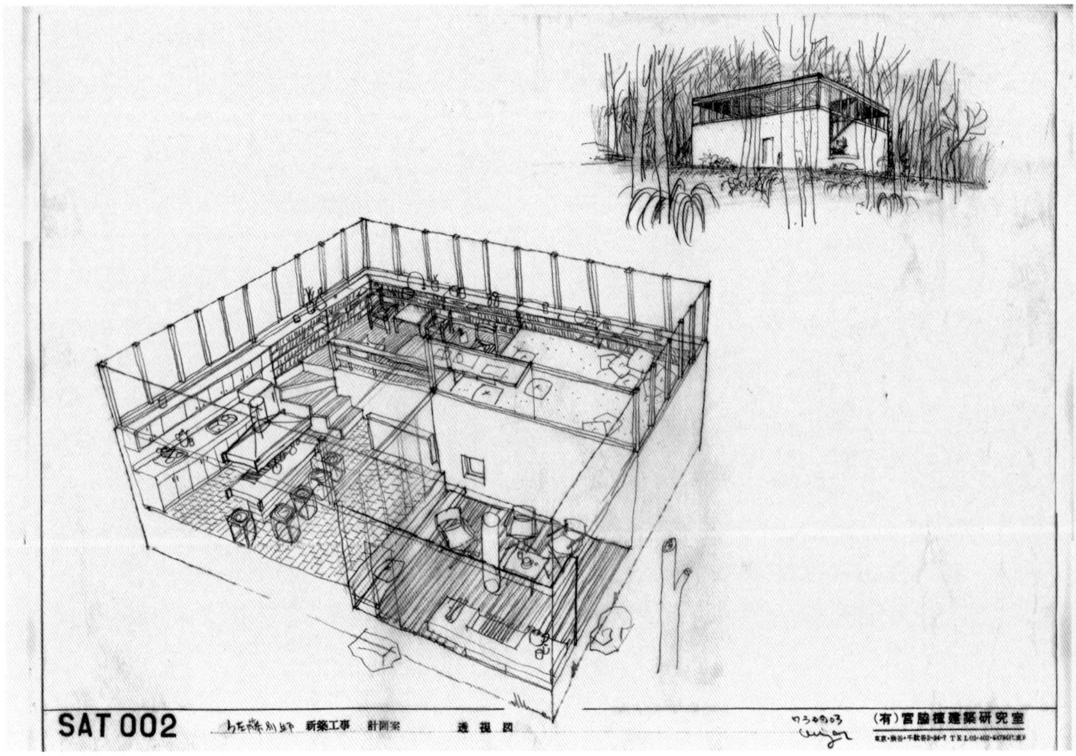
SAT 002
新築工事 計画案
透視図
(有)宮脇檀建築研究室

2

1：平面・立面・断面図［S＝1：100を33%縮小］／1973年8月31日作成｜**2**：内観・外観透視図［S＝1：100を33%縮小］／1973年9月3日作成
3：内観透視図［原図を55%縮小］／作成日不明｜**4**：外観透視図［原図を50%縮小］／作成日不明

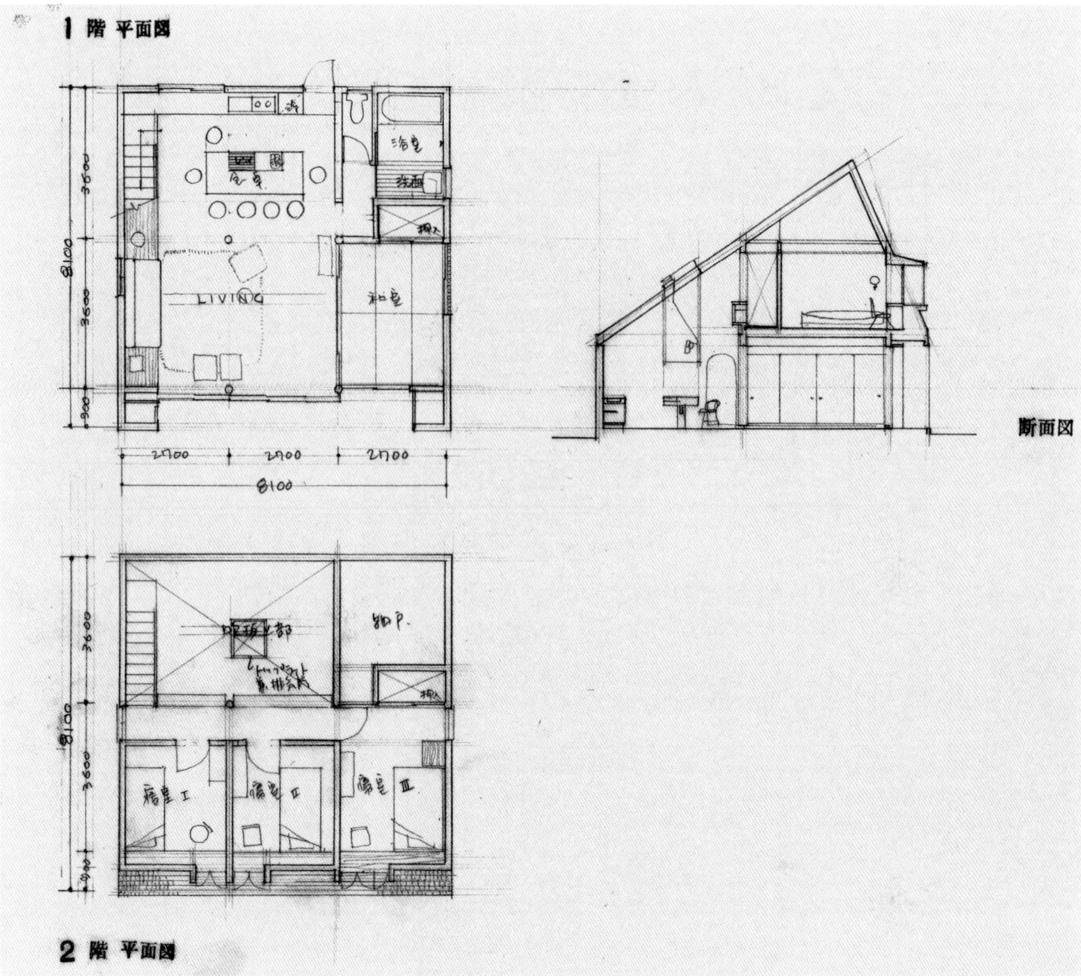

3

4

橋爪邸

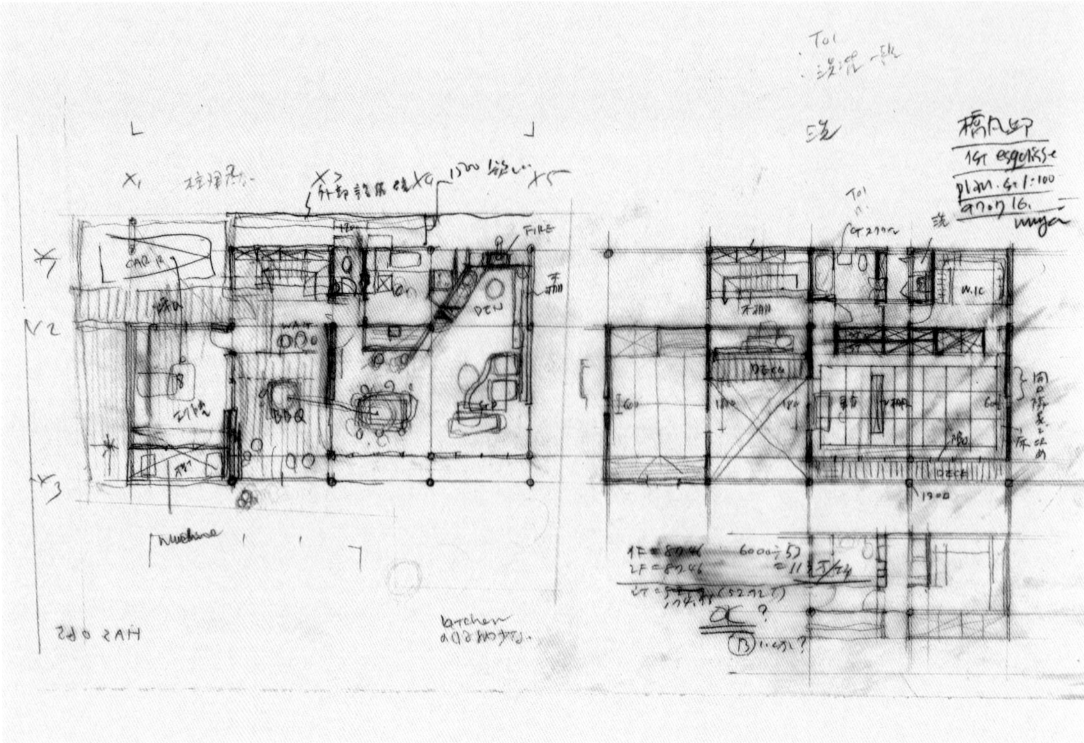

1st esquisse
kitchen

1

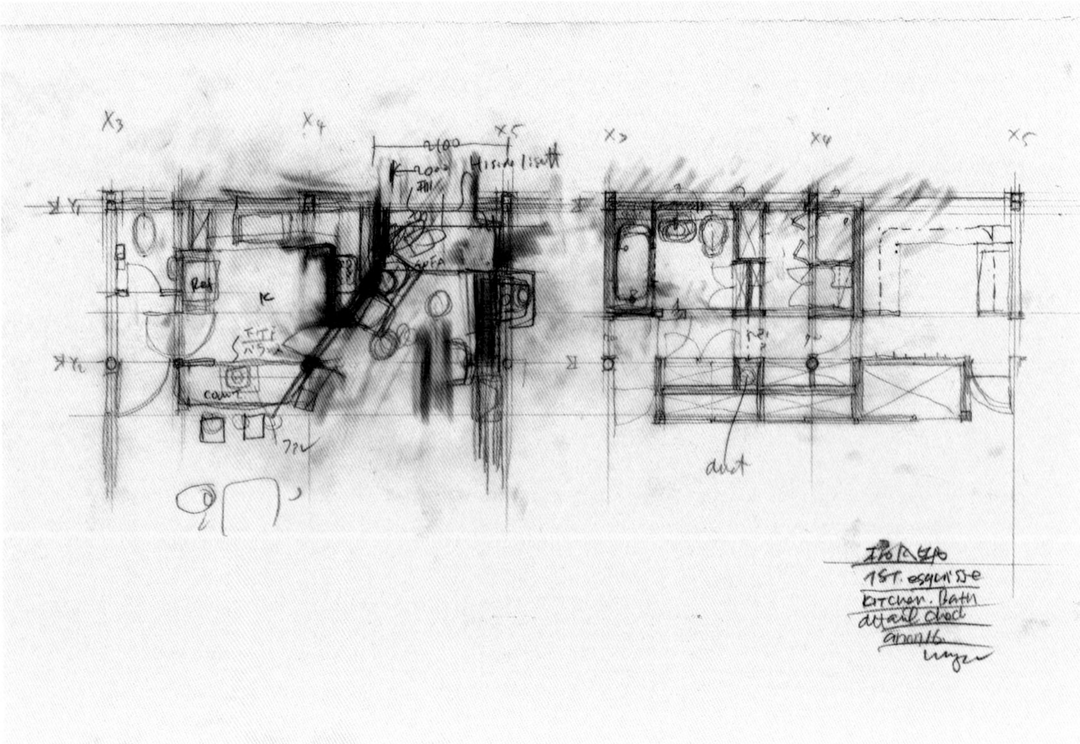

X3
X4
X5
duct
1ST. esquisse
kitchen. Bath
detail check

2

1：平面エスキース[S＝1：100を38%縮小]／1997年7月16日作成｜**2**：キッチン・浴室平面エスキース[S＝1：50を38%縮小]／1997年7月16日作成
3：断面・外観エスキース[S＝1：100を35%縮小]／1997年7月16日作成｜**4**：インテリア透視図[原図を30%縮小]／1998年3月3日作成

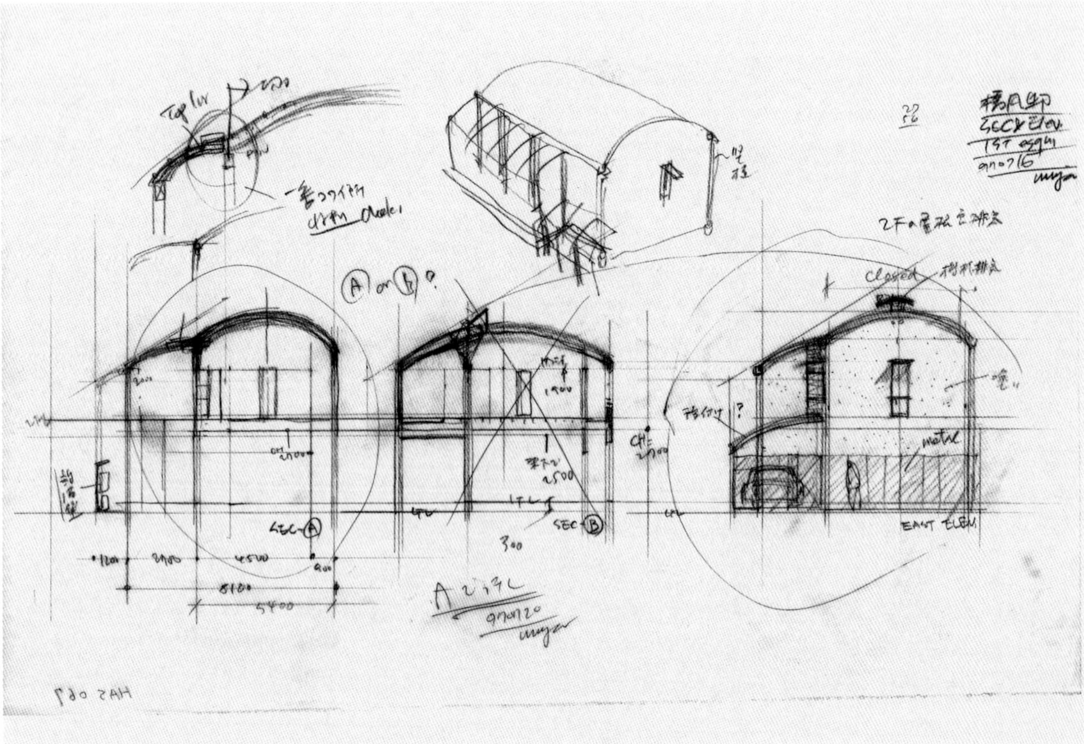

3

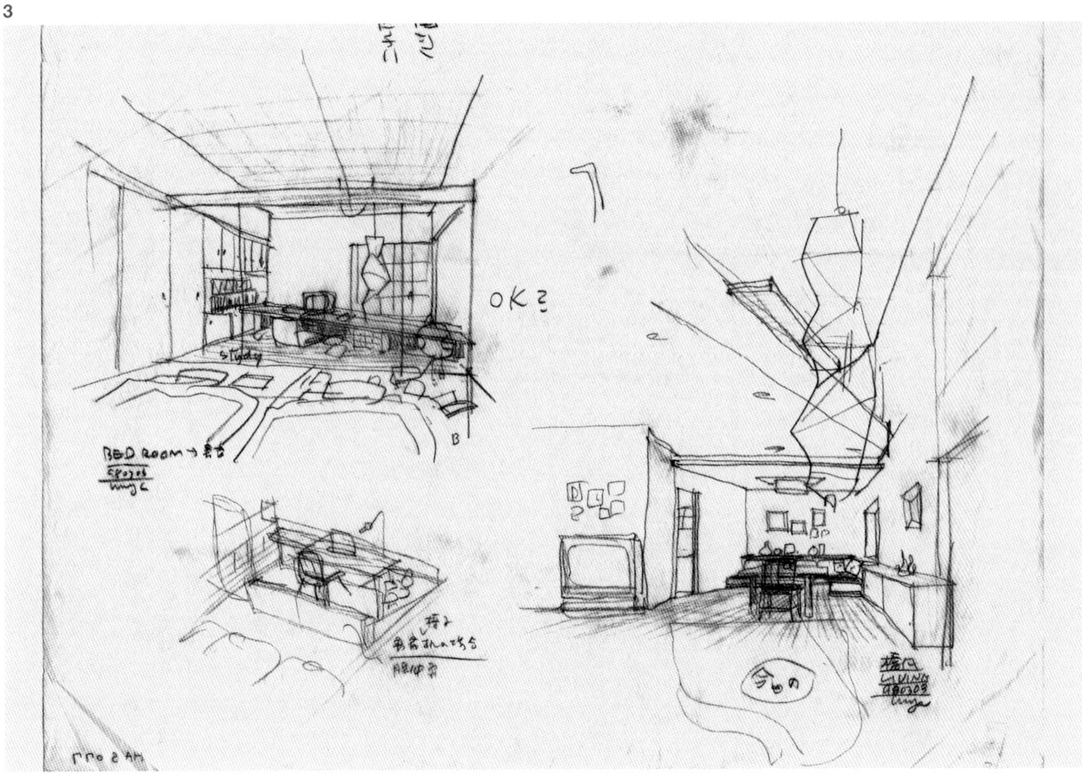

4

BOX-A QUARTER CIRCLE

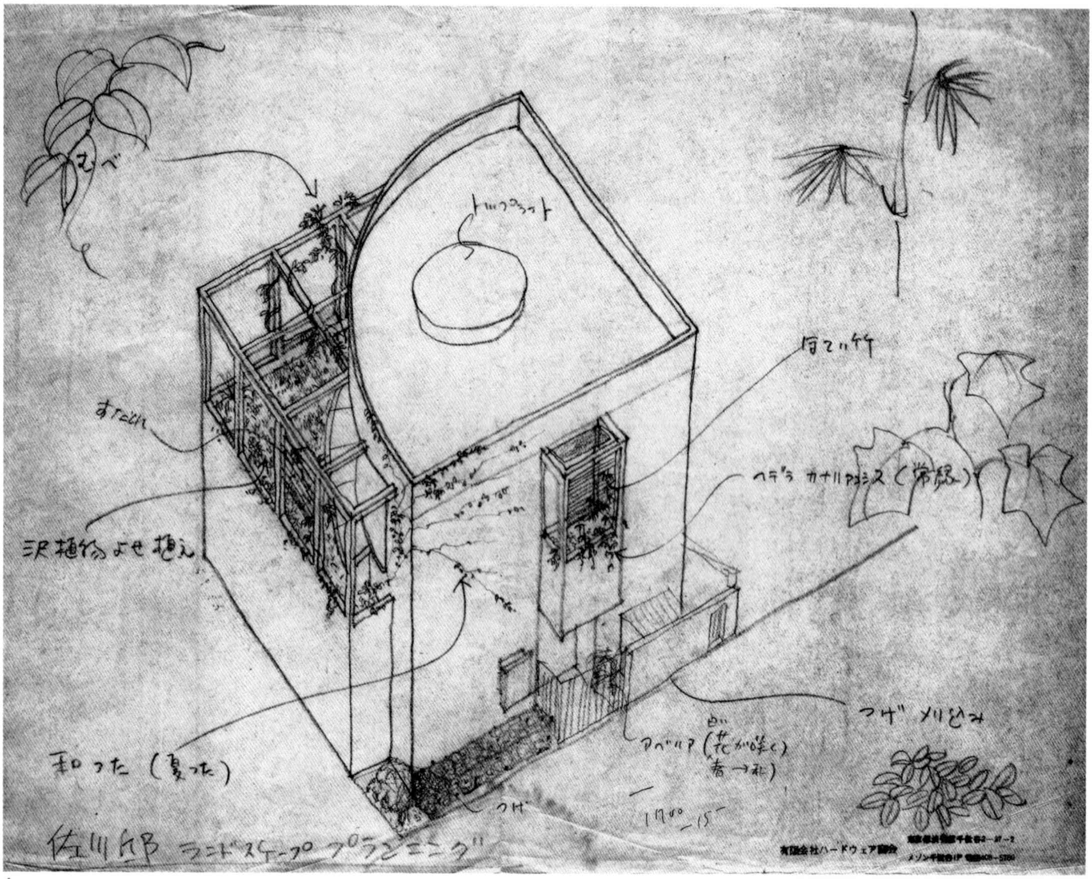

1

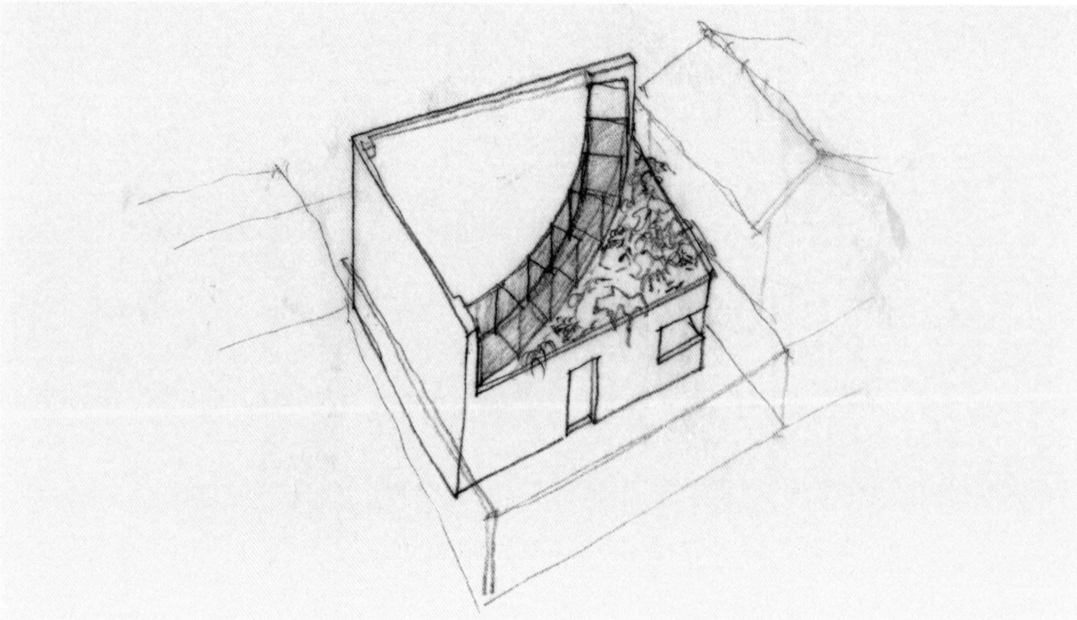

2

1：植栽のエスキース［原図を40%縮小］／作成日不明 | **2**：鳥瞰透視図［原図を70%縮小］／1975年8月13日作成
3：内観透視図［原図を60%縮小］／1975年8月13日作成 | **4**：外観透視図［原図を50%縮小］／1975年8月13日作成

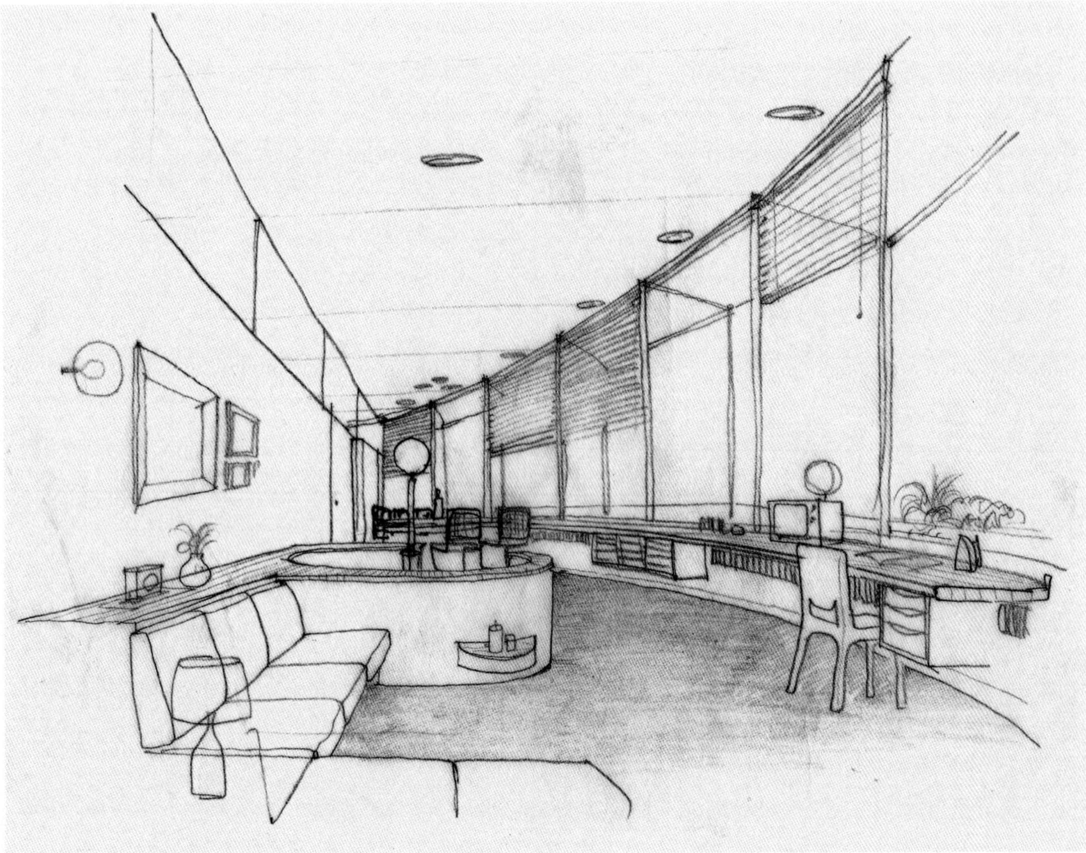

3

4

木村ボックス

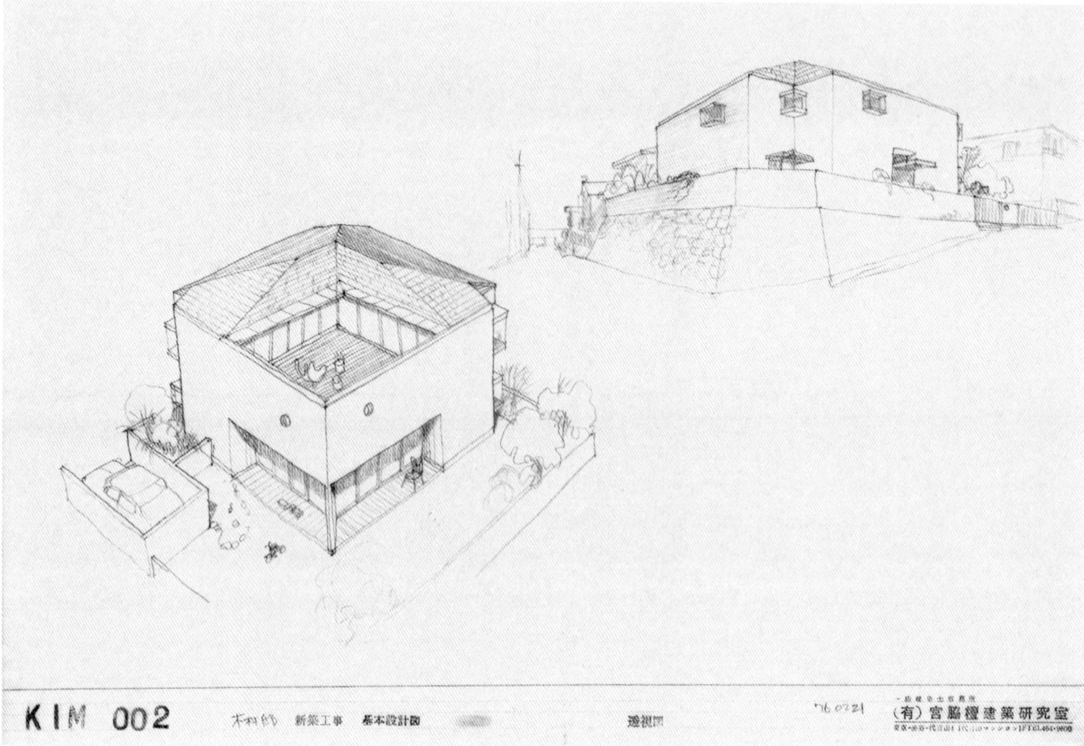
KIM 002
新築工事
基本設計図
透視図
(有)宮脇檀建築研究室

1

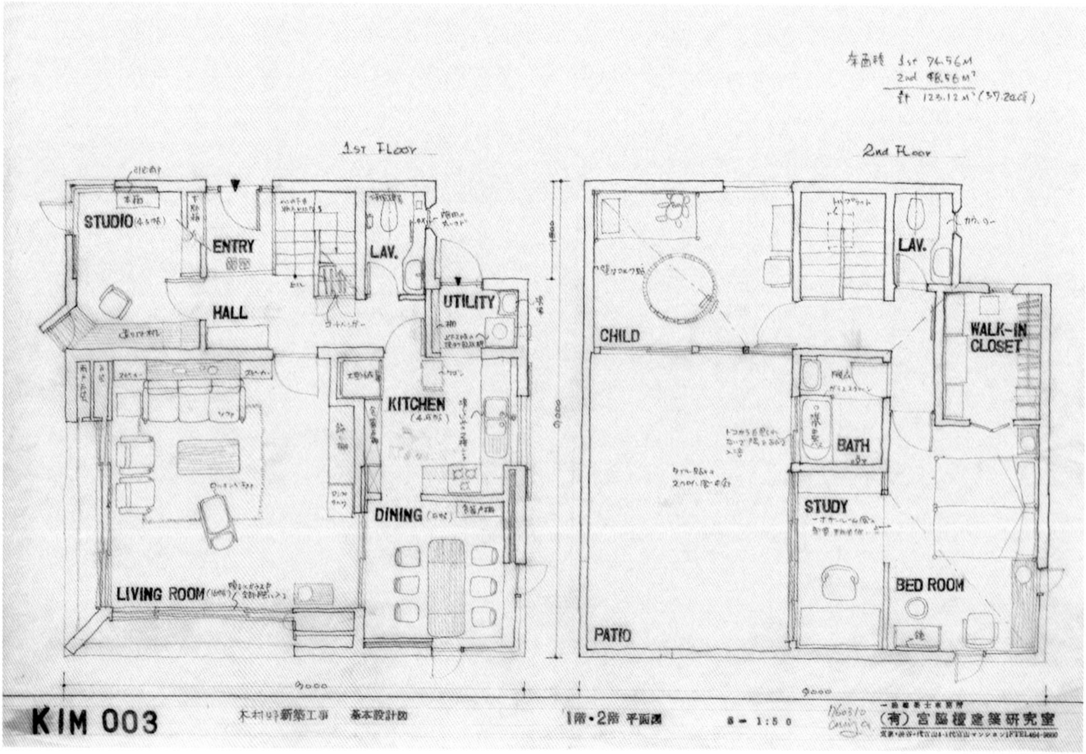
1ST FLOOR
2nd FLOOR
STUDIO
ENTRY
LAV.
HALL
UTILITY
KITCHEN
LIVING ROOM
DINING
CHILD
LAV.
WALK-IN CLOSET
BATH
STUDY
BED ROOM
PATIO
KIM 003
新築工事
基本設計図
1階・2階 平面図
S = 1:50
(有)宮脇檀建築研究室

2

1：基本設計プレゼン用透視図［原図を33%縮小］／1976年2月21日作成｜**2**：基本設計1・2階平面図［S＝1：50を33%縮小］／1976年3月10日作成
3：基本設計断面図・立面図［S＝1：50を33%縮小］／1976年3月11日作成｜**4**：裏紙に描いたエスキース／1976年3月10日作成

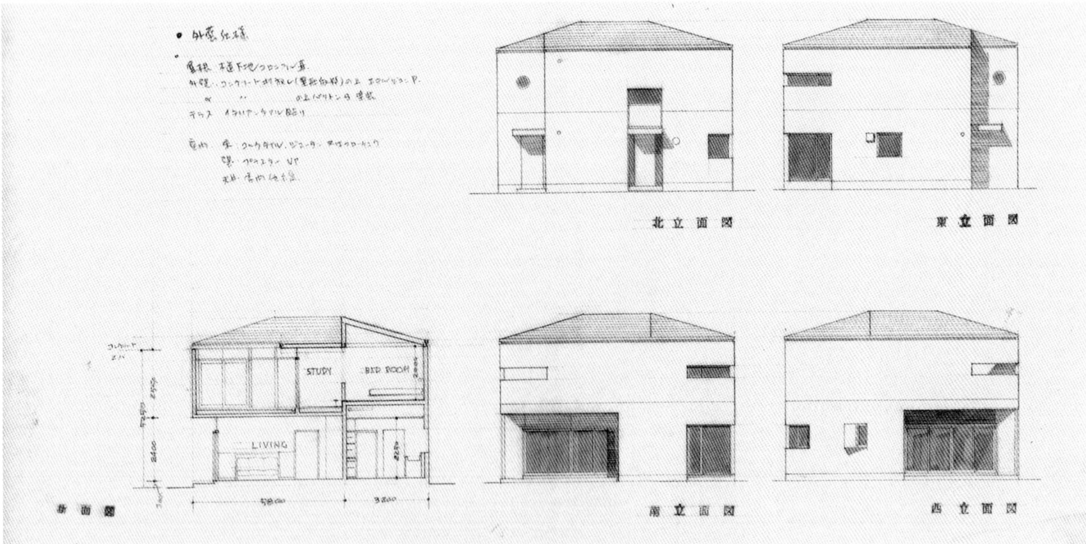

3

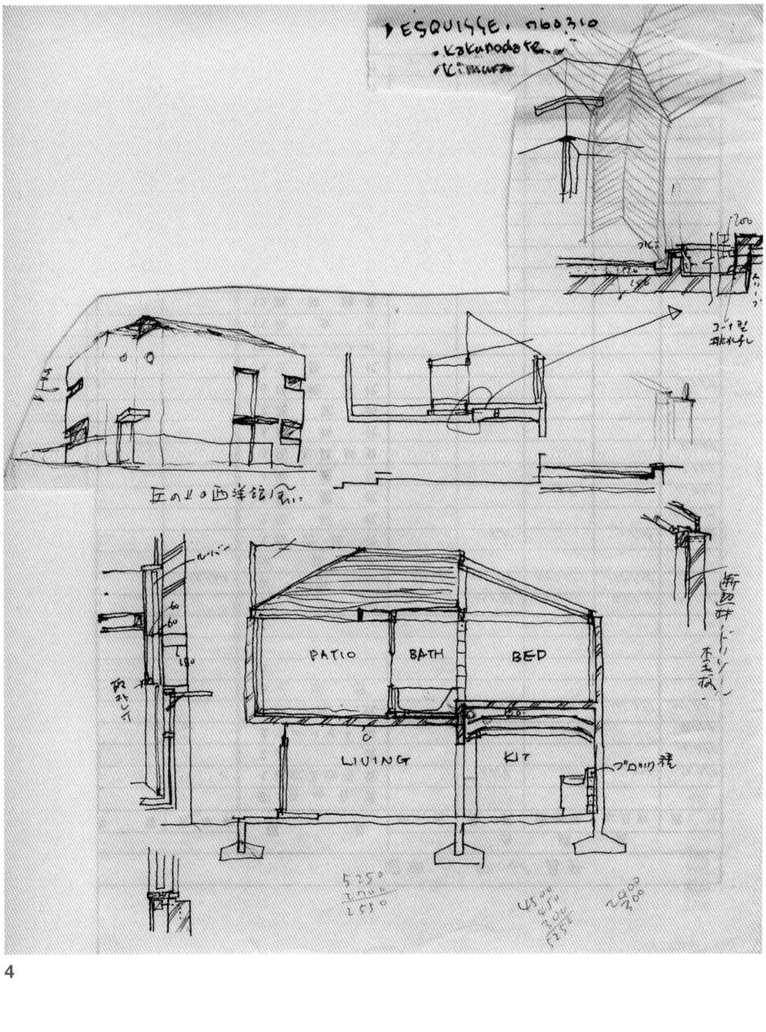

4

シリンダーボックス

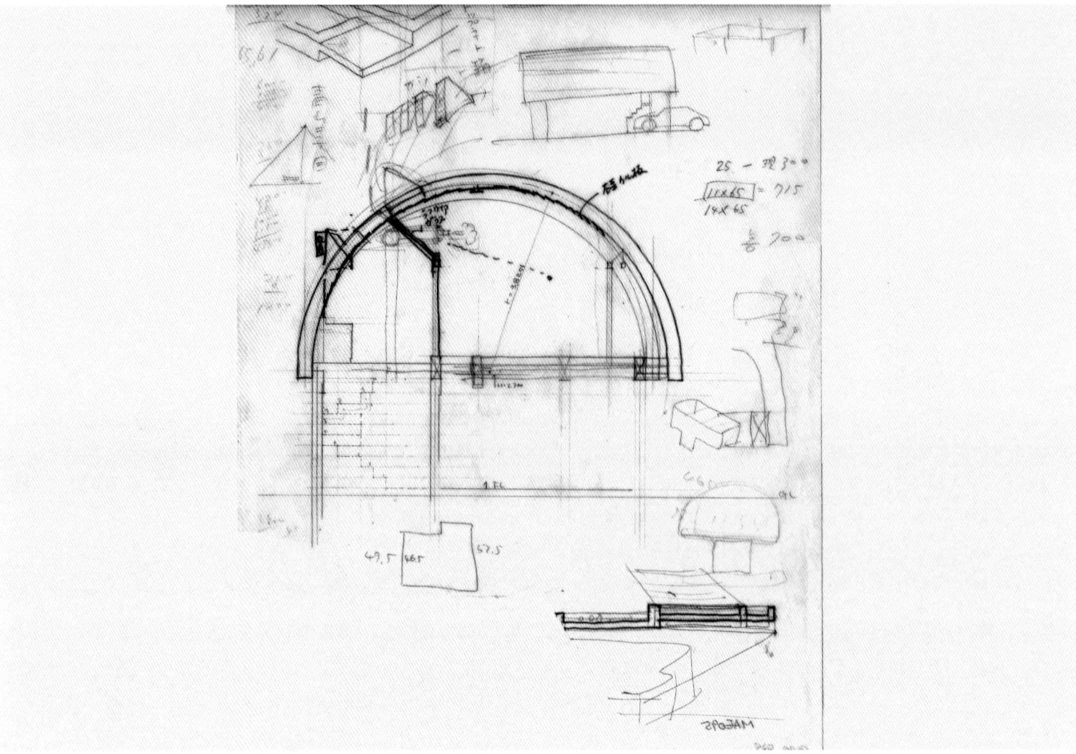

1

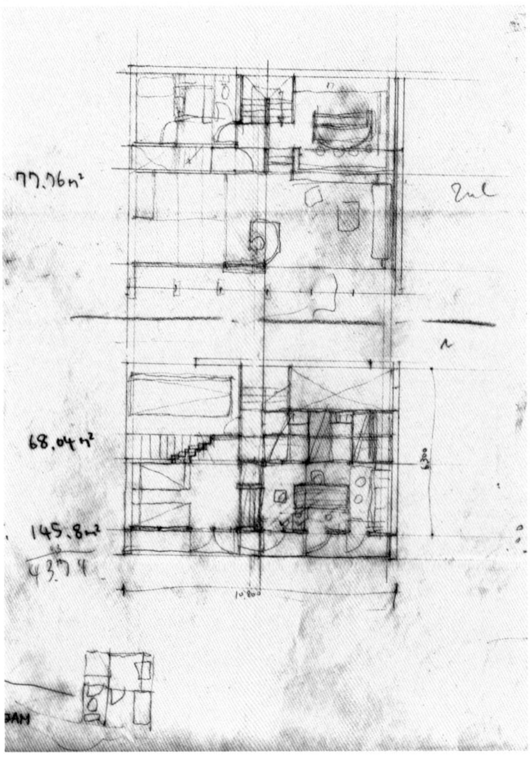

3

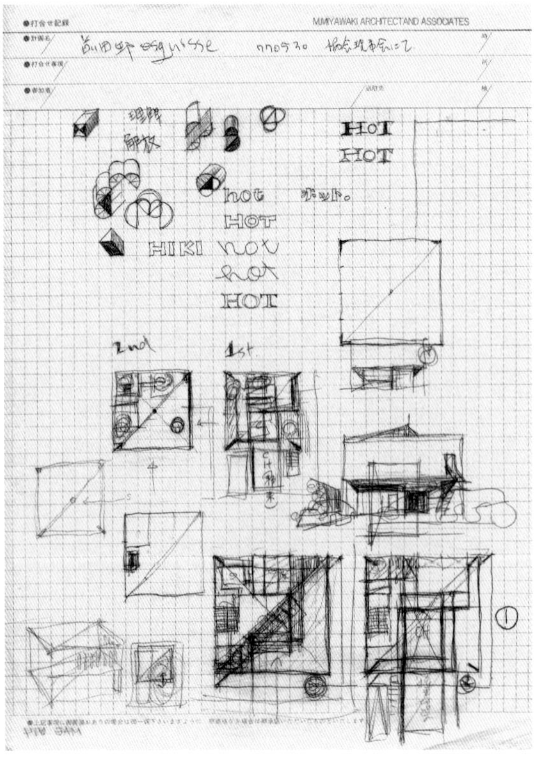

2

1：断面エスキース［原図を33%縮小］／作成日不明 | **2**：エスキース［原図を35%縮小］／1977年5月30日作成
3：平断面エスキース［原図を35%縮小］／作成日不明 | **4**：エスキース［原図を35%縮小］／1977年3月31日作成
5：平面エスキース［原図を33%縮小］／作成日不明

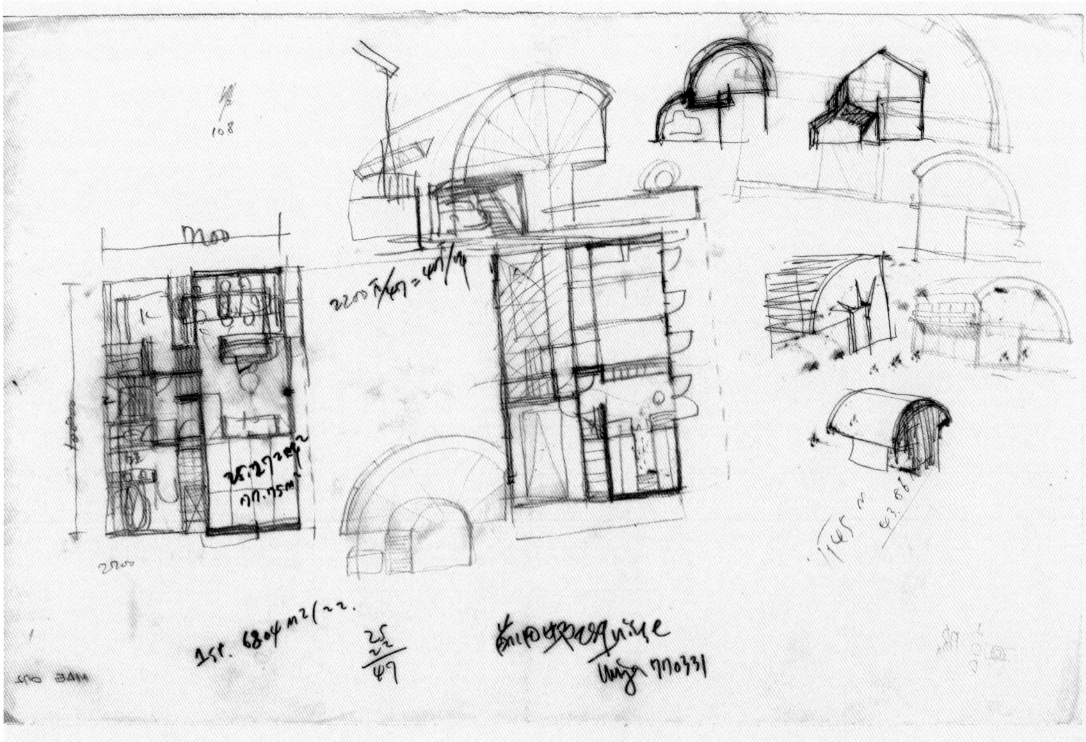

4

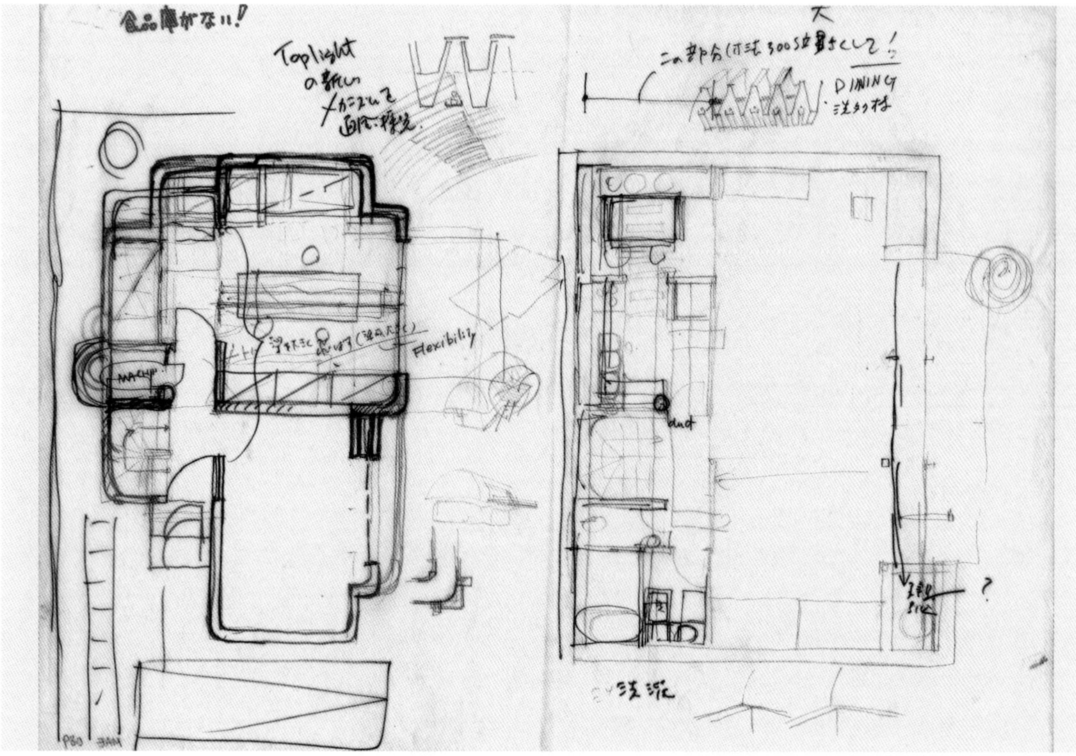

5

横尾ボックス

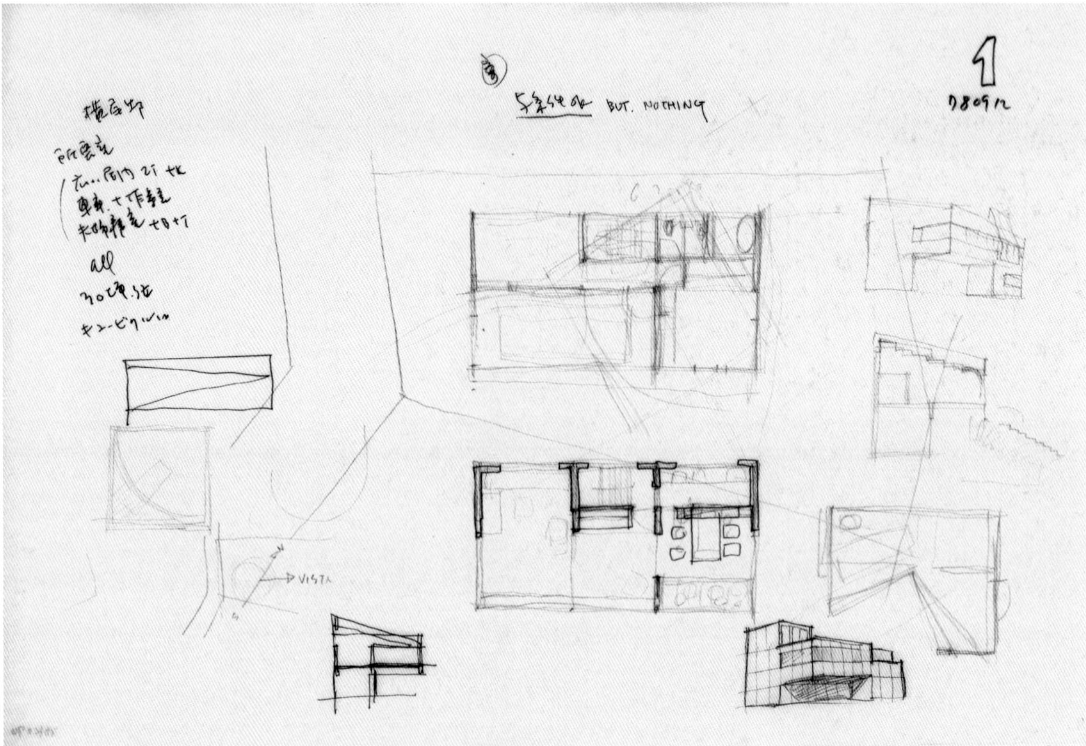

1

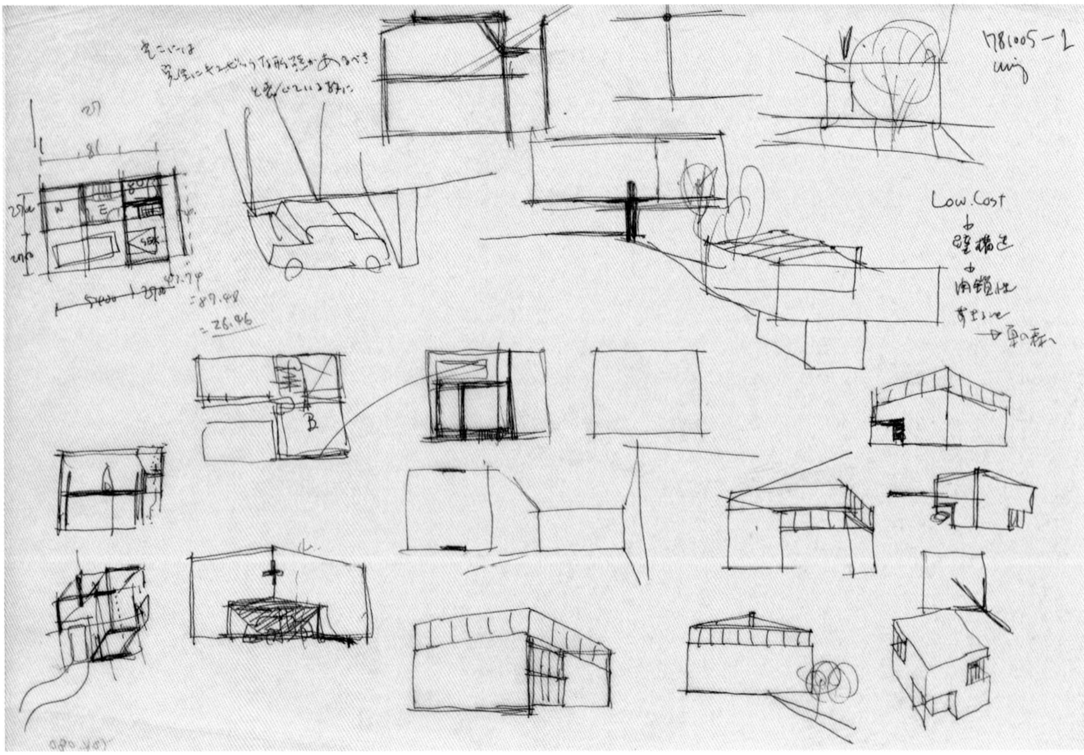

2

1：エスキース[1][原図を33%縮小]／1978年9月12日作成 | **2**：エスキース[2][原図を33%縮小]／1978年10月5日作成
3：エスキース[3][原図を33%縮小]／1978年10月5日作成 | **4**：エスキース[4][原図を33%縮小]／1978年10月14日作成

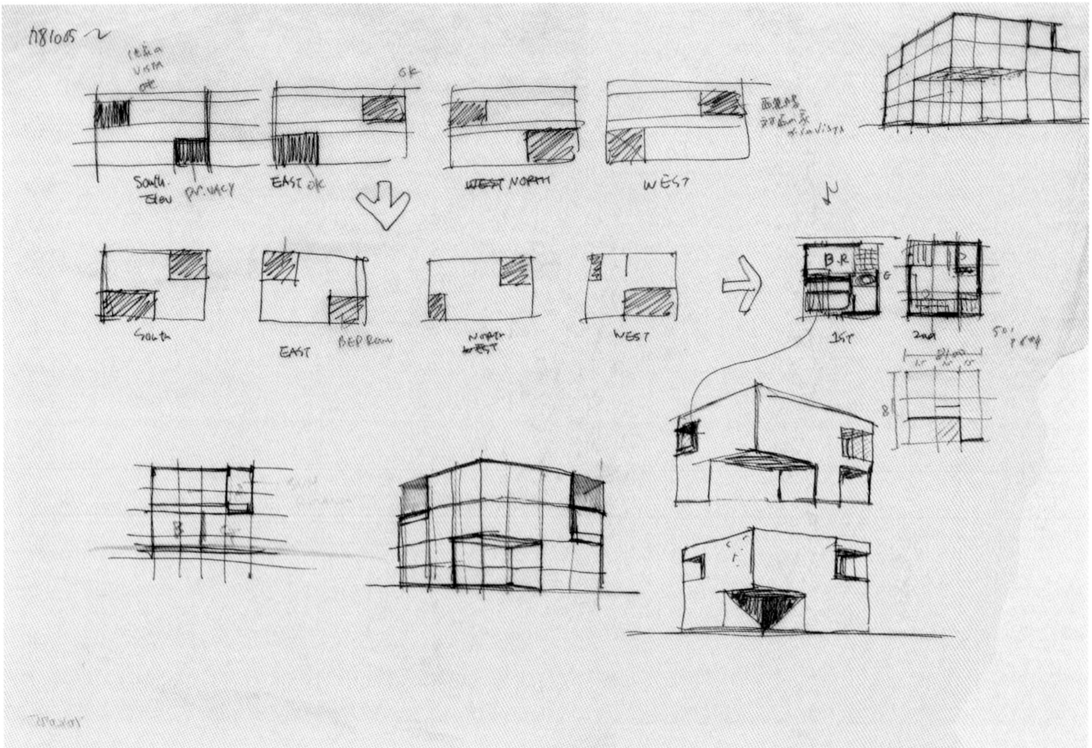

3

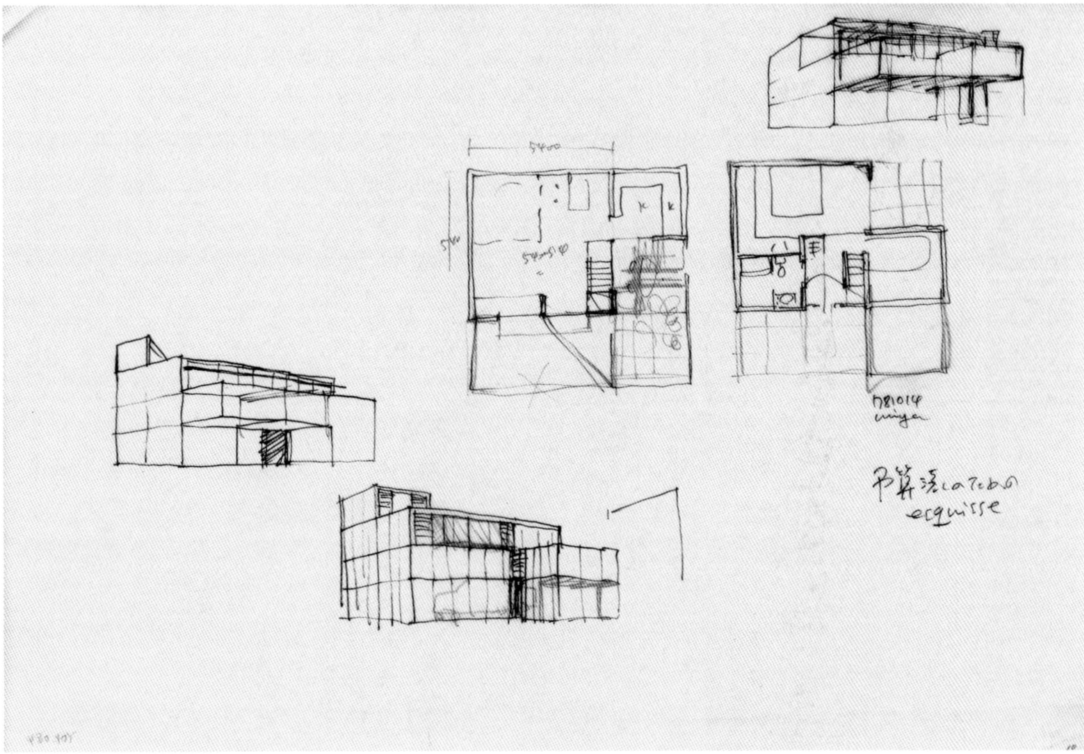

4

富士道邸

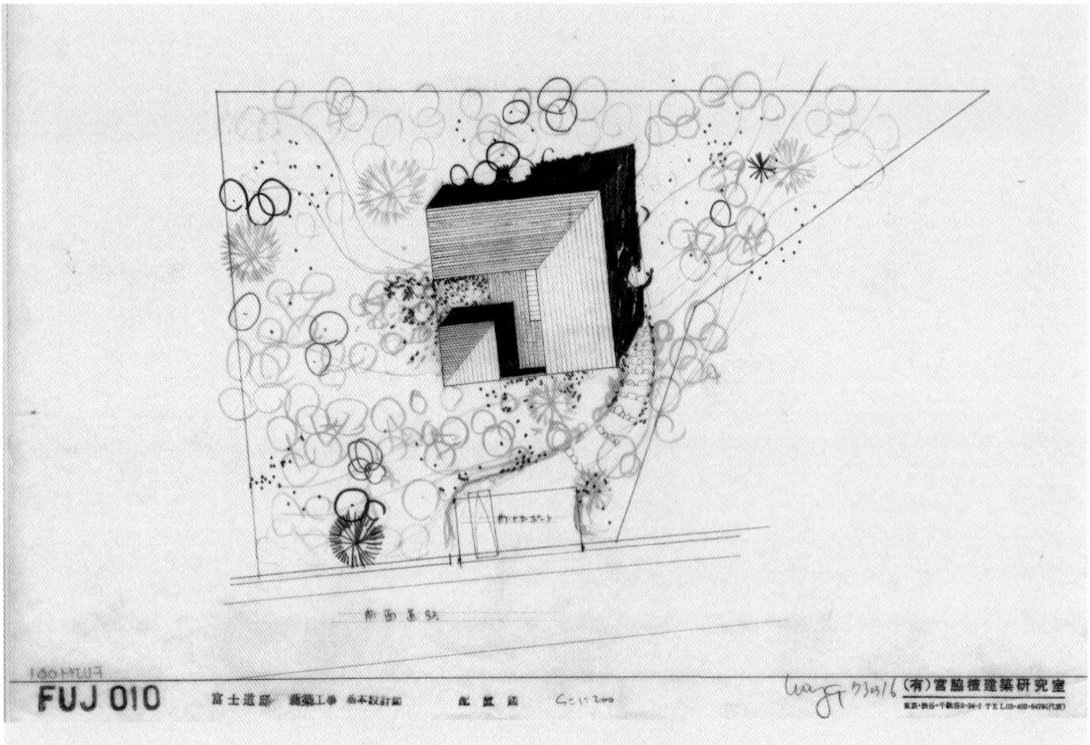
FUJ 010
富士道邸 新築工事 基本設計図
配置図
(有)宮脇檀建築研究室

1

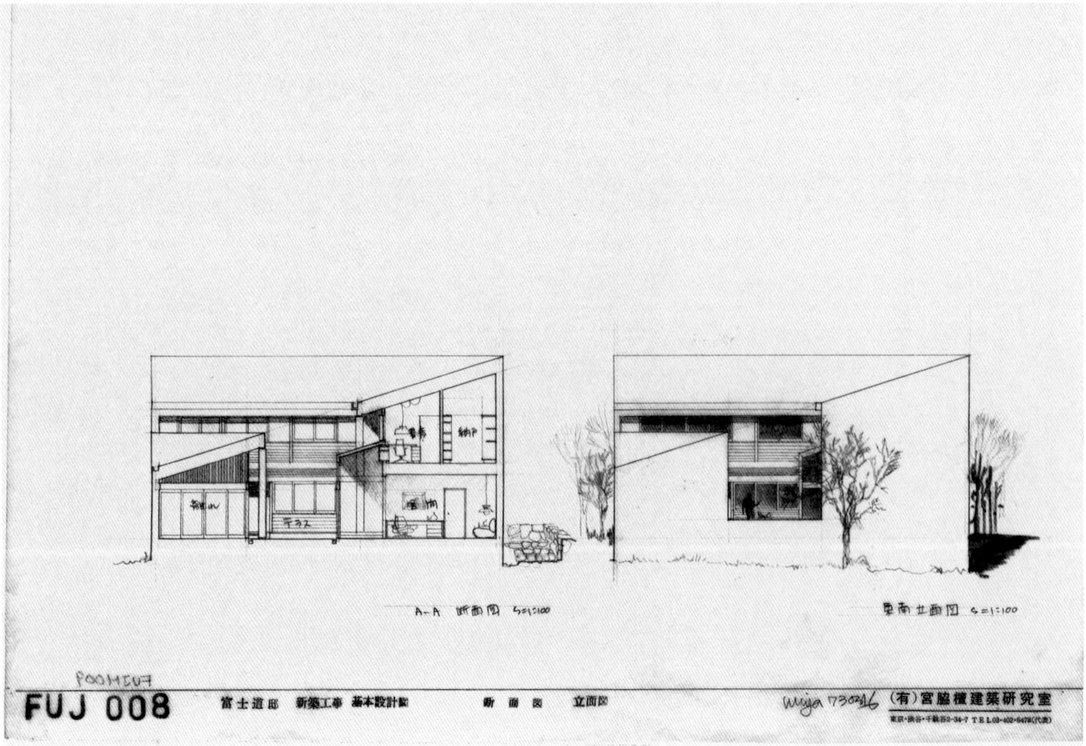
A-A 断面図 S=1:100
東面立面図 S=1:100
FUJ 008
富士道邸 新築工事 基本設計図
断面図 立面図
(有)宮脇檀建築研究室

2

1：基本設計配置図[S=1：200を35%縮小]／1973年3月16日作成｜2：基本設計立断面図[S=1：200を35%縮小]／1973年3月16日作成
3：基本設計1階平面図[S=1：50を25%縮小]／1973年6月11日作成｜4：基本設計2階平面図[S=1：50を25%縮小]／1973年6月11日作成

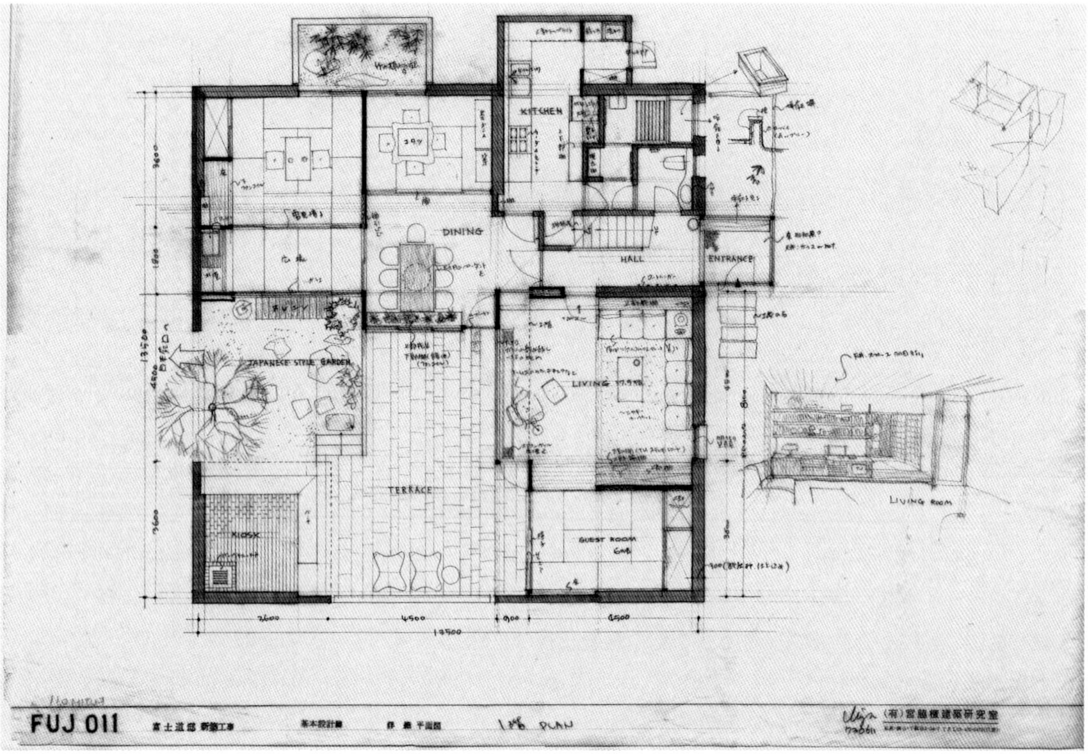

3

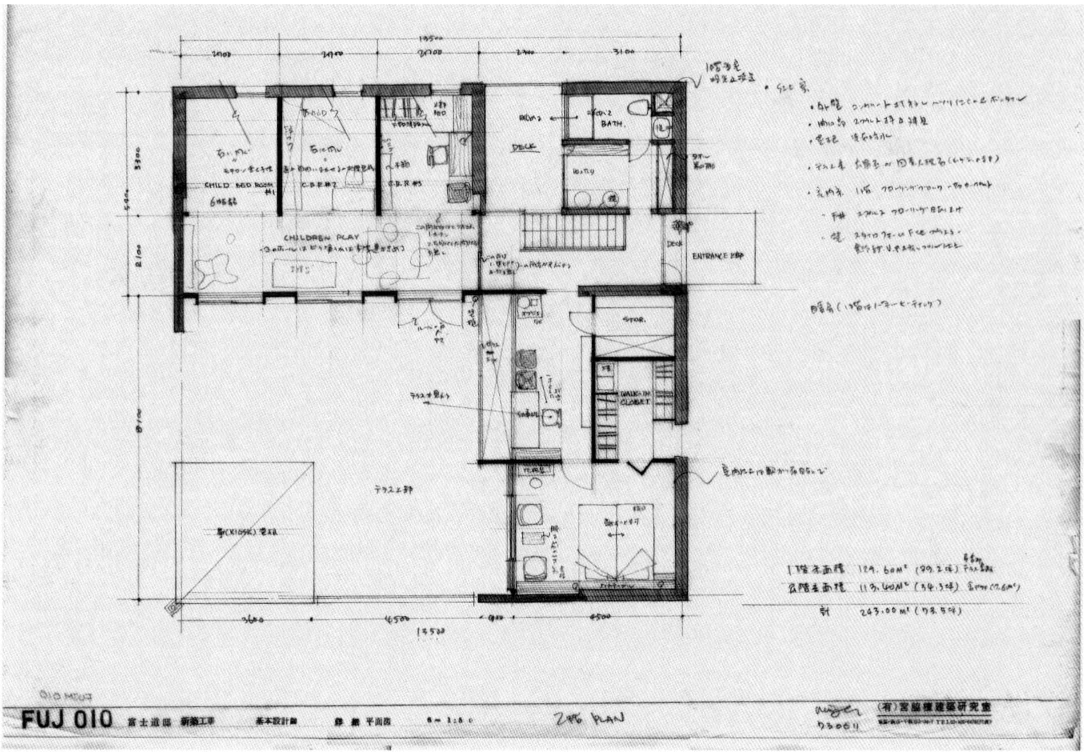

4

有賀邸

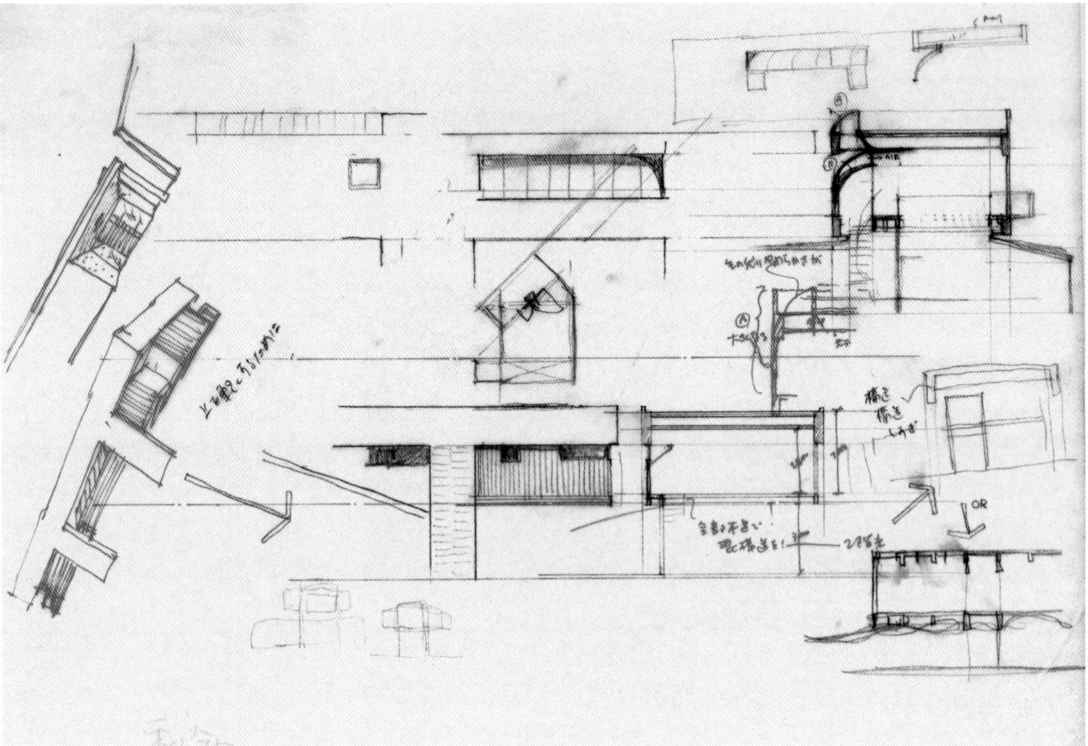

1

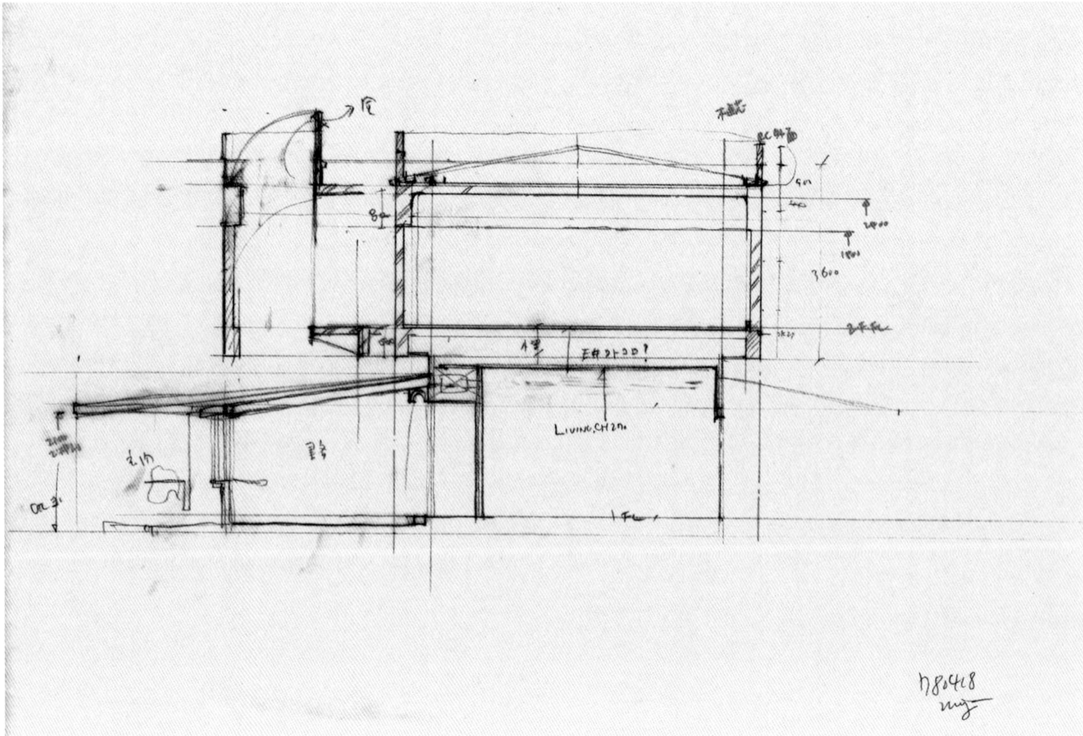

2

1：ボックス部分エスキース［原図を33%縮小］／1978年4月18日作成｜**2**：断面エスキース［S=1：50を33%縮小］／1978年4月18日作成
3：基本設計・断面パース［S=1：50を33%縮小］／1978年4月29日作成｜**4**：基本設計・配置図［S=1：200を33%縮小］／1978年4月29日作成

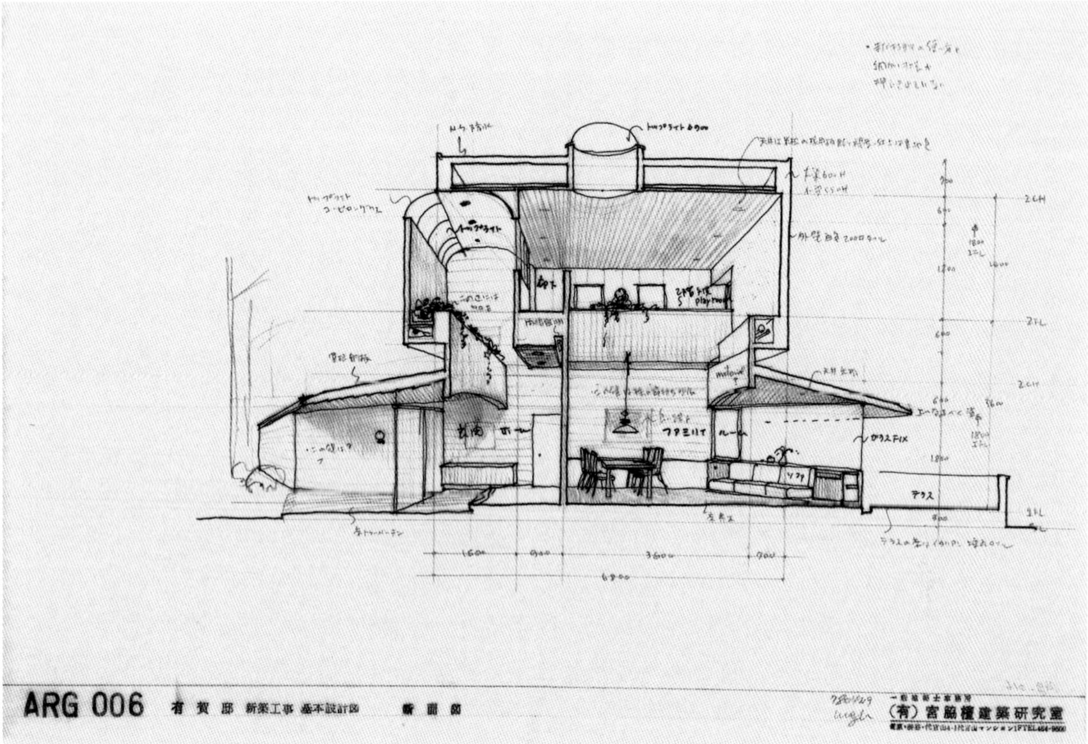

3

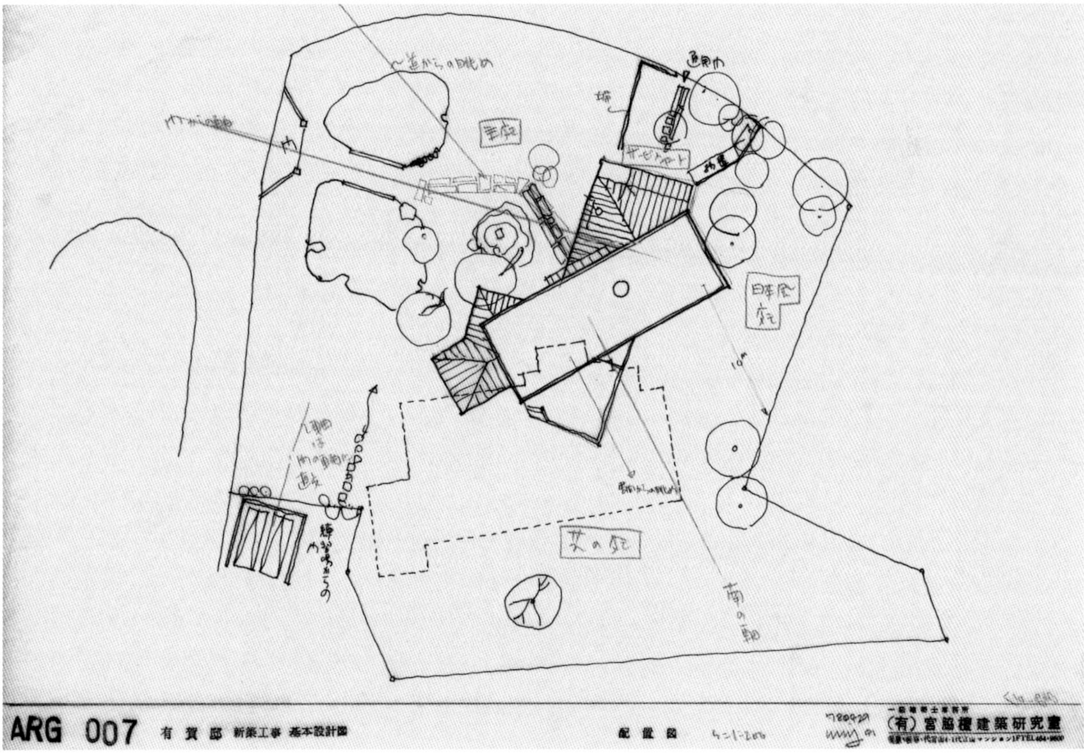

4

田中ボックス

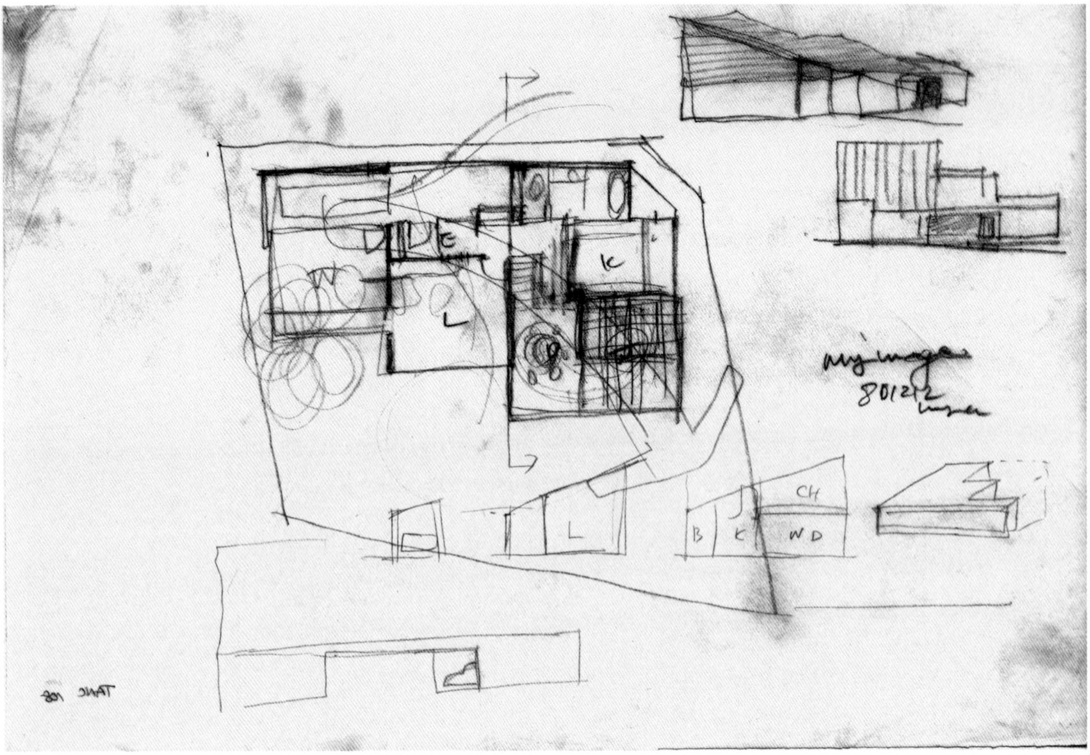

1

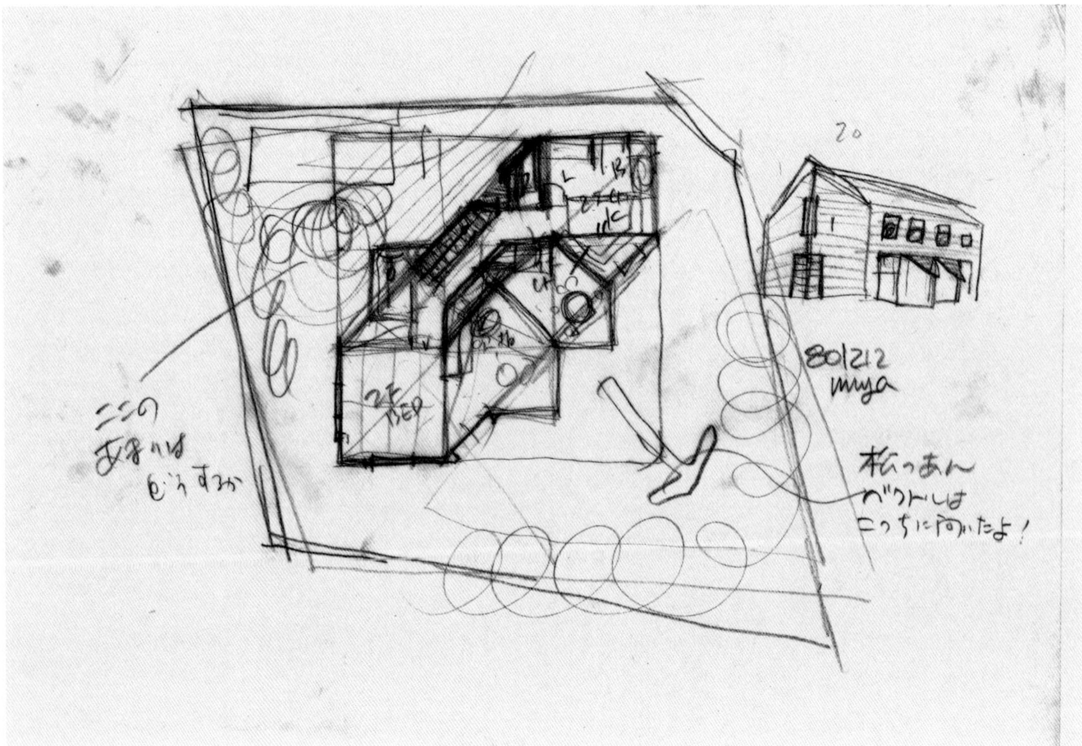

2

1：平面エスキース[S=1：100を35%縮小]/1980年12月12日作成｜**2**：平面エスキース[S=1：100を40%縮小]/1980年12月12日作成
3：平面エスキース[S=1：100を35%縮小]/1980年12月12日作成｜**4**：外観エスキース[原図を35%縮小]/作成日不明

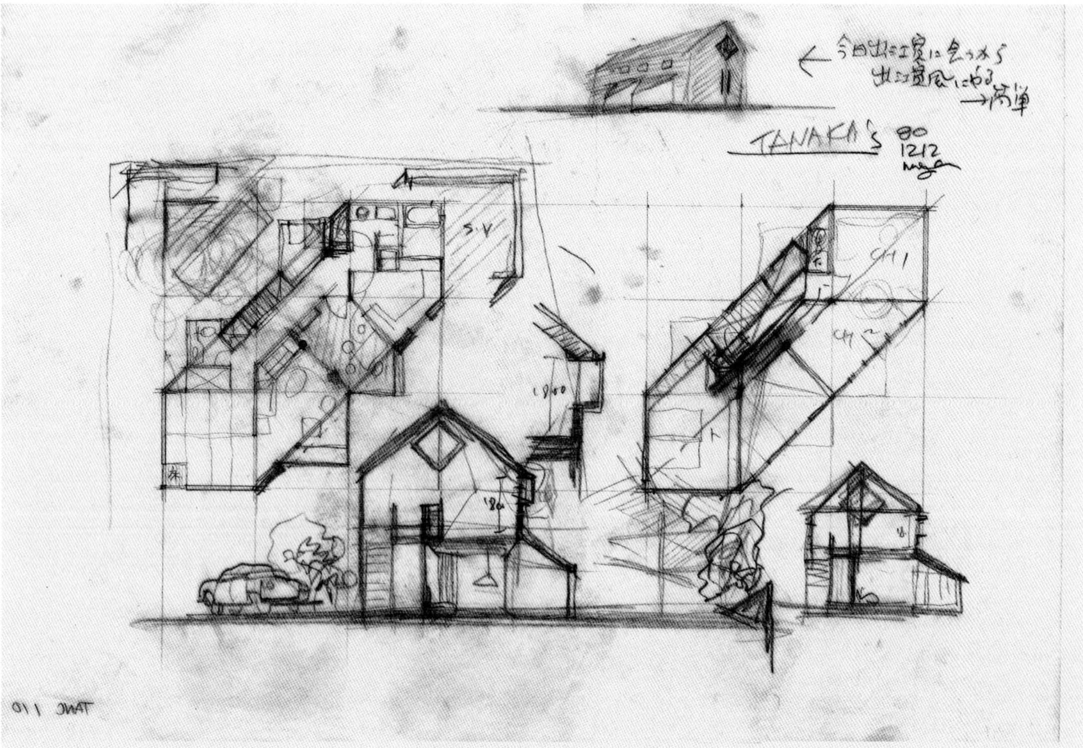

3

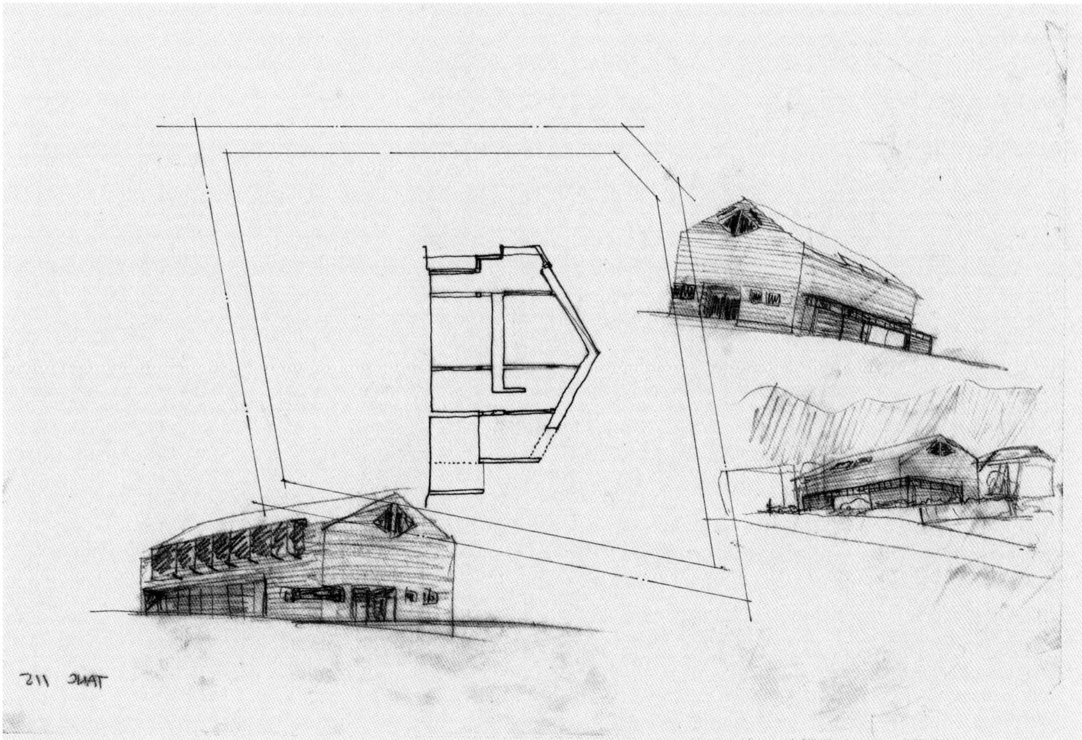

4

Choi Box

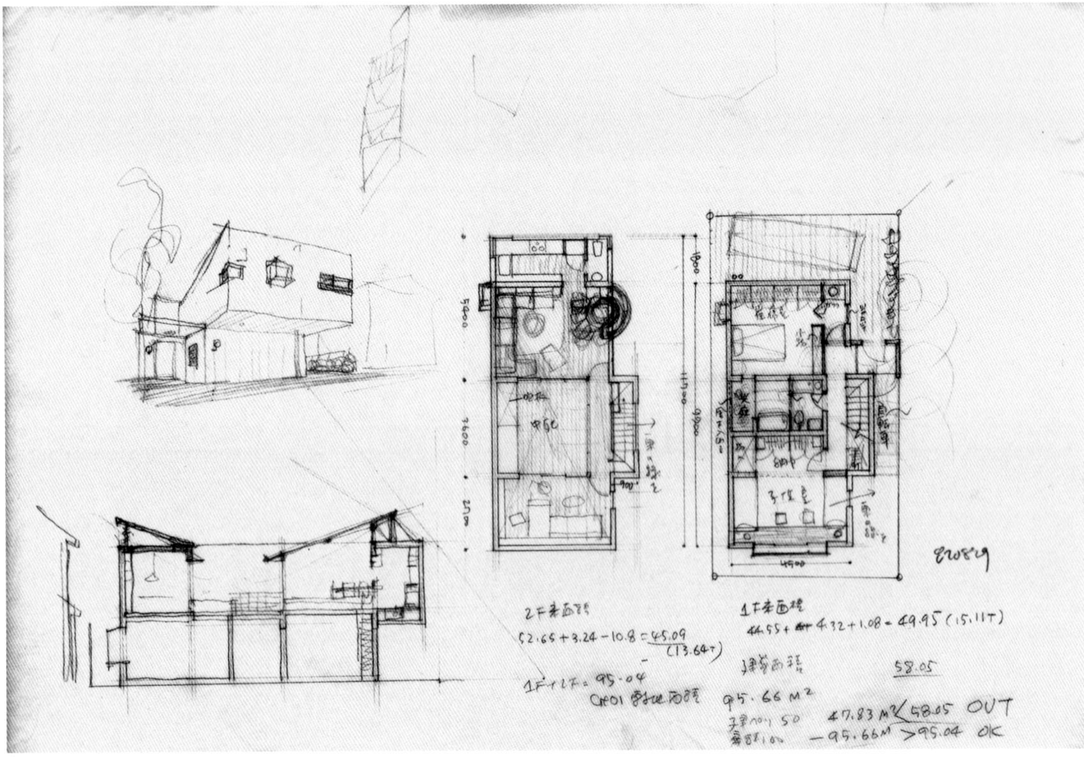

OUT
OK

1

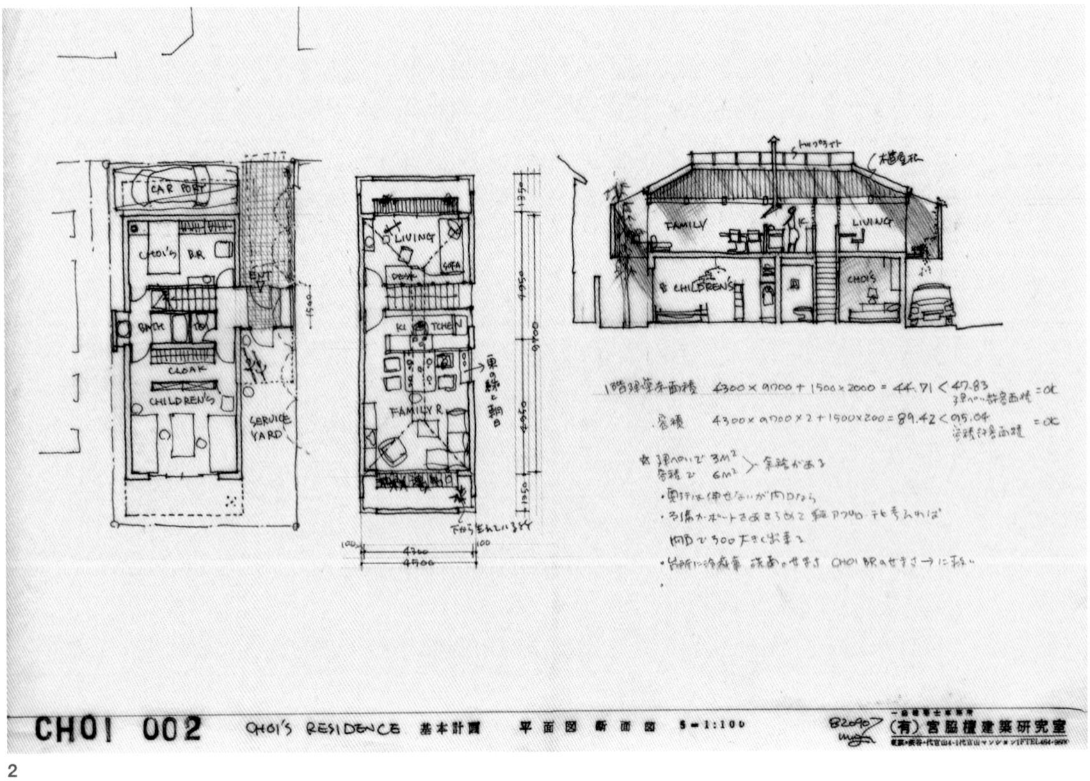

CAR PORT
CHOI'S BR
CLOAK
CHILDREN'S
SERVICE YARD
LIVING
KITCHEN
FAMILY R
FAMILY
LIVING
CHILDREN'S
CHOI'S
CHOI 002
CHOI'S RESIDENCE 基本計画 平面図 断面図 S=1:100
(有)宮脇檀建築研究室

2

1：平面図、パース、断面図[S=1：100を33%縮小]／1982年8月29日作成 | **2**：基本設計図[S=1：100を33%縮小]／1982年9月7日作成
3：エスキース[1]／1982年10月19日作成 | **4**：エスキース[2]／作成日不明 | **5**：エスキース[3]／作成日不明

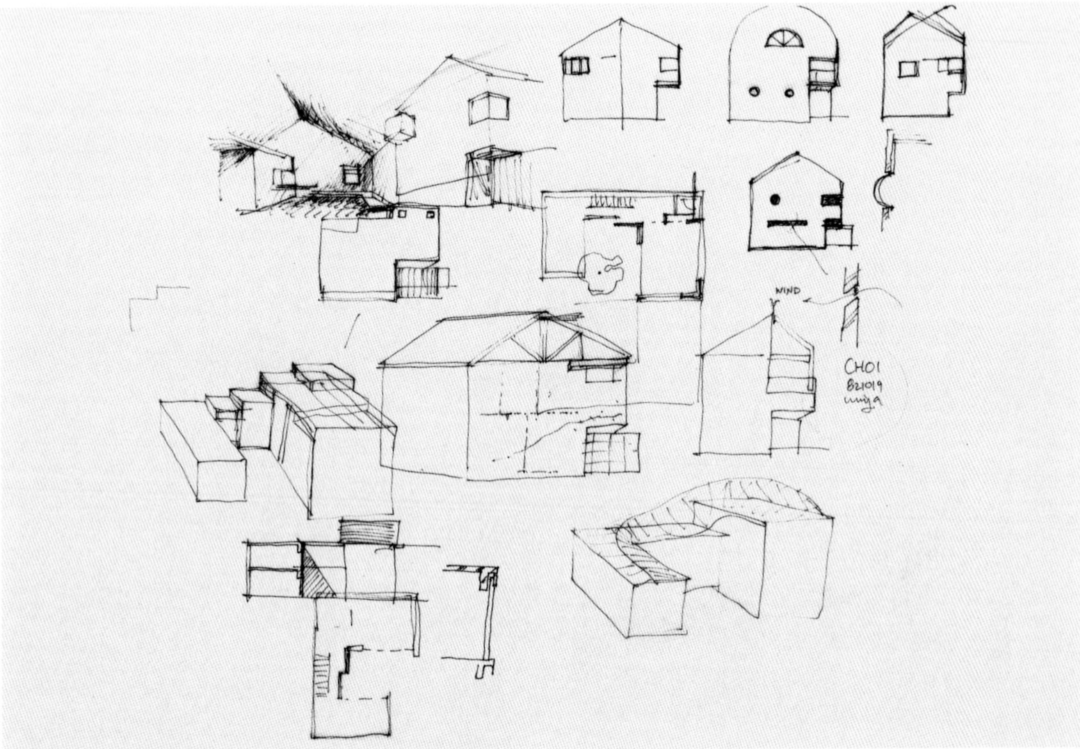

3

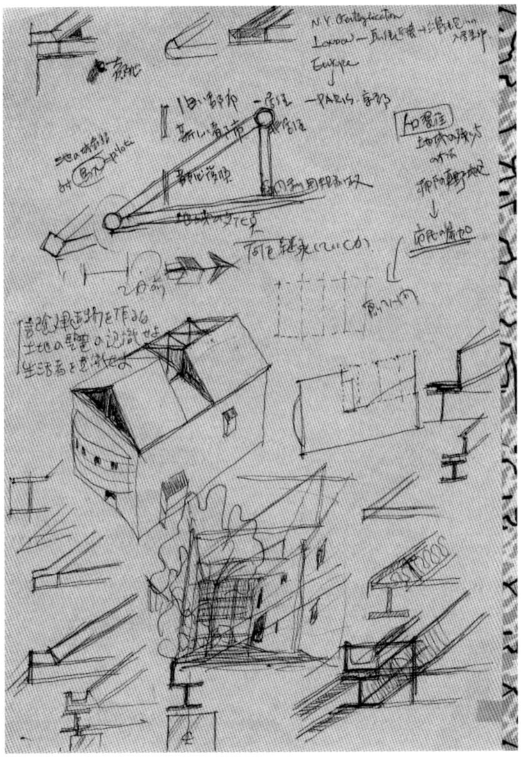

5

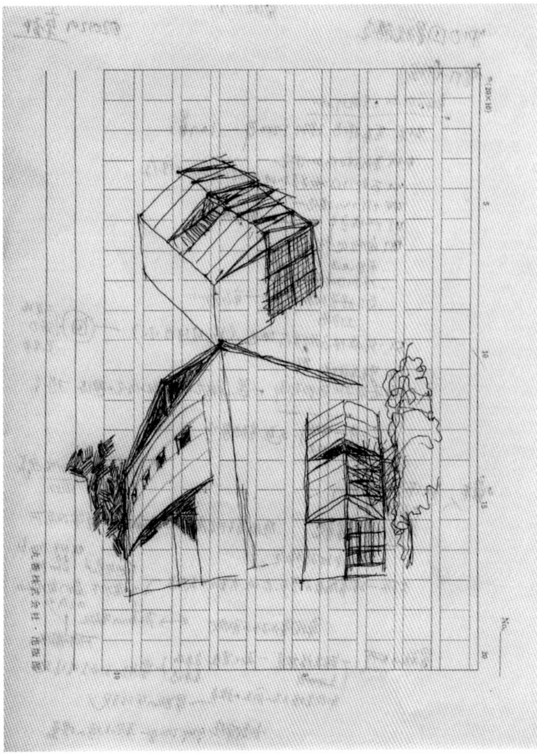

4

植村邸

1

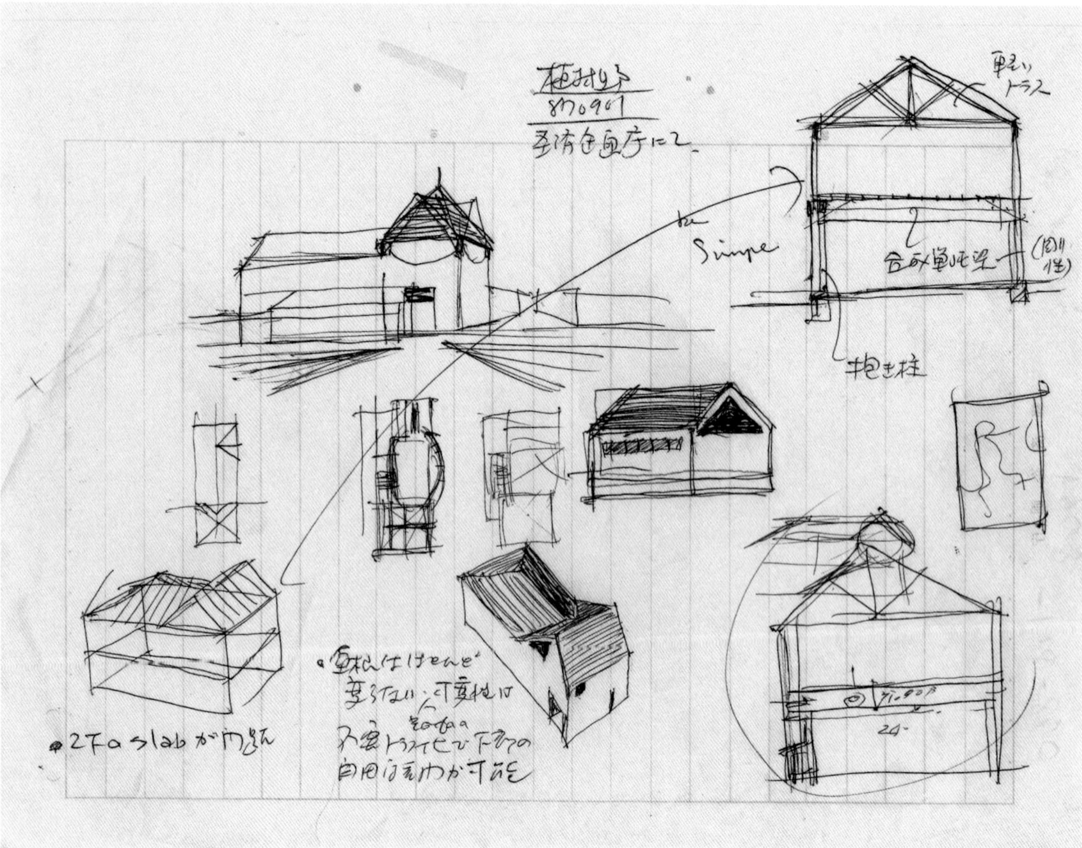

2

1：外観エスキース［原図を40%縮小］／1987年7月13日作成｜**2**：架構のエスキース［原図を60%縮小］／1987年9月1日作成
3：基本設計図プレゼン用透視図［原図を35%縮小］／1987年10月26日作成｜**4**：基本設計図プレゼン用透視図［原図を35%縮小］／1987年10月26日作成

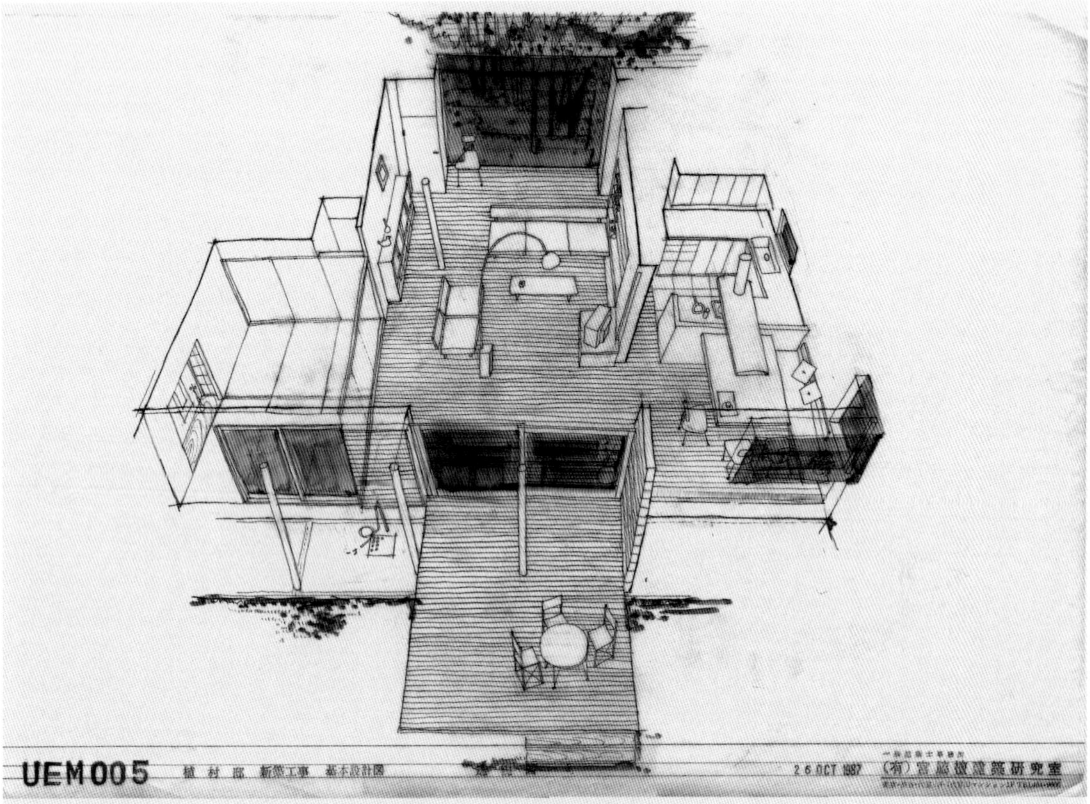

3

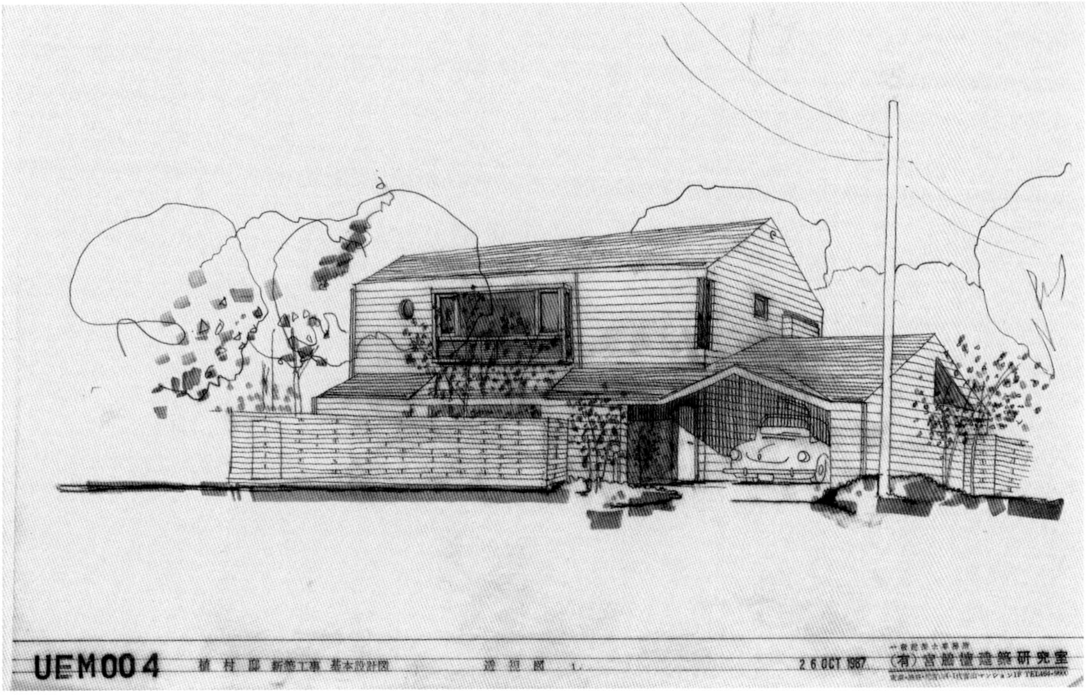

4

白萩荘

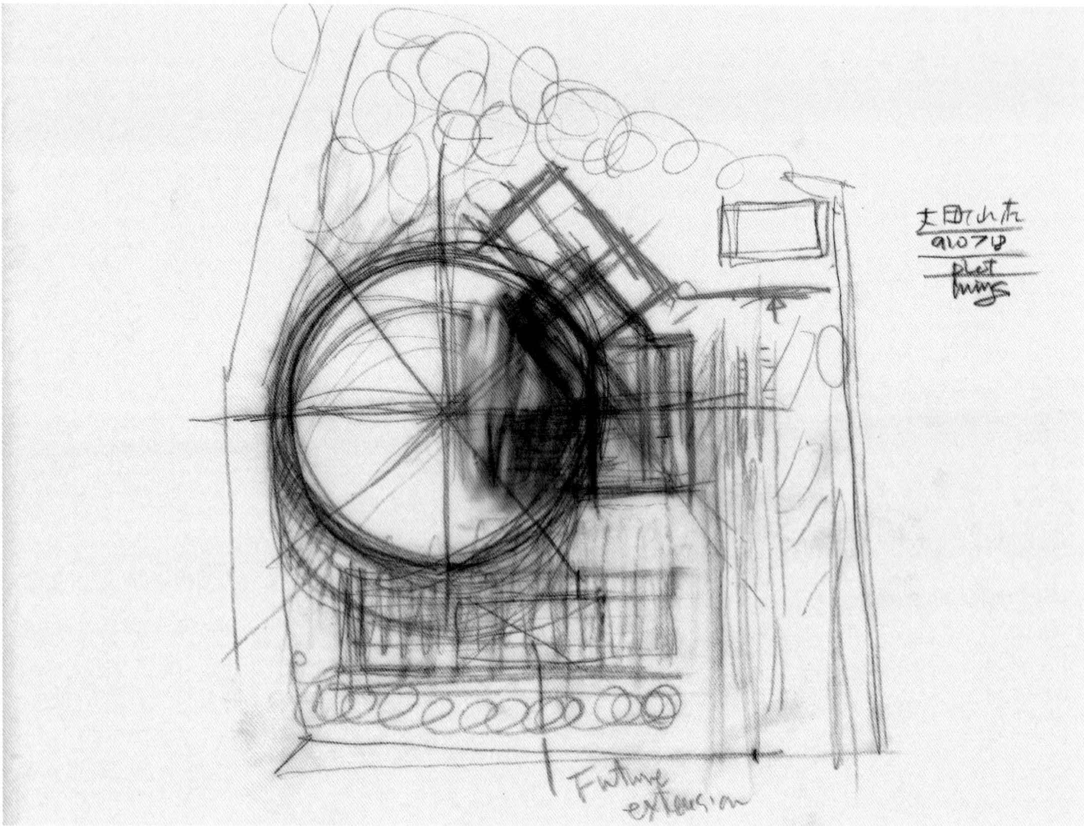

1

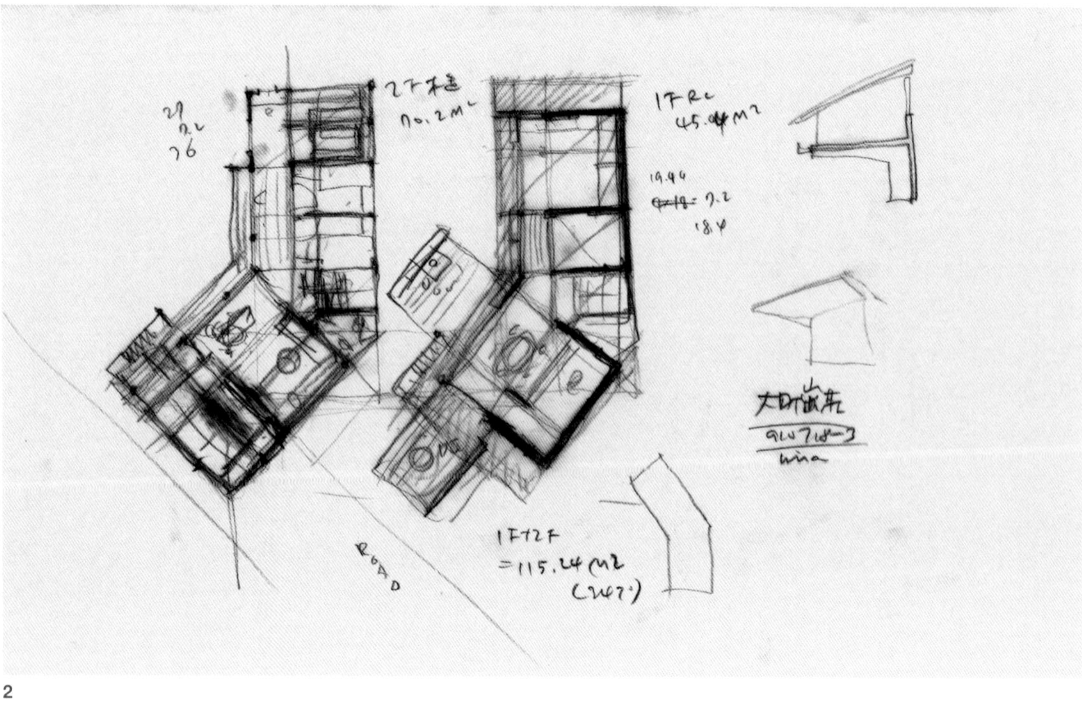

2

1：エスキース／1991年7月18日作成 | 2：1・2階平面エスキース[S=1：50を33%縮小]／1991年7月18日作成
3：1・2階平面図[S=1：50を33%縮小]／1991年8月1日作成 | 4：断面エスキース[S=1：50を33%縮小]／1991年8月11日作成

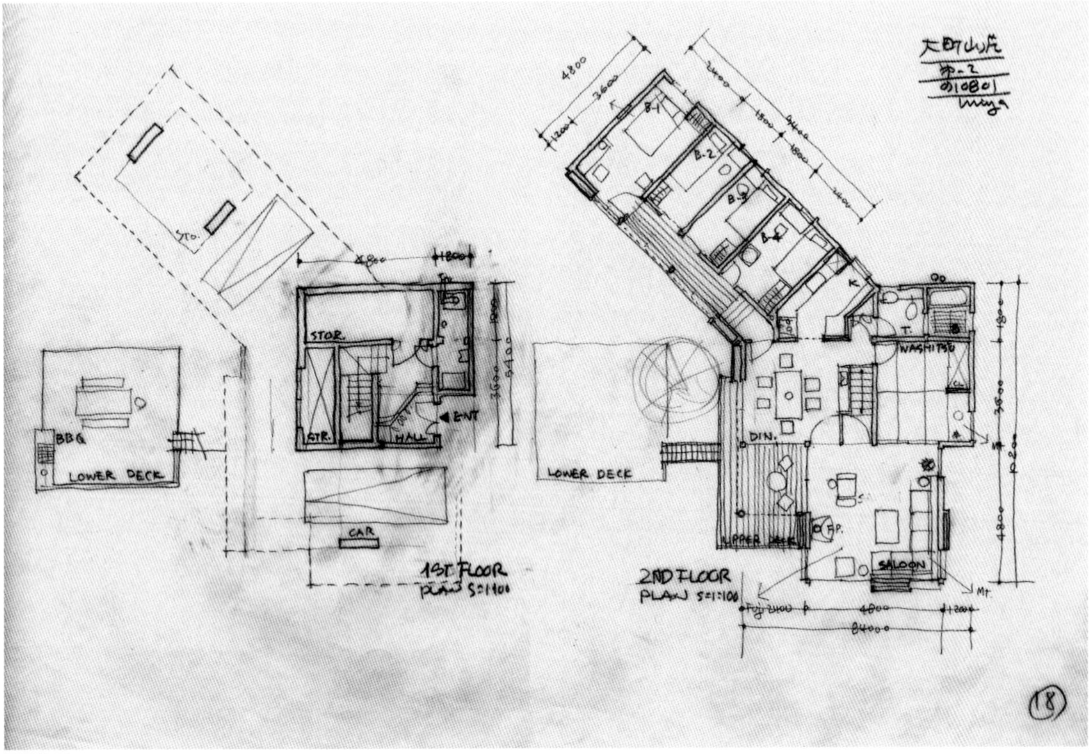

3

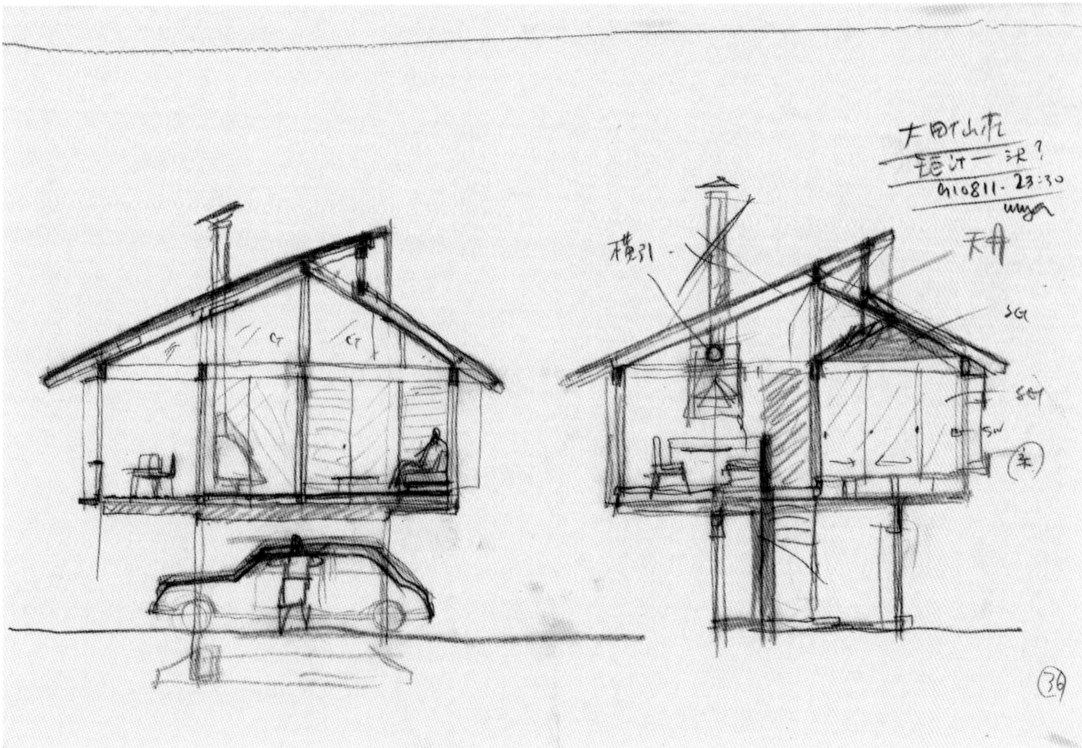

4

町田の家

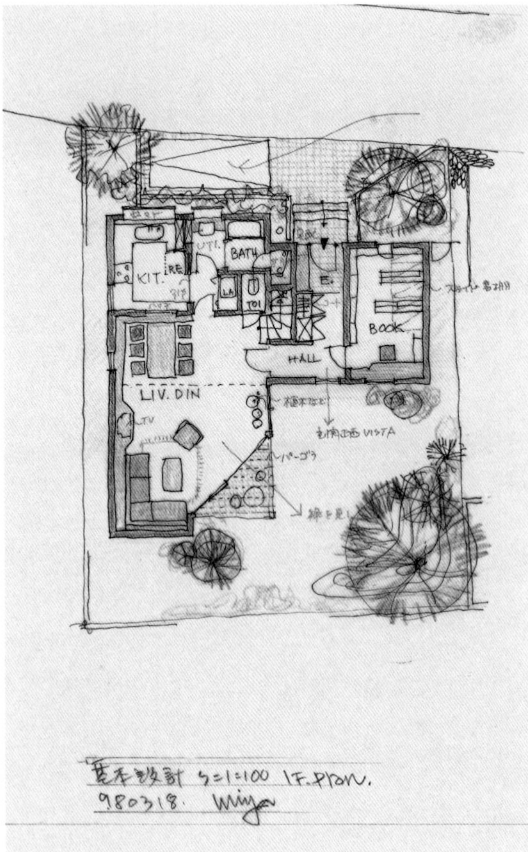

1

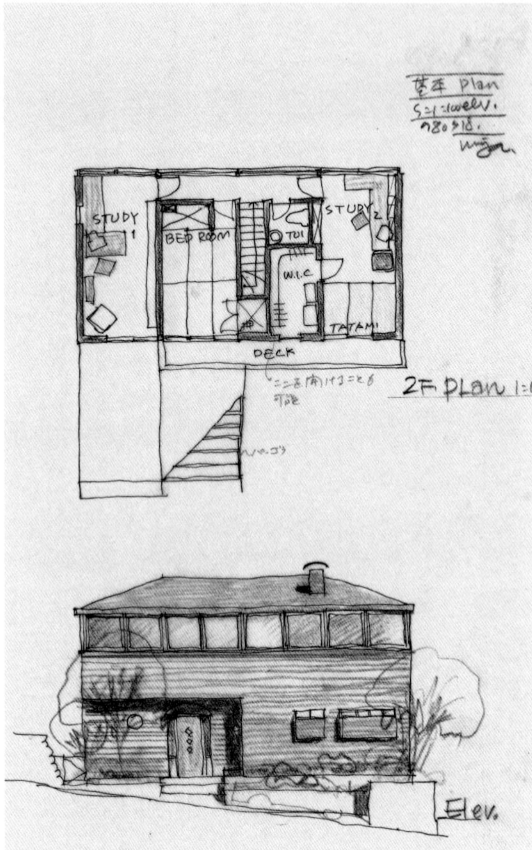

2

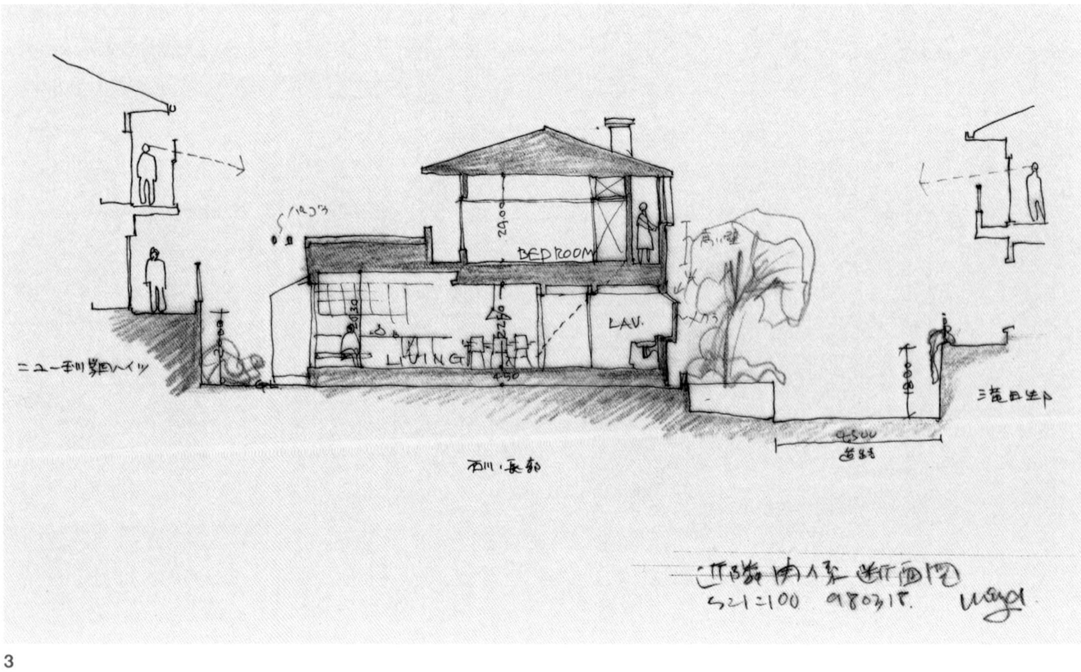

3

1・2：平面図、立面図［S＝1：100を40％縮小］／1998年3月18日作成｜**3**：断面図［S＝1：100を50％縮小］／1998年3月18日作成
4：外観透視図［原図を40％縮小］／1998年3月19日作成｜**5**：内観透視図［原図を40％縮小］／1998年3月19日作成
6：平面・立面検討図［原図を28％縮小］／1998年5月15日作成

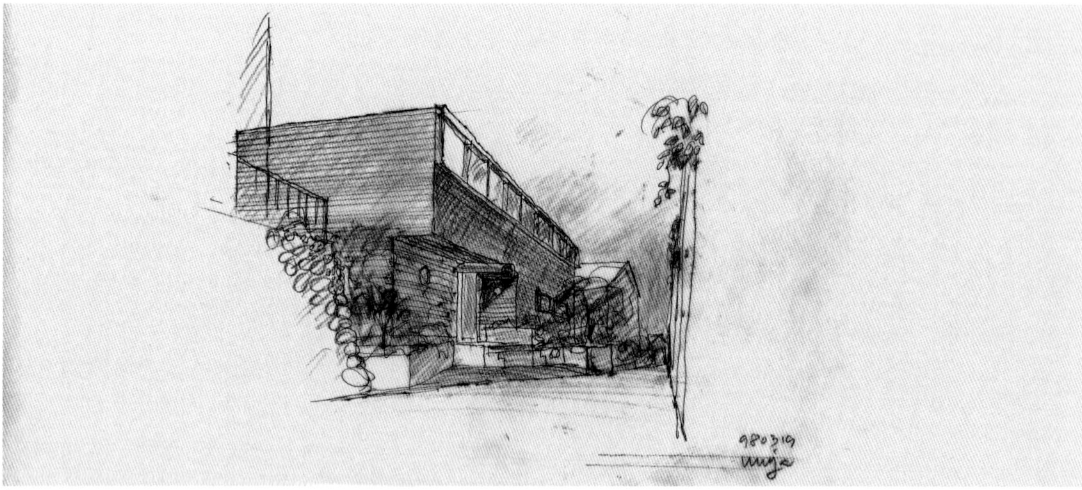

4

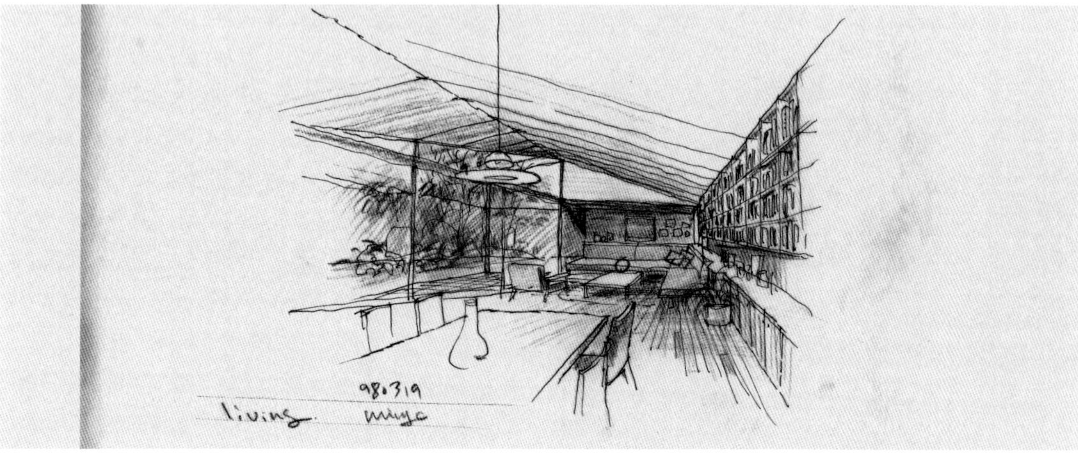

5

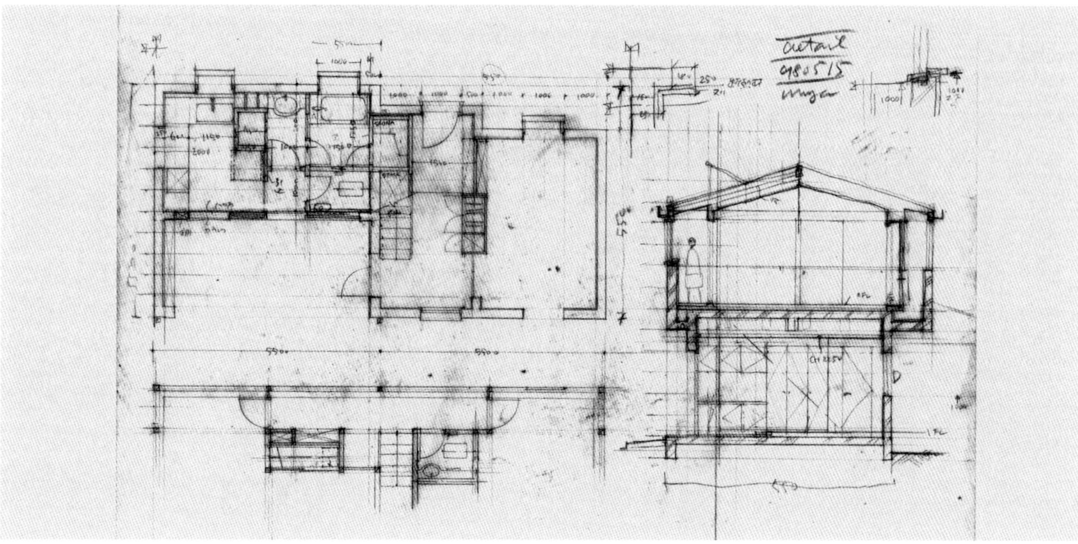

6

きんもくせい通り協調住宅

1

2

1：道路側立面［S＝1：100を115％拡大］／作成日不明｜2：立面エスキース［原図を115％拡大］／作成日不明
3：平面・立面検討図［原図を110％拡大］／作成日不明｜4：立面エスキース［原図を50％縮小］／作成日不明

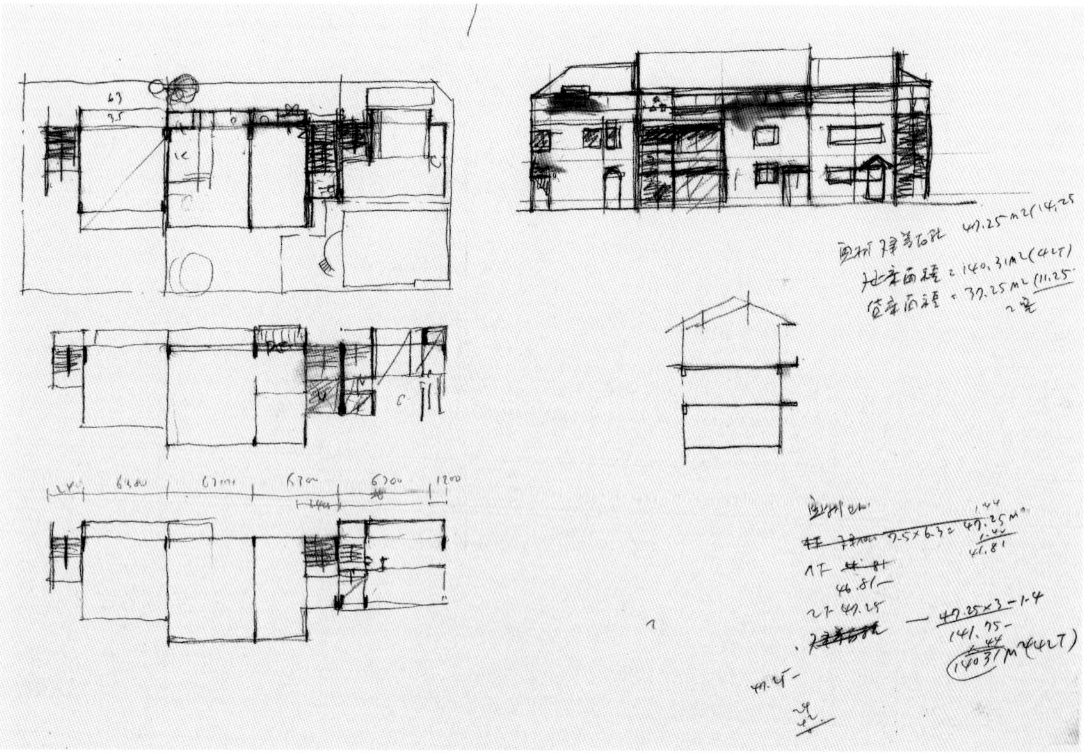

3

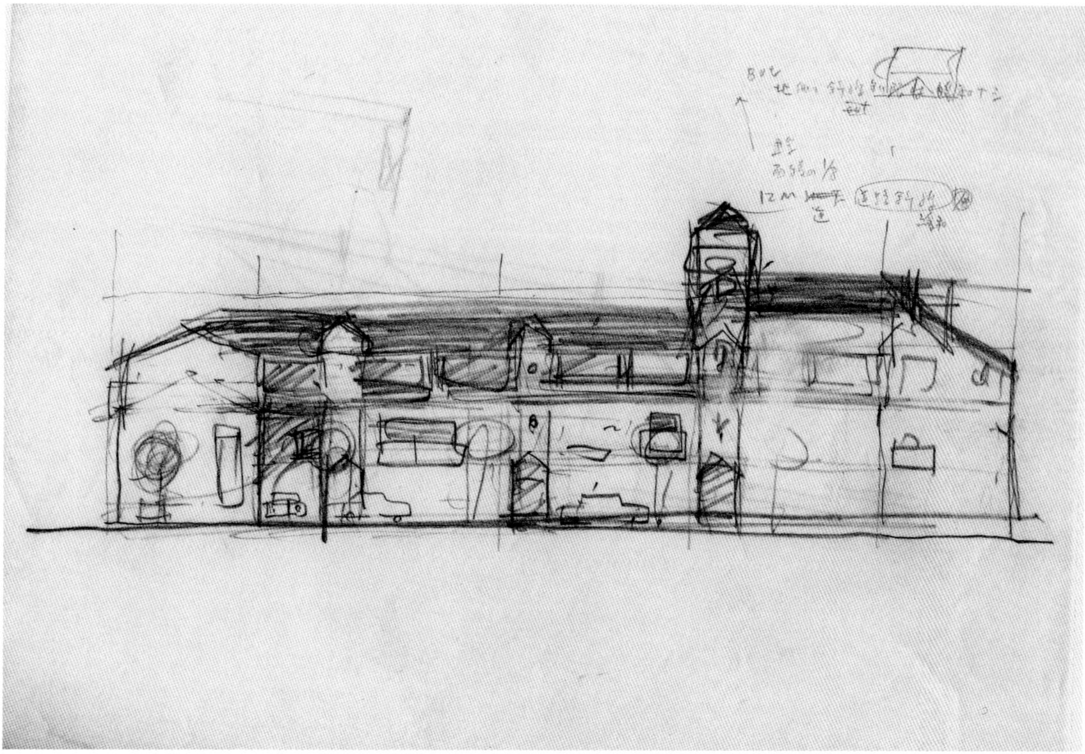

4

あとがき

英国で１９５９年に発売されたジャガーマークⅡという名車がある。数年後その中古の車を宮脇さんが手に入れた。彼が大学の講師で、私が大学院生のころである。そのジャガーマークⅡの美しさは知る人ぞ知るで、今でもクラシックカーとしてその人気は衰えない。宮脇流にいえば、まさに豊満な（デブではない）貴婦人（娼婦ではだめ）の裸体のような流線美だ。しかし、どんなにこの名車が過去のレースでさまざまな記録を打ち立ててきた経歴の持ち主であろうとも、悲しいかな所詮は中古。正直いってよく故障はするし、肝心のスピードが出ない。高速道路で次々と他所の車に追い越される。宮脇さんは勝気だから、ボロの国産車に追い抜かれて平気でいられるはずがない。そしてこう言うのだ。「誰もこの車がスピードが出ないとは思っていない。『さすがジャガーに乗るヤツはカッコよく悠然と走るわ』そう思っているに違いない」と。めいっぱいアクセルを踏みながら、追い抜いてゆく車を見ながら、負け惜しみたっぷりの笑顔でハンドルを握っていた宮脇さんが懐かしい。格好よければすべてよし。ここまで徹底して美学最優先の生き方をした骨太の建築家を、私は知らない。

［座談会］

鈴木恂、山崎健一、中山繁信、椎名英三が語る

宮脇檀、その人柄と建築の魅力

宮脇檀氏の友人であった鈴木氏。事務所の所員であった山崎氏と椎名氏。
そして、大学の生徒であった中山氏。今回は、宮脇氏ゆかりの4氏に集まっていただき、
その人柄と建築の魅力について大いに語っていただきました

写真＝村井修（p196-198）、堀弘子（p199）、濱麻衣（p195, p200）

——宮脇檀さんというと、今でも若い人に大変人気があります。そこで今日は宮脇さんについて、その人柄と建築の魅力を繙（ひもと）いていけたらと考えています。まずは、それぞれ印象に残っている作品についてお話しください。

「もうびぃでぃっく」が原点だった

鈴木——僕は「松川ボックス」［**196頁写真1**］かな。増築前の最初しか見ていないけど、時間を経て増築していくプロセスがすごく面白かった。彼の、街にどうしても住みたいという気持ちとね、街に住んでもすばらしいことができるという主張とね、それから彼の「コモンスペース」［※1］という考え方を実現したいという情熱が、そこに感じられてね。しかも、混構造など、彼ならではの建築的ボキャブラリーも散りばめられている。

椎名——僕は「もうびぃでぃっく」［**196頁写真2**］ですね。建築家としての宮脇さんが、本当に自分の全精力を注ぎ込んだ作品だった。後に執筆活動とか講演会とかで忙しくなったけど、「もうびぃでぃっく」の頃はまだそういう活動をしてなくて、建築だけを全身全霊を込めてやっていた。だから、その空間性は、ほかと違うレベルに達していると思う。

中山——私も同じだね。はじめて私が建築家が設計した建築というものを実際に見たのが、「もうびぃでぃっく」だった。竣工写真を村井修さん［※2］と一緒に撮るときに、私は助手として連れていかれましてね。そこで村井修さんがすごく感激して、2日ぐらいかけて撮っていたのが印象的だった。

山崎——僕も「もうびぃでぃっく」ですね。あれが宮脇さんの原点だったと思います。

鈴木——あの建物では、全体の大きなフレームのなかに

※1：コモンスペース｜宮脇氏のいう「コモンスペース」とは、集合住宅における共用空間ではなく、住宅と街とをつなぐ、外構や道路といった広い意味での共有空間のことを指す
※2：村井修｜写真家。1928年生まれ。東京写真工専（現、東京工芸大学）卒業。作品集として『写真都市』をはじめ多数

部屋をつくっているね。そういう混構造のようなことを最初からやっていたんだね。

山崎――結果的には世の中の混構造の走りになっているんですね。意識はしてなかったけど。

中山――あれは主に「シーランチ」[※3]の影響でしょ。

山崎――ムーア[※4]のね。その流れで、宮脇さんは「プラザハウス」[**写真3**]をつくっている。屋根は、サーリネンの「ホッケーリンク」[※5]がイメージのなかにあったんだろうね。

「食卓の宮脇」と呼ばれた、その理由

鈴木――僕は彼の住宅の平面を見るとき、最初に見るのがテーブル。これがうまいねぇ。僕がまったくまねができない世界。彼の建物のテーブルの脇に座ると、たいていキッチンが近くに見える。そして、ひと山、棚を越えたところにオーブンやシンクが見えるわけ。それからたいてい視界の横手に、リビングが広がっている。そのつながりが絶妙にうまい。当然キッチンもいいわけだね。リビングに対して見せていくわけだから。楽しげな、そういうキッチンの表情がある。狭さを生かした空間が上手だった。

山崎――それは「菅野ボックス」が典型的ですね。宮脇さんが、食卓の位置が決まったときに「よし、これで、この建物はできた！」と言っていた（笑）。

中山――宮脇さんの理想の家族像はあそこに結実したものがあるね。調理しながら会話する温かい家庭像というのが、イメージとしてあるんでしょう。自分でも料理をしたしね。

鈴木――見るだけでなく、見られる側のことも考えているね。テーブルとキッチンの間でやりとりができる距離感が絶妙だった。

写真1：「松川ボックス」(1971、1978)東京都新宿区／現存

写真2：「もうびぃでぃっく」(1966)静岡県富士吉田市／取壊し

中山――「横尾ボックス」[**写真4**]、あれもすごいじゃないですか。すごく狭い。造付けの角度のついた食卓があって、棚とかの寸法がもう完璧。

山崎――人の動きがそのまんまかたちになっている。

鈴木――そう。そこが起点になって、動きがはじまる。ディテールもそこから考えているんじゃないかと思う。いろんな寸法、特に高さの寸法がうまいね。高さが少しずつ変化して、空間をつないでいく。

中山――それで、私がびっくりしたのは、宮脇さんと旅行に行ったとき。世界中のホテルに泊まるじゃないですか。そうするとね、平面図をまずとるんですよ。しかも、リビングじゃなくて浴室とか洗面台とかの。それで、「なかなか使いよい」とか言ってうなずいている。私はすぐに寝たいのにね（笑）。そういうのをずっと記録し続けていた。

鈴木――やはりそういうことがあって、狭いところの寸法がうまいんだよ。そうした狭いところでの寸法というのは何かというと、人が触るということなんだね。手でも触るし、背中で触る。腕でも触る。その辺のうまさというのは、まねができない。

押さえていって、ちょっと上げる感覚

椎名――宮脇さんには、やっぱり吉村順三さんの流れがありましたよね。部屋の回遊性というのも、吉村さんの言っていることですね。

山崎――何かあると、枕詞に「吉村さんがこう言っている」と言っていたね（笑）。

鈴木――そうだね。一般に混構造にするというときは納まりが複雑になるじゃない。だから、1つスケールが

※3：「シーランチ・コンドミニアム」(1964年、アメリカ)｜チャールズ・ムーア率いる設計事務所MLTWによる作品。建設された当時、世界中から注目を浴びた
※4：チャールズ・ムーア｜建築家。1925年アメリカ、ミシガン州生まれ。'47年ミシガン大学卒業。代表作に「シーランチ・コンドミニアム」ほか
※5：「インガルズ・ホッケーリンク」(1958年、アメリカ)｜エーロ・サーリネン設計。エール大学内にあるホッケーリンク。竜骨で組んだ曲線豊かな屋根の形状が特徴的

違ったら、うまく取り合わない。普通なら逃げをとって寸法を大きなほうで見るけれど、彼の場合はむしろ小さなほうで押さえていく。それがうまいなと思う。これは吉村さん譲りかな。僕だったら、押さえきった後に「ばーん」と広がりを出すけど、彼はそうはいかないね。押さえていって、次はちょっと上げる程度を心得ている。

椎名——優しさを携えた和の感覚なのかしら…。

山崎——でも、和風をつくれと言われても、つくれないと言っていた。

椎名——障子を使うとか、そういうものはやるけれど、世間がいう様式化した和風ではないよね。

中山——宮脇さんがよくやるピットがあるでしょう。床に一段下げた場所をつくってね。家具なども低く連なっていく。それが和なのかもしれない。

椎名——あれは僕が担当した「ブルーボックスハウス」「**198頁写真5**」からだね。サーリネンのミラー邸「※6」の影響がある。

鈴木——確かに、家具に至るまで床に近い低いところで空間がうごめく感じがある。

山崎——もう1つはマンジャロッティ「※7」の「カーサ・グランデ」「※8」の影響かな。

中山——ルドルフ「※9」の影響もあるね。弟子入りしようと言ってたからね(笑)。

椎名——あのころルドルフ全盛でしたからね。

山崎——宮脇さんは基本的にイタリアンモダンが好きだった。いろんなところに、そうした色使いが出てくる。宮脇さんのベースに流れているのは、イタリアか北欧モダンですね。

写真3:「プラザハウス」(1968)神奈川県足柄下郡箱根町/取壊し

写真4:「横尾ボックス」(1979)千葉県市川市/現存

「かっこよければすべていい」のか？

椎名——宮脇さんは打放しの美学というのにはこだわらなかったですね。

山崎——Pコンの割付けまで決めて仕上げるとかはしなかったね。注意はするけど。宮脇さんは家のなかでは、打放しは駄目だと言っていた。人の肌に触れるところでやっちゃ駄目だと。けれど「船橋ボックス」「**198頁写真6**」では、一部に打放しが内部に入ってくるよね。あれは内に外を一部引きずり込むという発想だね。

椎名——あとは開口部で、「木村ボックス」「**198頁写真7**」というのがあるでしょう。あれはすばらしいなと思う。すのことレールを組み合わせたやつ。

山崎——すのこが連続していて、一部がレールになっているやつね。全部で11本ある。戸袋も、外側には出さず、内側に入れているから、水抜きに苦労してね。かっこいいんだけどね。

椎名——かっこいいということでいえば、宮脇さんは「かっこよければすべていい」というのが口癖だったけど、でも、「ただ」かっこよければいい、ということじゃないんだよね。その前提として、納まりなどの押さえがある。だけど、言葉だけ見てしまうと勘違いをしやすい。でも、そう言いつつも、テレビを持ってこい、と言ったときに、「映らなくてもいいよ。かっこよければ」と言ったりもしてね(笑)。それはかっこいいもの、美しいものを崇拝するという宮脇さんの考え方なんだと思う。逆に「かっこ悪ければすべて悪い」とも言っている。

山崎——僕なりの解釈としては、かっこいいというのはプロポーションが整っていることだと理解している。プロポーションとは、単に比率だけの話じゃなくて、全体のバラン

※6:「ミラー邸」(1957年、アメリカ)|エーロ・サーリネン設計。内装は、デザイナーであるアレキサンダー・ジラルドが手がけた
※7:アンジェロ・マンジャロッティ|建築家。1921年イタリア、ミラノ生まれ。建築・プロダクトデザイン・彫刻と多方面で活躍したイタリアン・アーキテクトの1人
※8:「カーサ・グランデ」(1958年、イタリア)|アンジェロ・マンジャロッティ+ブルーノ・モラスッティ設計。暖炉の周りの床レベルを落として囲んだ雰囲気や、素材・色使いが特徴的
※9:ポール・ルドルフ|建築家。1918年、アメリカ生まれ。ハーバード大学建築学科卒業。代表作に「サラソタ高等学校」、「エール大学森林研究所」ほか

スがよくとれているということ。宮脇さんが昔、矩計を描いていたのを「こんなの駄目！」といって所員みんなで取り上げたことがあるんだけど（笑）

椎名――そんなことあったね。

山崎――そのときに、「よし、俺たちが描くんだから！」と意気込んで一生懸命描いて、宮脇さんにチェックしてもらった。そしたら、矩計図が真っ赤になって帰ってきた。そのときに宮脇さんに言われたのが、「ディテールバカになるなよ」ということだった。ディテールばかり描いていると全体が見えなくなってしまう。だから、「常に全体を見て、そのバランスのなかで考えろよ」ということを言っていた。

椎名――宮脇さんのかっこよさへの憧れというのは、プロポーションを超えたもっと根源的な、彼自身の「生」に連結する感覚だと思う。

写真5:「ブルーボックスハウス」（1971）東京都世田谷区／現存

学生にモテモテだった!?

鈴木――「かっこいい」ということでいえば、彼本人もかっこいいからね。

中山――建築がかっこいいという建築家は多いけど、自分自身がかっこいいという人は少なかったですよ。まさにかっこよかった。学校でも、モテモテだったもんね（笑）。

鈴木――あの日本大学の教室も不思議な場所だよ。いわゆる教室じゃないんだよ。非常に住宅的。食事したり、ワインを飲んだりする場所があってね。それがなんともいえない心地良い雰囲気をもっている。あの学校には、いいものを残したよね。

山崎――あの場所をつくるときに、「ちゃんとした家具を入れなければ」と言っていたのを覚えている。実際に学生に触らせたり、座らせたりしながら、そこから建築

写真6:「船橋ボックス」（1975）東京都文京区／現存

を覚えてもらおうとしていた。

椎名――それは事務所でも同じだったね。

中山――スーパーレジェーラ［※10］という、ジオ・ポンティ［※11］がデザインした椅子が日本大学の教室に置いてあるんですけどね。それを学生たちの手に持たせるわけですよ。そして座らせる。ただ飾っておかない。さらに椅子を投げたりしながら、強度や軽さを実感させる。もちろん、スケール、かたち、座り心地も含めてね。

山崎――骨董屋の教育と同じだよね。本物を見せる。そして触らせる。

中山――あと、宮脇さんが始めた、日大（生産工学部居住デザインコース）で伝統になっているパーティがあってね。それはいまだに女子学生が全部自分たちの教室で料理をつくって、空間もつくっている。つまり、人をもてなすことはどんなに大切か、ということがずっと受け継

写真7:「木村ボックス」（1976）兵庫県神戸市／現存

※10：スーパーレジェーラ｜ジオ・ポンティ作。イタリアの伝統的な椅子を元にカッシーナ社のために製作。重さは1,7kg。子供が指1本でこの椅子を持ち上げる広告が話題になった

※11：ジオ・ポンティ｜インテリアデザイナー。イタリア、ミラノ生まれ。『DOMUS』誌の編集長として、海外建築家との思想の交流を行ったことで有名

がれているんですよ。そういう意味では建築家としても立派だったけど、教育者としても立派でした。
鈴木——そうだね、これはもう少し教育もがんばってほしかったな。

住宅と都市計画の狭間の仕事

鈴木——僕は5、6年前かな、『コモンで街をつくる』[※12]という本が出たとき、驚いたね。街づくりという視点から、彼がこんなにたくさんの仕事をやっているとは思っていなかった。
山崎——これは宮脇さんのもう1つの一面ですね。
鈴木——これは驚いたね。僕のなかで1つ分かったことがあって、彼はデザインサーヴェイをやっていたでしょう。と同時に一戸建ての家をやってたね。庭とか通りとかね、そういったものをすべて結び付けて、家と街を同時に考えていたんだね。だから、「松川ボックス」でも集合体をイメージしながら、つくっていたのが分かる。デザインサーヴェイが最終的にこの本に結びついたというのが、すごい。
山崎——これは病気になってからどうしても本にしたいと言っていたけど、生きている間はできなかったんです。亡くなって1年後にできた。
鈴木——ここに出ている住宅をいま見たら、おそらく環境になじんできている。さらに、時間とともに、逆に周囲の環境が、建物を生かしてくれるようになると思う。彼はデザインサーヴェイと住宅、そして環境をそこまで結びつけた。
山崎——この仕事は、住宅をやっている建築家、それから都市計画をやっている人、その狭間の仕事の部分ですね。
鈴木——これはちょっと偉大だったと思うね。僕がやりたくてできないことの1つだったから。
山崎——それでアルキテクスト[※13]のときに、千駄ヶ谷スケッチサーヴェイ[※14]というのを宮脇さんがやりましたよね。それは街という大きなエリアを見ながら、人の生活も一緒に見るという視点だった。
つまり、宮脇さんは、家がある群になったときに、何かが揃っているから「美しい」と言っていた。ところが、それだけだと「楽しく」はならない。「楽しい」というのは揃ってないことだという。だから街づくりをするときは、何を揃えて、何を揃えないようにするか、そういうことを試行錯誤していましたね。
椎名——それが最後にこの本で結実しているというのはすばらしい。

ガンになったときに、宮脇さんが言ってたよ「俺はやっぱり住宅が好きだ」ってね

設計料はまけた分手を抜きますよ

山崎——僕がこの間訪ねて感激したのは「菅野ボックス」。あれが全然変わってなかった。25年ぐらい経っているのにね。「今ならもっといい材料があるから、新しいのに変えたほうがいいですよ」って言ったら、「いいんですか」って驚かれた(笑)。
中山——うれしいよね。
山崎——そういう意味では「松川ボックス」もそうだよ。いまだにテレビの位置が同じなんだよ。混構造だから、なかの木造というのは、いつでも変えられるんですよと言っているのに、でも実際変えていない。これだけぴっちり場所や寸法を決められたら、確かに変えようがないね。
中山——座る位置も決められるしね。その後、ライフスタイルが違った人は大変だね。住み続けるというのも1つ、クライアントの責任かな。
鈴木——確かにこういう位置で、この角度でと決められてつくられちゃうと、一生それで座るのも大変だね。それを細やかなスケールでやられるのだから。でも、使い方も伝承していかなくてはいけない。
椎名——そういえば、有名な話だろうけど、宮脇さん

※12:『コモンで街をつくる』|1999年丸善プラネット刊。宮脇檀の住宅地に関する計画・設計の仕事を解説。紹介事例は、北九州市の高須ボンエルフ、コモンシティー船橋など
※13:アルキテクスト|'70年代に、宮脇檀、東孝光、竹山倫、鈴木恂らにより立ち上げられた研究会。各自の研究成果を雑誌などで紹介した
※14:千駄ヶ谷スケッチサーヴェイ|アルキテクストでの宮脇氏のデザインサーヴェイの1つ

が僕に教えてくれことがあって、お施主さんには、絶対に仲良くなったと思っても、いわゆる「タメ口」をきいちゃいけないって。

山崎——そう、宮脇さんが若い頃に、打合せをしていて、気を許してつい「おまえさん」と言ったらしい。そしたら相手に「そんなことを言われる筋合いはない」って言われ、契約を破棄されたんだよ。

中山——相手も若かったんだろうね。

山崎——それから、宮脇さんは、絶対に設計料はまけなかったですね。もし「設計料をまけろ」と言われたら、「まけますよ」とひとまずは言う。その代わり「こちらもまけた分だけ、手を抜きますよ」と言っていた。

中山——あと、必ずお施主さんを事務所に呼んでいたんじゃない。自分からは行かなかったし、所員にも「行くな」って言ってたよね。

山崎——上下関係が決まってしまうからね。いろんな理由をつけて、とにかく来てもらう。来てもらうと、相手が頼みに来たとなる。こっちから出かけていくと、仕事をもらいに行ったという感じになる。

中山——だから施主とは椅子も違うんだよね。事務所にはヤコブセンのエッグチェアが置いてあって、宮脇さんが座っている。お施主さんはベンチ(笑)。

山崎——そういうシチュエーションをつくるのがうまかったね。

椎名——本当に宮脇さんのダンディズムは徹底していましたね。

最後まで、住宅作家であろうとした

山崎——仕事に関していえば、来た仕事は宮脇さんは、なんでもやるよという感じだった。大きな仕事があんまりこなかったこともあるんだけど、公共建築でも、きたらやっていた。ただ、積極的には大きなものをやらなかったね。

中山——確かに、住宅が多かったね。

山崎——やっぱり住宅が好きだったんだと思う。それが一番端的なのは、癌だと宣告されて治療にかかったときかな。これから事務所をどうしようかという話のなかで、宮脇さんが「俺はやっぱり住宅が好きだ」と、ふとこぼした。

椎名——それは僕も病院で聞いた。「病気が治ったら、時間をかけて珠玉のような住宅をこつこつとつくりたい」と言っていたのを覚えている。

山崎——宮脇さんは癌を治療して、復帰して仕事をするつもりだったけど、当時癌にかかった人の生存率はだいたい5年とか10年。だから宮脇さんもあと残り5年とか10年ぐらいしか設計はできない、と考えていてね。

鈴木——そうか。そう言っていたか。

山崎——だから、大きな建物は来ればやっていたけど。でも、やっぱり、最後は住宅をやりたい、そう言っていたのが、とても印象に残っていますね。

プロフィール

鈴木 恂[すずき・まこと]

1935年生まれ。'62年早大大学院理工学研究科修了。'64年鈴木恂研究所を設立。'80年より2006年早稲田大学芸術学校教授。宮脇檀との家族ぐるみの交流があった。
主な作品として「住宅JOH」('65)ほか多くの住宅「スタジオエビス」「早稲田大学理工学総合研究センター」など。名護市庁舎設計競技佳作('78)、日本建築学会作品選奨('95)などを受賞。著書に「メキシコ・スケッチ」「木の民家」(共著)「光の街路」「住宅論」「風景の狩人」「回廊」(写真集)

中山繁信[なかやま・しげのぶ]

1942年生まれ。'66年法政大学工学部建設工学科卒業。'71年より宮脇檀建築研究室に勤務、伊藤ていじ研究室助手を経て'77年中山繁信設計室(現T.E.S.S.計画研究所)を設立。現在、工学院大学建築科教授。
主な作品として「オランジュ+グレイン」('80)「川治温泉駅舎」('89)など。著者に『住まいの礼節』『現代に生きる境間空間の再発見』『ワンダリング カトマンドゥ』(共著)

山崎健一[やまざき・けんいち]

1941年新潟県生まれ。'66年工学院大学建築学科卒業。'67年より宮脇檀建築研究室、'66～69年中央工学校建築設計科講師'69年より工学院大学建築学科講師。'98年、宮脇檀氏の逝去に伴い宮脇檀建築研究室代表取締役に就任。2000年に山崎・榎本建築研究室を開設。
主な作品として「屋久町の家」('01)、「三鷹の家」('02)、「調布の家」('04)、「函南の家」('05)など

椎名英二[しいな・えいぞう]

1945年生まれ。'67年日本大学理工学部建築学科卒業。'68年宮脇檀建築研究室。1976年椎名英三建築設計事務所設立。
主な作品として「FIELDSTONE GALLERY」('86)、「SKY GATE」('91)「世界最小の村」('95)。「光の森」('99)など。JIA新人賞(2000)受賞

回顧録 宮脇檀

A Tribute To MAYUMI MIYAWAKI

１９９８年10月21日０時54分、下いん頭癌を患った建築家・宮脇檀は、
東京・新宿の病院でその62年の短い生涯を終えた。
「住宅作家」「もうびぃでぃっく」「秋田相互銀行盛岡支店」
「プフイマリー」「松川ボックス」「デザイン・サーヴェイ」「形良ければすべて良し」etc.
その魅力的な人柄と併せ、彼を語る言葉は尽きない。
この特別企画は、そんな実に多様で多忙な人生を駆け抜けた彼の業績と人柄を、
彼と触れ合った32人の言葉、２人のカメラマンによる写真、
そして彼のスケッチで浮彫りにすることを目的としている。
彼の残したものを見直しながら生前の彼を偲ぶとともに、
残された私たちはこれからそれぞれ何をすべきなのかを考えたい。

註１―本特別企画は、故宮脇壇氏のかつての教え子であり、宮脇研究室の所員であり、日本大学で同僚の教師であった、T・E・S・S・計画画研究所の中山繁信氏による本文、宮脇研究室の後任の代表である山崎健一氏への編集部によるインタビュー、そして宮脇氏と交流のあった30人の建築家および施工者の方々からの追悼寄稿によって構成されています
註２―扉頁写真撮影・相原功、写真１～９撮影・村井修
註３―これは月刊「建築知識」１９９９年２月号に掲載されたもので、寄稿者の肩書きは掲載当時のままとなっております

はじめに——「宮脇檀」という人

掛替えのない人を亡くした。今はその思いでいっぱいである。いうに及ばず宮脇の死は、私個人だけでなく社会および建築界においても大きな損失であることに間違いはない。

今この記事を書くにあたり、正直困惑している。宮脇と知り合ってこの方30数年、教師と学生、宮脇檀建築研究室（以下宮脇研究室）の所長と所員、同僚の教師という関係で、いろいろな側面から宮脇を見てきた。しかし、近過ぎて見えないこともあるし、当たり前過ぎて焦点を合わせることを怠っていることもなくはない。さらに宮脇の業績を語るとき、スタンスをどの程度に置くかが難しい。近過ぎては信者が教祖を盲信するような見方になるだろうし、遠過ぎては私が書く意味がない。それを随時間合いを計りながら、見事に語ってのけるほどの力量を私はもち合わせていないから、遠過ぎたり、あるときは宮脇教の信者のように思えるかもしれない。それらをお許し願いたい。

挨拶抜きの人心掌握術

宮脇の性格はよく知られている。高速回游魚、オシャレ、自己顕示欲が強い、毒舌、饒舌、器用、気さくなど、これらはすべて的を外していないと思うが、私は宮脇は基本的にシャイな人だったと思う。

その1つの理由は、宮脇が「挨拶のない」人だったことにある。そう、顔を合わせても宮脇から「今日は」とか、「元気?」といった一般的な挨拶の言葉をかけられた記憶がないのである。しかし、それは礼節がないという意味ではない。突然「この間○○君と会ったよ」などとくるのである。もちろん、○○君は私の知合い。つまり、その相手にしか通用しない、専用の挨拶を用意しておくわけだ。相手は自分に対しての気遣いの一端を見る思いだからつい気を許す。こうして、すーっと相手の気持ちに入り込んでしまう。話題はそれから始まるから、その後はすべて宮脇のペースである。

文章中の「僕」という一人称

もう1つは、彼の文章に出てくる自分自身の呼び方だ。「私」でも「わたくし」でもなく、必ず「僕」である。それ以外の一人称の文章を私は目にしたことがない。「僕」は自分を遜（へりくだ）って表現するときの一人称である。これは宮脇がそっと読者の懐に入り込んでしまう独自の

寄稿「私にとっての宮脇檀」——人柄編

一瞬の光陰の如く駆け抜けていった君は、今どこを走っているのだろうか。物怖じせず、誠実で明晰、多少露悪的な面もあったが、それは彼の何ものをも隠し切れない開けっぴろげな性格のなせるものであった。

私が建築界へ出たとき、彼はもう一人前の活躍をしていた。私は同世代のよしみで彼と深く付き合った。建築のことはあまり話さなかったが、遊びとなると私はいつも彼に引きずられ、遊行やパーティーに付き合ったものだ。彼はいつでも輪の中心にいた。一見めちゃくちゃな感じを人に与える彼であったが、付き合えば、誠実、生真面目で、思慮深く、気遣いのよい好人物の彼に皆魅せられてしまった。

彼とは何回も旅行を共にしたが、何十年も前のことだろうか。旧ソ連を歩き回ったこ とを想い出す。すでに鬼籍に入ってしまった水谷頴介氏と私と3人での旅は本当に面白かった。類稀な個性の持主たちとの旅は、毎日が発見であり、驚きの連続だった。タシュケントを廻り、プラハの街を歩き、草原の空港へ辿り着いたとき、例の蒐集癖の彼は、どこからか古い壺を土中から掘り出してきたものだ。いつの時代のものか胸をときめかせ、私たちはこっそりとこれを水で洗ってみると、それはなんとアルミ製だった。彼は世界中からくだらないものをたくさん集めていた。しかし、それらはすべて因縁があり、彼としては大切な宝物だったのだ。いつも明るく快活に振る舞っていた彼、いつも人々の中心にいた彼だが、その内面は人並みに、悲しみや苦悩がいっぱい詰まっていたに違いない。彼の魅力はこの精神のバランスの上にあったように思う。

故 内井昭蔵

'54年、東京藝術大学美術部建築学科に入学した16名のなかで一番若い宮脇檀が、6番目にあの世へ旅立ってしまった。

私たちの事務所と宮脇研究室との連合チームで長い間、設計健保の野球大会 に参加したり、事務所対抗のゴルフを楽しんだりした。また、吉村の祝いの会をするたびに、司会などで活躍し、バーテンをしてもらったこともある。

そして、宮脇は私の命の恩人でもある。'85年、バリ島の海で宮脇と私は溺れかかったことがある。そのとき、先に助けられた宮脇は「まだ1人のびてる!」と叫んでくれて、波打ち際でのびていた私は助かったのである。

'98年10月14日、病院に宮脇を見舞ったが、本人には会えず、その1週間後に悲しい知らせを受けた。残念でならない思いでいっぱいである。

大野寛［吉村順三設計事務所］

檀さんがストリップという芸能に並々ならぬ関心を抱いていることを私が知ったのはいつのことだったか。『新建築』名物の「月評」は'71年、宮脇檀、長谷川堯、山下和正と私というメンバーで始めたものだが、当時は次号の原稿を作成するための仮綴じの見本誌が編集部に届くのを待ちかねたように4人で集まり、その場で原稿を書いていた。その席上、しばしばストリップ談義が繰り広げられ、私もその話にのっていたから、檀さんがそれ以前から並々ならぬ関心をもっていたことに間違いはない。月評はこのメンバーで2年続いたから、計24回もそんな機会があったことになる。

'60年代の中頃『ヨーロッパの夜』という映画があった。各地のナイトクラブのショーをめぐって映画に収めたものだが、パリの「クレイジィ・ホース・サルーン」のストリップティーズ［※1］が幾度も登場して見せ場になっている。私はこれにイカレた。大学2年生になってから先輩を誘って見て歩くようになり、やがて後輩を連れていくようになって随分の経験をした。しかし、当時の日劇ミュージックホールを含めて落胆の連続だった。'71年、初めてパリを訪れる機会があり、何をおいてもそこに飛び込んだが、そこはすで

※1：strip tease。脱ぐことによって悩ます芸で、一般に静的。これに対し、脱ぎ終わっても扇などをもってショーを続ける動的なものはバーレスク（burlesque）といい、これはアメリカ流である

人心掌握術なのだ。

いってみれば、先に記した宮脇の性格の一面を示している「自己顕示欲の強さ」は、建築家の創造行為の内的エネルギーともいえる。これは作家として必要不可欠な条件だろう。だが、それはときに、人に疎ましさを与え、反感を買うという両刃の剣であることも確かである。

しかし事実、宮脇は多くの人から好かれ、彼の周囲には人が絶えなかった。それは宮脇の人を気遣った人心掌握術や遜りというシャイな部分が、多くの人々の心を捉えていたとはいえないだろうか。

❶「VAN FAN」南側全景｜設計：宮脇檀＋河合評三/構造設計：高橋敏雄構造研究室/施工：眞木建設/構造・規模：RC造一部S造・3階建て/延床面積：340㎡

————宮脇が「VAN FAN」を設計していた頃、僕は学生だったけど、宮脇研究室にはよく出入りしていました。僕は直接設計に関係していなかったけど、あるとき遊びに行ったら、宮脇は打放しの梁や柱形の先端の形をどういうふうに納めようか悩んでいたところで、「おい、ヤマケン（山崎氏の愛称）。これやってみろ」っていわれてね（笑）。それで、バルサを削って試行錯誤したうちの1つを「こんなのどうですかね」って見せたら「それでいこう」といってくれた。だから、この梁と柱形の先端の形状だけは私が考えて宮脇さんがOKしたものです［山崎健一氏談］

に大劇場、ご存じのとおりもうティーズはない。青い鳥にはついに手が届かなかったのである。

檀さんの関心は、しかし、もう少し即物的なところにある。絵まで描いて京都の「DX東寺」情報をもたらし（もちろん行ってみた）、彼は設計依頼者に渡す業務案内書にまでそのことを書いて、自慢気に私に見せたのである。

そんなある日、知合いの記者が「『週刊宝石』の立上げに参画するのだが、何かよいネタはないか」といってきた。私が冗談半分で「檀さんとストリップを廻るというのはどうか」といったところ、彼がのってきたので、内心「困ったな」とは思ったのだが、意を決して檀さんを誘い、首都圏東部の小屋を1日がかりで4、5軒観て廻った。結局大した収穫もなく、その企ては実現しなかったが、実に面白い1日だった。

檀さんの追悼文だからこそ、こんなことを書けるのだが、それにしても檀さんは早く逝きすぎた。残念である。合掌。

故 黒沢隆

人間には速く走る人と、ゆっくり歩く人がいる。僕のようにゆっくりしか歩けない人間にとって、速く走る人は2倍の人生を生きているようで、若い時分はしきりに羨ましかった。年を経て、結果的には同じであると達観したつもりでいても、宮脇檀のような走りの達人に会うと、ときどきは見とれてしまう。よくいわれるように、彼の走りには余裕というのか、あまり力んでいるように見えない爽やかなダンディズムがあったからだろう。

檀とは早くから家族ぐるみの付合いで、子供が行来したり、家族ぐるみでよく食事を一緒にするような付合いが長かった。だからこうして早々といなくなると、建築家としての業績の手前にあるそんな日常のつながりが、いわば人間味の業績の方が勝って映ってしまって、今のところ偲ばれるのは、雑談に興じる彼の笑顔であり、旅を愉しんでいる彼の面影であるのは致し方ない。ただし、その面影さえも足早に過ぎ去っていってしまうのが辛いのだ。

鈴木恂［建築家、早稲田大学教授］

寄稿「私にとっての宮脇檀」——建築編 I

私が宮脇研究室に入ったのは、EXPO'70の設計が一段落し、建築界も大いに活性化していた頃である。そして間もなく、私は名古屋市内のあるお寺が経営する保育園の設計を担当することになった。宮脇さんのイメージは、箱根に建てられた「プラザハウス」での試み、すなわち建物によって囲み込まれた中庭の空間を内部空間とどうつなげていくのかという課題をもう少し進めようとするものであった。

この保育園の配置計画は、保育室棟2棟、遊戯室、エントランスが敷地に分散され、中央の園庭を囲み込むようなかたちになったのだが、保育室棟2棟、遊戯室、エントランスはすべて箱状の建築として設計した。これは箱状の保育室自体がスカルプチュアと化し、園全体の雰囲気を子供たちにとっても楽しいものにしようとしてのことだった。この計画は残念ながら設計途中で中止になったが、ここから箱状建築の流れができ始め、以後「秋田相互銀行盛岡支店」の誕生を経て、明確にボックスアーキテクチュア、プライマリー論になっていった。

中庭空間へのこだわりと箱状建築はこの後まだ幾年も続くことになる。私が担当した「松川ボックス」では、箱と中庭を一体化したデザインが生まれている。また、この住宅は、コンクリートの箱のなかに独立した木造を組み込んだ、いわゆる混構造の住宅の第1号ともなった。

私は在籍した約7年の間に箱、中庭空間、プラ

建築家としての宮脇檀

ドライヴイン「VANFAN」

おそらく宮脇の名は「もうびぃでぃっく」（山中石津別邸・1966年竣工）で広く知られるようになった。だが、この作品の前に宮脇のデビュー作ともいえる「VAN FAN」（'65年竣工）というドライヴインがある。

宮脇は東京大学大学院在学中、当時人気絶頂だったポール・ルドルフ［※2］に傾倒し、ルドルフが日本を訪れた折に会いに行った。そして、師事を仰いだが、ルドルフの返事は「言葉を勉強してから来い」。その話は宮脇から直接聞いた。それくらいだから、当然「VAN FAN」［❶］はルドルフの影響を受けた作品であった。「覆うもの」「支えるもの」「囲うもの」という空間概念が宮脇特有の巧さ、器用さで明快に処理されている。20歳代の作品には見えないほどの完成度を示している。これは作品集で見る機会が少ないが、私の好きな作品の1つである。

「もうびぃでぃっく」

「もうびぃでぃっく」は宮脇の作品のなかでも特に評価の高い作品である。私が宮脇研究室に拾われ、最初にした仕事がこの山荘の撮影（村井修氏）の助手、そして雑誌発表用の図面描きだったから、特別に印象深い作品である［❷］。

山中湖畔に佇む「白鯨」と名付けられたこの山荘は、その名の示すとおり有機的な形態の内に、小さいながら躍動感溢れる高密度な空間を内包している。かつて学んだ柱梁構造、壁構造などとは違うまったく新しい構造で包まれた空間だった。2枚の曲面壁が地面から立ち上がり、その壁面の最上端のパラレルな桁に垂木が載り、その上端には白鯨の背（棟）が踊るかのごとく流動的で美しい曲線を描いている。垂木1本1本の断面の形状が違うのだ。その棟の最も高まりを見せる空間の下には櫓がそっと置かれ、動的な空間とは対比的にいたって静的な姿を見せている［❸］。その櫓の上部から湖畔へ視線を移せば、鍵盤をなでるがごとく美しく心地よい音をたてて空間は滑り落ちていく。

これをつくるにあたり、宮脇は1年半をかけ、約1千枚のスケッチを描いた［※3］。未熟さ、高度な技術、情熱、そしてエネルギーのすべてがこの作品に集約されている。

イマリーなもの、混構造など大変貴重なことを学ばせてもらった。感謝、感謝である。

石田信男［石田信男設計事務所］

宮脇檀さんと小生との出会いは銀座帝人メンズショップ（'60年竣工）の工事で、以後「VAN FAN」などの店舗や、「もうびぃでぃっく」など住宅の仕事をいくつかいただいた。

当時の宮脇さんは東京大学大学院で都市計画を研究しており、人間疎外論を説きながら、「テレビは形が良ければ映らなくてもよい」と語っていた。このような宮脇さんの感覚と視点は、職人の小生にユニークで、底知れぬ鋭さを感じさせた。以後、宮脇さんとはお互いの組織の立場もあり、仕事での付合いはなくなったが、デザイン・サーベイやデザイン論など多彩な創作活動は垣間見ていた。

毎年いただいた独特の年賀状には「また2人で仕事やろうぜ」と書かれており、小生もそれを楽しみにしていた。しかし、それも宮脇さんの逝去ではかない夢となり、落胆した。これからを期待していた宮脇さんの才能が、病魔に前途を阻まれたのは本当に惜しかった。生前のご指導に心から感謝しつつ、ご冥福をお祈りする。

故 田中文男

'54年、私が東京藝術大学美術学部建築科に入学したとき、同期の16人のなかに宮脇檀がいた。浪人せずに入学した数人の学生のなかで、宮脇は早生まれで最年少の美男子だった。宮脇は当時、吉田五十八教授の蝶ネクタイ姿を見習い、石津謙介氏のVANで買った独創的な洋服に蝶ネクタイを締めて藝大に通っていた。その知合い関連で宮脇研究室を創設し、早々に石津氏から「面白い別荘を設計して」と頼まれた。それから約1年半、山中湖を望む風土の条件を生かすため、約1千枚ものスケッチを描き、模索しながら、集成材に曲線を組み込んでEPシェルのユニークな「もうびぃでぃっく」なる作品を生み出し、代表作となった。私は、彼の作品が和風と洋風建築を巧みに組み合わせた表現がテーマの1つになっていたように思う。

彼は、洋画家である宮脇晴氏、アプリケ作家の宮脇綾子氏という両親のもとで育ったためか、建築デザインだけでなく美術や音楽にも関心が深く、その魅力的な人柄とあいまって多方面にガールフレンドがいた。大学時代に『婦人画報』の編集のアルバイトをしたとき、イラスト手伝いのほかに文章もうまく、その後の旅や住居の名エッセイが一般人にも大変評判となった。私も彼の文章に感動したことが多かった。

宮脇と会ったときは、お互いの作品を見せ合って建築の話をしたものだが、彼のいなくなった今となってはもうそれを懐かしく思い出すことしかできない。

野村加根夫［建築家、東京藝術大学客員教授］

大学院のクラスメイトであった宮脇檀からは、青春時代を通して多くの事柄を教わった。曽根（幸一氏）、唐崎（健一氏）、森村（道美氏）、私と5人でチームを組み、コンペティションを盛んに行った。彼はパースが抜群に上手で、天性の才能を羨ましく思ったものだ。建築に対する情熱は大変な強度があり、この情熱は、周りに強い影響を及ぼした。それはまた建築家という人間のあり方に対する情熱、と言い換えてもよかった。若い頃のひと時、宮脇檀はポール・ルドルフに憧れており、彼とともに帝国ホテルにルドルフに会いに行ったのも、ついこの間の出来事のように思える。彼はまた日本の集落を自動車で訪れたりしたが、考えてみれば、後になって私が世界の集落を調査したのも彼の影響を受けていたのかもしれない。

きわめて人間的な魅力に溢れ、そのヒューマンな人格の地点から建築の地平を開いた稀な存在であった。彼こそ、老年期にもう1つの円熟した世界を示せるはずの建築家であっただけに、誠に残念なことだ。

原広司［東京大学名誉教授］

※2：1918年、米国・ケンタッキー州生まれ。'47年ハーバード大学大学院修了。'58～'65年イェール大学建築学部長。'97年死去。師はW.グロピウス。代表作に「イェール大学芸術・建築学部棟」「ボストン行政サービスセンター」などがある

※3：林寛治の寄稿（210頁）中に記されている宮脇氏のパースにおける線の調子などの特徴は157頁からを参照のこと

宮脇檀の「プライマリー」と原広司氏の「有孔体理論」の関係

その後間もなく、宮脇はプライマリー、すなわちボックスを基本とした作品をつくっていくことになるが、それには少し前置きが必要である。

宮脇はことのほか原広司氏を意識していた。それはいつだったか、私と2人きりの折、こんなことを呟いたことがある。話の前後は思い出せないが「原には適わない」と…。宮脇は謙遜など口にする人でなかったから、その一言はおそらく本音だったろう。それが今でも脳裏から消えない。正直いって、このときはその意味が私にはよく理解できなかった。なぜなら、このとき宮脇は「もうびぃでぃっく」に続き、「あかりのや」（立松邸・'67年竣工）、「プラザハウス」（渡辺山荘・'68年竣工）、そして「秋田相互銀行盛岡支店［※4］」（'70年竣工）など次々に話題作を発表し、彼の未来は大きく開かれ、何の障害もないようにしか思えなかったからだ。

宮脇と原氏は東京大学大学院で共に学んだ仲である。原氏が建築家のなかでも優れた理論家であることはよく知られている。宮脇は原氏の卓越したその才能を見抜き、友人な

❷「もうびぃでぃっく」南側全景｜設計：宮脇檀＋河合詳三／構造設計：高橋敏雄構造研究室／施工：眞木建設／構造・規模：RC造＋木造・地上1階地下1階建て／延床面積121.05㎡

❸室内全景。中央の櫓上は寝室

「もうびぃでぃっく」と宮脇流現場監理術の原点

「もうびぃでぃっく」の鯨の背中みたいな木組みは、田中文男さんが宮大工のねじり上げ工法、技法といったかな、それを使わないとできないからそれでやってやるよといってくれたという話を聞きました。宮脇のスケッチが具体的になるまで田中さんが随分頑張ってくれたんです。

宮脇は、大学院時代から田中さんと丁丁発止やりながら覚えていった部分がすごく多い。それはほとんど図面を描いて覚えたんじゃなくて、現場で田中さんと喋りながらベニヤ板の上に絵を描きながら覚えていった、あるいは指示をしていった。田中さんもダイレクトに話をしてものがつくれて非常によかった、もう1度やりたかったといっているけど、宮脇の現場監理の原点はそこにあると思います。

でも、後半になると、なかなかそういうかたちがとれなくなってきた。それには1つの現場に長くいるだけの時間がとれないとか、工務店が当然皆田中さんのレベルじゃないとか、いくつか理由があるんだけど。初期の頃はじっくりやれたので、長時間現場に座り込んで話をしながらそこで設計図では表現できないものを打ち合わせていくというやり方をしてたんです。それは確かにモノづくりの原点だと思いますけど、残念ながら現代では通用しませんよね。

「有賀邸」（180頁参照）のとき、宮脇が現場であれこれ指示をしてたら、現場監督から面と向かって「宮脇さん、そのやり方は古いですよ。現代には通用しませんよ」っていわれた（笑）。帰りに「現場監督にあんなこといわれちゃったよ」って苦笑いしてましたけど、開き直って「古いことは悪いことなのか」って僕にいってましたね（笑）。

確かに今のやり方にはそぐわない発想でモノをつくりたがったし、それが悪いとも認識していなかった。現場で職人とやり合いながらつくっていくのが正しいモノのつくり方だという信念はもっていましたね。ただ、現実にそれではできないケースに直面したから軋轢はありました。とにかく「決定を遅らせろ！」というんです。今のシステムだと実施設計図が上がって着工した途端にどこそこの色を決めろとかいわれるけど、「建物もできてないのに色なんか決められるか！」っていってました（笑）。

よく宮脇は村野さんの例を挙げていましたね。村野さんが現場でRCの柱をみて「これ、ちょっと、いらないですね。とってください」といって帰っていくと、現場じゃ村野さんにいわれたからすぐさま斫りにかかってとるんだけど、その後で「やっぱりあれは残しておきましょう」って連絡が入ったという（笑）、そういう逸話を喜んで話していましたよ。

［山崎氏談］

※4：社名は当時のもの

がらライバルと意識した。それは同じモノづくりとして考えれば当然の帰結である。その原氏が「有孔体理論」［※5］というブランド名を掲げ、さらに「伊藤邸」という住宅でそれを具現化し、華々しく建築界に踊り出てきたのだ。それは当時学生だった私たちにとって衝撃的かつ新鮮だった。宮脇も少なからず心を動かされたと思う。

間違いをおそれずにいえば、宮脇は原氏の「有孔体」に対抗すべくブランド名を用意する必要があったに違いない。その対抗概念が「プライマリー」だったのである。

そのときちょうど宮脇はEXPO'70の基幹施設の設計に参加する。その設計コンセプトは、丹下健三氏のいう、ネガティブ、プライマリーであった。プライマリーは「形を消す」一方、「目立つ」という両義性を兼ね備えている。宮脇はそれに魅了された。私はそう考えている。

プライマリーへのこだわり──ボックスシリーズ

それから、宮脇は数多くのボックスシリーズを発表した［❹］。宮脇のプライマリー（＝ボックス）はそれに混構造という派生概念を共生させることによって成り立っている。だが、「秋田相互銀行盛岡支店」［❺］は彼のプライマリーの概念を純粋に反映させた初めての作品だった。この作品で宮脇は、そのボックスの角の切込みの形状をどのようにするか思い悩んだ。それがこの作品を決定付ける重要な部分であることは未熟な私でも感知できた。

そんな折、宮脇と私たちはアメリカ旅行でケヴィン・ローチ［※6］の事務所を訪れた。模型ルームの巨大な模型での臨場感溢れるスタディに、宮脇はいたく感激し、帰国後すぐに内部に頭が入るほどのホールの部分模型をつくらせた。銀行の入口を斜めにスパッと切り落とすか、または切口を抑え気味にしボックスの形態を強めるか。結局宮脇は後者を選択したが、若いわれわれはその明快に切り落とした切口に魅力を感じていた。今思えばその形態は抑制されていて正しい選択だったと思う。おそらく宮脇は模型に何度となく頭を入れ、内側から覗き見、その視界がそれを確信させ決断させたのだろう。それ以後、宮脇はボッ

❹「松川ボックス＃2」（第2期工事終了後）。昭和54年度日本建築学会賞作品賞受賞作品｜設計：宮脇檀＋石田信男［＃1］、落合映［＃2］、吉松真津美、今泉敦子［＃3］／構造設計：高橋敏雄構造研究室［＃1］、秋元構造設計事務所［＃2・3］／施工：棒建設［＃1］、富田工務店［＃2・3］、中部クリート工業［＃2］／構造・規模：RC造＋木造・2階建て［＃1］、RC造・2階建て［＃2］、RC造＋S造・2階建て［＃3］／延床面積：107.77㎡［＃1］、157.53㎡［＃2］、104.60㎡［＃3］、竣工：'71年［＃1］、'78年［＃2］、'91年［＃3］／所在地：東京・新宿

宮脇檀がプライマリーにこだわった理由

宮脇のプライマリーへのこだわりは、プライマリーという1つの手法で何をどこまでできるのかやってみたかったということだったと思います。つまり、土地、建物用途、オーナー、そういったケースによって異なってくる事情に、すべてプライマリーという考え方で対応し切れるかどうか、それぞれのケースで答えを出してみたいという気持ちがあったということです。

プライマリーは結局ボックスシリーズになっていって、当初はどの家もボックスと名付けていました。だけど、バリエーションが増えるに連れてボックスが崩れてきて、さすがに無理がある感じになったので、ボックスと名付けるのを止めたんじゃなかったかな。

ボックスシリーズといっていた頃、宮脇は基本的に四角い箱を念頭においていたけど、やり尽くした感が出てきてからは、ボックスで違う展開ができないだろうかといっていました。それで出てきたのが、「家型ボックス」です。それは作品でいえば、「高畠邸」（'77年竣工）が最初で、論理的にも一番うまくいきました。要するに、コンクリートの屋根スラブ（勾配屋根）と壁だけで箱をつくって、内部は木造でスラブを埋めたものですけど、それ以降はそれもだんだん崩れています。それには'80年の建基法施行令の改正で新耐震設計法が導入されて、その後「高畠邸」のようなもの、つまり、壁構造で2層吹抜けのコンクリートの箱をつくるのが構造的に難しくなったということもありましたしね。

それから「有賀邸」でボックスが崩れているのは、やはり延床面積が約90坪という大きなスケールだったから。つまり、大きなスケールになると、1つの箱のなかにすべて納めるのは相当無理があるのでボックスを崩さざるを得ないということです。で、実際に「有賀邸」でその問題をどう解決したかというと、アプローチの軸線と、敷地の方位線（南面する向き）がずれていたので、アプローチに向く顔と南に向く顔をミックスして軸を振ったわけです。つまり、片や

❺「秋田相互銀行盛岡支店」｜設計：宮脇檀＋椎名英三／構造設計：高橋敏雄構造研究室／施工：鹿島建設／構造・規模：RC造・3階建て／延床面積：815㎡／所在地：岩手・盛岡

※5：建築にはさなざまな因子が作用するが、人間も空間に作用する重要な因子と考え、その人間のためにあけられた孔を有孔体と呼ぶ。「伊藤邸」はその理論の実践作。平面形は空気の道具であるドライヤーの形を借り、空気の流れ、浮遊領域などから、このような形が導き出された

※6：1922年アイルランド生まれ。'48年に渡米し、'49年イリノイ工科大学大学院修了。代表作に「オークランド美術館」「フォード財団本部ビル」など

クスと混構造を巧みに操り多くの作品をつくっていった。

そして、ついに長谷川堯氏に「まだプライマリーですか」といわしめたほどそれを飽きずにつくり続けた。それは私にとっても最大の謎である。今になって聞いておくべきだったと悔やまれる。考えれば宮脇にとって新しい概念に移行することは難しいことではなかっただろうし、ボックスの限界も見抜いていたはずである。

案の定、大邸宅の「有賀邸」(79年竣工)ではすでにボックスの面影はない[❻]。あの小さく完結した箱のなかに見事に組み込むその手法は大きく崩れ、そこに見ることはできない。それは西沢文隆氏との対談[※7]のなかで宮脇自身が語っている。「ボックスは狭い敷地でしか有効ではない」と。当然大規模建築でも限界が見えたはずだ。

さらに、より大きな「中山邸」('83年竣工)では、その言葉どおりボックスを脱ぎ捨て、その呪縛から逃れたのである[❼]。そこで「混構造」といういたってフィジカルな概念だけが表に出ていく。

木、片やコンクリートの塊りという答えを出した。宮脇はコンクリートじゃなくてもいいと思っていたけど、オーナーさんのコンクリートでつくりたいという希望が強かったので、応えてあげようという気持ちがあったんです。

「中山邸」は、逆にオーナーさんが宮脇に頼めばボックスでつくることを知っていた。で、宮脇に「わが家はボックスでつくらないでください」と注文したんです(笑)。もっとも宮脇は敷地を見て「ここではボックスはおかしいな」といっていました。これも大きな家だけど、このとき宮脇も大きな家のときはボックスでは限界があることを分かっていたと思います。

[山崎氏談]

❻「有賀邸」タイル張り仕上げのRC造2階の下に木造の1階が挿入されている｜設計：宮脇檀＋山崎健一／構造設計：秋元構造設計事務所／施工：井上工業／構造・規模：RC造＋木造・2階建て／延床面積：288.90㎡／所在地：群馬・高崎

❼「中山邸」居間を庭方向に見る｜設計：宮脇檀＋小林裕美子＋山崎健一／構造設計：秋元構造設計事務所／施工：岩本組／構造・規模：RC造＋木造・平家建て／延床面積：244.26㎡／所在地：埼玉・川口

※7：『キサデコールセミナーシリーズ3宮脇檀対談集』(新建築社刊)に収録

プライマリーの延長としての混構造

混構造は承知のとおり新しい概念ではない。建築はすべて混構造であるという指摘もなくはない。宮脇はそれを表舞台に引きずり出し、再生しスポットライトを当てたのである。しかし私は、宮脇のなかで混構造は技術的にボックスシリーズより以前に完成の域に達していたと思う。それは「もうびぃでぃっく」や「あかりのや」を見れば理解できるだろう。そこにわれわれはボックスにはない自由な形態を見ることができるはずである。また、ここにはRC造と木造という明確な対比概念がボックスという完結した形態に閉じ込められず伸びやかな形で現れている。

そして、このボックスシリーズは「目立ちたがり屋の宮脇が形を消す」という矛盾を含んだ概念でもある。しかし、そうした矛盾も「秋田相互銀行角館支店」（'76年竣工、［❽］）では、街並みを強く意識し、それらに合わせていくという以前にはない姿勢を見せるようになる。集落の実測調査、すなわちデザイン・サーベイ［※8］の具現化である。ある意味では形を「消し」ながら、すなわち調和しながら目立つという究極の建築の1つの解答だったように思う。

そして時間が飛ぶが、宮脇が晩年力を注いだ作品の1つに「姫路市書写の里・美術工芸館」（'94年竣工）［❾］がある。その正面からの凛とした佇いが美しい。その大きくはらんだ屋根はその内に豊かな空間を包み込んでいることを想起させる。

ここで重ねて思うのはなぜか「もうびぃでぃっく」である。あの白鯨のあばらにあたる垂木の直線材の構成は、曲面で構成する完結した曲面よりも、より動的な曲面の印象を与えることを示した。私にはこの美術館の屋根にも同じ手法が見えてやまない。そこには白鯨ほどの躍動感はないが、ほどよく抑制されたダイナミズムが静かに漂っている。宮脇も「もうびぃでぃっく」をここに重ね合わせたのだろうか。

❽「秋田相互銀行角館支店」全景。街並みを意識し、下屋を周辺に揃えている｜設計：宮脇檀＋榎本彰／構造設計：秋元構造設計事務所／施工：大和組／構造・規模：RC造＋S造・3階建て／延床面積：480.83㎡／所在地：秋田・仙北

❾「姫路市書写の里・美術工芸館」正面全景。大きくはらんだ屋根からほどよく抑制されたダイナミズムが感じられる｜設計：宮脇檀＋榎本彰／構造設計：秋元構造設計事務所／施工：大成建設・大谷建設共同企業体／構造・規模：S造＋RC造・地下1階地上2階建て［展示棟］、地上1階［交流庵］／延床面積2,625.35㎡／所在地：兵庫・姫路

宮脇檀の「低い庇」と「障子」へのこだわり

「低い庇」というのは宮脇がもっていたプロポーションの美学だと思うけど、大本を辿ると吉村順三さんになるのかな。それを確認する意味もあって、宮脇と韓国の古い建物を見て廻ったことがあるけど、庇が低くて気持ちがいいなあといっていました。これは感じ方の問題にもなるけど、地面から7尺（2千100㎜）くらいまで斜線がぐーっとかぶってくるのはすごくプロポーションがいい。建物の外観がきれいだと思う。ただ、現実問題として庇を2千100㎜くらいまで低くするのは、母屋の外周に、神殿造りの身廊に相当するような広縁的なものをセットでつくらないと難しい。大きな家だとそういうことも可能だけど、狭い敷地のなかでは難しい。それに実用上の問題として、雨が降っているときに軒下で傘を開いたら傘が当たるといったこともある。

この前担当した京都の住宅でも、宮脇は軒高を街並に合わせろと盛んにいっていました。で、京都の古い民家の軒高は2千100㎜くらいなのかなと思って街のなかを見て廻ったけど、実用上のことがあるので、やはり2千400㎜くらいある。それくらいだと傘を開くときも邪魔にならないし、プロポーションもそんなに悪くない。で、結局2千400㎜にしたけど、それで

※8：都市や街並みを実測して図面化することにより、その都市や街並みが人間に与える影響の解明、記号化による分析、景観などの分析を実証的に行うこと

宮脇自身言葉の絶えない人だったが、作品もまた饒舌だった。しかし、晩年は病に冒され、声を失ってしまった。そして、最後の作品ともいえる「姫路市書写の里・美術工芸館」の佇いは、あまりに寡黙である。こうした寡黙な宮脇も悪くはない。このような作品をあと何作かぜひ見たかった。

も広縁をとらないと大変なんですよ(笑)。

障子は光をコントロールする道具として優れているという認識でこだわっていました。カーテンやブラインドに比べてもはるかに優れているということでね。一般的には障子を使ってるから「宮脇さんは和風ですね」とよくいわれてましたけど、そうじゃないといっていました。これもたぶん吉村さんからの影響じゃないかな。とにかく、和風表現の要素、コンクリートと対比させるための表現要素としての障子ということより、光をコントロールすることに優れているという認識からの利用ですね。

［山崎氏談］

寄稿「私にとっての宮脇檀」——建築編Ⅱ

学生時代、僕は代官山の宮脇研究室に通っていた。互いに自動車好きだったのが、設計の講師で本郷に来ていた宮脇さんと言葉を交わし、事務所に出入りするようになった発端であった。「通っていた」というよりも遊びに行っていたという方が正確で、建築モデルをつくった記憶もなければ図面を引いた覚えもない。ひどい学生アルバイトである。

今思えば、松ッツァン(吉松真津美氏の愛称・211頁参照)やヤマケンを始めとするスタッフの方々の邪魔をしていただけなのだが、それにもかかわらず宮脇さんやスタッフの方々にはとても可愛がっていただいた。新しい建築やさまざまな講演会、あるいは渋谷の飲み屋に幾度となく連れていってもらった。広い駐車場でラジコンの自動車を走らせて遊んだり、今はない代官山食堂で昼をごちそうになったり、夏は別荘で過ごしたり、楽しい日々であった。

当時、宮脇研究室は横浜本牧の米軍宿舎返還後の広大な住宅地計画のマスタープランと、建築的な景観デザイン誘導手法の開発を手がけていて、宮脇さんやスタッフの方々と一緒に、僕もそのスケッチだけはいくつとなく描いた。現在、横浜の「マイカル本牧」として知られるエリア一帯はその成果によってできた街である。'77〜'78年のことだから日本の都市景観デザインの先駆けであり、建築家・宮脇檀の知られざる大きな業績の1つである。宮脇檀は速度感覚のある、格好良い、魅力的なパーソナリティの建築家であるとともに、先見性のある優れたアーバニストだったのである。

僕が東大の原研究室に入ることが決まったとき、いちばん喜んでくれたのが宮脇さんだった。そして、宮脇檀の親友であった建築家・原広司のもとで、僕は改めて建築を学び始めた。

宇野求［建築家、千葉大学助教授］

状況を素早く捉え、これを活写する。写真でいえば速写とでもいうのか。そんな能力が君は抜きん出ていた。絵なら美大出の僕らは分かるが、言葉までが隙間なく飛び出すのが君だった。だからよく喋るやつだと皆にいわれた。

しかし、君の饒舌をていねいに剥がしていくと、1つのこだわりに突き当たる。それは「温もりと思いやり」であったような気がする。君はすべてをここから発信した。僕にまで買わせた「家具」、コンクリートの家にも必ず登場する「障子」、身をかがめるほどに「低い庇」、職人にこだわり続けた「木」、多くの発言は「住まい」を中心に語られたから、君は冷たく無機化していく日常への反発者であった。

背伸びを口癖にした君だったが、姿勢は常に重心を低くかまえていた。君も僕も都市デザインには関心があったが、君は常に身辺的なスケールを大事にした。小さなものの積み重ねが街をつくるという重大な視点を堅持していた。いつかみた君の住宅地の手さばきを、僕は君の最も優れた業績の1つだと思っている。

また君は、移り変わる風俗のなかで、それを逆手にとるように登場した鋭く軽快なデザインにも拍手を送るほどに物事を相対化できる人であった。

君の残してくれた姿勢を敬愛し、もうしばらく僕も頑張ってみるよ。

さようなら…宮脇檀。

曽根幸一［建築家、芝浦工業大学教授］

僕が初めて宮脇さんに会ったのは今から20年ほど前のことだった。その頃からぽつぽつ増え始めた戸建住宅地の街並み設計の仕事を、本格的にやり始めたところだった宮脇さんは、当時大学院で住宅地の形成史を研究していた僕に「住宅地の研究をするより、自分で住宅地をつくった方が面白いぞ」といって、アルバイトの僕にいろいろなことを教えてくれた。それまで会ったどんな建築家とも違い、親しみ深く、実感を伴った設計アプローチはとても新鮮で、また都市計画においても俯瞰的に考えるのではなく、生活者の観点で道路のあり方や施設配置、住宅間の関係を考え直していく方法は、まさに目から鱗が落ちる思いであった。

そうして本格的に宮脇研究室でアーバンデザインの仕事を行うようになったのだが、戸建住宅の外構に半公共性をもたせて環境整備を行う初期の街づくりから、街区へのコモンスペースの導入、そして常套的で膠着した宅地造成の世界に風穴をあけるような住宅地設計へと、宮脇檀の住宅地設計は広がってゆく。

他界する少し前に病床に呼ばれたとき、この分野の自分の仕事をきちんとしたかたちで記録に残しておきたいと伝えられたのが思い出される。これらの仕事は建築作品と同じようにやはり宮脇檀なくしては存在しなかったものである。これからの住宅地環境を考えるためにも、宮脇さんの行ったことをきちんと評価しなければならない。

二瓶正史［アーバンセクション］

宮脇君は頭の回転の素早い男だった。彼の本性は繊細で内向的な人間なのだが、他人に対したとき、相手の思うところを即座に読み取る鋭敏さをもっていて、同調するにしても、反論するにしても、真正面からではなく柔らかく受け止め、斜に構えた言葉に置き換えて、すこぶる明るく対応する優しさがあった。彼は自分の本性を自覚することで自己改革している人間だったように思う。

彼の仕事は、小規模な建築を鋭いアイデアで一刀両断するようなところから出発していたが、近年は、彼がかなり以前に没頭していたデザイン・サーベイと、手掛ける設計との結び付きが実り始め、環境を設計の軸に据えての仕事ぶりが見えていた。それは、以前はあまり会うこともなかった私と、近年は頻繁に各地で出会うようになったことからも分かった。彼にもっとその仕事を続けてほしかった。亡くなるのが早過ぎた。彼の死が惜しまれてならない。合掌。

吉田桂二［連合設計社市谷建築事務所］

椅子収集家としての宮脇檀

宮脇には、美しければたとえそれが機能しなくても許せるという独自の美学がある。あのジャガー・マークⅡのなんとも表現しがたい曲線に惚れ、たとえスピードが出なくても故障が多くてもそれを承知で手に入れる。それはその形の美しさが彼の感性を魅了するからだ。これは彼がよくいっていた「形良ければすべて良し」という言葉に代表される。しかし、その言葉をそのまま鵜呑にすると、あまりに表層的・短絡的な結論に終わる。その隠された根底には「完璧な美しさなどあり得ない。ならばせめて美しさだけでよい」という無欲な感性がある。そして、弱点あってこその美学であり、それらの弱点を知りつつ平然と見事に乗りこなしてしまう虚栄を押し殺した行動力、その姿勢こそ宮脇特有の美学である。

彼は若い頃、著名な建築家やデザイナーの住まいや住宅に、写真でしか見たことのない名作の椅子が置かれているのを見て憧れたという。いずれは自分もそうありたいと望んだ。そんな椅子好きの宮脇が椅子を数多く収集しながら、後世に残る「宮脇の椅子」を1脚もつくらなかったことが私には不思議でならない。

考えてみると、宮脇にとって椅子は特別な意味をもっていたと思う。

建築の設計の場合、与件の多い建築の創造行為のなかで、多くの難題をすべて矛盾なく解決し具現化することは不可能に近い。美しく仕上げるためにはときとしてある種の犠牲もやむを得ない。たとえばすぐにも壊れてしまいそうな危うい形態、またすぐにでも汚れてしまいそうな純白の壁。それらの弱点・欠点も宮脇にとっては虚無的な美学の1つなのだ。

名作といわれる椅子は例外なく美しさ、そして座り心地の良さを兼ね備えている。また、そうでなければ名作とはなり得ない。いわば美学と機能、そして技術が表裏一体となってパーフェクトな造形、またはそれと近似的な形へ到達する。これはある意味では「形良ければすべて良し」とする宮脇の偏向・偏執的な(?)欠陥容認の美学では迫り得ない完璧なデザインである。宮脇は椅子の創作は適わぬ世界のものであることを十分承知していたと思う。だから椅子を収集することに専念し、椅子の創作は不可侵の分野としてそっとしておいたのだと思う。何十脚という美しい椅子を傍に侍らし、それらに身を置き、その感触に酔っている姿がいたって宮脇らしい。

寄稿「私にとっての宮脇檀」——建築編Ⅲ

宮脇さんが、私の前に現れたのは、私が東大4年生になったときだった。曽根幸一さんと共に、藝大を卒業して東大の大学院に入ってきたのである。2人共、私がそれまで東大においては見たこともない、躍動するような活気に溢れており、その姿は輝くような光芒に包まれて見えた。建築をつくる人間とはこのような人たちなのか、設計を仕事として生きるとはこのようなことなのか、と私は目が覚めるようなというよりも、むしろ脳天を殴られたような気がした。あのとき、この2人が私の前に現れていなかったら、私が建築家としての道に進むことはなかったかもしれない。いや、確かになかっただろうと思う。

このときに始まって、最期まで宮脇さんは私の最も親しく、かつ偉大な先輩だった。そんなに頻繁に会っていたわけではない。むしろ少なかったというべきだろう。しかし宮脇さんは、その作品によって、その文章によって、そしてその人柄によって絶えることなく、エネルギーとメッセージを送り続けてくれた。建築をつくることはどんなに素晴しいことか、という建築家の存在の原点を。そして素晴しい建築は、建築家という1人の生きている人間の、全存在、全人格、全生活から溢れ出るように生まれるものだということを。小賢しい理屈や、無意味な造形の遊びを、宮脇さんは軽やかに笑い飛ばした。そして全身で、建築の楽しさ、豊かさを示し続けた。宮脇さんの存在は今こそ、これまで以上に大切だと思い始めたとき、突然彼は逝ってしまった。噫。

香山壽夫［香山建築研究所、東京大学名誉教授］

宮脇さんの最後の頃のスケッチ［❿］に、スタッフに宛てて「この家でMMが何をしようとしているか理解せよ」というコメントが書かれていたのを最近知った。それは告別式の終わった夜、宮脇研究室のなかで、先輩・後輩たちと赤ワインを飲みながらのことだった。「MM!」宮脇研究室に入ってしばらくして、僕は宮脇さんがマリリン・モンローの熱烈なファンであることを知り、彼女と同じイニシャルであることを引っ掛けて、親しみをこめて宮脇さんをMMと記すようにした。宮脇さんはそれをとても喜んでくれた。30年以上も前のことだ。MMが死の直前まで僕が付けた愛称を使っていてくれたのを知って僕はすごく嬉しかった。父と関係の薄かった僕にとって、MMは父的にも見えたし、兄的でも、先輩的でもあり、あるときには親友のように感じられもした。幸せな所員時代を過ごさせていただいた。

「カッコ良ければすべて良い」「カッコ悪ければすべて悪い」とMMはいっていた。一時反発を感じたりもした言葉だったが、結局計り得ない存在としての僕らにとって、それは論理を超えて力強い言葉であると僕は思うようになった。

MM、ありがとうございました。

椎名英三［椎名英三建築設計事務所］

2年ほど前、彼が癌に冒されたことを知り、週刊誌上やメールで「声のトレーニングをし、いつかはまた旅行も」といつもの元気を見せる彼の容態を、少しとまどいつつ気遣っていた。本当に残念でならない。

昔、予備校で教師のアルバイトをしていた彼が当時18歳の僕に与えた影響は、自覚する以上のものなのだろうと思う。以来35年ほどの間、折々に彼と話をし、議論をすることを建築を考える大きな物差しとしていた。マスメディアに頻繁に登場し、多くの読者に愛され、建築の楽しみや役割を説くことは彼以外にはできないとしても大きな仕事であった。だが、彼の仕事上の重点はいうまでもなく建築本体の計画・研究にあって、それはごく初期から変わることがなかった。田中文男さんとやり合うことでできた「もうびぃでぃっく」、

コンペ審査員としての宮脇檀

「見たか宮脇!」という出だしで始まる文章は、出江寛氏が『新建築'89年3月号』に書いた「月評」である。あれからもう10年以上経っているが、その記憶は今でも鮮明である。'85年に行われた「全労済会館」コンペの審査員であった宮脇、それに応募して惜しくも次点に甘んじた出江氏。そのコンペの案が竣工して『新建築』に発表された。奇しくもそのとき「月評」の評者であった出江氏の書出しの言葉がこれだった。出江氏はその実施作品の平凡さを指し、それを選んだ宮脇に向かってこう叫んだのである。

もちろん宮脇と出江氏は朋友であるからこそ、こうしたやり取りが誌上で交換されたのである。確かにその案を見るかぎり、私も出江氏の案の方に魅力を感じたし好感ももてた。その実施案をみたときの失望感は出江氏と変わりなかった。

後にそれが話題になり、そのいきさつを聞いたとき、宮脇はこういった。

「あのプレゼンテーションはいかにもアトリエ風であり、逆に出江の方がゼネコン風に見えた」と。

私には真偽は分からない。もちろんコンペの審査において、アトリエ、ゼネコンという分類は何の意味もない。そのプレゼンの論理の展開の仕方、表現がいかにもアトリエ的な自由な発想であったという。その実態、善し悪しは別にして宮脇の基本的な考え方のなかにゼネコンの設計部や組織設計事務所に対する根強いコンプレックスが潜在しているように思えて仕方がない。それが取るに足りない偏見であり、審査の基準には何の意味もないことを承知のうえでのことなのだが…。

宮脇はアイデアコンペから実施コンペに至るまで数多くの審査員を勤めてきた。選ばれた案はそのとき彼のつくる作品とは違ったもう1つの側面を見せたように思う。コンペ入賞の秘訣は審査員の作品・主義・主張を読み、それに添った案づくりをするというのが基本であろう。だから審査員によっては自身の作品と類似したような作品が上位を占めることも稀ではない。しかし宮脇は、自身の作品の傾向と入賞案とは必ずしも重複しない、読みにくい審査員であった。それは、自分ができるようなものを他人に見せてもらっても嬉しくない、という心理からである。しかし、1つだけ共通していたと思うのは土地の状況を読み、地域性というものを考慮し、それをさらりとこなすデザインが好みであった。私もこれをやって二度だけ成功したことがある。二度三度と同じ手法では進歩がないと思い、次からは新しい概念で迫ってみたが、宮脇の基準は少しも変わっていなくて苦杯をなめた。

工学院大学の756号室を借りての研究会、そこから生まれた数冊の『建築文化』、泊まり込みの「浪速芸大コンペ」、それらのとき、横にいたり巻き込まれたりし、学んだままに今も生きていると思い至る。そして、その彼の仕事の「重点」の正確な評価・研究こそがなされなくてはならないと思う。

野沢正光［野沢正光建築工房］

'57年頃、2、3年上にいた先輩たちは蝶ネクタイなぞ締めてなにかと格好良く見えたが、宮脇さんもそのうちの1人でいつも女子学生たちが彼の周りを囲んでいたと記憶する。課題提出日には教官室のテーブルに積まれた上級生たちの図面をめくって勝手にその品定めをしたが、先の丸い太いペンでキリッキリッと関節のように微妙な調子を付け、その光る墨の線の間にイエローオーカーやセピア、渋いブルー、赤などで色付けされ、人物で全体を引き締めた彼のパースは毎回下級生たちを唸らせた。

学生時代から変わらない私的交友について、実は優しさと真面目さの裏返しだったのかもしれない彼の言動の軽妙さを、仲間内では軽調浮薄と誤解することもあったが、皆その人懐こさを愛し

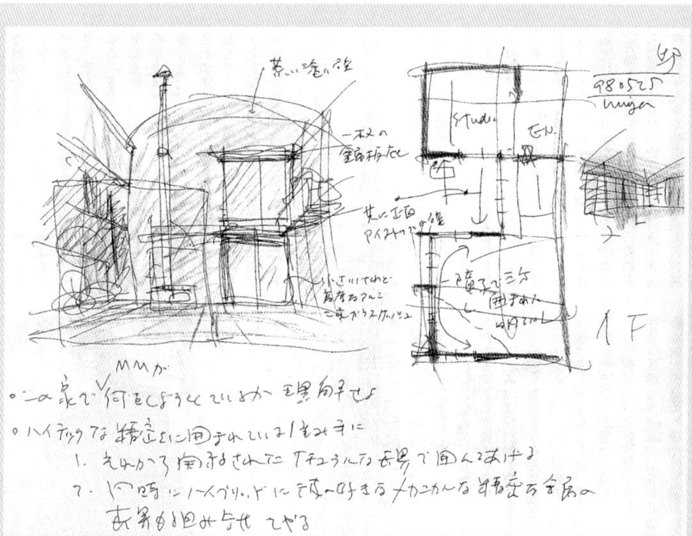

❿椎名英三氏と吉松真津美氏の追悼寄稿中に出てくる宮脇氏のスケッチ
（スケッチ提供：宮脇檀建築研究室）

著作家・講演者としての宮脇檀

宮脇ほど幅広い読者層を対象とし、多くの著作を残した建築家も少ない。その範囲は一般読者から、建築に携わる者たちへの指南書まで多岐にわたる。

特に一般読者や主婦層に対する著書、講演を通しての啓蒙活動は評価されてしかるべきであろう。設計とは何か、建築家とはどのような職能なのかを広く世に知らしめてきたのだから。

何しろ宮脇は器用であった。絵もうまかったが、口と筆もそれに勝るとも劣らなかった。それらはすべて、彼の知識欲によって得たものを彼特有のユーモアと辛口の表現で文章や言葉に置き換えていったものである。

彼の1つの信条に「本音をいって逃げる」というのがある。複雑なことを回りくどく表現するのが嫌いで、本音を単刀直入に表現するのである。それはある意味では痛烈な社会批評、また辛口の批判となり、ときには多くの反感を呼んだが、一方ではその歯切れのよい論説に共感する読者も少なくなかった。

特に女性、主婦層の社会的役割の重要性を認識していたからこそ、一般の主婦層に対しては手厳しかった。その怠慢に見える生活ぶりが彼には目に余ったのである。施主である彼女たちが住宅の機能性や利便性を標榜しながら、それをはるかに超え、あまえた要求を押し付けてくる。それは彼の目には横着としか映らなかった。実際に「主夫」もこなしていた彼にしてみれば、一般の主婦たちの家事など軽い仕事にしか見えなかったのも無理はなかった。

そして、宮脇のこうした文章や発言は、彼が住宅作家の立場で主婦たちと接してきた経験の蓄積から出たものであった。本音を探れば、彼女たちに住宅、建築を通して人生、美学、思想などの重要性、生活することの楽しさなどを説き、狭い家庭にこもりがちな彼女たちを暗に叱咤し、広く世に目を向けさせたのである。

こうして、宮脇は住宅ばかりでなく、環境・建築全体に対しての意識、さらには建築家の存在からその職能までを広く一般に知らしめることになった。しかし、宮脇は「こうした軽いものではなく、もっと学術的な本格的なものを書きたい[※12]」、そう漏らしたという。

た。

ひと頃「俺はエレベーター付きの建築はつくったことがない」といっていたが、メジャーは目指さないのだということを象徴的にいったものと理解した。その根底には体制に立脚しない、あるいはできないことに誇りをもって建築家として生きることを実証したいという気持ちがあったと思う。JAAからJIAになる日本建築家協会の再編のときにも発足の動機に同意せず、参加拒否するなど、いうべきときはいい、示すときは示すという筋を通した点で硬骨の建築家であった。

「オーイ、寛治、韓国へ行かないか。金（壽根氏）の事務所の焼肉パーティーもあるし、面白いぞ」との電話の声が昨日のようだ。

林寛治［林寛治設計事務所／Studio KA］

建築家に生活派と造形派があるとすると、ダンさんは尊敬されていた吉村順三さんとともに生活派の代表でした。暮らしの細部に宿る味わいを大切にし、そこで時を過ごしたくなるような建築をつくる、数少ない名手でした。即興の冗談で人々を笑わせながら、実は真剣な生活者として、エッセイスト、旅行家、写真家、料理人、オーガナイザー、ツアーコンダクター、その他何人分かの人生を演じ、常に上昇指向を嫌い、ベンツには乗らず、身の回りのすべてを年末にはプリントして送るという、優しくも厳しい人生を自分に課して、見事に突っ走ってこられました。それが突然、障害に行く手を遮られたことは、あなたにとっても私にとっても何とも無念なことでした。あなたのお陰で、私はたくさんの貴重な友人を得ることができたことを、心から感謝しています。今年[※9]の大晦日の神田の薮は、あなたのいない虚しさを噛みしめることになりますか。心からご冥福をお祈りします。

故 林昌二

檀さんと大文さん（田中文男氏の愛称）の共作である「もうびぃでぃっく」が忽然とこの世に現れて以来、2人は私にとって輝きの失せない2筋の光芒であり、またなぜか宮脇さんはその光芒に

乗った「星の王子様」のように思えてならなかった。私が先輩の原広司さんのRASに入って以来、原さんの親友として登場する宮脇さんは、黄色いホンダのオープンカーで手を振って現れ、MGの窓から笑顔を出して去っていく、そういうイメージのなんとも格好いい兄貴分であった。

EXPO'70の仕事を一緒にしていた30年も前のある日、「吉村順三さんのような建築家を目指しているのですか」と迂闊にも尋ねてしまった私に、一瞬キッとした顔を向けた後すぐ笑顔で、「ウ、ウーン」と複雑な返事をしてくれた若い建築家の勢いも忘れられない。

住宅に取り組む宮脇さんは新しい日本人の生き方とさまざまな場の仕掛けづくりの提案をし続けた。ときに下足収納の乾燥と防臭対策に夢中になり、ときに防音対策のためコンクリートの間にグラスウールを挟んだ浮床のアパートをつくったり、いつもさすがと感心させられた。

自宅を兼ねた千駄ヶ谷の木造のアトリエも猿楽町のメゾネットのアトリエも宮脇さんの生活と創作の雰囲気が溢れて美しく、生き様そのものが建築家の先達として映っていた。

ある意味で1人の闘いを全うし、しかも優しさを忘れない宮脇さんの益荒男振りはハードボイルドのダンディズムを彷彿させ、現在も敬して止まない建築家である。

三井所清典［アルセッド建築研究所、芝浦工業大学教授］

絵画や布のコラージュに、美を追求し続けた両親の創造の現場の只中に宮脇檀は育つ。

美的イメージが手という身体の作用によって、確固たる美として目の前に顕現する現場を見続けて育った宮脇檀のあくなき美への追求もまた、当然の如くに彼自身の目や手による実践的な行動によって確かめられ獲得されるものに終始した。

宮脇流の即物的対応は、彼が概念に遊ぶことを嫌い、常々、具体的で実在的な世界のなかに流通する美的創造の技や知恵を研ぎすまそうとするものだった。それはまた、彼の鋭敏で豊かな感性を汲み上げる連通管であった。

※9：この追悼文は1998年12月初旬に記されています

※12：≪宮脇は「戦後住宅史」は自分のライフワークだといっていましたから、『日本の住宅設計』の発展形をきっちり学術的なものとしてまとめるということじゃないかな。「これは俺の仕事だ」といって資料は集めていながら、構想をつくるところまでいかずに亡くなったので、最終的にどんなものをつくりたかったのかは分かりませんけど≫［山崎氏談］

教育者としての宮脇檀

'64年、彼が若くして法政大学の非常勤講師になったのは、教えることが好きだったからである。私との出会いもそこから始まったのだが、当時「先生と呼ばれる身分になりたかった」といっていた彼の言葉を思い出す。おそらく本音だったろう。とにかく先にも記したが、人心掌握術がうまいから学生たちには人気があった。一見非常に感性が先行しているようにも見えるが、実は比較的論理的な人でもあったから、設計の指導ではなぜそうなっているのかを説明しなければ納得しない教師だった。そのときも彼の毒舌、饒舌は遺憾なく発揮され、製図室の一角にいた彼の周りには笑い声が絶えなかった。

そして何よりも学生たちが彼を慕い敬ったのは、優等生・劣等生(私もこの仲間だった)の分け隔てなく扱ったことにあろう。特に劣等生たちに分かりやすかったのは、形や空間、デザインを例の器用さでさっとスケッチにして見せてくれたことである。それもこちらに分かりやすいように逆さまでパースを描くのだ。そして、どの学生もエスキースを見せに行って徹底的に赤を入れられても皆笑顔で帰ってきた。そのときの饒舌を交えた指導内容が学生たちの話題の的となり、稚拙ではあったが設計・建築についていろいろ議論するようになっていった。このように学生にとっては設計の授業が楽しかったし、建築を好きにさせてくれた教師であった。

デザイン・サーベイ

そして、この当時興ったデザイン・サーベイの流れは、体を使うことをいとわない学生にとって幸いだった。宮脇もそれをよく知っていたと思う。学生たちに観念よりも実体験を通して空間を体得させようとしたのである。測ることは、見る、触るといった五感の修練だけではない重要な意味を含んでいた。調査する対象の集落が決まる。実測するためにはその集落に住む住民たちの信頼を得なければ村や家に入れてもらえない。挨拶し、身分を明かし、どんな目的で、どのような方法で何をしようとしているかを分かりやすく説明しなければならなかった。そして、説明するにはそれらを真に理解しなければならなかったのである。それは机上の勉学では得られない貴重な体験だった。

そして宮脇の仕事の本質は、常に生活を基盤とした美に向けられていたことだ。彼は自らの生活のなかに、美を楽しみ、美を生み出して、それを仲間に振舞いもした。生活に立脚した美の追求は、恩師・吉村順三譲りともいえるが、宮脇檀の、生活で美を掴み、美で生活を掴もうとする哲学は、したがって住宅設計に仕事の多くを向け、生活の本質に分け入ろうとする必然の結果だったに違いない。生活こそが美でなくてはならないと思っていた彼の、生活者と肩を並べた活動は、建築というものの意味が社会のなかに深く理解される、1つの道を拓いたということができよう。

柳澤孝彦[TAK建築・都市計画研究所]

「もうびぃでぃっく」という小住宅の写真を見た。まだ建築なんて何も知らなかった頃だ。4本の柱で支えられたデッキ状の床が持ち上げられている。その持ち上げられた床の上を不思議な形の屋根が覆っていた。それだけ。不思議な形をした屋根とその屋根の下の持ち上げられた床、それだけで構成された住宅だった。こういうことだったんだ。生活というアクティビティーがこんなに単純な仕掛けで操作できることに驚いた。私にとっては最初の「住宅発見」だった。ときどきお目にかかるときにほとんどすれ違いざまのように話を伺った。いつもエンターテイナーだった。亡くなられるほんの少し前にお会いする機会があった。筆談をした。初めてゆっくり話をした。宮脇さんは筆談で冗談をいった。冗談は大きな文字だった。

山本理顕[山本理顕設計工場]

宮脇さんの住宅設計のスタイルは、初期の作品を除いて宮脇さんのイメージを具体化するための担当者との共同作業でした。したがって、数え切れないほどの作品群も全体としては宮脇さんの産み出したものに違いありませんが、でき上がったものにそれぞれ微妙な違いがあるのは当然のことでしょう。長い間宮脇流設計術を学んだ私は実に多くの体験を得ることができ、私の宝物にしたいと思っています。

誌幅の関係上、個々の仕事について語ることはできませんので、宮脇さんにとって最期の仕事の1つになると思われる工事中の住宅について少し記します。今春小康を得た宮脇さんは毎日のようにスケッチをしては私に渡してくれました[⓾]。それには短いコメントが書かれていました。「考え方の筋を通すこと」「物の在り方には必ず意味がある」「この家でMMが何をしようとするか理解せよ」「もっと考えよ」「時間が無い、頑張れ」など、かつてなくいらだたしげで強い調子の言葉が添えられていて、とまどいを覚えました。夏の初め、体調が悪化し再び帰ることのない入院生活に入ってしまいます。現在私が進めている住宅は、そのときのスケッチをもとに実施されています。宮脇さんとの最後の共同作業になってしまったこの仕事、どれだけ宮脇さんの意に添えるかはなはだ心許ありませんが、総決算のつもりで仕上げたいと心に誓っています。

現在、宮脇さんの机の上には描きかけのままの住宅のスケッチが寂しげに残っています。傍らには数多くの名文を生み出しながら主を失ったMacが、生涯ファンであり続けたマリリン・モンローのスナップ写真を使ったスクリーンセイバーを終日音もなく瞬かせています。マリリン・モンロー、ノー・リターン。マユミ・ミヤワキ、ノー・リターン。

吉松真津美[宮脇檀建築研究室]

日大「宮脇塾」

その後、彼が教師として本領を発揮するのは'91年、日本大学生産工学部建築科の新コース（居住空間デザインコース）の教授として招聘されたときである。女性ばかり30人のクラスだった。彼の要望をほとんど受け入れた教室側も相当太っ腹だったと思う。それだけ彼の教育に対する力量を評価していたのである。おそらく宮脇の教育に対する理想の大部分がここに顕現されている。

専用の教室、30台の製図板、教室の正面には木製の大テーブル、その上にはイタリア・フロス社製のフリスビーの照明が下がり、その周りにはミース、ウェグナー、ジオ・ポンティ、イームズ、トーネット、マリオ・ベリーニなどの名作の椅子が学生の数ほど。美しいものを創造するには美しい空間でなければならないという彼の理念がここに現れている。また、教室の一角には流しが付けられ、彼がもっていた大きなテーブルが置かれた。学生たちが家庭的な雰囲気のなかで食事やお茶をできるようにしたのである。

教師陣の選択も彼特有である。学歴・学閥優先の陰湿な人事と比較するとひときわ異彩を放つ。一口でいえば、「使えるヤツ」呼んでくる。その弟1号が中村好文。それでも足りなくなると、会ったこともない「使えるヤツ」へ電話を入れる。遠い、忙しいなどと躊躇したときの殺し文句は「女性ばかり30人」。これでほとんどの男性建築家はOK。これで入ってきたのが、杉浦伝宗、諸角敬。そして、女性として木下庸子。さらに、母親役として専任の曽根陽子（'99年1月現在）。末席に私も加えていただいた。これを宮脇はテレホンショッキング方式人事といっていた。冗談のようだが清潔明快で気持ちがいい。充実した環境で、美しいものに触れ、大きなテーブルを囲み建築を語り合う。テーブルの上には設計の課題があり、ときにはお茶があったりする。宮脇らしいそんな授業が行われてきた。

そしてつい先日、宮脇の遺影がその教室に飾られ、日々の授業を見守っている。

寄稿「私にとっての宮脇檀」――コンペ編

無二の親友とは、他人の悪口を一緒になっていい、また、悪いことを一緒になってやってくれる友のことをいうらしい。

しかし、檀は僕の目の前で僕の悪口も平気でいった、そんな無二の親友である。ワイフは檀と酒を飲むと「おまえさんは、口は悪いし行儀も悪いから嫌いや」といいながら、互いに喜々として夜が更けるのも忘れて飲んでいた。韓国の、今は亡き金壽根を訪ね、檀と一緒にキーセンパーティ（良いこと）をやったことなど走馬灯のように昔懐かしく思い出される。

もう10年以上も前のことになるが、彼が来阪したとき「何かいい仕事はないかあー」とそれとなくいった。それからしばらくして「積水ハウスの六甲アイランドの仕事やらないか」と声をかけてくれた。それが'90年8月に竣工し、"さわやか街並賞"となり彼が大変喜んでくれたことが嬉しく思い出される。

'98年5月1日、神戸で、檀とわが夫婦で楽しい食事会をもった。「この次の食事は僕が大チヌ［※10］を釣ってくるから、それでやろうや」というと、彼はポンポン腕を叩いて、紙にすらすらと「料理は俺に任せろ」と書いてにっこり笑った。その顔が今も忘れられない。これが最後の晩餐会となった。

'97年より六甲アイランドの仕事を檀と一緒に筆談でやってきた。それが今［※11］、10階まで建ち、その屋上に佇み「檀よ、君はどうしていつもそう忙しいのかい。そんなに慌ててあの世に逝ったって仕方ないだろうに」と呟いたそのとき、一陣の風が檀然忙しく吹き抜けていった。「よう、元気かい」と。

晩秋［※11］の神戸港が灰色にくすむ向こうに君はいるのか。

檀よ、長い間いろいろありがとう。

君は僕の心と仕事の良きデベロッパーだった。

檀よ、さよなら、さよなら。

出江寛［出江建築事務所］

寄稿「私にとっての宮脇檀」――椅子編

先生はいつも弾むように踊るように、2階の設計室から駆け降りて来ては、湧き出るようにスケッチを描きながら、同時に家具の仕口やディテール、棚に飾る置時計の色やポトスの鉢まで、楽しそうに口早に語りながら、あっという間に目の前でパースを描いていった。あの手の動きを忘れることができない。

エッグチェアーや3本脚のアーントチェアー、自由に動く背をもつコルビュジエの椅子などが配されたモデルルームのような研究室に入ったのは、EXPO'70の頃だった。私はインテリアセクションに所属し、建築セクションで設計されたすべての住宅や銀行店舗のインテリア家具デザインやコーディネイト、住宅雑誌の編集など、3年余りの間に実に幅広く多くの経験を積むことができた。このことは建築家との共働という現在の仕事に計りしれない大きな礎となっていることはいうまでもない。

旅の思い出のさまざまで溢れんばかりの書斎の一角に、どこから届くのか暖かい明かりに満たされて横たわった先生は静かだった。ちょうど1年前のあの記憶、肉声を失いながらも弾むように超高速に動く筆談の手指も、何もかも止まって、ただただ静かだった。私は長年の無沙汰を詫び、習って誠実に仕事に向かうことを誓うしかなかった。

藤江和子［藤江和子アトリエ］

※10：黒鯛（クロダイ）の主に関西・四国・九州方面での呼び名。淡白な白身の美味しい高級魚●※11：この追悼文は'98年12月初旬に記されています

宮脇さんのあのにこやかな笑顔をもう見ることができなくなってしまった。残念である。

宮脇さんと最後にお会いしたのは、ある県の主催するプロポーザルコンペのときであった。宮脇さんが審査委員長、私が副委員長だったのだが、宮脇さんはすでに手術をした後で発声できない状態であった。それ故、審査内容については宮脇さんの筆談をもとに私がほかの審査員におはかりするということで審査会が行われたが、筆談においても宮脇さんの絵心が発揮されていたのはさすがであった。声が出ないことを除けば普段の宮脇さんとなんら変わりないという印象だったのだが、このように早くあの世に行ってしまうとは驚きである。

かれこれ20数年前になるが、宮脇檀、東孝光、竹山実、鈴木恂と私とでアルキテクスト・グループをつくった。機関誌を4回出版して休会になってしまったが、この会合での宮脇さんの発言が今でも印象深く残っている。ちょうど私が「涅槃の家」や「無爲の家」をつくっていた時代だったのだが、「キミ、もう少しディテールをうまくやったら!」などという助言とも苦言ともいえる言葉をもらった。年齢的には1つ違いの宮脇さんだったが、創作活動においては数段上のジェネレーションという感じを受けた。ともかく、この会合において宮脇さんから啓示を受けたことが、今でも役に立っている。

お通夜の席で、棺に納められた顔を見ながら、「ああ、この人とはもう二度と会えないんだ」と。胸元に添えられたマリリン・モンローの写真が印象を深めた。

相田武文［相田武文設計研究所、芝浦工業大学教授］

宮脇檀と知り合ったのは昭和41年、「塔の家」に住み始めた頃で、同年代の建築仲間で同じ原宿・千駄ヶ谷の住人としてであった。やがて、宮脇家のパーティーや会合などにも呼ばれるようになり、事務所の所員も含めた伊豆半島の大野外パーティーなど、若い頃の忘れ難い思い出となっている。

相田武文、竹山実、鈴木恂、宮脇に私という同世代5人で、アルキテクスト・グループ(命名したのは鈴木だったと思う)を結成したのは、若い建築家が社会に発言する場をもち、活動を行いたいという思い入れからだったが、会合では宮脇はいつも兄貴株だったと思う。

その後の永い付合いのなかで、宮脇はいつも忙しがっては、いそいそと世界中を飛び回る旅に出かけるのが、実に嬉しそうだった。何度かはグループで、何度かは2人での講演旅行で同行したが、旅そのものでは割合物静かで、ときどきなにか遠くを見つめているような観もあった。でも、旅から帰ってくると、忙しそうに喋りまくっては、仕事と原稿を片付け、また楽しそうに旅に出かけていった。私にとって宮脇檀は、いつも未知の国への旅に出かけるために目の前の現実を、楽しそうに片付ける人だった。もう少し、若かった頃の思い出を語り合う時間が欲しかったが、きっと向こうの国でもどこかに出かける算段を楽しそうにしているに違いない。足早に駆け出していく後ろ姿、それが僕にとっての宮脇檀かもしれない。

東孝光［建築家、千葉工業大学教授］

'70年の春、同人誌をつくろうと最初に言い出したのは、確か宮脇だった。当時の建築ジャーナリズムの編集姿勢にそれぞれ物足りなさを感じていた同世代の5人(宮脇のほか、相田武文、東孝光、鈴木恂、私)が集まって、機関誌『ARCHI-TEXT』を始めた。それは、皆で一身同心を誓い共通したモットーを宣言するほどの集まりではなく、いわば同床異夢の遊びに近かった。この時期、彼と繰り返し会う機会に恵まれた。だから僕にはその頃の宮脇が一番輝いていた。いわば、飛耳長目の人だった。口も手もズバ抜けて達者だった。加えて、なにか彼独特のものが、その人柄にスパイスに似た滋味を醸し、周囲に芳香を放っていた。それは活字やイメージでは伝え切れない、この人間が放つ独特のアウラともいえようか。このアウラを浴びないと彼を理解できず、また一旦それに照射されると、その魅力の虜になってしまうから不思議だった。こうした彼のアウラは、あえて煎じ詰めると「洒落心」とでもいえる心根から発せられていたのではなかったかと、今にして思う。彼の多彩な作品を読み込むうえでもこの「洒落心」こそが重要な鍵なのではなかろうか。

僕らの同人誌は数年を経て「開店休業」の看板を掲げた。いずれ再開を皆が念じていた。だが、宮脇を失った今は、もはやこの看板を「閉店」と改めざるを得なくなってしまった。

竹山実［竹山実建築綜合研究所］

大学3年生のときのこと。当時、非常勤講師だった宮脇檀から住宅の設計を教わった。

課題の中途で即日設計というイベントが行われた。午後の数時間のうちに1軒の住宅を設計し、図面を作成して提出するというイベントである。大学3年生にはいささかハードなイベントであった。

「俺も一緒にやるゾ!」と叫んで、宮脇は製図板に向かった。まず、そこで少し驚いた。そして、宮脇が描き上げていく図面の密度と美しさにさらに驚かされた。彼の描く図面は、縮尺1/50の平面詳細図と矩計図だったが、そのまま現場に持ち込んで施工が可能なほどの精度と密度を有していたからである。

建築家が観念を自由に操る論客であると同時に、きわめて即物的で具体的な知識と技能の持主であることを知った。いや、知ったというより、そのことに圧倒されたといった方がいいかもしれない。「建築家が…」というのも正確ではない。建築という行為自体が現実とは無関係な観念的営為ではなく、幾重にも積み重ねられ、絡み合ったこの世の中の現実への切込みであり、挑戦であることを教わったのである。その1枚の図面には、万の言葉にも増す説得力があった。

夕方6時、締切の時間になって、宮脇はもう1回叫んだ。「締切延長、俺がまだできてない!」なにしろあれほどの密度の図面なので、間に合わなかったのである。そこでもう1つ学んだ。観念と現実との接続を可能とするのは、このユーモアであり、明るさではないかと。

隈研吾［隈研吾建築都市設計事務所］

ゼネコン・組織設計事務所へのコンプレックスがあったのか?

ゼネコンや組織設計事務所に対してのコンプレックスではなくて、「そもそも建築の設計とは」という宮脇の筋の通し方の話じゃないかな。宮脇は筋を通すということをすごく大切にしていた人で、建築の設計については、前川國男さんを1つのモデルとして考えていたと思うけど、個人の能力でやるものという意識があったと思うんです。つまり、ゼネコンや組織設計事務所だと誰が何をやりたくて設計したのかという部分がぼやけてくるでしょ。それを宮脇は一番嫌がっていた。もちろん、組織を挙げて設計することで、個人が設計するよりずっと質の高いものができて、ケアレスミスみたいなものが少なくなる可能性もあるし、情報の蓄積量だって全然違うから、ゼネコンや組織設計事務所が設計することのメリットがあることは当然認めていましたけどね。コンプレックスというより、むしろプライドの問題じゃないかな(笑)。

［山崎氏談］

寄稿「私にとっての宮脇檀」――著作・講演編、教育編Ⅱ

月曜日か水曜日は、君が週に1回、日本大学の生産工学部へ来る日だった。この日は丸1日がかりで1学年30人の「居住空間デザインコース」(通称宮脇塾)を、全学年通して教える日だ。君は高速道路を飛ばして1時間走り、朝9時の授業が始まる1時間も前に、必ず教室へ来ていた。部屋に誰もいないときは1人で教材をコピーし、時間が余ると部屋の掃除までしていたそうだ。ときには、教材原稿を徹夜で書き上げてから来る日もあった。昼休みに階段ですれ違うとき、「昨日徹夜しましてね…」といいながら、朗らかに笑っていた元気なときの面影が懐かしい。

建築家として東奔西走の明け暮れのなかから日程をしぼり出して、春は海外、夏は関西へ学生を引率する見学旅行を恒例にしていた。課外授業ともいえるこの催しを、続け通した。教育にかける君の、そのような献身の例を挙げればきりがない。君は学生をたちまち魅惑し、啓発する才能に恵まれていた。加えてその能力を学生に注ぎ込む情熱を、最後まで絶やさなかった。

君は教育者としても、計り知れぬ大きな足跡を残した。宮脇塾で教えた200人の女性の心のなかで、これからも君は歩き続けていく。

故 神谷宏治

宮脇さんの軽妙洒脱な「口八丁手八丁」ぶりは、もう、天下一品でした。

なにしろ、頭に閃いたことは話の脈絡などおかまいなしに、すぐ喋らずにはいられない人でしたから、その話に追い付いていくために、こちらの頭も高速回転させておかなければならないのでした。その口八丁ぶりを、僕は、名探偵ポアロの「灰色の脳細胞」をもじって「喋る脳細胞」と呼びました。また、あるとき、大学の教室で、女子学生の飲み散らかしたコーヒーカップを手慣れた手つきの猛スピードで洗っているのを見て、目を瞠(みは)ったこともありました。その甲斐甲斐しい手八丁ぶりを、中山繁信さんは「男のおばさん」と呼んでいました。

津田沼にある大学からの帰り道、僕たち「宮脇塾」の非常勤講師は宮脇さんの車で渋谷まで送ってもらい、三漁洞という店でたびたび呑みました。カリキュラムの相談、という名目でです。宮脇さんは、いつでも誰よりもよく食べ、機嫌よく呑み、早口で喋り、結局最後は、止めるのも聞かず千鳥足で車に乗り込んでご自分で運転して帰られるのが常でした、。見送る僕たちを道端に残し、振り向きもせず、窓から高々と左手を挙げてその手のひらをヒラヒラさせてバイバイして去っていくのです。そのあっけない去り際も見事でしたが、残された僕はなんだか置いてきぼりを食ったような寂しさも味わったものです。

そして……。あのとき口のなかで呟いた言葉を、今、あらためて声に出していわなければならないときが来てしまったのです。またもや、置いてきぼりです。

「さようなら、宮脇さん!」

中村好文［建築家］

昼餐の後に――残された者たちのための鎮魂歌

生きるとは　どこかに居ることであるなら
居るための質量を失った者は
どこにも居られないので
ただ消える
私たちはいま　悲哀に沈む前に
その不在感に耐えている
鎮めるべき魂はどこにもないので…

うららかな陽
青い空　白い雲　まっしろな雪柳
パスタと白ワイン…サラダ
こういう時間と食事が
また持てるようになった状態が美味しい
これが最後の昼餐であっても良いと
本気で思った［※13］

それは最後ではなかったが
最後から何百番めかの
昼餐であり
陽ざしであり
風であった
美しいもの　おいしいものを追い続けた男が
最後に飲んだワインは
どんな聖者の血のしるしでもなく
ただ、つぶらな瞳の(願わくば)少女が摘み取った果実を
小太りの陽気な(たぶん)おじさんが醸した
この世の歓びであったろう
彼が集めた数々の椅子のように
彼がつくった数々の家のように

私とは私の記憶の総体であり
また　ひとに記憶されている限りの存在であるとすれば
彼と彼の持った記憶が消滅した今
彼とは私たちが記憶している限りの存在にすぎない

であるなら　私は
彼よりも　残された私たちの心の痛みを鎮めるために
しめやかな歌を書こう

彼はいまどこにいるか
たぶん私たちの記憶の中に
私たちの記憶が消えるときまで
Good Bye

渡辺武信［渡辺武信設計室］

さて、宮脇檀氏の業績の重点をその人柄と併せて振り返ってきたが、
最後に渡辺武信氏から寄せられた宮脇氏の回顧および残された私たちの鎮魂の歌をお読みいただき、
これから私たちはそれぞれ何をすべきなのかじっくり考えてみたい。

※13：宮脇檀著『最後の昼餐』(新潮社刊)より

宮脇檀研究室のできごと［4］1984-1998

1984

1月
- 6日仕事はじめ
- 木曽三川公園設計のため、宮脇・吉松桑名へ
- 23日〜27日宮脇檀、札幌・旭川・大阪・長崎・博多と講演の旅

2月
- Choi Box仕上オンドル紙。金寿根氏・内藤恒方氏の協力に依り韓国より入手
- 8日〜11日宮脇檀、再び講演ツアー 釧路・函館・鹿児島・熊本

3月
- オープンデスク学生来る(3大学3名)
- 栂池高原へ所員スキー旅行
- CHABOT'S RESTAURANTオープニングパーティー
- The Barn新宿2さよならパーティー。第一号Barn閉じる
- 落合映退所。仲間7人と独立

4月
- 京都工織大卒、畑真記子、久米事務所を経て入所
- 畑真記子、入所後直ちに結婚。安藤真記子に
- 恒例の春闘(定昇込み11%UP)
- 山崎健一、本場のトルコへ16日間の視察旅行

5月
- 宮脇檀、積水ハウス大橋弘副社長とYKK50周年記念祝典出席のため富山へ
- 春の所員スキー旅行。元オープンデスク生杉田修一君の実家岩手雫石へ

6月
- 恒例の健保組合野球大会。吉村事務所と連合チーム、雨天の中1回戦で惜敗
- 桜ヶ丘ハイツホープ住宅際。宮脇・二瓶出席

7月
- オープンデスク学生来る(6大学6名)
- 宮脇檀、検査のため山王病院へ8日間入院
- 入院中の宮脇檀、ホームタウン秋川住宅際シンポジウム出席
- 「建築NOTE・人間のための住宅ディテール」発売3ヶ月にて重刷

8月
- 墨田川花火大会。釣船貸し切り大宴会
- 夏休み例年の如くバラバラに
- 宮脇檀、バリ島で8日間の休暇
- 中村彰、バイク熱にてヤマハSR400を中古にて購入

9月
- 宮脇檀監修、積水ハウスC.F.完成試写会
- 更田昭子入所
- 二瓶正史、遅い夏休みでバリ島からセレベス島へ
- 第20期決算報告。今年度も黒字
- 宮脇檀28年目の禁煙。直ちに肥り始める

10月
- バーベキューパーティー・三浦海岸毘沙門にて
- 宮脇檀、財団街並み研修ツアー・コーディネーターとしてヨーロッパへ。二瓶同行
- 吉松真津美・二瓶正史 街並み調査のため兵庫県出石へ
- 「混構造住宅・宮脇檀建築研究室作品集」発刊(建築資料研究社)

11月
- YKK宮脇ドア「EXE」発表
- 鹿児島建設高幡鹿島台「GARDEN 54」住宅完成2棟
- 宮脇檀監修によるセキスイハウス住まいの図書館神戸オープン
- 日本建築家協会住宅研修セミナーでChoi Box見学会

12月
- 鹿児島に積水ハウス「九州の家」完成一棟
- 24日の恒例ターキーパーティー。キューピーのターキーで
- 本年宮脇檀原稿集計005枚・講演回数78回
- 27日仕事おさめ インド旅行のため忘年会無し

1985

1月
- 4日出勤。年賀状整理
- 5日〜12日研究室開設20周年記念インド旅行 現旧所員総勢23名で
- 14日仕事はじめ。インド下痢患者多数
- 渋谷税務署調査来る

2月
- インド旅行スライド&カレーパーティー。椎名英三自邸にて

3月
- オープンデスク学生来る(4大学4名)
- 宮脇檀、香港旅行。宮脇彩・林のり子氏と
- 総務部秘書課・経理課待望のワープロCano Word 40来る

4月
- 宮脇檀、大橋弘氏と韓国旅行。金寿根、韓国住宅開発公社社長等と会う

5月
- 山崎健一、結婚する。The Barn新宿7にてパーティー
- 日本火災海上保険軽井沢厚生寮公開設計競技優秀賞受賞
- 住まいの図書館・松戸オープンセレモニー
- 郡司美子入所。給食制度再開。所員の食生活大幅に向上

6月
- 宮脇檀、年2回のゴルフ。大橋弘氏と
- Navy BlueのBENZ・3000TD来る
- 宮脇檀、山下和正氏結婚式に発起人として出席

7月
- 中山邸見学会、日本建築家協会住宅研修セミナー
- 安東真記子、香港上海銀行見学ツアーに参加
- オープンデスク学生来る(6大学6名)
- 宮脇檀、定期成人病検査。ALL NOMAL
- 宮脇檀、年2回のゴルフ。大橋弘・山本学氏と
- 恒例隅田川川開き花火大会。釣船借切って所員関係者58人一同酒と花火に酔う

8月
- 夏休み例年の如くバラバラに
- 板橋区立美術館「都市に棲む展」にパネル出品および講演
- 森林公園にて、宮脇檀・二瓶正史・更田昭子 士気プロジェクト合宿参加
- 宮脇檀・彩、バリ島ツアー企画実行。林昌二・雅子夫妻・大野寛氏らと
- 宮脇檀、大野寛氏とバリ島クタビーチにて溺れてデンパサール中央病院に入院
- 吉松真津美・二瓶正史・中村彰、インドネシア・バイオレンスツアー挙行

9月
- 神戸港北台環境計画、伊藤忠商事より委託される
- 近畿日本ツーリストセミナーで宮脇檀、旅館の女将20人に講演
- 報告書作成業務が増え、ワープロを3台に
- 第21期決算報告。今年度も黒字

10月
- 東京都設計候補者選定委員会により板橋都税事務所設計者に選ばれる
- 実相寺昭雄監督地球発22時の録画のため、宮脇檀飛騨高山へ
- 前川国男事務所50周年パーティーに、宮脇檀出席
- 更田昭子結婚。全女子所員夫帯者となる
- 外部関係者待望のファクシミリ来る。祝電続々。OA化着々
- 山崎健一、新婚旅行を兼ねてアメリカ・イギリス18日間

11月
- 千代田区主催神田下町の住宅・街並設計競技最優秀賞受賞
- M研テニストーナメント(MTT)第一回開催
- 宮脇檀、ヨーロッパ住宅・街並み視察団団長として30名引き連れ12日の旅
- フードピア金沢にて宮脇檀、フランソワモレシャン氏とパフォーマンス
- 静思堂が第一回兵庫県みどりの建築賞を兵庫県知事より受賞

12月
- 全労済コンペ審査の為宮脇檀3日間総評会館に缶詰
- 東急市ヶ尾モデル住宅地設計のため、元所員川田・落合他動員されて追込み
- テレビ朝日正月番組「ひとひらの雪」スタッフ、建築事務所イメージづくりのため取材に来る。原図・模型等多数出演のため貸し出し
- 24日恒例のターキーパーティー。キューピーのターキーで
- 本年宮脇檀原稿集計633枚・講演回数67回
- 27日仕事おさめ「マダムトキ」にて忘年会

1986

1月
- 6日仕事はじめ
- 11日〜15日吉松真津美・二瓶正史・中村彰 韓国へ
- 5日〜15日岸本久、メキシコ旅行

2月
- 8日〜15日宮脇檀、東京建築士会エジプト・ギリシャツアー団長をつとめる

3月
- オープンデスク学生来る(4大学4名)
- 神戸六甲アイランドプロジェクト始まる

4月
- 17日西沢文隆氏のお通夜へ、宮脇檀・山崎健一
- 23日日本火災海上保険浜田支社地鎮祭(島根)
- 恒例春闘(定昇込み5%Up)

5月
- 28日宮脇檀、コーラジャパン披露パーティーで挨拶
- 23日〜1日宮脇檀・中村彰 六甲アイランドのためのアメリカウォーターフロント視察の旅。積水ハウス大橋副社長・山根氏らと

6月
- 10日西山卯三氏学会賞パーティーに宮脇檀出席
- 11日相模鉄道緑園都市プロジェクト始まる
- 21日吉村順三先生喜寿を祝う会で、宮脇檀・彩、酒場係をつとめる

7月
- 29日〜6日岸本久、バリ島民族音楽を訪ねる旅
- オープンデスク学生来る(4大学4名)
- ワープロ2台上位機種に入れかえ 所長・経理・設計それぞれ専用1台ずつに
- 数年振りに秋田相互銀行支店の基本設計(湯沢)
- 研究室107及び宮脇自邸507改装工事
- 研究室ロゴ入りTシャツ・トレーナーつくる

8月
- 夏休み例年の如くバラバラに
- 宮脇檀、M研マニュアル原稿口述筆記のため京王プラザホテルに缶詰
- 恒例の健保野球大会。4回戦まで勝ち進みベスト16に

9月
- 5日宮脇檀、金寿根東京追悼会の司会をつとめる
- 中村彰・二瓶正史、ビルマ・タイ旅行
- 第22期決算報告。今年度も黒字でOA化進む

10月
- 18日墨田区三世帯住宅コンクール・表彰式に宮脇檀出席
- 博多港百開発計画パンフレット出来上る
- 新井真理1カ月入院。設計部の尽力により秘書経理業務無事切抜ける

11月
- 岸本久、フィアットパンダ4WD購入
- 吉松真津美、上海へ
- 12日健康保険組合熱海リフレッシュセンター設計競技締切。半数ダウン
- 15日住宅都市整備公団港北ニュータウン集合住宅計画設計競技締切で全員ダウン
- 26日健康保険組合熱海リフレッシュセンター設計競技第一段階入賞
- 27日宮脇檀、内田祥哉先生退官記念シンポジウ

- ムにてリレー講演 高橋てい一氏らと
- 積水ハウス安針塚プロジェクト始まる
- 板橋都税事務所着工。岸本現場常駐に
- 相鉄緑園都市街づくり業務のため針山分室開設

12月
- 12日・16日宮脇檀、学会賞審査のため軽井沢・大阪へ
- 顧問税理士に増さん返り咲き
- 18日山崎健一、パパになる!
- 24日恒例のターキーパーティー キューピーのターキーで
- 永松昭子、出産のため退社
- 本年宮脇檀原稿集計625枚・講演回数63回
- 26日宮脇・榎本、本年最後の現場浜田から帰る
- 26日仕事おさめ「辻留」にて忘年会

1987

1月
- 5日仕事はじめ
- 29日六甲アイランドシティ起工式に宮脇檀出席
- 事務セクションに安達秀子アルバイト入所

2月
- 健保組合熱海コンペの助っ人に帰国直後の神尾武文・内井昭蔵氏子息率いるアルバイト総勢6名、作業室騒然
- 27日健保組合熱海コンペ第2段階締切
- 郡司美子退所

3月
- オープンデスク学生来る(4大学4名)
- 5日多摩住宅都市整備公団事業コンペ締切
- 10日世田谷宮の坂コンペ締切
- 宮脇自宅507号室から307号室に
- 26日~29日香港3泊4日の社員旅行
- 雑誌「太陽」「快適旅行術」のため、宮脇檀・吉本由美氏と香港へ

4月
- 市原出退所
- アーバンセクションに九州芸工大卒、平山郁朗入所
- インテリアセクションに大橋杏子アルバイト入所

5月
- 恒例の春闘(定昇込み8%Up)
- 安東真記子、3週間のヨーロッパ旅行
- 29日~6日宮脇檀・彩、パリへ
- ワープロ更に上位機種追加購入。7台フル稼働
- 507号室がアーバンセクション及びアトリエへ
- 宮脇檀、横浜市シンポジウムでアグネス・チャンと対談

6月
- 16日~21日宮脇檀、同済大学講義のため上海へ
- 相鉄緑園都市街づくり業務終了、鉢山分室閉鎖
- 二瓶正史結婚、ヨーロッパ新婚旅行1カ月
- 設計セクションに増岡徹入所
- 給食担当、藤原トシ入所
- 13日~16日宮脇檀・山崎健一、金寿根氏一周忌式典でソウルへ
- アルバイト安藤秀子退所

7月
- 吉松真津美、香港・台湾の旅
- オープンデスク学生来る(1大学1名)
- コンピューターNEC PC-9801VX21導入。図面にパースに日影に大活躍
- 増岡徹、スズキマイティボーイ中古購入
- 百道シーサイドタウン事業コンペ終了 水谷頴介氏と協同

8月
- 恒例健保野球大会、3回戦で宿敵構研に大敗
- 夏休み中に研究室改装
- 21日リクルート・コスモス目白、地鎮祭(東京)
- 宮脇檀・彩、バリ島へバカンス
- 二瓶正史・平山育郎、バリ島バイク一周の旅
- 新井敏洋・新井真理、台湾へ
- 葛巻恒男アルバイト入所

9月
- 第23期決算報告。今年も黒字でOA化ますます進行
- 中村彰、パキスタン独り旅
- 宮脇檀、新建築住宅設計競技ワンマン審査員となる
- 積水ハウス大橋弘副社長の緑ベンツを引き取り社用車ベンツ2台となる!!

10月
- アーバンセクションに森誠二入所
- 積水ハウスの上木宏平氏、星田コンペ追込みのため来所勤務
- 27日~4日宮脇・榎本、USAヘルススパ視察の旅。サンフランシスコ→ロス

11月
- 25日星田コンペ図面原稿入稿。印刷・提出
- 26日~10日宮脇檀、プレ協・住宅生産振興財団研修団団長としてモロッコ・スペインの旅へ

12月
- 24日恒例のターキーパーティー。キューピーのターキーで
- 本年宮脇檀原稿集計529・5枚・講演回数61回
- 25日仕事おさめ「いしかわ」にて忘年会

1988

1月
- 4日仕事はじめ
- 設計セクションに葛巻恒男入所
- 事務セクションに浅井千秋入所

2月
- 新井真理退社
- 吉松真津美、東南アジア研究会で2度目の韓国旅行(江原道)

3月
- 有松町まちなみゼミに宮脇檀、母綾子と対談講演
- 歓送歓迎船上パーティー。ウォーターフロントをナイト・クルージング
- 18日~27日、宮脇檀・平山、積水ハウス・アメリカ住宅研修ツアーに同行

4月
- 新井敏洋、退社
- 設計セクションに大橋杏子・小泉敦子入所
- 4日~8日、宮脇檀・中村・二瓶、積水ハウス・シンガポール研修ツアー

5月
- 恒例春闘(定昇込み12%Up)
- 葛巻恒男結婚、10日間のハワイ・ハネムーン
- 4日~8日社員旅行で全員上海へ
- 宮脇檀、同済大学(上海)にて二度目の特別講義

6月
- 住宅生産振興財団委託研究「元八王子住宅地」始まる
- 新しいワープロCANON 500入荷。総計8台に
- VIDEO撮影機、編集機購入。AV部門充実

7月
- 吉松真津美、台湾(ホウコ島)へ
- 緑ベンツに代わってプジョー205A/T。所員の足となる
- 復活バーベキューパーティー。とりあえず事務所関係者のみで

8月
- 二瓶正史、ハワイへ。マウイで初ゴルフ
- 宮脇檀・彩、雨の北海道へ。レジャー施設見学体験宿泊ツアー
- 森誠二、母と二人で台湾観光の親孝行
- 健保野球大会シード生かせず2回戦敗退
- アーバンセクションにもコピー機入荷。OA化益々進行

9月
- 安東真記子・浅井千秋、健保硬式テニス大会ベスト8入り
- 増岡徹、バンコク巡り
- 大橋杏子 イタリアの旅
- 19日~10/3日、宮脇檀・彩・森誠二、日本建築学会「ヨーロッパ建築の旅」へ
- 浅井千秋、シンガポール・バカンス

10月
- 平山郁朗、インドネシア・ロンボク島へ
- 宮脇檀、再び講演・セミナーの大ラッシュ

11月
- 12日宮脇檀、「建築家の眼」出版記念パーティー。山口文象邸ガーデンにて
- 25日~28日宮脇檀、積水ハウス六甲事業部・香港研修旅行に同行
- アーバンセクションにもFAX開通

12月
- 青ベンツ300TD同色230TE、新車に代わる。走行及び業務能力倍増
- 23日恒例のターキーパーティー
- 本年宮脇檀原稿集計735・5枚、講演回数50回
- 26日仕事納め。「楠亭」にて忘年会
- 28日宮脇檀・彩 光藤夫妻とバンコク。オリエンタルホテルへ

1989

1月
- 9日仕事はじめ
- 15~23日宮脇檀、濱谷浩氏と富士重工レガシー10万km走行記録達成撮影に同行。アリゾナ・ロスアンジェルス・ニューヨークへ

2月
- 設計セクション、ビックプロジェクトが重なって大忙し。アルバイトフル回転
- 増岡徹、初めての独り暮し開始

3月
- 所員有志及び宮脇彩、春スキーに盛岡へ
- シーサイドももち住宅博に超高層住宅を設計。模型を会場に展示

4月
- 設計セクションの新人、内井理一郎入社
- 宮脇檀、電機大学講師始まる
- 14日~21日、二瓶正史・森誠二、積水ハウス・カナダ研修ツアーに参加
- 春闘(定昇込み10.86%Up)
- 東京建築士会機関誌「建築東京」に「好奇心の旅」連載始まる

5月
- 5日~10日恒例ゴールデンウィーク所員旅行バンコック・チェンマイへ
- 26日~29日、宮脇檀・二瓶正史、韓国石材及び煉瓦工場視察ツアーに参加

6月
- 高輪アパート建替設計コンペ追い込みで所員総動員
- 山崎健一、次女誕生。2児の父に

7月
- 中村・岸本・安東、冬瓜スープを食べに香港へ
- 22日~24日、第1回M研テニス合宿。山中湖へ
- 204号室を購入しSTUDIOを増設、宮脇檀作業室及び会議室に
- 14日白桃房オープニングパーティー
- 名越邸オープニング祝。庭で盛大にバーベキューパーティー

8月
- 204号室増設に伴い107一部改装、507アトリエ及び所員食堂に
- 夏休み例によって各自バラバラにとる
- 宮脇檀 大忙しで夏休みとれず
- 健保野球大会、宿敵構研に負けてベスト16
- 榎本彰・安東真記子、健保硬式テニス大会ベスト8
- 平井・内井、健保硬式テニス大会5回戦進出
- 大橋杏子、結婚後オランダに移住のため退社

9月
- 二瓶正史長男誕生。パパになる、DINKSの終わり
- 11日~19日、宮脇檀・岸本久、積水ハウス四方津カナダ研修ツアーに同行
- 24日~9日、宮脇檀・彩・中村彰、デンマーク・イタリア・フランスへ。宮脇檀ダブル時差ボケ
- 15日~17日、第2回M研テニス合宿。軽井沢へ
- 東京都住宅局主催5社指名「都営高輪アパート建替コンペ」積水ハウスと共同で最優秀案に選ばれる。直ちに基本設計へ

10月
- 森誠二退社・独立
- 平山郁朗、内乱の続くスリランカへ
- 日吉再開発のプレゼンテーション
- 宮脇檀、六甲アイランドCITY彫刻展の最終審査終える

11月
- 3日出石町立伊藤美術館オープン。その日入場者公称10,000人
- 宮脇檀 現場・出張の日々連続でほとんどSTUDIOにおれず
- 宮脇檀、新雑誌「SPUR」に連載エッセイ開始 連

載9本に

12月
- 新潮社刊「住まいとほどよくつきあう」11刷へ
- 7日宮脇檀、今年4度目のゴルフに新しいセットで、スコア変わらず
- 25日恒例のターキーパーティー
- 本年宮脇檀原稿集計635・5枚 講演回数61回
- 27日仕事おさめ。原宿「FLO」にて忘年会

1990

1月
- 8日仕事はじめ

2月
- 8日出石町本高寺地鎮祭
- 19日小島邸完了、引渡し
- 新型コモン住宅地桃花台団地竣工、平山郁朗現場監督として大奮闘
- 葛巻家長男誕生
- 安東真記子退所。夫と共にオーストラリアへ
- 中村彰、一級建築士第220319号取得

3月
- 3日本高寺上棟式
- 16日～22日宮脇檀「SPUR」の取材の為にポナペへ
- 出石町立伊藤美術館竣工 新聞、雑誌に集中発表
- 代官山同潤会の桜の下で恒例のお花見コロッケパーティー
- 都営住宅高輪1丁目団地基本設計追い込み。積水ハウス派遣青木英一大奮闘

4月
- 8日～19日二瓶正史 ホーメストタウン八王子のためのアメリカ視察旅行に参加
- 10日コモンシティ星田地鎮祭
- 17日～22日中村彰・平山郁朗、ロンドン・パリ公営住宅視察旅行
- 設計セクションに中島研（東京電機大卒）・伊藤千織（女子美大卒）入所
- 春闘（定昇込みで12・4％Up）
- 宮脇檀、電機大学講師二年目
- 山崎健一、工学院大学建築学科兼任講師となる
- 平山郁朗、結婚。福岡にて披露宴。宮脇檀・吉松・二瓶出席

5月
- 2日宮脇檀、今年初のゴルフ ヴェルデ・中央宣伝と
- 4日～10日恒例所員旅行。ネパール政変で行けずノーケットでリゾート
- 12日吉村事務所設計八ヶ岳音楽堂見学会。ベンツで新緑の八ヶ岳山麓ドライブ
- 宮脇檀、国際家具デザインコンペ審査のため旭川へ。喜多俊之・ジョナサン・デ・パスほか
- M研バイクツーリング秩父へ。榎本彰 ホンダBAJA新車を披露
- 平山郁朗、タヒチへハネムーン 食当りで、2日間寝込む

6月
- 6日蓼科エグゼクティブハウス・アネックス工事完了

7月
- 8日有賀園ゴルフ熊谷店オープン
- 20日桃花台団地打ち上げゴルフコンペ宮脇・二瓶・平山出席 蒲郡プリンス宿泊
- 27日宮脇檀・中村・殖産住宅名塩コンペの為現地調査
- 宮脇檀、例年のGマーク商品選定で晴海通い
- 宮脇檀、日本レンダラーズ協会のコンクール審査委員長をつとめる
- 図書館大整理、ダブリ本大オークション
- 榎本・岸本・増岡・内井、立石社長と東京上空ヘリコプター視察

8月
- 8日キャッツ研修所オープニングパーティー
- 21日松川邸離れ建て直してのD棟地鎮祭
- 26日宮脇檀建築研究室25周年バーベキューパーティーを山口文象邸にて開催。所員・旧所員家族大集合
- 研究室25周年を記念し25年分の年始のお知らせ総集編作成。関係者に送付
- 夏休み宮脇檀取れず、所員はバラバラに
- 健保野球大会2回戦進出するも、昨年の優勝チームに惨敗

9月
- 5日四方津地鎮祭
- 22日～24日第三回M研テニス合宿今年も山中湖で総勢22名参加
- 30日宮脇檀、台風下でゴルフ ハーフで中止。風邪引き以降1ヶ月続く
- 岡山県より住宅地計画ヒアリング

10月
- 4日キャッツ成田営業所地鎮祭
- 15日～21日宮脇檀・二瓶正史・平山郁朗、日本興業とオーストラリア煉瓦工場視察
- 19日～23日増岡徹 親孝行香港グルメツアー
- 中村彰、一級小型船舶操縦士NO.810090008472０号取得しかしクルーザーの夢遠し

11月
- 16日東京ソワール表参道店地鎮祭
- 21日ロイヤルパークホームズ上棟式
- 21日キャッツ成田営業所上棟
- 29日四方津忘年会ゴルフコンペで浅井千秋、練習の成果出てドラコン・ニアピン賞獲得
- 1日～10日岸本・浅井・今泉 オーストラリアFIGP観戦ツアー

12月
- 13日・15日宮脇檀、本年第4、5回のゴルフ
- 25日恒例のターキーパーティー
- 本年宮脇檀原稿集計614枚、講演回数48回、出張85日・30都市
- 28日仕事おさめ 銀座「治郎長」（ふぐ料理）にて忘年会

1991

1月
- 7日仕事はじめ
- 15日～25日吉松・山崎・中村・今泉 魅惑のベトナム旅行
- 16・17日宮脇・増岡徹、安来コンペのため中国山脈をレンタカーで走り回る

2月
- 18日二瓶正史、次男誕生
- 3日宮脇、日本航空に対する電通旅客機提案を、日航首脳部に説明
- 7日～16日宮脇檀・彩、リオのカーニバル見物にブラジルへ
- 25日宮脇・吉松真津美、出石町庁舎設計依頼を受けて出石へ
- 28日～3日宮脇・山崎健一、YKK製品検査でシンガポール・インドネシアへ

3月
- 7日福岡・東京と1日2度の講演で宮脇東奔西走
- 19日寺田農邸設計契約
- 28日島根県安来市産業考古館指名コンペ締め切り所員・アルバイト総動員
- 28日故障続きのプジョー205をBMW318iへ。やはりドイツ車
- 29日宮脇 吉村順三先生芸術院会員就任祝賀会の司会を務める

4月
- 1日郡司みちこ待望の復帰
- 9日葛巻恒男、タウンハウス及び茶室調査のため京都へ
- 9日安来市産業考古館コンペ、坂倉、久米事務所押さえて1等当選
- 押山祐二、日建ハウジングシステムより1年間研修社員として来る
- 宮脇、日本大学生産工学部居住空間デザインコース教授となる
- 宮脇、電機大学講師3年目
- 山崎、工学院大学建築学科兼任講師2年目
- 恒例の春闘（定昇込みで10・63％Up）
- 29日豊田市高岡公園体育館竣工式
- 永松昭子、次男保育園入りでアルバイトとして復帰

5月
- 7日～11日恒例所員旅行。動乱後の北京へ
- 都営住宅高輪一丁目設計監理協力始まる
- 17日中部平成台住宅祭に宮脇・平山郁朗出席
- 20日宮脇 17冊目の著書「それでも建てたい家」新潮社より出版
- 22日建築学会ホール・吉村先生公開対談講演会に宮脇出席。藤森・六角他

6月
- 「それでも建てたい家」（新潮社刊）出版。即2刷、3刷
- 6日星田ふれあい施設オープニングに宮脇・榎本彰出席
- 7日～9日信州2輪＆4輪ツーリング。中島研、大健闘して転倒する
- 15日～22日宮脇「宮脇綾子ワシントン展」のためワシントン、ニューヨークへ
- 26日出石町議会で基本設計案説明、泊して安来市へ

7月
- 9日ももち超高層住宅地鎮祭に宮脇出席
- 17日有賀園本社ビル地鎮祭。宮脇・山崎出席ゴルフクラブ多数戴く
- 25日～3日内井理一郎、政変直前のソ連へ父と。ロシア教会とイコンの旅へ
- 29日宮脇 清家清氏建築学会大賞受賞祝賀会司会を務める

8月
- 6日寺田邸上棟式。宮脇・榎本・今泉敦子出席
- 健保野球大会奮闘するが、2回戦で敗れる
- 17日～25日宮脇・浅井千秋、積水ハウス四方津カナダ研修ツアーに同行
- 宮脇、工場生産住宅のGマーク商品審査で大忙し
- 夏休み―恒例により全員バラバラに。宮脇・浅井はカナダ行きが夏休みに

9月
- 2日宮脇、越中八尾・風の盆に、柏崎の「檀」さんに招かれて、恍惚の1夜
- 8日宮脇、安来市で東・出江等とシンポジウム
- 11日宮脇・浅井、招待で初めての相撲見物
- 17日安針台集合住宅、安全祈願祭に宮脇・中村彰出席
- 22日宮脇、姫路市伝統工芸伝承館設計のため、東大寺に清水公照老を訪ねる
- 24日宮脇、姫路市伝統工芸伝承館設計契約のため姫路市へ。市長以下と面談
- 浅井、走りは遅く故障も覚悟で英国車MGミジェットのオーナーになる

10月
- 7日～15日宮脇・二瓶 東欧建築・都市視察ツアーに参加
- 22日高橋好一邸上棟式。宮脇・中村出席
- 25日有賀園本社ビル上棟式 宮脇・山崎・秋元出席
- 25日三井建設ゴルフコンペ。増岡、驚異のハイスコアーで華麗にデビュー
- 30日宮脇、本年11回目のゴルフ。スコア不明
- 恒例テニス合宿。郡司初参加、でも台風21号の影響でテニスできず
- 所員バラバラにクリスト・アンブレラ展見学
- 異常降雨で各現場1カ月平均ベタ遅れ

11月
- 9日中村結婚披露バーベキューパーティー。旧山口文象邸庭園にて
- 13日コモアしおつ新交通システム開通式。岸本出席
- 17日～28日宮脇、JTB町並み視察団団長としてヨーロッパへ
- 29日宮脇、宮崎県住宅供給公社・住宅設計競技審査のため宮崎へ
- 30日豊田市高岡公園体育館、豊田市景観賞に選ばれ受賞式。山崎・増岡出席
- 今泉、真っ赤なシトロエンAXを納車。夢のカーライフを満喫

12月
- 「それでも建てたい家」10刷り38,500部と好調
- 本年宮脇檀原稿集計375枚、講演回数48回、出張回数65回27都市、海外7回

- 27日仕事おさめ 三田「中国飯店」にて忘年会

1992

1月
- 6日仕事はじめ
- 13日安来市和鋼博物館起工式に、宮脇・増岡・内井出席
- 16日出石町庁舎安全祈願祭に、宮脇・吉松出席
- 21日東京ソワール表参道店、隣のフロに合わせたデザインでオープニング
- 25日有賀園ゴルフ草加店地鎮祭、宮脇・山崎出席
- 31日姫路市長に、伝統工芸館工事基本説明
- 宮脇、学会賞審査のため、東奔西走
- 平山、正月早々めでたいホールインワン

2月
- 10日高須青葉台緑の都市賞受賞パーティー、宮脇・二瓶出席（北九州プリンスH）
- 14日葛巻、バレンタインデーに長女誕生
- 21日コモア四方津、日経新聞優秀製品賞受賞
- 宮脇、文藝春秋誌上でミッソーニのモデルを勤める
- 宮脇、上野の老舗トンカツ屋でトンカツを習う。「danchu」のトップグラビアに
- 宮脇、村上英子・黒田秀雄氏とモダンリビング別冊キッチン特集まとめる

3月
- 3日宮脇、芦原町町民施設コンペ審査で芦原町へ
- 兵庫県西ノ宮芸文センタープロポーザル一次入選
- 山崎、竣工日前の現場と父親の死去が重なりてんてこまい

4月
- 1日小野淳子入所
- 3日恒例の花見。宮脇、だし巻き卵10本焼き、大好評
- 3日～11日今泉・浅井、ヘリスキーをしにカナダへ
- 5日諏訪神宮御柱祭。宮脇・岸本、原建築事務所の招待で参加
- 17日有賀園ゴルフ草加店オープン
- 18日好日社山荘上棟式
- 21日高橋好一邸竣工
- 24日～1日宮脇、連休前のニューヨーク、シェイカービレッジへ

5月
- 春闘。労使歩み寄らず持ち越しへ
- 前沢パークタウンモデルハウス3棟竣工
- 宮脇、奈良木造住宅コンペの審査で奈良へ
- 13日有賀園ゴルフ本社ビル竣工式
- 19日～24日恒例所員旅行。やっと行く事の出来たカトマンズでヒマラヤを観る 宮脇のみ2泊で西ノ宮芸文センターヒアリングのため24時間かけて神戸へ
- 28日佐藤邸地鎮祭
- ポテトゴルフ杯 宮脇・今泉ブービーとブービーメーカー

6月
- 4日出石町10日安来市と町長・市長の現場案内で忙し

7月
- 26日～8日増岡、友人を訪ねてイタリアへ、シエナでパリオを観る
- 27日宮脇、中原中也記念館コンペの敷地見に山口へ
- 宮脇、一部執筆のNHKフィレンツェ・ルネッサンスマルコポーロ賞受賞でイタリア文化会館へ
- 11日米屋邸地鎮祭
- 28日～30日宮脇、日大女子学生を引き連れて、奈良・京都へ木の勉強合宿

8月
- 宮脇、例年のGマーク商品選定で幕張通い
- 17日～9月27日宮脇の旅の集大成「宮脇檀展旅を獲る」日動キュリオで個展
- 夏休み一恒例により全員バラバラに
- 健保野球大会、初戦敗退
- 宮脇・中島以下、中原中也記念館コンペに突入一結果落選

9月
- 平山、中国大都市めぐりで親孝行
- 8日宮脇・山崎 新潟県堀之内町総合スポーツセンター現場見るため堀之内へ
- 12日～16日宮脇、遅れた夏休み ハワイ・ワイコロアで
- 18日米屋邸上棟式
- 23日増岡、南池袋から東池袋へ引越し
- 健保テニス大会、内井・小野ペア奮闘してベスト16！

10月
- 2日～4日北軽井沢で第6回M研テニス・キャンプ
- 5日佐藤邸上棟式
- 7日M研「ぐんちゃん杯」名門ジュン・クラッシックCCにて。帰途ベンツ、トラックと接触クラッシュ
- 9日好日社山荘竣工
- 15日～19日宮脇 再び名古屋・神戸・福岡・鹿児島・姫路の走り狂い講演ツアー
- 19日姫路市伝統工芸館 安全祈願祭に宮脇・榎本出席
- 26日中島 友人と男だけのタイ旅行（！）

11月
- 31日浅井、結婚、横浜山の手夫人に
- 3日～14日宮脇・二瓶、日本興業ヨーロッパ研修ツアーに参加
- 4日宮脇、73回目の海外ツアーで初めて盗難に合う、バルセロナにて
- 15日宮脇、柏ビレッジ居住者組合10周年記念大会に呼ばれて講演
- 19日宮脇、恒例の建設大学校授業
- PHP出版社より、宮脇檀著「都市に住みたい」出版

12月
- 18日仮称・三方町観光宿泊施設コンペに応募
- 宮脇檀著「それでも建てたい家」15刷、57,500部に
- 宮脇、千葉県九十九里浜国民宿舎プロポーザル審査員となる
- 本年宮脇檀原稿集計742枚、講演回数57回、出張回数76泊、海外4回、飛行時間集計156時間
- 25日仕事おさめ、寿し屋の「市勘」にて忘年会

1993

1月
- 3日中村、長男誕生
- 5日小野、パリへ一人旅
- 7日仕事はじめ
- 14日より、宮脇の新潮社6ヵ月連続文化講演会（新宿紀伊國屋ホール）始まる

2月
- 茨城県百合ヶ丘住宅地の小学校設計を県住宅公社より受託
- 北九州市立美術館で「宮脇檀展：住環境をデザインする」開催4月まで
- 3日宮脇、前橋市都市景観フォーラムで基調講演
- 5日水谷頴介通夜に、宮脇、出石追い込みの現場より急遽出席
- 10日安来定礎式
- この頃、出石、安来両現場追い込みのかけもちで宮脇でずっぱりの旅
- 20日出石町役場竣工引き渡し
- 25日神戸西山記念館の水谷頴介を偲ぶ会に宮脇出席、悼辞

3月
- 宮脇対談集「住まいのプロ七人と語る」住宅新報社より出版
- 16日～19日宮脇、旭川国際家具デザインコンペティション審査で旭川へ
- 佐藤邸竣工。宮脇・岸本、両名手作りの瓦によるアプローチ施工
- 25日都営住宅高輪一丁目団地、基本設計その2完了。中村疲労
- 住宅金融公庫懇話会、宮脇出席して公庫副総裁等と懇談

4月
- 葛巻、内井退職
- 6日恒例の代官山同潤会公園での花見。宮脇手製のだし巻き卵好評
- 16日ザ・バーン渋谷5店撤収。関係者集まってお別れパーティー及オークション
- 24～25日村井修氏出石町役場撮影。宮脇、吉松、今泉 後豊岡のホルモンへ
- 27日安来和鋼博物館竣工式。コンペ審査員東孝光、出江寛氏を招待

5月
- 30日リストラ。507号室撤収。アーバンセクション107に合流。給食休止。藤原退職
- 25日安針台一期終了して企画、設計関係者全員現地集合して反省及び検討会
- 28日都営住宅高輪一丁目団地第一期竣工 第二期実施設計着手
- 増岡、担当の安来和鋼博物館を終えてフランス、オランダへ
- 今泉 出石町役場現場終えて北欧へ、コペンで元所員伊藤千織の世話に
- 中村彰、講師による集合住宅所内研修会始まる

6月
- 3日今年のバーン杯。宮脇、今泉参加 ブービーとブービーメーカー賞獲得
- 14日宮脇、岸本、四方津懇親ゴルフ会。成田カントリー
- 25日～28日宮脇ンドニー休日。ウッツオン見て暮らす

7月
- 小野、念願の風呂・トイレ付きアパートに引っ越し
- 5日小雨の中、ジョリエルビル地鎮祭
- 浅井体調悪くテンポラリーに中村美和代行勤務
- 6日元専務宮脇照代、蜘蛛膜下出血で死去。9日通夜
- 15日宮脇研究室93年度宮脇杯争奪ゴルフコンペをロペ・クラブで
- 19日～21日宮脇、聖路加病院人間ドックに。軽い糖尿といつもの痛風
- 27日～宮脇、恒例のGマーク商品審査で関東一円走り回り

8月
- 30日岸本退職 独立「K空間計画社」設立
- 「宮脇檀の住宅設計テキスト」一「設計ノウハウ」の普及版一丸善より出版（10月に再版2000部）
- 2日～5日宮脇、日大学生をつれて奈良研修旅行、途中姫路伝統工芸館の瓦チェック等。後中村好文、他曽根、木下諸角各先生と都ホテル佳水園月7号室泊。翌日当然瓢亭の朝粥
- 7、8日初めて宮脇2日連続のゴルフ。スコア依然として変わらず
- 22日～30日宮脇、郡司日中文化財建造物保存技術国際シンポジウムの北京、チベット旅行。林、松本夫妻、鈴木恂、山下和正、曽根、根津等参加
- 14日平山、男子誕生。
- 18日より恒例健保・夏の野球大会 吉村事務所との連合奮戦するも…

9月
- 宮脇、スケジュール調整狂って水戸、名古屋、旭川、米子、福岡、金沢、富山、名古屋、所沢、名古屋、大阪、高松、丹後と出張で事務所に6日しか出られず
- 二瓶、九州青葉台ニュータウン関係者とオランダその他にボンエルフ研修旅行
- 有賀園ゴルフ大宮店。地鎮祭
- 28日より宮脇、日本女子大大学院住居学特別講義始まる

10月
- 浅井千秋、筋肉疾患その他で退職
- 7日より新秘書として岩部智子勤務始まる
- 13日～21日宮脇、彩、吉松。日本興業の恒例旅行でイタリアグルメ旅行。吉松、イタリア料理に開眼
- 22～24日第6回MTT Tennis合宿93。紅葉の美ヶ原高原で
- 28日福島でシンポジウム「自然と暮らす街づくり」
- 29日宮脇、二瓶、平山シンポ後幸田シャーミン女史らとゴルフ
- 28日～30日中村、増岡、今泉、中島、小野。集合住

- 宅研修実地見学のため関西へ
- 町長選等で延期されていた堀之内町スポーツセンター実施設計始まる
- 市長選等で遅れていた水戸市稲荷第二小学校基本設計再開

11月
- 浅井送別、中村美和ご苦労、岩部歓迎等合同の会。代官山市勘で
- 宮脇の20冊目の著書「度々の旅」PHP出版局より出版。7000部、1600円
- 5日宮脇、友人高木滋雄氏に招かれて静岡でJIAシンポジウム
- 安来和鋼博物館に新築される安来節会館基本計画提出
- 宮脇、吉松、コンペ指名された美保関七類港敷地調査に島根半島へ

12月
- 宮脇、日本建築学会評議員に選ばれる
- 美保関七類港コンペに指名されて企画中のブータン旅行延期
- 26日美保関七類港コンペ図面締切で全員動員
- 27日大掃除仕事おさめでVIS CA VIEコンペ打ち上げ兼忘年会
- 本年宮脇檀原稿集計305枚、出張日数95日、海外3回、飛行時間109・5時間

1994

1月
- 7日仕事はじめ
- ～8日今泉、雪景色のケンタッキー・シェーカー村へ
- 10日～11日宮脇、吉松、姫路現場から米子、美保関コンペ・ヒヤリングへ 落選
- 20日小林泰彦氏 宮脇と対談のため来所
- 20日稲荷第二小学校基本設計図書納品
- 24日高輪アパート関係者、日本橋「鳥安」にて新年会。盛り上がる
- 25日熱海草柳邸地鎮祭

2月
- 29日～6日宮脇、吉松、増岡、今泉、郡司、延期になっていた夢のブータンへ
- 13日食いしん坊倶楽部撮影のため、宮脇イタリア料理フルコース調理
- 14日和鋼博物館第一回しまね景観賞受賞 松江くにびきメッセに宮脇、増岡出席
- 20日和田邸上棟式。山洋木材の昔なじみの旧いメンバーと

3月
- 日産荻窪プロジェクト始まる
- 10日安針塚起工式に宮脇、中村出席、式後宮脇積水本多特建部長と麻雀・大敗
- 16日東京ガスシンポジウムで宮脇、大宅映子、加藤タキ両氏と講演でご機嫌
- 17日有賀園大宮店オープン。超満員のテンテコマイ

4月
- 31日ジョリエルビル竣工
- 宮脇、日本建築工芸協会総務運営委員会委員長に就任
- 幕張新都心住宅地M7-2地区住宅始まる。日大居住コース教師全員で設計開始
- 1日東京工大茶谷研卒和田裕、マックLC475持参して入所
- 5日20年前の長井邸長女、金沢夫人来訪 長井邸庭先に自邸設計を依頼
- 6日恒例、代官山同潤会公園で花見宮脇のだし巻き卵去年に引き続き再度登場
- 9日宮脇彩結婚、両人関係者のみの結婚式、代官山教会で。宮脇泣く
- 10日田園調布、井出邸にて宮脇慰める会 林のり子他 宮脇泥酔
- 13日金沢・佛華堂ビル地鎮祭
- 14日小町の舍、コンペ審査のため宮脇、金沢から京都へ。林雅子さんと合流
- 16日ジョリエル・ビル竣工パーティー。宮脇、中村、岸本、小野出席
- 18日宮脇、94年度Gマーク総合審査委員長就任
- 22日伊達町諏訪野住宅地起工式。宮脇、二瓶、平山出席
- 25日宮脇檀著「住まいとほどよくつきあう」新潮文庫に

5月
- 12日JUNクラシック、本年第6回ゴルフ。吉村事務所との第1回親善コンペ
- 13日彩、佐賀での披露宴に宮脇日帰り出席。帰途吉野ヶ里へ
- 16日～23日2年ぶり所員旅行。30周年記念でメキシコ・ユカタン半島へ
- 31日六甲A-1地区計画始まる。宮脇研究室マスターアーキテクトに

6月
- 4日彩の結婚を宮脇友人への披露パーティー、神宮前ラパタータにて
- 7日積水船橋プロジェクト始まる
- 10日鶴ヶ島カントリー本年第8回ゴルフコモア四方津コンペ 宮脇、二瓶参加
- 20日第2回世田谷住宅賞始まる。審査委員長として宮脇再度参加
- 24日出石町役場、兵庫県さわやか街づくり賞受賞。宮脇、豊岡の授賞式に出席
- 25日伊佐ホーム講演会に宮脇、湯布院亀の井別荘・中谷氏と対談講演会
- 27日姫路市書写の里・美術工芸館(伝統工芸館)竣工式 市長らと会席
- 28日姫路帰路京都へ。旧熊本邸施主、熊本氏の新しい学園建設打ち合わせ

7月
- 30日二瓶邸契約 山洋木材と
- 8日和田邸竣工引き渡し。宮脇と今泉、中村好文設計イタリアレストランへ

8月
- 幕張追い込み連日の会議
- 21日～27日まで宮脇、和歌山、大阪、名古屋、奈良、大阪、奈良と連続出張 シンポ、六甲会議、阪南現場、南山現場、講演、合宿と6つの仕事処理
- 30日事務所30周年記念パーティー。OB34名、現役12名参加。宮脇、ハンスウエグナー生誕80周年記念制作チャイナチェア61/80贈られる
- 31日中村退社、独立「中村彰建築研究室」設立
- 3日熱暑の中、堀之内、稲荷小、幕張住宅地、船橋プロジェクト。追い込み続く
- 名城大学、渡辺善盛、12月までの長期アルバイトで始まる

9月
- 8日、堀之内体育館実施設計図納品
- 3日～11日宮脇スケジュール調整狂って東京—福岡—小倉—成田—パリ—グラスゴーの47時間の移動の後グラスゴーへ。スコットランド、バース・ロイヤルクレセント、セント・アンドリュース・ゴルフの旅へ
- 12日えびつニュータウン街づくり計画書納品
- 18日～19日村井修氏書写の里美術工芸館撮影。宮脇、榎本と
- 22日宮脇、学会にて「吉村スクールを語る」益子、北川原氏と
- 23日～25日MTT Tennis合宿94、軽井沢で。榎本、小野他

10月
- 29日幕張住宅地基本設計図納品
- 阪南スカイタウンコンペ始まる
- 1日日大にて宮脇檀定期健康診断
- 7～29日堀之内追込み終え中島研、エジプト・パリ長期休暇
- 12日中村送別会。三田中国飯店にて上海蟹。一同ものも言わず満喫
- 22日～23日出石町コンペ・シンポジウムに宮脇、吉松、二瓶、今泉出席
- 月末から11月にかけて宮脇連続出張続きでバテ気味。大阪、名古屋、名古屋、大阪、新潟、出石、金沢、福島

11月
- 24～3日和田邸終えた今泉、シェーカーとライト求めてアメリカ・ツアー
- 姫路「書写の里美術工芸館」新建築誌11月号に発表
- 5日吉村事務所との第2回親善ゴルフ。宮研より8名参加
- 幕張住宅地最後の追い込み続き204号室に深夜まで熱気
- 22日奈良桜井にて木造住宅コンペフォーラム開催宮脇座長として出席
- 26日～3日坂南コンペに平山、積水大阪設計部に出向

12月
- 1日六甲A-1街区マスターアーキテクトとして、第1回設計者会議召集。超高層住宅設計担当と決める
- 9日金沢佛華堂竣工打ち上げパーティー
- 17日京都幼児教室地鎮祭
- 22日水戸市立稲荷第二小学校実施図面納品
- 23日大掃除仕事おさめ。いせ源で忘年会
- 27日姫路市書写東住宅基本報告書納品
- 本年宮脇檀原稿集計453枚 出張日数109日、海外3回、飛行時間133・5時間

1995

1月
- 9日仕事はじめ
- 2～8日、宮脇、KENYA旅行。マサイマラ、mpata clubにてサファリ満喫
- 六甲超高層住戸基本設計及び関西各設計事務所グループによる全体デザイン会議動き始める。マスターアーキテクトとしてまとめ役に
- 今泉、アメリカ・シェーカー訪問の旅
- 増岡、中島ベトナム・カンボジアの旅 アオザイとアンコール遺跡に感動
- 17日阪神大震災。予定の六甲設計調整会議の日。コープラン倒壊。六甲被害、設計作業中断
- あのガーデン54隣地に新プロジェクト始まる

2月
- 7日、稲荷第二小学校安全祈願祭、宮脇、増岡出席
- 2～5日、吉松を先頭に吉村事務所とスキー 志賀へ
- 18日、宮脇、今泉神戸へ。倒壊したコープランで一日シェフのボランティア。12人分のイタリア料理フルコースを作って応援
- 宮脇、ダイナックス学生コンペ2度目の審査委員長始まる
- 週刊文春「家の履歴書」取材

3月
- 4～12日、宮脇、日大居住空間デザインコース1期生、2期生24名引率して南フランス、パリ、バルセロナ卒業旅行
- 山崎、中島、堀之内町町民体育館集成材検査のためアイダホ州・サーモンへ
- 19日、石井(旧姓 小野)結婚披露宴。新婚旅行沖縄へ
- 25日、日大卒業謝恩会で宮脇、会場浦安ブライトンホテル、スイート宿泊
- 丸善出版よりMARUZEN BOOK「暮らしをデザインする」出版

4月
- 1日、日大居住コース1期生、太田裕子入所
- 6日、代官山同潤会公園で花見。恒例の宮脇手製のだし巻き卵他
- 22日、第3回吉村事務所との親善ゴルフ 日光霧降高原CC
- 船橋都心再開発計画。市および積水との会議続く

- 宮脇、AACA理事就任
- 29日、吉松、倒壊したコープラン再建計画「きんもくせい通り協調住宅計画」打合せ。同時に被害状況・復旧状態を見るため阪神間を行ったり来たり

5月
- 13日、宮脇、日本大学公開講座「それでも建てたい家」
- 宮脇檀著「それでも建てたい家」新潮文庫に 直ちに2版
- この頃宮脇と積水大橋会長とのゴルフ頻繁
- 上野の名店とんかつ蓬莱屋、設計相談始まる
- 岩部、香港買い物旅行

6月
- 8日、施主松川氏葬儀。今泉他、所員手伝いに
- 8日、吉村順三氏芸術功労者祝う会に宮脇司会として出席
- 28日、この日より母危篤ということで宮脇名古屋に詰める。日程大混乱
- 積水ハウス東京新事務所、住まいの図書館および共用ロビー設計始まる

7月
- 7日17時16分、宮脇綾子死去。享年90才
- 8日通夜。9日告別式、於覚王山日泰寺舎利殿
- 11日、青山スパイラルで宮脇、新建築家協会マカロニ展でシェフを勤める
- 15~17日、宮脇・山崎、京都幼児教室現場と祇園祭
- 24~27日、宮脇、日大学生をつれて恒例奈良研修旅行とんかん道場他

8月
- 1日、京都幼児教室竣工パーティー
- 9~21日、宮脇、夏休み。アメリカ、カナダ、久美子の家と別荘訪ねて
- 22日、姫路市住宅建設課、書写山住宅打ち合わせで来所
- 23日、日大斉藤研究室で堀之内構造模型実験
- 二瓶、平山、イタリア都市研修旅行へ
- 今泉 ハンガリー、チェコへ両親と
- 宮脇檀著「日曜日の住居学」講談社で文庫に
- 北青山にて花火鑑賞大会
- 宮脇Gマーク商品選定委員。本年より生活用具部門へ

9月
- 堀之内集成材梁、吊り込み始まる
- 18~27日、宮脇、恒例の日本興業ツアーで、ギリシャ、フランスへ高木滋生夫妻同行。パリで待望の3星レストラン・ロブションへ
- 増岡、ポルトガルで遅い夏休み
- 金沢邸竣工。担当旧所員落合と竣工祝いに
- 宮脇、脳梗塞の疑いで慶應病院でMRI検査。異常なし
- 東急あすみが丘現地へ
- 郡司、57日間長期の夏休みでアメリカ久美子宅にホームステイへ
- 27日、施主松原櫻青さん告別式。今泉手伝いに

10月
- 30日、二瓶邸竣工パーティー。盛大にバーベキュー
- フジテレビ「ザ・ノンフィクション」取材。宮脇終日料理
- 12日、(仮)グランドメゾン大倉山地鎮祭
- 19~23日 諏訪野住宅祭オープンで宮脇、二瓶、平山詰める
- 20~22日、MTT TENNIS合宿。伊豆へ榎本、中島、石井他
- 29日、宮脇奈良住協講演および木造住宅破壊実験に出席のため桜井へ
- 岩部、中島、ニューヨークグルメ旅行
- 神戸「ガレキに花を咲かせましょう」プロジェクト始まる。コープランの後方支援部隊に

11月
- 4日、和田結婚 披露宴に宮脇来賓として出席。
- 新婚旅行バンコック
- 15日、季美の森ゴルフ倶楽部で吉村事務所と。第4回親善ゴルフ
- 20日より宮脇、東工大設計講義始まる
- 20日、平山めでたく長女誕生
- マック5210導入なおOA化進む。宮脇睡眠不足に。60(59)の手習い
- 丸善出版刊「宮脇檀の住宅」編集着々と
- 依然として宮脇講演ラッシュ

12月
- 4日、埼玉県企業局および住宅公社現場に宮脇、榎本、二瓶、平山
- 19~20日 宮脇立川ブラインド洋上セミナーで飛鳥丸周遊
- 25日、大掃除仕事おさめ。佳月で忘年会
- 本年宮脇檀原稿集計656枚 出張日数75日、海外4回、飛行時間153時間

1996

1月
- 8日、仕事はじめ
- 3~8日、宮脇の恒例新年旅行は、ヴェトナム、ハノイ・サイゴン
- 22日、阪南スカイタウンコンペⅡ。大阪セキスイにて作業始まる
- このころより住宅設計依頼ラッシュ始まる

2月
- 3~4日、宮脇、木造建築研究フォーラムで宮崎シーガイアへ
- 5日、震災後初の六甲会議
- 16日、事務所にて宮脇の還暦バースデーパーティー。OB有志も
- 16日、丸善より「宮脇檀の住宅」、新潮社より「父たちよ家へ帰れ」出版
- 17日、法政大・日大卒業生主催「MMを祝う会」国際文化会館にて。宮脇、待望のマッキントッシュ、パワーブック贈られる。Mac化の始まり
- 18日、神戸震災復興住宅金木犀プロジェクト地鎮祭
- 19~21日、旭川国際家具デザインコンペ1次審査のため宮脇厳冬の旭川へ
- 24~25日、宮脇、長野県建築士会講演会の帰途、氷に滑って尾てい骨打撲
- 日大学生より「ジグザグ」プレゼント

3月
- 一連のコンペ(芝浦、出石、阪南)締め切り集中。全員ダウン
- 2~10日、宮脇、太田、日大居住空間デザインコース有志引率してメキシコ、アメリカ西海岸へ
- 14日、宮脇、経済企画庁内勉強会にて講義
- 14日、埼玉県住宅供給公社、深作地区区画整理事業街づくり計画始まる
- 18日、出石中コンペ設計主旨説明会。宮脇、吉松、今泉出席
- 31日、出石コンペ採用の通知届く
- 堀之内、稲荷小、幕張住宅竣工。所員見学会
- このころ網野町万助楼計画始まる

4月
- 1日、文武両道、馬場崇、千葉大よりテニスラケットかついで入所
- 2日、コンペ打ち上げ&馬場歓迎会。恒例の焼肉。浅草「本とさや」
- 3~13日、和田スペインレンタカー紀行
- 8日、代官山同潤会公園で恒例そして最後?の花見
- 15日、鳶尾診療所社宅地鎮祭
- 17日、春闘、太田奮闘も3年連続ベースアップ0%
- 23日、出石中検討委員会始まる。吉松、今泉、出石通いの日々
- 宮脇 渡辺文雄氏との対談「日本美食紀行」アートデイズより出版

5月
- 7~14日、所員旅行。待望の西安、嘉峪関、敦煌へ
- 18日、林邸上棟式。宮脇、旭川審査帰途羽田から直行
- 23日、恒例のヴェルデ主催ゴルフコンペ ポテト杯
- 25日、中島結婚、3週間の新婚旅行カリブ、アメリカへ
- 28日、宮脇、故綾子作品集のため杉村春子氏と対談
- 29日、第5回対吉村事務所ゴルフコンペ 成田総成CC

6月
- 11日、宮脇、山崎、堀之内町民体育館竣工式出席
- 22日、鳶尾診療所社宅上棟式。宮脇、吉松、増岡出席
- 24~27日、宮脇、出石、網野、神戸、大阪ツアー。担当所員それぞれ同行
- 事務所Mac計5台入荷、宮脇個人用含めて計7台となる

7月
- 10~19日、宮脇、今泉、恒例日本興業ツアーでアメリカ東海岸歴史の旅へ
- 10日、上野蓬莱屋新ビル上棟式。山崎出席
- 13日、稲荷第二小学校竣工式。増岡出席
- 27日、福島諏訪野住宅地、建設大臣賞授賞式に宮脇、二瓶出席
- 30~2日、宮脇、日大恒例奈良研修旅行。今年の最終経由地は吉野高野山
- PHP文庫より「都市の快適住居学」(「都市に住みたい」改題)発刊

8月
- 15日、宮脇、のどを痛め、慶応大学病院 人間ドック
- 17日、神宮花火大会。北青山秀和で。林夫妻、松本哲夫、渡辺武信
- 19日、設計健保野球大会。11対0からまさかの逆転負け
- 23日、建設省アジア住宅関係研修学生23名。事務所にて受講

9月
- 1~8日、宮脇、インプレッション取材でコペンハーゲンへ。ハンス・ウエグナーと会って興奮。椅子3脚購入
- 16日、宮脇、サトウ財団発起人会に出席
- 25日、宮脇、恒例のヤマギワ・リビナ・アカデミア修了講演。清家清氏と

10月
- 1日、宮脇、通産省制定デザインの日に「デザイン功労者」として表彰
- 4日より宮脇、東工大設計講義始まる
- 10日網野、11日神戸、12日京都と3現場連続レンタカーツアー。宮脇、吉松、和田、今泉
- 10日、サンリータウンえびつ財団住宅祭開催。平山出席
- 10~12日、第9回MTT TENNIS CAMP。伊豆高原で2泊3日の合宿。所員および外部事務所の約20名が集まり楽しむ
- 17日、上野蓬莱屋新ビル・オープン
- 31~7日、宮脇、日大講師陣とカトマンズ取材旅行

11月
- 8日、宮脇、愛知県芸文会館で「文化8話—日本のすまい」
- 20日、第6回大野・宮脇杯コンペ(名称変更)。群馬レイクウッドGC、平山連続V
- 24日、平山、愛馬「SRX-4」盗まれる
- 鳶尾診療所社宅、林邸、グランドメゾン大倉山竣工。所員見学会忙し
- きんもくせい通り協調建替住宅竣工(阪神大震災復興協調建替事業方1号)

12月
- 3日、宮脇、昭和女子大人見記念講堂特殊研究講座にて講演
- 12日、六甲設計者再召集会議。A-1街区計画再開
- 17日、林アパート上棟式
- 20日、ターキーパーティー。キューピーのターキーで
- 27日、大掃除仕事おさめ。上野蓬莱屋で忘年会

- 本年宮脇檀原稿集計382枚、出張日数58日、海外6回、飛行時間111時間

1997

1月
- 4～6日正月休み岩部、石井厳寒の韓国へ
- 5日宮脇、腫瘍治療のため、慶応病院入院
- 6日仕事はじめ。六甲アイランドM・A・業務以外住棟設計も始まる
- 12日宮脇ほか積水ハウス会長大橋氏の通夜のため鎌倉へ
- 16日宮脇、放射線治療始め。Macを持ち込んで、病室でもっぱら打ち合わせ他仕事に。六甲A－1街区デザインコード作成
- 28日福岡市都市景観賞(百道浜4丁目戸建住宅地区)授賞式に平山出席

2月
- 13日新潮社「最後の昼餐」原稿上げ
- 28日二瓶、平山 受託生産振興財団まちなみ大学にて設計演習講師
- 都営高輪1丁目団地竣工(コンペ入賞以来8年)

3月
- 7日・14日サンリータウンえびつ2期、美咲野住宅祭たて続けにオープン
- 12日宮脇 腫瘍消えて退院。事務所あげてのシャンペンパーティー
- 14日有賀園ゴルフ草加店リニューアルオープン
- 21日日大居住空間空間コース卒業謝恩会。宮脇手造りの修了証持参
- 24日六甲アイランドデザイン調整会議を代官山204で開く。積水、坂倉、出江、安井各事務所代表出席

4月
- 2日西郷山公園で花見。再び宮脇の出汁巻き卵とスタッフ手造りの料理で
- 7日六甲、基本設計提出
- 11日林邸新築工事完了
- 22日フィンランドALTEK社社長、宮脇訪問
- 22日出石中学校、実施設計図一段落。ここから予算調整に奮闘の日々
- 26日宮脇、山崎、吉村先生のお別れの会 青山斎場へ出席

5月
- 3～11日107事務所空調設備改修工事
- 6日キャッツ農業生産センター建設敷地視察へ宮脇、榎本
- 10日万助楼入札業者決定
- 12日草月会、武田氏住宅設計依頼で来社
- 28日宮脇、慶応病院に検査入院
- 連休明け、今泉アメリカ、石井エジプト、太田バリ島、馬場イタリアと恒例の所員大旅行

6月
- 8日小野木邸地鎮祭。吉松、中島出席
- 15～22日中島、返還直前の香港へ
- 15～26日二瓶、平山、環境共生型住まい視察団でオランダ・ベルギー・フランス・ドイツ、バスの旅に派遣
- 20日宮脇、検査修了して退院。事務所全員シャンペンとワインでの祝い
- 23日宮脇、日大居住空間コース恒例の新入生歓迎パーティーに出席
- 玉野台団地街づくり計画書納品

7月
- 9日宮脇、吉松東急不動産現場敷地視察に大磯、鎌倉へ
- 18日橋爪邸基本設計図宮脇仕上げ
- 18日京都 網野町万助楼地鎮祭
- 21日宮脇 慶応病院入院
- 25日六甲見積図面提出
- 31日病室で「最後の昼餐」打ち合わせ
- 31日出石中学校入札。地元JVに決定

8月
- 6日小野木邸集成材試験のため岡山県木材加工技術センターへ、吉松、中島
- 19日六甲アイランドA－1地区安全祈願祭。山崎、馬場出席
- 20日宮脇腫瘍摘出手術－成功
- 25日出石中学校、小雨の中安全祈願祭。吉松、今泉
- 26日フォレステージ高幡鹿島台第1期建物計画始まる
- 六甲アイランド開発許可、確認申請で事務所の中大忙し
- 四鉄不動産オレンジタウン街づくり計画書納品

9月
- 2日平山、東京都都市計画局にて戸建住宅地計画セミナー講師
- 6日健保テニス大会出場。石井ペア2回戦、馬場ペア1回戦でむなしく敗退
- 18日新井邸着工
- 20日販売好調のサンリータウンえびつ住宅祭3期分譲始まる
- 20～22日第10回MTT TENNIS CAMP。軽井沢へ、29名参加
- 21日グリーンポート愛島住宅祭
- 29日菅野邸上棟式

10月
- 4日小野木邸上棟式
- 9日六甲アイランド1度目の確認出し直しと12条報告
- 13日「宮脇檀の住宅設計テキスト」好調の10刷累計25,000部
- 29日中山邸改修工事完了
- 30日宮脇、100日目の退院。再び事務所でシャンペンとワインの祝い
- 31日二瓶、平山退職、独立。年内事務所残務整理で所内に残る

11月
- 7日変更に次ぐ変更で、やっと六甲実施図面提出。その場で新たな変更告知
- 107・204でLAN開始。宮脇住居307もFAX化
- 17日万助楼、上棟
- 18日吉村先生最後の美術館他、見学会目白押し
- 六甲アイランド常駐体制に六甲分室開設(住居)、出石中学校用にも分室設置。町内に築100年の民家を借り今泉出石の住民に
- 宮脇退院で仕事、出版、大学関係打ち合わせ急激に、現場へも

12月
- 10日「最後の昼餐」(宮脇檀、絵・根津りえ)新潮社より出版
- 12日キャッツ取手農業生産センター地鎮祭
- 22日恒例のターキーパーティー
- 26日大掃除仕事おさめ。冶郎長で二瓶、平山送別会を兼ね忘年会
- 31日増岡退所
- 二瓶、平山、独立。(有)アーバンセクション開設
- 本年宮脇檀原稿集計317枚、出張、海外、飛行時間、講演、対談0

1998

1月
- 5日仕事はじめ
- 7日馬場 六甲アイランドで常駐開始
- 13日兵庫県第6回さわやか街づくり賞授与式。姫路書写の里美術工芸館ときんもくせいのダブル受賞。吉松、今泉、馬場出席
- 15～17日岩部、雪の羽田から沖縄へ。リゾートと沖縄料理
- 18日新井邸上棟。宮脇、榎本、石井に加え近くお住まいの渡辺武信さん、根津さんも参加
- 宮脇、発声訓練始める
- 宮脇、PHPから出版の本打ち合わせ
- 山崎、六甲の会議と京都の現場監理が集中

2月
- 7日菅野邸竣工
- 16日3時のお茶の時間に宮脇バースディ・パーティー
- 17日204にて六甲デザイン会議、出江氏、太田氏、積水来所
- 21～22日107改修工事。204アトリエを107へ引越し。太田がんばり過ぎてぎっくり腰に
- 21～28日宮脇、お気に入りの物だけを並べた自宅として204を改装
- 23日宮脇、埼玉伊奈モデルタウンコンペ審査のため浦和へ

3月
- 1日宮脇、自宅引越。移動した書籍は段ボール120箱を超える。日大学生大奮闘
- 5日宮脇、Mac最新機種G3導入。作業効率上がる
- 13日サンデー毎日「親と子の情景」撮影のため立木義浩氏来所。204で彩と
- 20日宮脇、日大謝恩会へ。今年も手作りの終了証持参
- 暮らしの手帖で宮脇の連載「住まうこと」始まる

4月
- 7日宮脇、居住コース面接で日大へ
- 8日恒例のお花見。外での花見はかなわず。事務所内で桜の枝といつもの宮脇出汁巻き卵
- 13～14日宮脇、万助楼・出石中学校現場へ。吉松、今泉ほか
- 18～20日宮脇、彩、根津、嶋地香港行き グランド・ハイアット泊。待望の福臨門へ
- 23日新井邸竣工
- 24日光藤タカ子を囲む会で宮脇花束贈呈

5月
- 1～2日、宮脇、山崎、馬場ほか大阪積水で六甲会議。その後六甲現場、きんもくせいへ
- 27日小野木邸竣工
- 16～17日宮脇、根津、京都炭屋へ
- 21日東急リバブルキャンペーン当選者上野氏来所
- 26日万助楼お披露目パーティ。吉松ほか参加
- 30～6月2日和田、岡山・広島・岩国レンタカーの旅

6月
- 30日宮脇、日大生産工学部研究所教授を退官
- 宮脇「男と女の家」資料捜しで大忙し
- 山崎、モダンリビング別冊監修作業で婦人画報社通い

7月
- 中島、石井退所
- 8日宮脇、慶応病院へ入院
- 21日山崎、モダンリビング別冊家具編で村上氏、大廣氏と座談会
- 宮脇「男と女の家」校正打ち合わせ頻繁。赤松正子さんと

8月
- 10日山崎、モダンリビング別冊照明編で村上氏、面出氏と座談会
- 22日宮脇、慶応病院より神宮花火大会を見る
- 22～23日太田、姉妹で那須の郡司邸で避暑ざんまい
- 26日橋爪邸地鎮祭。吉松出席
- 六甲再々度の変更申請で和田、馬場書類作りに追われる。馬場 現場クギづけのため夏休みなし他の所員は例年のごとくバラバラに夏休み

9月
- 4日上野氏、東急リバブル高橋氏、二瓶邸見学。山崎、和田案内
- 11日アルフレックス河口湖ショールームへ 山崎他3名参加
- 12～20日太田、京都・出石・六甲へ関西建築ツアー
- 30日山崎、榎本、神宿邸縄張立ち合い

10月
- 7日きんもくせいの第13回神戸市景観ポイント賞授賞式 馬場出席
- 9日四鉄オレンジタウン財団住宅祭
- 10日フォレステージ高幡鹿島台分譲開始 販売好調
- 13日橋爪邸上棟。吉松、太田出席
- 21日0：54宮脇 永眠す

山崎健一［やまざき・けんいち］

1941年新潟県生まれ。'66年工学院大学建築学科卒業。
'67年より宮脇檀建築研究室、'66～'69年中央工学校建築設計科講師、
'69年より工学院大学建築学科兼任講師。
'98年、宮脇檀氏の逝去に伴い（有）宮脇檀建築研究室代表取締役に就任。
2000年に（有）山崎・榎本建築研究室を開設。
主な作品として「屋久島の家」（'01）、「三鷹の家」（'02）、
「調布の家」（'04）、「函南の家」（'05）など。

中山繁信［なかやま・しげのぶ］

1942年生まれ。'66年法政大学工学部建設工学科卒業。
'71年より宮脇檀建築研究室に勤務、伊藤ていじ研究室助手を経て、
'77年中山繁信設計室（現、T.E.S.S.計画研究所）を設立。
工学院大学建築科教授（2001～2010年）、日本大学生産工学部非常勤講師。
主な作品として「オランジュ+グレイン」（'80）、「須和田の家」（'83）、
「川治温泉駅舎」（'89）、「KAOK八ケ岳」（'93）など。
著書に「住まいの礼節」「現代に生きる境間空間の再発見」
「美しい風景の中の住まい学」などがある

プランニングからディテールへ
宮脇檀の住宅設計［カラー・改訂版］
Mayumi Miyawaki Design and Planning
宮脇檀建築研究室
村井修＝写真

二〇一五年一月二九日　初版第一刷発行

著者＝宮脇檀建築研究室
発行者＝澤井聖一
発行所＝株式会社エクスナレッジ
〒一〇六-〇〇三二東京都港区六本木七-二-二六
http://www.xknowledge.co.jp/

問合せ先＝編集　TEL〇三-三四〇三-一三八一
FAX〇三-三四〇三-一三四五
info@xknowledge.co.jp
販売　TEL〇三-三四〇三-一三二一
FAX〇三-三四〇三-一八二九